L'ALFABET EUROPÉEN

APPLIQUÉ AUX LANGUES ASIATIQUES.

SIMPLIFICATION DES LANGUES ORIENTALES.

L'HÉBREU SIMPLIFIÉ

PAR LA MÉTHODE ALFABÉTIQUE.

PAR C. F. VOLNEY,

COMTE ET PAIR DE FRANCE, MEMBRE DE L'ACADÉMIE FRANÇAISE,
HONORAIRE DE LA SOCIÉTÉ ASIATIQUE SÉANTE A CALCUTA.

PARIS,
PARMANTIER, LIBRAIRE, RUE DAUPHINE.
FROMENT, LIBRAIRE QUAI DES AUGUSTINS.

M DCCC XXVI.

OEUVRES
DE C. F. VOLNEY.

DEUXIÈME ÉDITION COMPLÈTE.

TOME VIII.

IMPRIMERIE DE FIRMIN DIDOT,
RUE JACOB N° 24.

L'ALFABET

EUROPÉEN

APPLIQUÉ

AUX LANGUES ASIATIQUES.

OUVRAGE ÉLÉMENTAIRE, UTILE A TOUT VOYAGEUR EN ASIE.

Ne quis igitur tanquam parva fastidiat grammatices elementa;.... quia interiora velut sacri hujusadeuntibus apparebit multa rerum subtilitas quæ non modo acuere ingenia puerilia, sed exercere altissimam quoque eruditionem ac scientiam possit.
Quintilianus, lib. I, c. iv.

Ne dédaignez point comme minutieux les élémens alfabétiques;...... car si vous scrutez leurs replis mystérieux, vous en verrez sortir une foule de questions subtiles, capables non-seulement d'exercer les enfans, mais d'embarrasser les esprits les plus savans et les plus profonds.
Quintilien, liv. I, c. 4.

ÉPITRE

DÉDICATOIRE

A L'HONORABLE SOCIÉTÉ ASIATIQUE,

SÉANTE A CALCUTA.

Monsieur le Président et Messieurs,

Si les dédicaces ont pour motif de manifester les sentimens de gratitude qui animent un auteur, et de solliciter un suffrage puissant qui accrédite près du public une production nouvelle, à qui dédierais-je mon nouveau livre plus légitimement qu'à l'honorable Société asiatique, qui, depuis des années, me gratifie de faveurs distinguées, et qui, par la nature de ses travaux, par les circonstances où elle vit, par les lumières qu'elle rassemble, est le tribunal éminemment compétent dans la question que j'ai l'honneur de lui soumettre?

a.

Déja, messieurs, il y a vingt ans, une première tentative en ce même genre me valut la flatteuse distinction d'être porté au rang de vos associés... Comment oublierais-je une faveur où se peignit si bien la libéralité de vos principes? Une guerre funeste déchirait deux grands peuples que le ciel n'a point fait ennemis : je cherchai, sur une terre étrangère, *la paix, seul bien* de l'homme studieux.... Une main amie vous présenta mon livre, alors récent, *de la Simplification des Langues orientales* (1) : vous jugeâtes ma méthode fondée en principes, utile en pratique; et, laissant à part les passions des gouvernemens, vous affiliâtes à une société de savans *anglais* l'auteur *français* du *Voyage en Syrie*, et des *Ruines*, comme pour déclarer qu'entre les vrais

---

(1) Ce livre fut publié en 1795 : l'auteur partit dans l'année pour les États-Unis ; il fut élu membre honoraire de la Société asiatique en 1798. Ayant eu le bonheur en 1803 de faire parvenir à Calcuta le premier exemplaire du bel ouvrage de M. Denon, la Société asiatique lui adressa en retour la collection de ses *Recherches*, dès-lors extrêmement rare, et depuis cette époque elle a pris soin que chaque nouveau volume lui fût transmis.

amis de la civilisation il n'existe de barrière ni de nation, ni de secte.

Jusque-là, je n'avais porté à *mon système* que l'affection de la paternité; votre suffrage, en l'ennoblissant, me fit y attacher plus d'estime : je regardai comme un devoir de le rendre plus digne de vous : à titre d'innovation, il ne pouvait manquer d'être attaqué par les anciennes habitudes; je veillai l'occasion de le défendre : cette occasion se présenta en 1803 : le gouvernement français venait de commander le somptueux ouvrage de la *Description de l'Égypte;* il voulut qu'une carte géographique y fût jointe, et que sur cette carte la double nomenclature arabe et française fût tracée littéralement correspondante. Les *arabistes* de Paris trouvèrent la chose impraticable, vu la différence des prononciations : mes idées nouvelles sur cette matière étaient connues, je fus invité à en faire l'application; mais considérant qu'elles étaient repoussées par nos *orientalistes*, et ne voulant pas hasarder l'honneur d'un monument public pour une petite vanité personnelle, je priai que, sous la forme d'un jury, il fût établi un champ-clos où la querelle scientifique fût jugée entre mes adverses et moi par la force de la logique. Le choix des juges était épineux ; ils devaient surtout être impartiaux : pour cet effet, je proposai trois savans éminens par leurs connaissances mathématiques (1) : n'étant point versés dans l'arabe, ils furent surpris de leur mission ; mais bientôt, ayant reconnu qu'il ne s'agissait que d'une opération algébrique, ils furent presque étonnés de la voir mise en litige.

Dans les formes du jury, j'étais *seul* une partie égale à mes adverses, au nombre de *sept*. Le gouvernement crut plus équitable de nous constituer tous en une commission de douze membres votant par majorité. Sous cette forme nouvelle, *ma cause* dut sembler perdue ; mais tel fut le degré d'évidence où la discussion la porta, qu'au moyen d'un seul amendement *prévu,* mon système de transcription européenne fut admis par une majorité des deux tiers. J'ai l'honneur de vous adresser le procès-verbal qui constate les faits ; il

---

(1) MM. Monge, Berthollet, La Croix.

est fâcheux que cet acte trop sommaire n'ait point relaté les objections et leurs solutions, pour épargner les redites qui peuvent se reproduire en de nouvelles discussions.

L'ensemble de mes vues ayant été sanctionné par un décret officiel, peut-être on demandera pourquoi je présente aujourd'hui un nouveau travail : des incidens naturels expliquent ce cas; si vous remarquez, messieurs, que sur douze membres de la commission onze furent Français (1), vous sentirez que les habitudes nationales ne purent entièrement disparaître; des sacrifices furent faits à l'orthographe française, et le système perdit de son unité : d'autre part, l'exécution du travail typographique, confiée à des mains étrangères, fut soumise à d'autres vues, à d'autres intérêts : les lettres factices, improvisées au gré variable de douze délibérans, au lieu d'être perfectionnées, furent portées brutes sur la carte : enfin, pour des raisons politiques, cette carte étant devenue un prisonnier d'état, le

---

(1) Le seul *Michel Abeid*, Syrien, fut arabe, et servit beaucoup pour la prononciation.

nouvel alfabet est resté comme enseveli : par tous ces motifs, j'ai dû cesser de regarder comme mien-propre un ouvrage dont tout m'avait écarté : j'ai dû me réhabiliter dans mes droits de propriété; et, profitant de ce qu'une lumineuse controverse avait ajouté à mon instruction, j'ai tendu vers un but nouveau, plus parfait et plus élevé.

A l'époque de mon premier essai (1795), je n'avais aucune idée des alfabets de l'Inde, du Japon, de la Chine : je n'avais ni osé, ni pu porter mes vues jusqu'à un *Alfabet universel*, quoique déja je sentisse toute la puissance de ce grand véhicule de lumières et de civilisation ; mais lorsque mon séjour aux États-Unis (1) m'eut enrichi de la langue anglaise, et par elle m'eut ouvert les trésors de votre littérature asiatique, je conçus non-seulement la possibilité, mais encore la facilité et l'urgence d'établir promptement un *systéme unique* de lettres, au moyen duquel cette multitude de langues ou de dialectes pût *se lire*, *s'écrire*, *s'imprimer*, sans l'inutile redondance

---

(1) De 1795 à 1798.

de tant de signes divers pour un fond semblable. — Je fus étonné qu'il pût exister à cet égard des objections et des préjugés, et surtout que les grammairiens anglo-asiatiques pussent avoir deux opinions sur la manière d'y procéder, lorsque l'honorable sir William Jones avait si lumineusement développé les principes sur lesquels devait s'établir la représentation des sons élémentaires du langage. Flatté de l'accord non prémédité de mes opinions avec les siennes, je m'affligeai de voir marcher en lignes divergentes les savans auteurs de tant de grammaires et de dictionnaires qui se multiplient de jour en jour dans l'Inde. Je sentis la nécessité de remonter aux principes fondamentaux de la science, pour y raccorder comme à un centre tous ces rameaux détachés. Mes recherches à cet égard ont été le sujet habituel de mes méditations depuis plusieurs années ; et c'est parce que j'ai cru qu'elles avaient acquis non la perfection, mais une suffisante maturité, qu'aujourd'hui je prends la liberté de vous en offrir le résultat sous le titre d'*Alfabet Européen appliqué aux Langues Asiatiques*.

Ce volume se compose de trois parties distinctes : dans la première, j'établis les définitions et les principes tant du système général des *sons parlés*, que du système des *lettres*, ou signes destinés à les figurer ; malgré tout ce que l'on a écrit sur ce sujet élémentaire, il me semble y avoir ajouté quelques idées nouvelles et plus claires.

Dans la deuxième partie, je passe en revue toutes les prononciations usitées dans nos langues d'Europe : je n'y trouve pas plus de dix-neuf à vingt voyelles, et trente-deux consonnes, y compris les deux aspirations : pour peindre ces deux sommes d'élémens, l'on n'a donc besoin que de cinquante-deux à cinquante-quatre signes ou lettres alfabétiques : l'alfabet romain, qui n'en a que vingt-cinq ou vingt-six, n'est pas suffisant ; mais parce qu'il a le précieux avantage d'être déja répandu dans toute l'Europe, dans l'Amérique, et dans toutes vos possessions et colonies, que par conséquent il règne sur plus de la moitié du globe, je le prends pour base et souche d'un alfabet que je rends *universel*, en tirant de son propre fonds le surplus des signes dont on a besoin pour figurer des sons étrangers.

Enfin dans la troisième partie, voulant donner un exemple pratique de ma manière d'opérer, je reprends l'alfabet arabe comme l'un des plus compliqués de l'Asie; et, après l'avoir analysé jusque dans les procédés de sa formation, je démontre qu'il se résout entièrement en nos formules européennes, selon les règles et principes que j'ai démontrés. De cette opération naît un nouvel alfabet *Romain*, que j'appelle *Européen*, lequel résout immédiatement le turc, le persan, le syriaque, l'hébreu, l'éthiopien, etc. Il s'agit maintenant d'en étendre l'application aux langues de l'Inde et de tout le reste de l'Asie : je n'y conçois aucune difficulté, pas même pour la langue chinoise : car si la valeur des mêmes mots y est différente selon les tons ou accens qu'on leur donne, au nombre de *cinq*, on pourra caractériser chaque valeur en désignant chaque *ton* par un numéro qui lui sera approprié, et qui se placera sur la lettre ou sur la syllabe : sans doute j'eusse aspiré à l'honneur de compléter ces travaux; mais il est une limite à l'ambition littéraire comme aux forces physiques : désormais la carrière qui s'ouvre, et dont je pense avoir levé la barrière, excède trop les moyens d'un individu quelconque : elle exige un concours d'efforts divers et successifs comme les opérations que le sujet comporte : il ne suffit pas d'avoir projeté un alfabet universel, il faut le mettre à exécution. Pour cet effet, il faut qu'une autorité centrale et publique en constate le mérite par son approbation, et la pratique par son exemple; il faut que des encouragemens efficaces soient offerts, soient donnés à tout travail tendant à le propager; que les meilleurs dictionnaires et grammaires de chaque langue soient *transcrits* dans le nouveau type ; que des écoles soient instituées, des études dirigées sur ce plan; que, pour l'usage des élèves, les meilleurs livres ou fragmens de livres asiatiques soient transcrits et multipliés par l'impression; et, ce qui est bien plus important, il faut que nos meilleurs livres d'Europe, traduits par d'habiles interprètes, soient également transcrits et imprimés en cette forme, un antique préjugé vante vainement la littérature orientale : le bon goût et la raison attestent qu'aucun fonds d'instruction solide ni de science positive n'existe en ses productions : l'histoire n'y récite que des fables, la poésie que des hyperboles ; la philosophie n'y professe que des sophismes, la médecine que des recettes, la métaphysique que des absurdités ; l'histoire naturelle, la physique, la chimie, les hautes mathématiques, y ont à peine des noms : l'esprit d'un Européen ne peut que se rétrécir et se gâter à cette école ; c'est aux Orientaux de venir à celle de l'Occident moderne : le jour où les hommes d'Europe traduiront facilement leurs idées dans les langues d'Asie, ils acquerront partout en cette contrée une supériorité décidée sur les indigènes en tout genre d'affaires : ceux-ci, étonnés d'entendre leurs langues parlées plus purement, lues plus couramment, écrites, apprises plus promptement par des étrangers que par eux-mêmes, voudront connaître l'instrument mécanique de ce singulier phénomène ; ils finiront par discuter, étudier notre nouvel Alfabet Européen ; la génération vieillie le repoussera ; la génération naissante l'adoptera : il se formera un schisme salutaire ; et de ce moment commencera pour l'Asie une grande et heureuse révolution morale, seule capable de la régénérer. Mais par qui s'exécuteront tant de travaux préparatoires, à-la-fois scientifiques et dispendieux? J'ose le garantir : par vous, messieurs! oui, par vous, dont l'association libre, éclairée, généreuse, placée en avant-garde sur les bords du Gange, y a élevé les premiers signaux de la civilisation. Fidèles au caractère national, vous ne repousserez point une *industrie* nouvelle, sans avoir bien examiné ce qu'elle a d'utile ou de défectueux : vous calculerez les résultats frappans de celle-ci, ne fût-ce qu'en économie sur le matériel littéraire, sur les opérations mécaniques de traduire, de copier, d'imprimer, de graver, de fondre, appliquées à toutes les branches administratives, civiles, militaires, commerciales, de votre gouvernement dans l'Inde; vous verrez dans le projet qui vous est soumis un de ces *leviers* simples, d'autant plus puissans qu'ils saisissent les résistances avant leurs développemens; et alors que vous aurez acquis la conscience de rendre un important service national et philanthropique, vous appliquerez vos judicieux et puissans moyens à le perfectionner et le mettre en activité. C'est la conscience acquise de cette utilité, messieurs, qui a excité, soutenu mon courage dans un travail digne, du moins par ses difficultés, d'obtenir votre indulgence; et c'est aujourd'hui la confiance en cette indulgence, qui m'enhardit à vous offrir ce tribut respectueux des sentimens de haute considération, avec lesquels je suis,

Monsieur le Président et Messieurs,

Votre très-humble et très-obéissant serviteur,

Comte VOLNEY.

Paris, janvier 1819.

L'ALFABET

EUROPÉEN

APPLIQUÉ

AUX LANGUES ASIATIQUES.

CHAPITRE PREMIER.

Définitions et Principes.

§ Ier.

On appelle *alphabet* la liste méthodique des lettres qui, par convention, servent à figurer *les sons élémentaires* d'une langue quelconque.

Chez les *anciens* Grecs, de qui viennent nos beaux-arts, cette *liste* commençait par A, B ; et comme ces deux lettres, en leur origine asiatique, étaient appelées *Alpha, Béta*, l'usage s'introduisit de citer ces deux premiers mots, pour indiquer toute leur suite, et l'on a fini par dire, « L'enfant étudie l'*Alpha-Béta* », de la même manière que le peuple dit chez nous, « L'enfant étudie l'*Abécé*. »

Chez les Latins, le mot *litera* (lettre), écrit d'abord *litura*, signifia une *raie*, un *trait*, formés, soit avec une pointe dure sur un corps poli, soit avec une pointe souple, enduite d'un liquide gras, coloré, que la main promène sur un corps lisse, de couleur différente (1) : or comme certaines formes et combinaisons de ces *raies* ou *traits* furent affectées à figurer les sons élémentaires du langage, le nom spécial de *litera* finit par leur rester approprié.

Au lieu de ce *mot*, les Grecs disaient *gramma*, *grammatos*, d'où est venu celui de *grammaire*, qui, d'abord en un sens direct, a désigné l'art mécanique de *tracer des lettres*, puis par extension, a signifié l'art de peindre les idées (que rappellent ces lettres), l'art d'*écrire*, dans le sens abstrait ou intellectuel.

On a donné le nom de *sons élémentaires* à ceux qui composent les mots d'une langue, et qui, formés d'une seule *émission de voix*, ne peuvent se diviser ni se décomposer, par exemple : A, O, B, D.

Les hommes studieux qui se sont occupés de l'art d'écrire, les *grammairiens*, semblent s'être accordés de tout temps à diviser ces *élémens* de la parole en

---

(1) Les anciens Latins écrivirent souvent avec un stylet d'acier sur des tablettes de bois poli, tantôt nu, tantôt garni d'une couche de cire. Chez les *Indous* modernes on écrit encore quelquefois avec un tel stylet sur des feuilles de palmier : l'on en voit des échantillons à la Bibliothèque Royale.

deux classes principales, qu'ils ont nommées, l'une les *voyelles*, l'autre les *consonnes*.

Dans la langue française, on ne peut douter que le mot *voyelle* ne vienne du latin *vocalis*, signifiant un son *vocal*, un son de la voix : cette origine serait encore plus évidente, si, comme il y a lieu de le croire, les Latins du moyen âge ont prononcé *ca*, en mouillant le *c*, et s'ils ont dit *vokialis* (*kia*, d'une seule syllabe); ajoutez que le peuple altère volontiers *a* en *e* : qu'au lieu de *panier, charbonnier, charrue*, il dit *penier, cherbonnier, chérue* ; et que probablement il a dit *vokélis* : nous verrons par la suite les causes naturelles et les exemples fréquens de ces altérations. Suivons notre sujet.

Qu'est-ce qu'une voyelle? qu'est-ce qu'une consonne?

Ici se présente un cas singulier, et qui cependant est commun à d'autres branches de nos connaissances; dès le bas âge on nous a inculqué l'usage mécanique des mots *voyelle* et *consonne* ; maintenant si nous voulons nous rendre un compte clair du sens de ces mots et de l'objet qu'ils représentent, nous sommes étonnés d'y trouver de la difficulté : par autre cas bizarre, il arrive que nos maîtres ne sont guère plus habiles; car, en remontant jusqu'aux Latins, je n'ai pas trouvé de grammairien qui ait donné de définition claire et complète de la voyelle et de la consonne. Le lecteur peut parcourir les auteurs compilés par le docte *Putschius;* feuilleter, comme je l'ai dit, les grammairiens français, depuis Jacobus Sylvius (1), les Anglais, depuis John Wallis, et les plus connus chez les Allemands, les Italiens, les Espagnols, il se convaincra que le plus grand nombre a omis ou éludé la question, et que les autres ne l'ont traitée que d'une manière incomplète et superficielle : pourquoi cela? parce que, pour la résoudre, il eût fallu connaître anatomiquement les organes qui forment la parole, étudier leur jeu mécanique en cette opération; or, les *scholastiques*, surtout chez les anciens, livrés à leurs argumentations abstraites, se sont rarement avisés d'étudier de si près la nature : ce n'a été qu'en ces derniers temps que, toutes les sciences se prêtant la main, l'on a vu des médecins porter leur esprit observateur vers cet objet, dans l'intention de soulager les *sourds-muets* (2);

---

(1) Jacques Dubois, médecin d'Amiens, qui en 1531 publia et dédia à la reine de France un traité latin intitulé *Isagoge in linguam gallicam unà cum ejus grammaticá latino-gallicá*, paraît être le plus ancien grammairien français; comme chez les Anglais, le mathématicien John Wallis, auteur en 1664 d'une *Grammatica linguæ anglicanæ*, où quelques vues judicieuses sont mêlées aux paradoxes systématiques du temps.

(2) Le premier auteur connu de ce genre est *Jean Conrad Amman*, médecin suisse établi à Amsterdam vers 1690. Il fut en relation avec John Wallis. L'épître où il développe sa théorie a été traduite en français en 1768, par *Préau de Beauvais*, médecin à Orléans, sous le titre de *Dissertation sur la parole*. C'est l'ouvrage d'un homme estimable pour les intentions, mais dont l'esprit indécis entre l'évidence des faits naturels et les préjugés d'une éducation visionnaire, est plein de contradictions, d'incohérences, et de faux aperçus.

et telle est la subtilité de ce sujet que l'on ne peut pas dire qu'ils aient entièrement réussi : néanmoins en ajoutant quelques traits à leur définition de la voyelle, nous croyons pouvoir la définir exactement de la manière suivante :

§ II.

De la Voyelle.

« La voyelle est un son simple, indivisible, émis « par le gosier (humain ou autre), lequel son affecte « l'ouïe d'une sensation uniforme, sans égard aux « tons musicaux, ni aux mesures de poésie que l'on « peut lui donner. »

Par exemple, quand je profère le son A, il n'importe que je le chante sur les divers tons de la gamme, ou que je le scande bref ou long dans les vers d'Homère ou de Virgile; l'oreille n'entendra pas moins constamment le même son A, la même voyelle A; mais si, par un léger changement dans le gosier, ou dans l'ouverture de la bouche, je profère le son E ou le son O, ce n'est plus la même voyelle que l'on entend; c'est un autre individu de la même espèce qui, à raison de sa différence, veut être peint par un signe différent, par une autre lettre que A.

De ce fait il résulte clairement que, si chaque degré d'ouverture de la bouche, si chaque forme diverse de ses cavités, si chaque état du gosier, produisent ou peuvent produire des voyelles différentes et distinctes l'une de l'autre, il pourra en apparaître, en exister un nombre plus ou moins grand, par exemple, quinze ou vingt : et réellement nous allons voir que l'analyse de quatre ou cinq alfabets, seulement de langues vivantes, en fournit presque ce dernier nombre, tellement distinctes qu'on ne peut les substituer ou les confondre, sans changer le sens des mots.

Il peut se faire que quelques disciples des vieilles doctrines prétendent que cette opinion a contre elle les décisions des anciens *philosophes,* nos maîtres, qui ont déclaré, les uns, qu'il faut compter sept voyelles, parce qu'il y a sept sons musicaux, par analogie aux sept sphères célestes : les autres, qu'il n'y a que cinq voyelles, parce qu'il n'y a dans le monde physique que cinq élémens radicaux : d'autres enfin, qu'il faut les réduire à trois, parce qu'il n'y a selon eux que ce nombre dans l'alfabet hébreu, qu'ils disent émané de Dieu même, ou parce que c'est le nombre de la triade divine de Platon, etc., etc. A ceux qui font sérieusement de telles objections nous n'avons rien à répondre, sinon que les opinions et les réputations sont des choses de circonstances, par conséquent variables comme elles : que si Platon, Pythagore, et autres visionnaires, revenaient au monde, leur philosophie serait aujourd'hui très-différente, ou leur considération tomberait nulle. Quant aux prêtres égyptiens et chaldéens, dont ils furent les disciples, il n'est pas étonnant que leur régime monastique décrit par *Porphyre* (1), en exaltant le genre nerveux à force de jeûnes, de veilles, de solitude, et de méditation, dans un climat ardent, en ait fait des rêveurs hypocondriaques, *inspirés* (selon le peuple ignorant), et délirans selon la saine médecine; ainsi donc, sans égard à leurs idées mystiques, nous disons que dans l'ordre physique, dans le système mécanique du langage, le nombre des voyelles n'est pas limité; qu'il peut s'étendre selon les habitudes des peuples, selon la finesse de l'ouie, dont les insulaires des mers du Sud nous ont offert en ces derniers temps des exemples singuliers en leurs idiomes *désossés* de consonnes.

Une difficulté nous reste à résoudre, savoir en quoi et comment le *son voyelle* diffère du son musical, lorsque d'ailleurs l'un et l'autre procèdent des mêmes organes.

Pour bien entendre cette question, il est nécessaire d'avoir une idée, du moins approximative, de la formation mécanique de la voix; je n'en ferai point une description anatomique, les gens de l'art n'en ont pas besoin, et leur nomenclature grecque serait une obscurité de plus pour la plupart de mes lecteurs, qui me dispenseront de trop de précision, pourvu qu'en résultat j'aie été clair.

Dans l'homme comme dans tous les animaux, la voix provient de la gorge, où elle est formée par un

---

(1) *De Abstinentiâ animalium.*

mécanisme compliqué mais très-ingénieux, comme tout ce que fait la nature : ce mécanisme est du genre des instrumens à vent et à *anche*, tels que l'orgue, la musette, le haut-bois, le basson, etc. Le poumon fait office de soufflet, le larynx contient l'anche résonnante, et les cavités de la bouche et du nez sont le cornet variable où se modifient les sons : je m'explique.

Le larynx est cette grosseur que chacun, se plaçant devant un miroir, le cou découvert, peut remarquer à sa gorge. C'est ce que le peuple appelle *morceau d'Adam, pomme d'Adam*. Si l'on tâte avec les doigts cette grosseur, l'on s'aperçoit qu'elle est composée de lames cartilagineuses qui en forment une sorte de petite boîte ou petit tambour, susceptible d'être haussé, baissé, resserré, dilaté, selon le jeu des muscles destinés à cet effet : de cette petite *boîte creuse*, descend d'une part vers la poitrine un tuyau également cartilagineux, appelé *trachée-artère*, qui se termine dans le poumon, et s'y ramifie en une multitude de petits tuyaux : d'autre part, en haut vers la gorge, cette boîte a une issue qui ne peut se voir par la bouche, attendu que cette issue, placée vers la racine de la langue, est encore recouverte d'une *petite* soupape mobile qui la clôt au besoin. Cette soupape est l'*épiglotte*. Ici est le jeu subtil de l'instrument. Cette soupape charnue faisant partie de la langue, et semblable à une feuille de pourpier, se couche en arrière quand on veut avaler; en se couchant elle couvre et bouche une concavité, comme celle d'un petit cuilleron dans lequel est une *fente* longue de cinq à six lignes, sur une largeur variable de demi-ligne à une ligne et demie : cette fente est la *glotte* par laquelle l'air descend d'abord dans la boîte du larynx, puis dans le tuyau de la trachée, et enfin dans les mille tuyaux du poumon. C'est à cette *glotte* ou fente que l'air fortement rechassé par le poumon, se trouvant serré par le jeu des petits muscles tendus, produit, en s'échappant de force, les vibrations des cartilages et de leurs fines membranes, dont il apporte à notre oreille la perception que nous appelons *le son*; ce *son*, à l'instant où il est produit, est immédiatement musical, parce que, soit haut ou bas, soit grave ou aigu, il correspond déjà nécessairement à un ton de la gamme; l'on peut bien dire aussi que déjà il est *voyelle*, c'est-à-dire qu'il a une des formes de *son* parlé; mais il ne l'a point nécessairement. Pourquoi cela? parce que si vous supprimez toute la cavité de la bouche et celle du nez, le *son* ne continuerait pas moins d'être entendu et d'être correspondant à un ton de la gamme, par conséquent d'être *musical*; mais il ne serait plus un *son* descriptible par aucune *voyelle*, ni applicable à aucune d'elles. Il ne serait pas encore une *voyelle* : pour devenir ce nouvel être, il faut qu'il se soit déployé dans les cavités de la bouche et du nez, qu'il y ait revêtu une des formes distinctes, sous lesquelles il arrive à l'ouïe, en lui causant des sensations diverses :

ce sont ces cavités de la bouche et du nez qui, prenant des dimensions diverses de capacité, des rapports divers de situation, concourent avec les divers degrés d'ouverture de la bouche et d'écartement des deux lèvres à mouler des ondulations de l'air sonore, et à le faire retentir de diverses manières selon les lois des cavités acoustiques.

La question résumée se trouve réduite aux deux termes simples qui suivent :

Le *son musical* est formé dans et par l'anche de la glotte ;

Le *son voyelle* se forme dans et par les cavités de la bouche et du nez.

Examinez ce qui se passe dans la formation de *o* et de *i* ; pour *o*, votre bouche forme une cavité considérable entre la langue et le palais ; c'est une sorte de voûte où le son s'arrondit et s'approfondit : pour *i* au contraire, votre langue touche presque le palais, il ne reste qu'un mince espace où le son *s'amaigrit et glapit* ; ouvrez un peu plus le passage, vous aurez une autre voyelle, par exemple, *e*, ainsi du reste. Passons à la *consonne*, qui jusqu'ici a opposé plus d'obstacle, et n'a pas été complètement éclaircie.

§ III.

De la Consonne.

Le mot *consonne* en son origine latine signifie *sonner avec* : on comprend bien que c'est avec la voyelle; mais quel est cet *être* qui sonne avec la voyelle et qui n'est pas elle? Si cet être sonne, y a-t-il deux sons, deux voyelles? non pas, disent les grammairiens, la consonne n'est pas sonore. — En ce cas, réponds-je, voilà un être qui *sonne*, et qui pourtant n'est pas sonore : expliquez-moi ce mystère. Les grammairiens me disent, la consonne est une *lettre muette*, une lettre qui de soi ne peut faire un son.

Je réponds, la consonne n'est point d'abord *la lettre* quelconque, parce que la lettre n'est que le signe fictif d'un objet donné : la consonne est cet objet lui-même; quel est-il? voilà ce que je demande. Ils finissent par dire *la consonne est une articulation, une modification*, etc.

J'analyse ces mots, et je dis qu'*articulation*, en son sens radical, signifie un *nœud* (ἄρθρον) qui joint deux choses : ici la voyelle est une de ces choses; définissez-moi l'autre. Le mot *modification* signifie manière d'être : il ne s'agit pas ici de la manière; il s'agit de l'*être* même qui se lie au son; montrez-moi cet *être*.

Le lecteur, qui trouve ici la substance de presque toutes les grammaires anciennes et modernes, s'aperçoit que rien n'est défini, et que les auteurs ne se sont pas compris eux-mêmes, faute de comprendre le fond de la chose : pourquoi cela? parce que les Latins, dont nous sommes les échos, comme ils furent les échos des Grecs, ont trouvé plus commode d'imiter la garrulité de leurs maîtres, que d'étudier l'opération de la nature en son propre instrument. Voyons si, en employant cette dernière méthode, nous n'acquerrons pas plus de véritables lumières.

Je me demande qu'est-ce qu'une *consonne*? que dois-je entendre par ce mot? je m'en propose un exemple, et prenant à la main un miroir pour étudier les mouvements de ma bouche, je prononce la syllabe *Ma* : mon oreille, qui a reçu le son *a*, s'aperçoit qu'il est précédé de *quelque chose*, qu'il s'agit de définir, parce que ce *quelque chose* est la consonne elle-même.

Je répète mon expérience plus attentivement : j'en étudie le détail; je remarque 1° que pour proférer *Ma*, mes lèvres, d'abord séparées, se sont rapprochées et jointes; qu'elles se sont mises en *contact*, et ont clos ma bouche; 2° que l'air sonore voulant en sortir a fait un léger effort, lequel, séparant mes lèvres, a porté à mon oreille la sensation du petit bruit *non sonnant*, causé par la rupture du *contact*: j'en conclus que c'est ce bruit, ou plutôt le contact même dont il dérive qui est ce qu'on appelle la *consonne*. Je prends pour autre exemple la syllabe *Ba*; j'y trouve le même mécanisme, excepté que le contact de mes lèvres a été plus serré, et que mon oreille a reçu la sensation d'un effort plus sec pour les séparer. J'examine encore la syllabe *Pa*; j'y trouve toujours la même chose, excepté que mon oreille a senti un degré de contact et de rupture plus ferme et plus fort : je m'affermis dans ma première conclusion, et je dis que la *consonne* n'est pas autre chose que le *contact* de deux ou de plusieurs parties de la bouche, rendu sensible à l'ouïe, par le bruit sourd de sa rupture.

J'étends mes recherches à d'autres exemples; j'analyse la syllabe *Fa*; j'observe que le contact se fait de la lèvre inférieure au dentier supérieur, et parce que les interstices des dents laissent filtrer de l'air pendant le contact, je dis qu'ici le contact n'est pas *clos* et entier, comme celui des deux lèvres; mais il n'en est pas moins un contact, dont je trouve les analogues dans les syllabes *va, ja, cha, za, la, ra,* etc.

Nous posons pour conclusion qu'il y a deux classes de consonnes; l'une celle des consonnes où le contact est parfaitement clos; l'autre celle des consonnes où le contact laisse échapper de l'air : les anciens qui, comme nous, remarquèrent ces deux états, ont cru les bien définir en appelant *muettes* les consonnes parfaitement closes, et *sémi-voyelles* les consonnes imparfaitement closes : mais on ne doit point admettre cette définition; car si, comme il est vrai, la voyelle est essentiellement l'*être sonore*, on ne peut donner son nom à un bruit qui ne *sonne* pas. Or ce bruit qui a lieu dans les consonnes *ja, cha, la, va,* etc., n'est autre chose que celui du *souffle*, ou *air non sonnant*, qui s'échappe par les interstices qui lui sont laissés : il est contraire au bon sens d'appeler demivoyelles ce que l'on reconnaît pour être des *consonnes;* mais il a été naturel, quand on n'a pas eu l'idée juste de l'un de ces *êtres,* d'en donner une définition fausse ou imparfaite.

Ce sont de semblable théories scholastiques qui ont causé de tels embarras pour définir et classer l'aspiration : beaucoup de grammairiens ont refusé de reconnaître son signe, la lettre *h,* pour une lettre digne de tenir place dans l'alfabet : d'autres ont voulu nier que son type fût un élément de prononciation; heureusement la question se trouve résolue par la pratique même de plusieurs nations civilisées et lettrées, dans les langues et l'écriture desquelles l'aspiration, c'est-à-dire son signe, fait constamment office de consonne : et cela à juste titre, puisque l'aspiration se compose d'un *souffle sec,* que l'oreille sait distinguer, alors même que s'y joint un son plus ou moins marqué : pour nous, en notre théorie, par cela même que ce souffle n'est pas sonnant, nous le considérons comme un corps solide en contact avec un autre (lequel est la membrane de la glotte plus ou moins tendue); et par conséquent comme formant consonne, quand une voyelle se joint à lui pour le rendre plus perceptible.

Nous pensons donc pouvoir définir d'une manière correcte et générale l'élément de la parole appelé consonne, en disant :

« La consonne est le contact plus ou moins com-
« plet de certaines parties de la bouche, telles que les

« lèvres, les dents, la langue, le palais, le voile du
« palais, lequel contact affecte l'ouie d'une sensation
« indivisible et distincte de ce qui la suit ou la pré-
« cède, soit voyelle, soit autre contact ou consonne. »

Maintenant il peut se faire que quelque lecteur, guidé par ses habitudes, présente comme une objection le raisonnement suivant : S'il est vrai que chaque contact qui frappe l'ouie d'une sensation simple et distincte soit un individu consonne, tenant sa place particulière dans l'alfabet, l'on devra donc admettre et compter autant de consonnes qu'il pourra se former de tels contacts.

Oui sans doute, cela nous semble incontestable, mais nous ajoutons que pour les consonnes comme pour les voyelles, le possible idéal est tout-à-fait oiseux à chercher; il suffit au besoin de la science de connaître ce que la pratique la plus répandue des nations rend utile et démontrable. Or, si nous trouvons que les alfabets comparés de dix ou douze langues principales, vivantes, ne donnent guère plus de vingt voyelles, ni plus de trente-deux à trente-quatre consonnes, il nous sera permis d'appeler *Alfabet général* le tableau que nous en aurons dressé, et cela, jusqu'à ce que des recherches plus étendues aient découvert de nouveaux élémens, soit dans ces idiomes, soit dans d'autres moins connus.

§ IV.

Résumé du Chapitre.

Avant de procéder à ce tableau, résumons ce que les antécédents viennent de nous donner d'idées claires, propres à nous servir de règle et de principes.

1° L'alfabet en général est une liste méthodique de lettres que l'on est convenu d'employer pour figurer les sons ou prononciations élémentaires d'une langue quelconque.

2° Les lettres sont des traits de forme déterminée, établis par convention pour rappeler aux yeux les sons fugitifs de la parole.

3° Ces sons n'étant eux-mêmes que d'autres signes établis par convention pour rappeler à l'entendement les sensations et les idées qui l'ont affecté, il s'ensuit que par un artifice ingénieux, les lettres sont devenues les signes des idées, les instrumens de la pensée.

4° Tous les élémens de la parole paraissent se réduire à deux branches distinctes : l'une, le son indivisible de la voix, ce que l'on appelle *voyelle*; l'autre, le contact également indivisible de quelques parties solides de la bouche, ce que l'on appelle *consonne*.

5° Lorsque ces deux élémens sont unis l'un à l'autre, ils forment ce que l'on appelle une *syllabe*, mot qui, dans son origine grecque, signifie *union de deux choses dont l'une enveloppe l'autre*, de manière que les deux ensemble forment une chose complète (1).

6° La syllabe a plusieurs manières d'être ou de se présenter : si elle se compose d'une consonne suivie d'une voyelle, c'est une syllabe directe, par exemple : bé, po, da.

7° Si la voyelle vient la première, suivie d'une consonne, c'est une syllabe inverse, par exemple : ab, id, od.

8° Enfin, la syllabe peut se composer d'une voyelle entre deux consonnes, par exemple, rat, bac, mol : cet état se désigne assez bien par l'épithète de syllabe *close* ou *fermée*; de syllabe *parenthèse*, vu la ressemblance de cette figure (=), où les deux crochets représentent les deux consonnes. Les Orientaux, chez qui ce genre de syllabe donne lieu à d'importantes règles de grammaire, s'en sont beaucoup occupés, comme nous le verrons.

9° Dans le sens strict du mot *syllabe*, la consonne

---

(1) Συν-λαϐή, *simul comprehensa* (res), vient de συν-λαϐέω, *simul unàque capio*. On dirait que les inventeurs de cette expression ont eu l'idée d'un fruit, tel que *la noix*, et surtout *la moitié* de la noix, dont l'écorce creuse, et sans vie par elle-même, enveloppe le fruit qui lui donne sa valeur. Séparez le fruit de l'écorce, elle reste un corps sans action, sans *vie* : n'est-ce pas une image de la consonne, qui, privée de la voyelle, est *muette* ou *morte*, selon l'expression des grammairiens occidentaux, et *quiescente*, ou *privée de mouvement*, selon les grammairiens orientaux, ainsi que nous le verrons ?

seule n'en peut former une, puisque sans voyelle c'est un être *muet*; mais les grammairiens ont dit, et semblent avoir droit de dire, que la voyelle *seule* peut former *syllabe*, parce que, quoique seule, elle forme une *portée de voix* complète, une prononciation entière, telle qu'est la *syllabe*.

10° Maintenant, quant aux lettres, alors que les *voyelles* et les *consonnes* sont des êtres simples non divisibles à l'ouïe, il s'ensuit que leurs signes représentatifs, dans un système alfabétique bien organisé, doivent participer à leur nature : par conséquent, il doit être de principe général et constant que chaque voyelle, chaque consonne ait pour signe représentatif une *seule* et *même* lettre appropriée, invariable, et qu'une lettre ainsi appropriée ne puisse jamais servir à figurer un autre modèle.

11° Il s'ensuit encore qu'une seule voyelle, une seule consonne ne puisse jamais être figurée par deux ou par trois lettres : comme, par inverse, une lettre seule ne doit jamais représenter deux voyelles, ni deux consonnes, ni même une syllabe, puisque la syllabe est composée de deux élémens.

12° En un mot, la perfection de l'alfabet consistera à ne donner à tous et chacun des élémens prononcés qu'autant de signes qu'il y aura de modèles ; et l'écriture sera un tableau représentatif si exact, si scrupuleux de la prononciation, que tous les détails de celle-ci se trouveront retracés strictement et complétement dans celui-là.

Après l'exposition de ces principes, que nous croyons d'une évidence et d'une simplicité incontestables, ce serait un travail curieux et instructif que de passer en revue les divers alfabets de l'Europe, pour leur en faire l'application, et montrer jusqu'à quel point ils s'en écartent ou s'y conforment : le lecteur ne verrait pas sans surprise que des peuples, fiers de leurs progrès dans les sciences et les arts, soient restés si fort en arrière dans la science la plus élémentaire de toutes, dans celle même qui sert de base à l'édifice si vaste, si compliqué de la civilisation ; car sans l'alfabet, sans ces *petits pieds de moucho* (les lettres), que l'on est tenté de mépriser, où seraient nos bibliothèques, nos précieux recueils de lois, nos livres de morale, de mathématiques, de physique, de poésie, nos dictionnaires, nos grammaires, nos imprimeries, nos manuscrits ? que serait le langage lui-même, quand nos grammairiens ont démontré qu'il n'a dû son développement qu'à l'heureuse invention des signes fixes par qui la mémoire vacillante et fugace s'est fait un solide et permanent appui ? N'est-il pas clair que sans l'alfabet l'espèce humaine serait encore, sinon tout-à-fait barbare, du moins très-peu développée en civilisation ? et si, par la suite de nos recherches, nous venions à prouver que l'alfabet cru primitif, celui des Phéniciens, est bien plus grossier, plus imparfait qu'on n'a voulu le croire, ne sera-ce pas une autre preuve de cet état général de l'esprit humain à l'époque où il fut inventé? L'homme, fatigué de son ignorance, mécontent des équivoques, des confusions du genre de peinture mal à propos nommée écriture hiéroglyphique, se saisit avidement d'un instrument qu'avec raison il jugea plus efficace, plus heureux; il l'employa sitôt qu'il le trouva capable de service, sans se donner le temps de le porter à plus de perfection: les habitudes s'établirent, et il a fallu que des secousses accidentelles vinssent ensuite les rompre, pour que les inconvéniens sentis par expérience fissent soumettre l'art à un nouvel examen.

On peut dire que depuis l'adoption, et en même temps la modification de l'alfabet phénicien par les Grecs, aucune amélioration, aucun progrès n'a été fait dans la chose. Les Romains, vainqueurs des Grecs, ne furent à cet égard, comme à bien d'autres, que leurs imitateurs. Les Européens modernes, vainqueurs des Romains, arrivés bruts sur la scène, trouvant l'alfabet tout organisé, l'ont endossé comme une dépouille de vaincu, sans examiner s'il allait à leur taille: aussi les méthodes alfabétiques de notre Europe sont-elles de vraies caricatures: une foule d'irrégularités, d'incohérences, d'équivoques, de doubles emplois, se montrent dans l'alfabet même italien ou espagnol, dans l'allemand, le polonais, le hollandais. Quant au français et à l'anglais, c'est le comble du désordre: pour l'apprécier, il faut apprendre ces deux langues par principes grammaticaux; il faut étudier leur orthographe par la dissection de leurs mots.

L'inconvénient de cet état de choses est d'autant plus grave, que, outre la difficulté d'apprendre l'idiome lui-même, il y a danger et presque impossibilité d'y porter remède : car si l'on veut plier l'orthographe vieillie à la prononciation nouvelle et variable, on efface la trace précieuse des origines étymologiques. Je laisse donc aux grammairiens de chaque langue d'Europe l'honorable mais épineux travail d'en réformer l'alfabet, et me bornant à la tâche que je me suis créée dans une direction nouvelle, je vais retirer de ces diverses langues toutes les prononciations, voyelles et consonnes, qu'elles contiennent; en dresser un tableau régulier et complet dans l'ordre que dicte la nature des choses; ensuite, par la confrontation de ce tableau à celles des langues orientales que je connais, et par l'addition des prononciations différentes et nouvelles qu'elles me fournissent, dresser sinon un alfabet général, du moins un premier essai, qui déja sera un instrument d'une extrême commodité, et d'une application aussi facile qu'utile à l'universalité des langues.

CHAPITRE II.

Recensement de toutes les Voyelles usitées en Europe.

§ Ier.

Origine commune des Alfabets de l'Europe moderne.

On sait que les alfabets de l'Europe moderne ne sont que l'alfabet latin adapté aux idiomes nouveaux qui, après le démembrement de l'empire romain, se formèrent du mélange de la langue du peuple vaincu avec les dialectes *scytho-gothiques* que parlaient les sauvages vainqueurs venus du Nord. Il fallut du temps pour former ces jargons : lorsqu'enfin ils eurent pris quelque consistance par plus de fixité dans les gouvernemens, les gens d'église et d'administration ne tardèrent pas de vouloir écrire ce qui était parlé. Ces écrivains se trouvèrent embarrassés par des prononciations que le grec et le latin nomment *barbares*, c'est-à-dire hors de leurs habitudes. Ils remarquèrent des voyelles et des consonnes nouvelles, inconnues à la langue savante : on sentit la nécessité de les peindre par des signes particuliers ; mais parce que, dans l'état d'ignorance générale qu'avaient amenée des guerres continues, personne ne possédait les principes d'une science aussi subtile, aussi délicate que celle de la grammaire en ses élémens, les écrivains de chaque nation, la plupart *moines*, firent sans beaucoup de discernement des comparaisons de sons, des combinaisons de lettres, qui, aujourd'hui soumises à un examen judicieux, ne présentent qu'incohérence et désordre. En outre, comme les peuples furent isolés par un état permanent d'hostilité, la formation de leur alfabet se fit d'après des idées diverses : une même prononciation fut peinte par des lettres différentes, et une même lettre servit à peindre des sons différens. Aujourd'hui que les communications, devenues faciles, ont rendu ces discordances plus saillantes, et, qu'en lisant les mêmes mots, on s'est aperçu que l'on ne s'entendait pas, l'on a commencé de sentir le besoin d'un type uniforme, d'un modèle régulier et commun, auquel on pût rapporter tous les points individuels qui en divergent. C'est en cette intention, et pour arriver à ce premier but, que j'ai dressé le tableau suivant de toutes les prononciations qui me sont connues en Europe, rangées en un ordre méthodique nouveau, fondé sur une étude réfléchie des analogies ou des dissemblances.

§ II.

Détail des Voyelles européènnes.

Pour rendre intelligible au lecteur les diverses prononciations soit voyelles, soit consonnes, dont je veux lui exposer le tableau, je ne puis employer ni la méthode de ceux qui croient pouvoir fabriquer des automates parlans, à l'imitation de l'automate flûteur de Vaucanson (1), ni la méthode des instituteurs de sourds-muets, qui, comme le médecin Amman, croient pouvoir décrire les voyelles et les consonnes par la position anatomique que prennent les organes de la bouche pour former chacune d'elles. Quiconque étudiera ce sujet avec attention se convaincra que dans l'acte de la parole, la nature agit par des nuances trop fines, trop subtiles, pour être traduite par des moyens si mécaniques. Je n'en connais qu'un seul efficace; c'est d'entendre les prononciations de la bouche même des personnes qui en ont l'habitude : et telle est la délicatesse de la chose en

---

(1) Un livre récent et digne d'estime, intitulé *Éducation physique de l'homme,* un volume in-8°, 1815, chez Treuttel, m'indique, à son chapitre IX (où il traite de la parole), un essai de ce genre, fait par *Kempeln*. Je ne puis le juger, ne sachant pas l'allemand ; mais si Kempeln n'a trouvé que douze voyelles en Europe, et si dans les consonnes il juge que *p* n'est pas la forte de *b*, selon les citations de M. Friedlander on a lieu de croire qu'il n'est pas dans la route du vrai.

elle-même, que, si cette habitude n'a pas été contractée dès le bas âge, les organes deviennent avec le temps inhabiles, et comme rebelles à les proférer : nous en avons l'exemple dans les Espagnols et les Italiens, pour qui la prononciation de l'*u* (dans *mur, futur*), si facile aux Français et aux Turcs, est d'une extrême difficulté : les Français, les Allemands, les Italiens, élèvent la même plainte contre le *th* anglais, si facile à cette nation, ainsi qu'aux Grecs et aux Espagnols. Les Anglais de leur côté, commes les Français, se récrient sur la dureté apparente du *jota* espagnol ou *ch* allemand (dans *buch, nacht*), etc. Je supposerai donc que mon lecteur est exempt de ces préjugés, et qu'il a la connaissance acquise, ou la possibilité de connaître par consultation auriculaire les voyelles et consonnes que je vais recenser. Je commence par les voyelles.

D'après les recherches que j'ai faites sur ce sujet, il me semble que le nombre total des voyelles diverses usitées dans les langues d'Europe ne se monte pas à plus de dix-neuf, y compris les quatre *nasales*. Voyez le tableau des voyelles, à la fin de ce chapitre.

Dans ce tableau, je n'ai point disposé leurs *signes*, c'est-à-dire les *lettres*, selon l'usage accoutumé ; parce que le mélange des voyelles et des consonnes qui a lieu dans tous nos alfabets est une confusion de choses essentiellement différentes, qui tend à prouver que l'alfabet primitif dont ils dérivent n'a point été une invention systématique, dressée par calcul de principes, et organisée d'un seul et même jet ; mais plutôt le résultat progressif d'un premier aperçu, peut-être autant fortuit qu'ingénieux, dont l'auteur se serait hâté de faire l'application pratique, sans prendre le temps, ou sans avoir l'art de bien connaître les élémens philosophiques de sa chose : ce que les anciens nous disent d'un premier alfabet qui n'aurait eu que seize à dix-huit lettres, viendrait à l'appui de mon idée.

J'ai conservé l'A en tête des voyelles, non à raison du droit divin que lui attribuent d'anciens rêveurs scholastiques, qui, ne comprenant rien à l'origine naturelle des choses, ont partout supposé des causes fantastisques, et ont voulu que l'alfabet fût une invention du dieu *Thaut* ou du dieu *Ménou*; ni parce que de prétendus physiciens l'ont regardé comme le premier *son naturel* proféré par l'homme en naissant, comme si les accoucheurs n'attestaient pas que sur vingt enfans nouveau-nés, dix crient en Ê quand dix crient en A ; et comme s'il était probable que l'observateur subtil qui le premier s'avisa de peindre les sons, n'eût pas eu des motifs d'intérêt personnel autrement stimulans que la fade curiosité de guetter les enfans à naître, pour savoir comment ils crient. De si puériles raisons prouvent seulement l'enfance du raisonnement dans leurs auteurs ; et comme il vaut mieux avouer franchement ce qu'on ignore, que de fausser son jugement par de sottes croyances, nous dirons que personne n'a encore deviné pourquoi la lettre A se trouve en tête de tous les alfabets : et cependant nous lui conservons cette place, ne fût-ce que parce qu'étant le signe d'une voyelle *ouverte*, elle nous offre le moyen de passer de proche en proche des plus *ouvertes* aux plus *serrées*.

Nos grammairiens français sont d'accord que la lettre A, quoique seule de son espèce en notre alfabet, peint réellement deux voyelles bien distinctes l'une de l'autre dans la prononciation : l'une de ces voyelles se trouve dans les mots *Paris* (ville), *ami*, *attaqua*, *frappa*, *patte* (d'oiseau), *tache* (d'huile); on appelle bref cet *a*, et l'on a tort; car il peut se solfier aussi bien sur une note blanche que sur une double croche. Le nom d'*a* ouvert ne le qualifie guère mieux, car on peut le faire entendre en ouvrant très-peu la bouche, comme l'avouent les observateurs.

C'est une véritable difficulté que de donner des épithètes aux voyelles, de vouloir les caractériser par la sensation qu'elles causent, ou par leurs moyens de formation. D'autre part, les classer géométriquement, comme a fait le mathématicien anglais *John Wallis*, qui compte trois *labiales*, trois *dentales* trois *palatales*, est une erreur aussi manifeste en son prétexte qu'inutile en sa pratique. Ce classement est vrai pour les consonnes, comme nous le verrons, et sans doute c'est ce fait qui a suscité l'idée de *Wallis*; mais son application aux voyelles est d'autant plus fausse, que plusieurs d'entre elles peuvent se faire entendre *les mêmes*, quoique l'on ait changé l'ouverture des lèvres et de la bouche, ainsi que l'avoue le médecin Amman (1). On ne peut donc désigner que par des épithètes de pure convention les diverses voyelles que peint une même lettre, et comme la chose importante est de bien s'entendre, nous proposons d'appeler petit *a*, ou *a* clair, l'*a* prononcé dans les mots *Paris*, *ami*, *frappa*, etc. Nous verrons par la suite le motif et l'utilité de ces noms.

Cet *a* clair est le plus habituel de la langue italienne et du haut dialecte allemand qui domine en Saxe ; il est aussi très-fréquent dans la pronociation anglaise, et cependant il n'a aucun représentant dans l'alfabet de cette langue ; car sur la lettre *a* les Anglais épellent notre *e* : sur *e* français ils prononcent *i*, sur *i* ils prononcent la diphtongue *ai*, ce qui est un contre-sens ; aussi n'est-il point d'Anglais instruit qui n'avoue que l'alfabet de sa langue est un cahos d'irrégularités : par esprit de justice, j'en dirai autant de l'alfabet français et de son système orthographique ; en sorte qu'ici nous avons le phénomène bizarre des deux peuples de l'Europe qui, ayant le plus et le mieux cultivé l'art du langage, ont le système le plus absurde de le peindre. Quels progrès eût donc fait leur littérature, quelle extension eût pris leur langage, si leur système d'orthographe eût eu seulement la demi-perfection de l'orthographe italienne et castillane ?

---

(1) Page 218.

TABLEAU GÉNÉRAL
DES VOYELLES USITÉES EN EUROPE.

N°ˢ	FIGURE.	DÉSIGNATION.	EXEMPLES.		
			EN FRANÇAIS.	EN ANGLAIS.	EN ALLEMAND.
1	a	clair, ou bref, petit *à*	Paris (patte d'oiseau), mal.	h*a*bit, r*a*bbit, s*a*d, m*a*d.	*a*labaster, *a*bend.
2	â	profond, ou long, grand *â*	âme, âge, pâté (de farine), mâle, (sexe).	f*a*ll, c*a*ll, l*a*w, bec*au*se.	*aa*l (anguille), *ah*l (alène): surtout dans le bas-allemand.
3	o	clair, ou bref, petit *o*	odorat, hotte (d'osier), molle (cire), sol.	r*o*d, g*u*t, n*u*t, c*u*t, l*u*ll.	*o*ch, *o*ft.
4	ô	profond, ou long, grand *ô*	hôte, haute, môle, saule, pôle.	r*oa*d, g*oa*t, n*o*te, c*oa*t, f*oe*, wh*o*le.	han*o*ver, cr*o*berer, p*o*hle.
5	où	bref, petit *ou*	chou, sou, trou.	g*oo*d, w*oo*d.	g*u*t; en général *u* dans le haut-allemand.
6	oû	profond, grand *oû*	voûte, croûte, roue, boue.	r*u*le, b*oo*k, sh*oe*, m*o*ve.	*uh*, b*uh*le, b*uh*len.
7	eù	clair, guttural	cœur, peur, bonheur.	très-rare (se trouve dans Burr.)	*ö* tödten, göthe, stöcke.
8	eux	profond, creux	eux, deux, ceux.	manque.	*öh* höhe.
9	e	muet, féminin	borne, gronde, ronde.	rul-*e*, mov-*e*, prov-*e*.	bind*e*, blatt*e*.
	...	e gothique	que je me repente.	s*i*r, b*i*rd, wat-*e*r, mill-*e*r.	wass-*er*, ab-*er*, bab-*en*.
10	e	ouvert	fête, faîte (de toit), mer, fer.	n*ai*l, wh*e*re, f*ai*r, b*ea*r.	*ä*, *ä*lter, *lä*ben, *bä*ten.
11	ée	s (sans nom) æ, ĕ	née, nez.	t*a*ke, m*a*ke, sc*a*le, g*a*te.	*eh*, st*eh*len, s*eh*en, s*ee*.
12	é	masculin	né, répété.	r*e*d, b*e*d, h*ea*d.	*e*twas, b*e*sser.
13	i	bref, petit *i*	midi, imité, ici.	sp*i*rit, h*i*ll, st*i*ll, m*i*ll, *i*t.	b*ä*te, g*i*ft.
14	î	long, grand *î*	île (en mer), la bîle.	h*ea*t: n*ee*l, st*ea*l, m*ea*l, *ea*t.	*ih*nen, *ih*rer.
15	u	français et turc	hutte, chutte, nud.	manque.	*ü*, *ü*ber, *ü*ben, f*ü*chs.
16	an		pan (de mur).		*an*ker.
17	on	(nasales)	son (de voix).		*on*kel.
18	in		brin (d'herbe), pain, pin, peint.		
19	un		un, chacun.		

La deuxième voyelle figurée par *a* se prononce dans les mots français *âme*, *plâtre*, *gâte*, *pâte*. C'est à tort qu'on l'appelle *a* long, car il peut se solfier aussi bref que l'autre : l'épithète de *a* profond ou creux lui convient mieux, parce que réellement il porte cette sensation à l'oreille, et que pour le prononcer la bouche forme une plus grande cavité, surtout vers son fond.

La différence que nous signalons entre *à* clair et *â* profond est tellement réelle, que si l'on prononce l'un au lieu de l'autre, le sens des mots en certains cas sera changé : par exemple, lorsqu'on fait entendre à mon oreille (sans que je voie l'écriture) ces deux mots *màl faible*, je conçois *douleur faible* : si l'on me fait entendre *mâl faible*, je conçois un être masculin faible : si l'on dit *patte*, j'entends *patte d'oiseau* : si l'on dit *pâte*, j'entends *pâte de farine* : si l'on dit *tàche*, j'entends *tache d'huile* : si l'on dit *tâche*, j'entends *tâche de travail* : *bal*, j'entends la danse ; *bâl*, j'entends la ville de *Basle*, etc.

De semblables différences ont lieu en anglais, par exemple, *fat* signifie gras ; *fought*, qui se prononce *fât*, signifie combattu : l'orthographe ne fait rien à la chose.

Les grammairiens français qui, dès le temps de François Ier, remarquèrent l'inconvénient de n'avoir qu'un signe pour deux sons, conçurent le dessein d'y remédier : *Jacobus Sylvius* proposa des accents, et après lui peu à peu s'est introduit l'usage de distinguer *a* clair par les accens *à á*, et *a* profond par l'accent circonflexe (*â*), ce qui en fait deux lettres réellement différentes.

L'écriture anglaise, qui n'a point admis l'utile expédient des accens (1), laisse sur la lettre *a* la triple équivoque d'être ou *a* clair, comme dans *rábit* (lapin); ou *â* profond comme dans *hâll* (salle); ou *ée*, *ez*, comme dans *make*, *take* (qu'un Français doit dire *mée-ke*, *tée-ke*); ou même comme *é* masculin dans *surface*, *stomach* (prononcez *sorfèce*, *stomék*). Par un autre vice d'alfabet, cette écriture donne deux signes ou lettres à l'indivisible son *â* dans les mots, *law*, *thaw*, *raw*. *L'habitude apprend tout*, dit-on, *à Londres, comme à Pékin*: cela est vrai, mais le travail inutile use les forces et dévore le temps.

L'*â* profond est d'un rare usage chez les Italiens et chez les Allemands du *haut dialecte*; il est au contraire habituel dans le *bas dialecte*, qui se parle en Bavière, le long du Rhin, dans le pays de Hambourg, les provinces prussiennes, etc. En France, l'*â* profond domine dans nos provinces du nord, tandis que *à* clair domine dans le midi: ce qu'un Normand prononce *bâteau*, *báron*: un Languedocien le prononce *báteau*, *báron*, l'observation d'une juste mesure constitue le bon accent, la diction élégante, dont la

---

(1) Et cependant Wallis dans sa grammaire nous en produit trois, savoir, â, á, ò. Ce sont sant doute les imprimeurs qui, pour la prétendue beauté des planches, les auront fait disparaître.

capitale passe pour être le tribunal et le foyer, encore que le peuple n'y prononce pas correctement.

Deux autres voyelles également distinctes sont représentées par la seule lettre *ó*. L'une (troisième de mon tableau), est *ó*, que j'appelle *ó* clair, petit *ó*, prononcé dans les mots français *dóré*, *bródé*, *fróttè*, et dans les mots anglais *nót*, *clock*, *top*, *but*, *cut*, *shut*, *rod*. L'analogie de cet *ó* avec *à* clair est assez marquée pour que les instituteurs de la langue anglaise conseillent aux Français de prononcer de la gorge un *à* au lieu d'un *ó*, dans les mots *offer*, *often*, *office* : il est certain que l'on peut émettre un son qui laisse l'oreille indécise de savoir s'il est *à* ou bien *ó* ; mais pour sentir cela, et pour l'imiter, il faut l'entendre et le bien écouter.

Ó clair, ou petit *ó*, est le plus usité, et, pour ainsi dire, le seule de la langue italienne, qui d'ailleurs le prononce long ou bref à volonté. Comme les Français et les Anglais ont l'habitude de le prononcer plus profond, il en résulte dans leur prosodie italienne un vice d'accent, qui décèle toujours leur qualité d'étrangers.

A cette occasion je remarquerai, qu'entre les Anglais d'une part et les Italiens de l'autre, il y a cette différence notable dans la prononciation de toutes les voyelles, qu'elles ont un son plus clair chez les Italiens, parce que leur bouche plus ouverte laisse passer plus librement le son, qui, de la gorge vient droit frapper l'oreille avec éclat; tandis que chez les

Anglais, les lèvres moins écartées, surtout des deux côtés, retiennent une partie du son entre la langue et l'arrière-palais, où il retentit comme en une concavité, ce qui lui fait porter à l'oreille une sensation de *creux* et de *profond*. La cause de cette différence nationale ne serait-elle pas que l'habitant de l'Italie, vivant sous un ciel tempéré, même chaud, a pris l'habitude de respirer largement un air frais et pur; tandis que la race anglo-saxonne, ayant toujours vécu sous un ciel humide et froid, a dû craindre de humer un air désagréable, nuisible surtout aux dents, et prendre par conséquent l'habitude de prononcer du fond de la bouche en serrant les lèvres. C'est à de telles causes physiques que sont dues bien des habitudes nationales : dans le cas présent, les Français, qui tiennent le milieu de toute manière entre les deux peuples dont je parle, en sont une autre preuve.

Le second *ó* (quatrième voyelle du tableau), est le son que j'appelle *ó* profond, grand *ó*, prononcé dans les mots français *pôle*, *môle*, *fantôme*, *saule*, *baume*; et dans les mots anglais *bold* (hardi), *cold* (froid), *coat* (habit), *goat* (chèvre), *road* (route).

La plupart des grammairiens l'ont appelé *ó* long, mal à propos, ce me semble, puisqu'il peut se solfier bref: l'épithète de *profond* le caractérise mieux, en ce que réellement la bouche, pour le prononcer, forme vers l'arrière-palais une cavité qui lui donne un son creux.

Cet *ô* profond qui a de l'analogie avec l'*â* profond, diffère comme lui du son clair, dont il partage le signe (*ó*) : la preuve en est que si vous dites *côte*, on entendra *côte* d'animal, ou colline ; si vous dites *cóte*, on entendra une *cotte d'armes*, une cotte de mailles : si vous dites *sóte*, c'est une épithète ; si vous dites *sôte (saute)*, c'est l'action de sauter : de même *hôte* (pour *panier*), ou *haute* (pour l'élévation), ou *hôte* (pour la personne qui loge), etc. (1).

De semblabes différences existent chez les Anglais : si vous leur faites entendre *ród*, c'est une *baguette* ; si vous prononcez *rôd* (road), c'est une *rouie* ; si vous dites *cót* (cut), c'est *coupé* ; *côt* (coat), c'est *vêtement* ; *bót* (but), c'est la particule *mais* ; *bôt* (boat), c'est un *bateau* ; *gót* (gut), c'est *intestin* ; *gôt* (goat), c'est *chèvre*, etc.

Dans l'écriture de ces deux langues, c'est un vice commun de peindre ce son simple par des combinaisons de lettres, comme en français *eaux*, *hauts* ; en anglais *oa*, *foe* ; *toé*, qui ne représentent que *ô*.

Ainsi que son analogue *â*, l'*ô* profond est assez peu fréquent dans la prononciation italienne et dans le haut-allemand : il domine au contraire dans le bas-allemand. Chez les Français, les habitans du

---

(1) C'est pour cette raison que l'oreille dans la poésie n'aime pas que l'on rime *ó* bref avec *ô long*, comme dans ces vers :

> Le bonheur n'est pas sur le trône,
> La médiocrité nous le donne.
>
> (Dorat, fable de la Linotte.)

nord le prononcent très-souvent là où ceux du midi prononcent *ó* clair. Un Normand, un Flamand disent *vôtre, nôtre;* un Languedocien, un Gascon disent *nóttre, vóttre.*

Une cinquième voyelle est *ou* dans les mots français *cou, clou, genou, chou* (légume). Les Allemands, les Italiens l'écrivent par *u* seul, et quelquefois aussi les Anglais; par exemple, dans le mot *rule*, (règle): d'autres fois par *oo;* dans *tool* (outil), *cook* (cuisinier). Chez eux comme chez nous, c'est un vice d'orthographe de donner plusieurs lettres à cette voyelle qui est un son aussi simple que *o* et que *a;* car on ne saurait diviser *ou* en deux.

D'autre part, je dois remarquer que dans les mots français *cou, clou, genou, chou*, le son n'est pas réellement le même que dans les mots *roux, doux, roue, boue:* on pourra dire qu'en ces derniers, *oú* semble plus long que dans les premiers; cependant si l'on y fait attention, l'on peut prononcer l'un aussi bref ou aussi long que l'autre: le fait est que pour prononcer *oú* dans les mots *roux, doux, boue*, etc., les lèvres s'avancent davantage en se resserrant comme pour faire la *moue*, tandis que cela n'a pas lieu dans les mots *cou, clou, chou*. Par la suite nous trouverons la différence de ces deux *ou* très-marquée, et pour ainsi dire *constituée* dans les langues orientales; et par cette raison, dès ce moment nous en ferons la distinction, en appelant *óu* clair et petit *óu*, la voyelle des mots *cou, clou*, etc.: *oú* profond, grand *oû*, la voyelle des mots *doux*, *roux*, qui me semble identique à celle des mots anglais *rule*, *tool*, *cook*.

Une septième voyelle est *eù* dans les mots français *peur*, *cœur*, *bonheur* : cette voyelle manque aux Italiens et aux Anglais, et cependant mon oreille croit l'entendre chez ceux-ci dans les mots *burr* et *furr*. Elle a lieu chez les Allemands, qui la peignent *ö*, et qui écriraient notre mot *cœur* de cette manière (*kör*) : cette voyelle, quoique figurée en français par deux, et quelquefois trois lettres (comme dans les mots *cœur*, *sœur*), n'en est pas moins un son aussi simple que *a*, que *o*, etc. : je l'appelle *eù* clair, *eù* ouvert, pour le distinguer du suivant :

Huitième voyelle. *Eu* dans *eux*, *ceux*, *Dieux*, *mieux*. On se trompe lorsqu'on croit cette voyelle plus longue que la précédente : elle peut se solfier aussi brève : sa vraie différence est d'être plus *profonde*, plus *creuse*. Il suffit, pour s'en convaincre, de bien s'écouter en prononçant : *le cœur*, et *je veux*; *j'ai peur* et *je peux* : les Allemands prononcent cette voyelle dans *stöbern*, chasser ; *tödten*, tuer ; *stöcke*, bâton, etc.; ils la peignent à volonté, en ajoutant une *h* après *ö* : par exemple, ils écriraient *föh*, pour *feux*. Les Anglais et les Italiens n'ont pas cette prononciation.

Entre cet *eù clair* dans *cœur*, et *eù profond* dans *feux*, toute oreille exercée distingue encore un autre son *eu*, qui n'est ni l'un ni l'autre : par exemple, dans le mot *peu*, *eu* n'est ni comme dans *peux*, ni comme dans *peur*. On pourrait à la rigueur dire que cet *eu* est une autre voyelle, mais je n'insiste pas sur une nouveauté qui serait peu utile. Voyons une huitième voyelle.

La lettre *E*, commune à toute l'Europe, sert chez les Français à peindre jusqu'à quatre voyelles parfaitement distinctes; savoir : 1° *e* muet; 2° *é* ouvert; 3° *é* fermé ou masculin; 4° *ée* ou *ez*, qui n'a point de nom; nous allons les décrire.

Je classe pour neuvième voyelle l'*e*, qu'en français on appelle *e muet*, sans doute parce que, toujours placé à la fin des mots, il peint un son expirant qu'à peine on doit entendre : le mot étant terminé par une consonne, si on la prononçait *close*, c'est-à-dire sans qu'elle fût suivie d'une voyelle, la bouche resterait fermée, et, dans beaucoup de cas, la consonne ne serait point entendue : par exemple, si des mots *frappe*, *jappe*, on ôte l'*e* final, les lèvres resteront closes sur *p* : or, parce qu'un mécanisme naturel engage toujours le parleur à faire sentir ce *p*, en laissant sortir un *son* léger après lui, les premiers grammairiens ont avec raison trouvé convenable de peindre ce *son* mourant par un signe qu'aujourd'hui nous appelons *e* muet. C'est à raison de ce mécanisme naturel que cet *e* a lieu également chez les Anglais, dans tous les mots terminés en *e*, par exemple *pile*, *rime*, *style*, etc. Il n'existe pas chez les Italiens, ni chez les Espagnols; mais je le trouve chez les Allemands, jouant comme chez nous un autre rôle où il cesse d'être muet, sans changer de figure, et sans que les grammairiens aient noté sa métamorphose (1).

En effet, écoutons au théâtre un poëte ou un acteur déclamer avec l'accent convenable ces mots :

Que je me repente......

Le grammairien aura beau nous dire que l'*e* final de chaque mot est un *e* muet, notre oreille protestera qu'elle entend distinctement une voyelle sonore, qui tient de *eu* et de *ó*, sans être ni l'un ni l'autre ; qu'ensuite nous écoutions avec attention les mots allemands *wasser* (eau), *zimmer* (fleur), *elter* (plus âgé), et les mots anglais *water* (eau), *matter* (matière), *sylver* (argent), nous sentirons que tous ces *e* portent à notre oreille la même sensation que celle des mots français cités, et beaucoup plus forte que celle de l'*e* muet proprement dit, dans *frappe*, *trompe*, etc.

Je viens de dire que dans la prononciation poétique des mots *que je me repente*, le son *e* tient de *eu* et de *ó* clair ; réellement, en remontant à son origine, je crois en trouver la preuve dans une altéra-

---

(1) Je dois excepter *Anthoine Oudin*, secrétaire-interprète du roi, qui, dans sa grammaire dédiée au comte de Waldeck (1645), outre l'*e muet féminin*, remarque qu'il y a un autre *e*, ressemblant à *eu*, lequel se fait sentir dans les mots *me*, *que*, *je*, *ne*; Oudin aura dû cette observation à la connaissance qu'il avait de la langue allemande.

tion que les mots de la langue *romane* ont subi en passant dans la bouche des *Franco-Germains* : ce que cette langue *romane* prononçait *bono, rondo, grando*, comme on le dit encore en Provence, les *Francs* le prononcèrent *bone°, ronde°, grande°*, en appuyant sur E final, et le prononçant comme dans *wasse°r, elte°r, zimme°r;* et si l'on y fait attention, le mot *wasser*, allemand, prononcé *wassre*, à la française, en faisant bien sonner l'*E* final, n'a de différence que dans la position de cet *e* avant ou après *R*.

D'après ces remarques, il me semblerait convenable de ne pas donner à l'*E* muet, lorsqu'il expire, le même signe que lorsqu'il est fortement exprimé ; et comme en ce dernier cas je le trouve d'origine *gothique ou allemande*, je proposerais de lui affecter la figure que lui donne cet alfabet, et que nous avons maintenue dans notre écriture de *ronde* (l'*e*). Nous réserverions au véritable *E* muet expirant son habituelle figure de *E* nu.

Je retrouve cet *e* gothique dans tous les infinitifs allemands, finissant en *en*, comme *haben* (avoir), *läben* (vivre), *schlafen* (dormir), etc.

Je le trouve encore bien caractérisé dans les mots anglais *sir, bird, shirt*, et même dans la syllabe *ure* des mots *pleasure, measure* (prononcez *pléjer, méjer*), et encore dans la syllabe *on* des mots *bacon, fashion, faction, nation*, (prononcez *fachen, née-chen*, etc.) (1).

---

(1) A la manière dont j'ai ouï les trois Indiens à Paris pro-

Dans notre langue française, le bas-peuple, qui conserve souvent les vieux usages, semble avoir gardé la trace de l'origine romane que j'ai indiquée : dans le midi, vous entendrez les enfans crier ma *mērŏ*, mon *pērŏ*; vers le nord, ma *mēre*, mon *pēre*, et vers la Bretagne et le Maine, ma *mēran*, mon *pēran*.

Les anciens grammairiens français, en donnant au véritable *e* muet le nom de *e* féminin, semblent avoir eu pour raison que dans les adjectifs il sert souvent à marquer le genre féminin : par exemple, *bon*, *bonne*; *grand*, *grande*; *planté*, *plantée*; *frappé*, *frappée*; mais cette prétendue règle subit une foule d'exceptions, comme on le voit dans les adjectifs à deux genres, tels que *fidèle*, *infidèle*, *parallèle*, *austère*, *sévère*, et surtout dans les substantifs *père*, *frère*, *arbre*, *trouble*, etc.

Une dixième voyelle est *é*, appelé ouvert, dans les mots français *tête*, *fête*, *quête*, *être*, prononcé de la même manière sous la forme *ai*, dans les mots *maître*, *naître*, *paître*, etc.

Les Anglais le prononcent et l'écrivent comme nous dans les mots *air*, *pair*, *fair*, *nail*, *sail*, etc., de même que dans les mots *where*, *there*, *they*, etc. (ouère, thère, thê) : les Italiens le prononcent dans *bello*, *ferro*, *vero*.

Les Allemands le figurent par *ä* : ainsi lorsqu'ils

---

noncer *Bermah*, je ne doute pas que l'*e gothique* n'existe dans le *Sanscrit* et dans plusieurs de ses dérivés, où les Anglais le peignent par *w*.

écrivent *bäten* (prier), *läben* (vivre), *älter* (plus vieux, de *alt*, vieux), ils le prononcent comme nous ferions *béten*, *lében*, *élter*.

On sent ici l'utilité de distinguer les divers *E* par des accens ou marques quelconques : avant le règne de François Ier, tous nos *E* se ressemblaient; en lisant *cœur ferme*, l'on ne savait si ce n'était pas *cœur fermé*; *esprit informe*, pouvait être *esprit informé* : ce fut le médecin *Jacques Dubois* qui, instruit dans la langue grecque, proposa des accens du genre de ceux dont Aristophane de Byzance fut, dit-on, le premier inventeur. L'on n'a conservé que l'accent aigu de Dubois sur *é*; mais on a profité de ses idées pour introduire d'abord l'accent grave, qui se montre dès avant 1600 : puis l'accent circonflexe, qui ne date guère que de 1720 à 1730, et dut à l'abbé de Saint-Pierre une grande partie de son crédit.

A l'occasion du grec, j'observe que, selon nos classiques, sa voyelle *éta* est identique à notre *é* français : les Grecs modernes nient cela par la raison qu'ils prononcent *i* sur *éta*, et qu'à titre de descendans, ils prétendent mieux représenter les anciens : à ce titre, les paysans d'Italie nous retraceraient les vieux Latins : dans cette hypothèse *grecque*, ce vers du poète *Kratinos*, contemporain d'Hérodote :

Comme une brebis qui va criant *bé*, *bé*;

devra se lire, *qui va criant vi, vi ;* car nos Grecs actuels prononcent *Vé* sur le *Bé*, et s'ils veulent dire

B, ils écrivent *MP*, ce qui est tout-à-fait barbare. Par suite de ceci, les chèvres égyptiennes du roi Psammétichus n'auront point crié *bék*, *bék*, comme le dit Hérodote (1), mais *vik*, *vik* : leur cri a-t-il changé ? J'atteste qu'il m'a semblé être encore *bé* ou *mé*, avec quelque chose de plus à la fin du mot : et du temps de Moïse, les Hébreux l'ont ouï ainsi, puisque, en leur dialecte arabique, le nom de la chèvre est *meuz*, par imitation de son cri.

Quant au *B*, prononcé *V*, comment se fait-il que les anciens Grecs rendent toujours par cette lettre le *B* de tous les dialectes arabiques lesquels n'ont point de *V*: ce serait un utile travail de comparer l'alfabet grec moderne à l'ancien, à dater seulement

---

(1) Cet auteur nous dit que, pour découvrir quelle langue *naturelle* parlerait l'homme absolument sauvage, les savans de Psammetichus firent élever deux enfans nouveau-nés par une chèvre, avec défense expresse au berger de jamais parler. Le cri unique des enfans grandis se trouva être *bek* (sans la finale grecque *os*); on recherche le sens de ce mot en diverses langues : il se trouva signifier *pain*, en langue phrygienne; et les savans d'Égypte furent assez *enfans* pour ne pas voir qu'il était l'imitation du cri de la chèvre. Quant au sens de ce mot en phrygien, il est curieux de le trouver le même qu'en anglais, où Béke (bake) signifie *boulanger* ou *cuire* du *pain*. La raison en est que l'ancien anglais dérive du deutche ou mœso-gothique, qui fut la langue des Daces et des Thraces dont les historiens nous disent que le phrygien fut un dialecte. Les Tartares de cette contrée que visita *Busbec*, vers 1550, parlaient encore ce même langage, puisque, dans le vocabulaire qu'il cite, plus d'un tiers des mots est anglais.

du temps de l'évêque Eusèbe (320). Un autre travail curieux serait de nous développer cette descendance des Grecs actuels, en déduisant tout ce que les conquêtes des Barbares, tout ce que leurs invasions, leurs incorporations à l'état militaire ont introduit et mêlé de sang étranger, goth, thrace, bulgare, au sang des Hellènes.

Une onzième voyelle est peinte par les composés *ée*, *ez*; dans les mots *fée*, *née*, *nuée*, *donnée*, *tombez*, *chantez*, *bornez*. Les Anglais ont évité ce vice d'orthographe en peignant cette voyelle *ée* par *A* seul, dans les mots *mack*, faire; *bake*, boulanger; *snake*, serpent; *shake*, secouer; que nous devons prononcer *mée-ke*, *bée-ke*, *snée-ke*, *chée-ke*. Mais comme chez eux la lettre *A* prend d'autres valeurs, il eût été plus convenable d'établir ici un signe spécial, par exemple, *œ*, qui précisément en anglais vaut *ée*, comme dans le français et dans la prononciation latine de presque toute l'Europe. La voyelle *ée* existe en allemand, sous la forme *eh* : on l'entend dans les mots *ehren*, honorer; *dehnen*, tendre; *behner*, panier.

Je ne la connais pas dans l'italien ni dans l'espagnol.

N'est-il pas singulier que chez les Français, où elle est d'un usage fréquent, pas un grammairien, depuis Jacques Dubois (1531), ne l'ait ni comptée ni remarquée? Tous se bornent à reconnaître trois *E*, savoir : *E* muet final; *É* masculin ou fermé; *È* ouvert, qu'ils frappent de l'accent grave jusque vers 1720, où le circonflexe (*Ê*) commence à paraître. L'abbé Regnier, organe de l'Académie française en 1706, n'a pas d'autre doctrine. L'abbé Dangeau qui, en 1695, publia des vues neuves et judicieuses sur les voyelles, pense de même, et cite les mots *fermeté*, *netteté*, comme contenant les trois *E*, savoir, *È* ouvert dans *fer*, *E* muet dans *me*, *É* masculin dans *té* : la même chose en *nètteté*, qu'aujourd'hui nous ne prononçons plus de même, mais *netteté*. Enfin, si Beauzée, qui en 1767 eut le bon esprit de profiter de celui de ses devanciers, nous compte quatre *E*, c'est parce qu'il veut que l'on distingue *È* de *Ê* ; ce qui ne peut guère s'admettre vu l'infiniment petite différence de leur prononciation, et vu l'origine des deux accens, dont l'un (ê) n'est réellement que l'è grave mieux marqué, auquel il a succédé. Jacques Dubois est réellement le seul qui compte quatre voyelles distinctes sous la figure *E*, savoir :

1° é qu'il appelle *son plein* dans *amé* ;

2° è, *son faible* dans *bonne grace* (on voit que c'est E muet) ;

3° *ái* ou *éi* dans *maître* (c'est notre *Ê*) ;

4° Enfin ē, *son moyen* dans *vous aim-ēs* (pour *aimez*).

Voilà notre voyelle *E* qui n'a point reçu de nom propre, et à laquelle il est embarrassant d'en donner. On ne peut l'appeler *E* long, puisqu'elle peut se prononcer brève : nous proposons de l'appeler *É E* double, et de la figurer ē dans un alfabet régulier.

Une douzième voyelle est peinte par *É* que l'on nomme É masculin ou fermé, qui se prononce dans les mots *armé*, *clarté*, *bonté*, etc.

Il existe dans les mots anglais *red*, rouge ; *bel*, cloche ; *head*, tête ; *death* mort (prononcez héd ; déth);

Dans les mots allemands *besser*, meilleur ; *etwas*, quelque chose, etc.

Il est le plus habituel dans les langues espagnole et italienne. Pourquoi les Français l'appellent-ils *E* masculin ? Ce doit être parce qu'ils auront remarqué qu'il caractérise ce genre dans une foule de participes: *armé*, *honoré*, *frappé*, *brisé*, etc. Mais si d'autre part il se montre dans une foule de substantifs féminins, tels que *santé*, *bonté*, *clarté*, etc., que devient son nom ? L'épithète de *E* fermé ne lui convient guère mieux : en quoi l'est-il plus qu'aucune autre prononciation *E* ? Je ne vois de réponse qu'en ce que les participes masculins *armé*, *honoré*, *frappé*, etc., sont clos ou fermés par cet *É*, sans qu'ils soient suivis de E muet final, qui les rouvrirait pour les rendre féminins. Si l'on trouvait cela une mauvaise raison, je dirais que dans les anciens grammairiens elles sont presque toutes de ce genre.

Une treizième voyelle est peinte par *I*; et se prononce de la même manière chez tous les Européens, avec la seule différence d'être tantôt brève, tantôt longue. Les grammairiens anglais sont les seuls qui aient caractérisé ce double état par deux signes différens. Selon leur orthographe, *I* bref se trace d'une seule lettre dans les mots *spirit, habit, fit, envy, sorry, mery*: I long se trace au contraire par deux *E E* dans *need, knee, to see*, ou par *E A* dans *the sea, to fear, to beat*, qu'un Français doit prononcer *nîd, knî, to sî, the sî, to fîr, to bît* : je le répète ; ces signes multiples, pour un objet simple, sont un vice d'alfabet, comme, par inverse, c'en est un autre de prononcer les deux voyelles *A I* sur la seule lettre *I*, ainsi que le pratique l'alfabet anglais.

Quant à une différence réelle entre *i* bref et *î* long, on ne peut se dispenser de la reconnaître, puisqu'il en résulte des différences matérielles dans le sens des mots : car si je prononce *sick*, ce mot pour un Anglais signifiera malade ; *sîk* (seek) signifiera chercher : *bit* signifiera morceau ; *bît* (beat) signifiera battre : *rich* signifiera riche ; *rîch* (reach) signifiera portée, capacité : *fit* signifiera accès ; *fît* (feat) signifiera fête, etc. Comme nous trouverons cette distinction de *I* bref ou *I* petit et de I long ou grand I, établie organiquement dans l'arabe et dans ses analogues asiatiques (1), nous croyons devoir en tenir compte dès à présent, affectant *i* pointé à *i* bref, et î romain circonflexe à *i* long.

L'I bref ou long est la voyelle qui laisse le moins de cavité dans la bouche, le moins d'espace entre la langue et le palais ; de manière que, en resserrant

---

(1) Elle existe dans le latin.

encore un peu, l'on produit le sifflement des oies, qui est *ich* allemand, réputé consonne (1); et si l'on touche tout-à-fait, l'on forme le *gué* et le *ké*, consonnes positives, dont l'affinité avec *yé* et *ïé* a causé des permutations de mots capables d'embarrasser l'étymologiste qui n'a pas cette clef. C'est par cette affinité que le *ianus* des Latins est identique au *ganes-a* indien prononcé *guianesa*; que le *gelas* grec est devenu le *yellow* anglais, *guiallo* et *djallo* italien, et *jaulne* français; que le latin *ego*, prononcé *eguio*, a fait *eyo*, et *io*, je ou moi; qu'en anglais, le mot *indian* est prononcé *indjén*, etc. Enfin, qu'en français le mot *trier*, dans le peuple, est devenu *triquer*; *triquer* le bon du mauvais.

C'est encore à raison de cette affinité que dans l'ancien *latin*, comme dans le *sanscrit*, la voyelle i, suivie d'une autre voyelle, usurpe quelquefois le rôle de consonne, sans pourtant le devenir, comme le croient quelques-uns. Écoutons Quintilien : « Il est du « devoir du grammairien d'examiner si l'usage n'a pas « admis quelques voyelles en fonction de consonnes; « car on écrit *iam* comme *tam*, *quos* comme *cos* (2). »

Remarquez bien que Quintilien ne dit pas que dans *iam*, *i* fût consonne, mais seulement que l'usage lui en donnait la fonction, en prononçant *iam* d'une

---

(1) Litera *anserina* des Latins.

(2) In vocalibus videre est an aliquas pro consonantibus usus acceperit : quia *iam* sicut *tam* scribitur, et *quos* sicut *cos*.

seule syllabe comme *tam*. Certainement *l* ne saurait changer de nature : étant un *son*, il ne peut en même temps être *un contact*; mais dans l'état de rapprochement où le palais et la langue se placent pour former *i*, la voyelle *a* s'échappe comme s'il y avait *contact* vrai, sans changement de position; ce qui n'arriverait pas s'il leur fallait former *E A*. Ceci peut sembler subtil, parce qu'en ce genre d'explication l'on ne peut rendre par écrit les nuances de la prononciation, mais les faits n'en sont pas moins vrais.

Quand on lit les auteurs latins dans les livres imprimés, on pourrait croire qu'ils eurent nos lettres *j* et *v*, parce que maintenant elles se trouvent dans leurs ouvrages; mais la vérité est qu'elles n'existent dans aucun manuscrit ancien, pas même dans les imprimés antérieurs à la fin du seizième siècle : jamais on n'y voit que les lettres *i* et *u*. Ce fut vers cette époque que les grammairiens français surtout commencèrent à se plaindre de la confusion de *u* et *i*, pris tantôt pour voyelles, tantôt pour consonnes; et ce ne fut que vers et depuis 1600 que s'introduisit l'usage d'allonger l'*i* en *j*, d'arrondir l'*u* en *v*, pour faire *ja* et *va*; ce qui a produit deux lettres nouvelles dans l'alfabet français. Le poëte Corneille a beaucoup contribué à cette innovation, dont le mérite originel remonte à Loys Meygret, qui, profitant des idées de Jacques Dubois, en fit le premier la proposition dans son livre sur l'orthographe, imprimé en 1545.

Une quinzième voyelle est l'*u* français dans les mots *sûr*, *pur*, *mur* etc. Cette voyelle existe aussi dans les langues turque, flamande, hollandaise et dans le haut allemand, où elle est peinte par *ü*. Elle a même lieu dans le nord de l'Italie, mais elle ne se trouve point chez les Autrichiens, chez les Bavarois et autres riverains du Rhin, qui, au lieu de prononcer *pureté*, *sureté*, *nud*, *crud*, disent *pirté*, *sirté*, *neid*, *creid*. Cette substitution d'*i* à *u*, qui fait rire le vulgaire, a le mérite de révéler au grammairien pourquoi les anciens latins disent indifféremment *optimus* ou *optumus*; *maximus* et *maxumus*. Pour peu que l'on se rende compte de l'état de la bouche en ces deux voyelles, on s'aperçoit que le passage est également resserré pour l'une et pour l'autre, et qu'il y a entre elles un terme moyen analogue, que Quintilien a bien senti en citant les exemples que nous venons de rapporter, et en insistant sur la différence de *I* long dans *opimus*, qui n'a pas permis cette confusion.

L'exemple d'*optumus* et *maxumus* n'est pas le seul qui autorise à croire que les Latins aient connu notre *U* français, quoique en général ils le prononçassent *OU*. D'abord ils purent le tirer des anciens Grecs, leurs aïeux, chez lesquels le υ semble avoir été ordinairement *ou* bref, et quelquefois notre *u* français même. Ensuite les Latins Cisalpins et d'autres étrangers incorporés durent propager cet *u*, qui leur était familier : à la manière dont les mots *uel*, *uelle*, *uir*, *uirtus*, *uoluit*, *uoluere*, sont encore aujourd'hui prononcés chez les Allemands, les Slavons, les Transylvains, etc. Il y a lieu de croire que les Romains ne prononçaient pas *ouel, ouelle, ouir, ouirtous, ouolouit, ouolouere*; mais que par euphonie ils employaient soit notre *U* véritable, soit son analogue le *w* belge, qui, formé par le rapprochement des deux lèvres, comme pour jouer du fifre, est une prononciation moyenne entre notre U français et notre consonne *v*. Quintilien dit expressément que dans les mots *seruus*, *vulgus*, le premier *U* est le *digamma* éolien, lequel ne saurait être que notre *v* français ou le double *W* belge. Sans insister sur cette question d'érudition, il me suffit de remarquer que dans tout le midi, en Italie, en Espagne, chez les Arabes d'Afrique et d'Asie, notre *U* français n'a point lieu; tandis que dans le nord il existe chez les Belges, chez les Hollandais, chez les Allemands du haut dialecte, chez les Turcs, c'est-à-dire chez tous les peuples d'origine gothique et tartare. Néanmoins il faut en excepter les Anglais, qui ne le prononcent point, mais qui, sur son signe *U*, prononcent rapidement une diphtongue que John *Wallis* a bien désignée en disant qu'elle ressemble à *iu* (iou) bref dans le mot espagnol *ciudad*.

Il est inutile de remarquer que, de toutes nos voyelles, celle-ci fatigue le plus les étrangers qui n'en ont pas l'habitude; elle les jette dans des contre-sens très-incommodes pour eux et pour nous: un Espagnol, un Italien ne disent point *mettre son chapeau* dessus *sa tête*, mais *dessous sa tête*. Cela fait rire le vulgaire; mais cela fait méditer le philosophe sur la puissance physique des habitudes de l'enfance, et sur les difficultés que l'art du langage, maintenant si facile, a dû opposer aux premiers humains qui l'ont inventé.

Après les diverses voyelles que je viens de décrire, je ne vois plus que les quatre nasales *an, on, in, un*, qui passent mal à propos pour n'exister que dans le français, et qui néanmoins se trouvent dans plusieurs langues de l'Asie et même de l'Europe. Par exemple, les Polonais prononcent *on* et *in* comme nous, et les peignent judicieusement par un signe simple a_e pour *on*, et e_e pour *in*. Si les Anglais et les Allemands n'en ont pas fait une telle distinction, ils ne profèrent pas moins le son, surtout lorsque *an, on, in*, sont suivis d'une consonne. Par exemple, *anker* (ancre), *ingber* (gingembre).

Les grammairiens français ont assez long-temps hésité s'ils admettraient pour voyelles ces quatre prononciations, sans doute par la raison qu'ils les voyaient toujours figurées par plusieurs lettres : mais si, comme il est de fait, les nasales *an, on, in, un*, sont aussi indivisibles que *A, E, O*, elles sont aussi réellement des voyelles. Il y a seulement cette circonstance particulière que dans leur peinture, comme dans leur prononciation, la consonne nasale *n* est toujours prête à se montrer lorsqu'elle est suivie d'une voyelle; tandis qu'elle reste cachée, si elle est suivie d'une consonne. Par exemple, dans les mots *un œuf; un animal*, la nasale *un* semble se décomposer en *U*, qui reste seul, et *n*, qui se joint à *animal*, u-nanimal; tandis que dans les mots *un bœuf, un cheval*, cette même nasale *un* reste indivisible. La même chose se remarque dans les mots *bon ami*, etc., *l'an passé*, etc.

Cette nature mixte vient de ce que le son partagé entre la cavité *du nez* et celle de la bouche porte à l'oreille une sensation d'un genre que les autres voyelles n'ont pas. Ceci nous mène à faire une remarque qui n'a pas encore été citée, ou du moins développée; savoir, qu'il existe une voyelle purement *nasale*, ou *son* émis par le seul canal du nez, la bouche restant parfaitement close : chacun peut s'en convaincre; et dans l'essai que l'on en fait, l'on s'aperçoit qu'il s'y joint une sorte de consonne qui porte à l'oreille une sensation à peu près comme *kn*. Cette espèce de *k* est formée par l'application du voile du palais contre l'arrière-bouche; et si cette application est plus faible, il en résulte un g-n. Ces prononciations ne sont représentées par aucune lettre dans les alfabets, et cependant mon oreille croit bien les entendre dans les mots allemands qui finissent en *ken*, comme *saken* (ensacher), *brocken* (émietter), même un peu dans les mots anglais *broken, spoken*, etc.

Importante ou non, cette remarque doit tenir sa place dans l'analyse générale des prononciations.

Quant aux nasales *on*, *an*, *in*, *un*, mon oreille les entend dans les langues turque, persane, même dans l'arabe et dans les échantillons d'indien, malabare et de Bengali, qui ont été à ma portée : elles se trouvent surtout à la fin des mots, comme une sorte de repos à la respiration nonchalante et fatiguée par la chaleur; sous ce rapport elles ont de l'analogie avec l'E muet, qui est le *son* de *repos* des hommes du nord : ainsi la nature a fait les premiers frais de ces habitudes, et l'imitation les a implantées. Il est probable que primitivement ces finales *on*, *en*, *in*, *un*, ne furent point partie intégrante des mots, et qu'elles n'y ont été ajoutées que par la suite; que, par exemple, dans l'ancien allemand, les infinitifs ne se terminaient point par *en*, comme dans *haben*, *laben*, *glauben* (croire), *fragen* (s'informer), mais qu'ils se disaient nûment *hab*, *läb*, *glaub*, *frag*, comme il arrive encore chez les Autrichiens, les Bavarois, etc.

Il appartient aux savans de cette langue de nous donner la solution de cette question dont les rameaux s'étendent jusqu'au *sanscrit*, qui, de jour en jour, se décèle davantage pour être la souche de tous les idiomes gothiques.

Maintenant si nous résumons toutes les voyelles décrites, nous en trouvons dix-sept, y compris les quatre *nasales*, par conséquent treize seulement dans l'acception vulgaire : ce nombre treize est celui du grammairien *Beauzée*, qui, parmi nos modernes, passe pour avoir le mieux étudié cette question (il a écrit en 1767). Néanmoins entre son tableau et le mien, il y a des différences essentielles : Beauzée compte quatre *E* ; mais il veut que dans *fer, mer, amer*, è soit différent de *É* dans *faire, maire, tête, fête*, etc. Cela peut se dire strictement parlant, mais la différence consiste plutôt en ce que dans les mots *fer, mer*, *É* est plus bref que dans les mots *faire, maire* : aussi les grammairiens antérieurs, tels que Regnier, Dangeau, etc., n'ont-ils point fait cette distinction en citant les mêmes mots pour exemples ; et lors même qu'on la ferait, l'on ne pourrait se dispenser d'admettre à plus forte raison le *ée* que j'ai établi, lequel a une différence bien autrement caractérisée, encore qu'aucun de ces savans n'en ait tenu compte. Je diffère encore de Beauzée, en ce que, comptant comme moi deux *eu*, il veut les trouver dans les mots *jeûneur* et *jeunesse*, qui, selon moi, se ressemblent trop. *EU* dans *jeûneur* est bien mon *EUX* profond ; mais dans *jeunesse*, *EU* n'est point assez ouvert ; il ressemble à *peu, feu*, etc., et non à *EU* dans *peur, cœur, sœur*, qui est très-différent. Du reste, nous admettons deux *a*, deux *o*, un *ou*, un *i*, un *u* ; mais je blâme et rejette comme inutiles et embrouillés ses *classemens* de voyelles en *constantes ou variables, retentissantes* ou *graves, labiales, orales, aiguës*, etc. Tout cela n'est bon qu'à embarrasser l'esprit. J'en dis autant des *dentales* et *palatales* de Wallis, comme s'il y avait des voyelles où les dents et le palais fussent plus particulièrement utiles.

Avant Beauzée, l'abbé Dangeau (en 1695) avait compté aussi treize voyelles, mais il y comprenait les quatre nasales : par conséquent il les bornait à neuf. Ce fut déja une grande hardiesse à lui de les proposer au corps académique, qui, selon l'habitude des corporations et la pesanteur des masses, se tenait stationnaire dans le vieil usage de ne reconnaître que les cinq voyelles figurées par A, E, I, O, U. L'abbé Dangeau eut le mérite d'établir si clairement ce qui constitue la *voyelle*, que la majorité des académiciens ne put se refuser à reconnaître pour telles les prétendues diphthongues *OU*, *EU*, qui réellement ne sont pas diphthongues, mais *digrammes*, c'est-à-dire doubles lettres. Du reste, Dangeau ne distingua pas bien les deux *A*, les deux *O*, ni les deux *EU*.

Après Dangeau (en 1706), l'abbé Regnier Desmarets, chargé par l'Académie d'établir une grammaire officielle comme le dictionnaire, n'osa que faiblement suivre la route ouverte par Dangeau : en établissant d'abord six voyelles, il commit la faute de présenter *y* et *i* comme différens, lorsque de fait leur son est le même ; et dans l'exposé confus, embarrassé, qu'il fit de toute sa doctrine, il décela l'hésitation et le peu de profondeur de la doctrine encore dominante. A ce sujet je ne puis m'empêcher de remarquer que les innovations ne sont jamais le fruit des lumières ou de la sagesse des corporations, mais au contraire celui de la hardiesse des individus, qui, libres dans leur marche, donnent l'essor à leur imagination, et vont à la découverte en tirailleurs : leurs rapports au corps de l'armée donnent matière à délibération : elle serait prompte dans le militaire, elle est plus longue chez les gens de robe. Toute innovation court risque d'y causer un schisme, d'y être une hérésie, et ce n'est qu'avec le temps, qu'entraînée par une minorité croissante, l'inerte majorité, moins par conviction que par imitation, entre et défile dans le sentier de la vérité.

Par suite de controverses qui eurent lieu à l'époque dont nous parlons, quelques grammairiens voulurent compter plus de treize voyelles, en observant que, pour une oreille exercée à la prosodie française, il y avait réellement trois *A*, trois *O*, trois *EU*, etc. Cela est vrai, et l'observation de leurs nuances se fait sentir dans une prononciation élégante. Mais, parce que le sens des mots n'en est pas matériellement changé, j'ai cru inutile de les porter en compte, surtout lorsque les langues étrangères ne m'en ont point fait sentir la nécessité. La science est déja par elle-même assez subtile, sans la compliquer davantage: je n'aurais même pas établi deux *I* et deux *OU*, si l'obligation ne m'en eût été imposée par l'alfabet arabe et par ses analogues, où nous verrons toute l'utilité de cette distinction. D'ailleurs, au moyen des accens français, auxquels nous sommes habitués, j'ai pu la faire sans introduire de nouveaux caractères; que si l'on veut faire entrer en ligne ces deux doublemens, encore qu'ils ne diffèrent que dans leur mesure longue ou brève, l'on n'aura pas plus de quinze voyelles, et au total dix-neuf avec les nasales : je ne crois pas que les langues d'Europe en aient davantage. L'arabe en Asie nous fournira ses trois gutturales qui feront vingt-deux. Le russe en ajoutera peut-être encore une : nous aurions alors vingt-trois signes de voyelles. Supposons vingt-cinq : nous allons voir que toutes les consonnes connues ne passent guère trente-quatre à trente-cinq ; nous aurons donc un total de cinquante-huit à soixante lettres, formant un alfabet universel capable de peindre toutes les langues, et de remplir à lui seul les fonctions de plus de trois mille caractères, soit simples, soit syllabiques, dont se composent présentement les divers alfabets. Que de précieux avantages en cette simplicité !

Les Français, épris de leur langue, pourront lui faire un mérite de réunir plus de voyelles qu'aucune autre : les Italiens, les Espagnols pourront s'applaudir de n'en avoir que sept ou huit : ce sont là de ces vanités nationales qui, comme celles des individus, ne se fondent que sur les habitudes et le dédain de ce que l'on ne connaît pas (1) : pour l'esprit qui con-

---

(1) Avec cette différence que la vanité de l'*individu* trouve à chaque instant des contre-poids qui la ramènent vers l'équilibre de la raison, tandis que les vanités accumulées d'une nation s'encouragent électriquement à devenir rebelles et intraitables.

naît ou qui étudie, chaque chose a son inconvénient et son mérite : mais on ne peut disconvenir que, relativement à l'alfabet, le nôtre français n'offre aucune compensation pour les vices de toute espèce dont il abonde, ne fût-ce, par exemple, que pour avoir trente-sept ou trente-huit manières d'écrire la seule nasale *AN*, *blanc*, *quand*, *quant*, *ans*, *ants*, *ands*, *am*, *en*, *ens*, etc. Ce vice n'est guère moindre dans l'alfabet anglais, qui, selon mon calcul, compte cinquante-huit combinaisons de lettres pour peindre dix ou onze voyelles que l'idiome prononce. Je n'ignore pas que quelques grammairiens anglais en veulent compter davantage : la vérité est que, de l'aveu de tous les étrangers, presque aucune voyelle anglaise n'a un caractère décidé, et un son parfaitement semblable aux voyelles du continent. La bouche et le gosier d'un Anglais, comme je l'ai déja remarqué, prennent pour l'acte de parler une disposition particulière à cette nation : il y a quelque chose de creux dans les sons, et une tendance singulière à les cumuler, c'est-à-dire à former des diphthongues des voyelles multipliées. Les esprits observateurs et judicieux, dont cette nation abonde, ont déja fait de semblables remarques, et ont proposé des moyens ingénieux de fixer la prononciation en corrigeant l'alfabet : ce sujet est hors de ma sphère. Tout ce que je vois clairement, c'est qu'avec l'écriture anglaise, telle qu'elle est, il est impossible de peindre les langues étrangères malgré le haut intérêt, je ne dis pas scientifique, mais commercial, qui en résulterait pour la nation, sur-tout vis-à-vis des langues asiatiques (1).

---

(1) Aussi dans les vocabulaires des langues sauvages que dressent leurs voyageurs, un même mot sera lu de diverses manières par les Anglais même les plus habiles.

CHAPITRE III.

Détail des Consonnes.

Nous avons déja vu que la consonne est un *contact* de certaines parties de la bouche, lequel étant *non sonore*, *muet* par lui même, ne peut être entendu et proféré qu'autant qu'il est suivi d'une *voyelle*, ou *son vocal* qui le manifeste : de là résulte que dans un alfabet bien construit une première règle à observer, à exiger, est de n'appeler les consonnes qu'en prononçant la voyelle *après* chacune d'elles, et *non avant*. Nous trouvons cette règle observée chez les Grecs anciens, chez les Arabes modernes, et, par induction, chez leurs maîtres communs, les Phéniciens et les Chaldéens. Pourquoi les Latins, disciples des Grecs, y ont-ils dérogé en plusieurs consonnes ? Pourquoi, par exemple, ont-ils voulu qu'au lieu d'épeler les lettres *fi, mu, nu, ro, si, lambda*, on dît *ef, em, en, er, es, el?* ne serait-ce pas que quelque grammairien subtil aurait remarqué que, dans l'émission de ces consonnes, il s'échappe un peu d'air, et que, pour ce motif, il aurait jugé convenable de les distinguer par cette forme, en leur donnant le nom de semi-voyelles? Je n'insiste point en ce moment sur cette question liée à l'analyse de l'alfabet latin, dont je compte traiter ailleurs; mon travail sur cette matière, sans être complet, est assez avancé pour m'autoriser à dire qu'aucun des grammairiens cités par Putschius n'a eu d'idées claires sur cette matière; que l'alfabet latin a été construit sur des principes moins habiles que l'alfabet grec; et que nos écoles modernes se sont soumises à beaucoup d'erreurs, en recevant sans discussion la doctrine des Romains. Aujourd'hui les principes que j'ai développés me mettent dans le cas de n'avoir pas besoin de ces guides, et je ne nommerai ou n'épellerai aucune consonne qu'en la faisant suivre d'une voyelle.

S'il était vrai que les grammairiens latins, et même leurs prédécesseurs, eussent fait une étude judicieuse et approfondie de la nature des consonnes, ils auraient dû s'apercevoir d'une circonstance remarquable dans la formation et dans la série de ces élémens; savoir : « que les consonnes marchent classées « par la nature des organes qui servent à les pro- « duire, de manière que chaque *contact* de deux or- « ganes forme deux consonnes, et quelquefois trois, « qui ne diffèrent que par le degré d'intensité de ce « contact, et qui, sous le nom de *fortes* ou de *fai-* « *bles*, d'*aînées* ou de *cadettes*, sont absolument de « la même famille. » Par exemple, les consonnes *Ma*, *Bé*, *Po*, proviennent également du contact des deux lèvres, avec la seule différence que ce contact est plus serré sur *pé* que sur *bé*, et plus sur *bé* que sur *mé* : la même chose a lieu pour *Té*, *Dé*, qui sont formés par le contact du bout de la langue avec le dentier supérieur ; pour *Fé* et *Vé*, qui le sont par le contact de la lèvre inférieure avec le tranchant des incisives supérieures ; ainsi des autres, comme nous le verrons en détail. Pourquoi, n'aperçoit-on aucune trace de cette observation dans les grammairiens latins, échos et disciples des Grecs, disciples eux-mêmes des Phéniciens ? Pourquoi, dans l'alfabet de tous ces peuples, les consonnes se trouvent-elles jetées pêle-mêle, sans égard à leurs analogies ou à leurs différences, et, qui plus est, mêlées aux voyelles, dont elles diffèrent si essentiellement ? Après *A* on voit *B*, qui est une labiale ; puis *Gamma* (1), qui vient du milieu de la langue collée au palais ; puis *Delta*, qui est une labio-dentale, puis la voyelle *epsilon*, etc. Si les inventeurs de ce système eussent connu l'ordre méthodique et naturel que je viens de citer, est-il probable qu'ils l'eussent négligé ? je ne le puis croire, et j'y trouve un motif de m'affermir dans l'opinion *qu'ils n'ont point été aussi profonds* dans l'art grammatical qu'on l'a voulu penser ; bientôt l'analyse de l'alfabet arabe fournira de nouvelles preuves à cette opinion : laissant à part les idées de routine, je vais

---

(1) Si dans le latin on trouve *Ca* à la place de *Ga*, c'est par une confusion née de l'analogie de valeur, et aussi de la ressemblance approximative des deux anciennes lettres.

offrir un système plus régulier, plus étendu, et en même temps plus facile.

Je range d'abord les signes des consonnes par *familles*, ou *natures* d'organes, et, commençant par les lèvres, je procède de proche en proche jusqu'aux consonnes du fond de la bouche; ensuite, pour dénommer ou *épeler* chacune d'elles, je ne leur attache point une même et commune voyelle, ainsi qu'il est d'usage en notre Europe, où l'on épèle généralement Bé, Cé, Dé, Gé, Pé, etc. Cette manière a l'inconvénient de ne point assez marquer à l'oreille du disciple, surtout étranger, la différence entre une consonne qui lui est connue et sa pareille qui ne le lui est pas : je prends, par exemple, un Arabe, qui, dans sa langue, n'a que le *Bé*, et point le *Pé* : si je lui dis que *Bé* n'est point *Pé*, il ne me comprend point, il répète *Bé*; mais si je lui dis que *Bé* n'est point *Po*, son oreille est avertie de la différence, et son esprit commence à la chercher. D'après ce plan, j'ai dressé le tableau des consonnes que je joins ci à côté, et dont je vais donner l'explication détaillée. (Voyez le tableau, n° II.)

La première classe ou famille provient des deux lèvres qui par trois degrés de contact font entendre *Ma, Bé, Po*. Ces trois prononciations et leurs signes sont les mêmes pour toute l'Europe.

Dans *Ma*, le contact est faible : une portion du son s'échappe par le nez, et donne à cette consonne un caractère nasal.

Dans *Bé*, le contact est plus ferme. Il s'échappe moins d'air par le nez, ainsi qu'on le peut voir en y présentant une fine bougie allumée, dont la flamme varie moins que pour *Ma*. (La main doit séparer la bouche du nez.)

Dans *Po*, le contact est complet : aucun air ne s'échappe par le nez : ces trois nuances, ou degrés de contact, ont pour cause la souplesse des lèvres, laquelle ne se trouve point dans les autres organes de la bouche. *Ma* peut s'appeler *labiale douce* ou *faible*; *Po*, labiale *dure* ou *forte*; *Bé*, labiale *moyenne* (1).

La seconde classe des consonnes provient du contact de la lèvre inférieure avec le tranchant des dents incisives supérieures. Si ce contact est doux, l'on entend *Vé*, s'il est plus serré, l'on entend le *Fi* grec, qui est notre *Fé* européen.

La lettre *Vé* n'a point une même valeur dans toute l'Europe : les Allemands la prononcent *Fé*, par confusion du fort au faible. Ils disent *Fater*, au lieu de *Vater*, etc. S'ils veulent dire notre *Vé* (du moins ceux du haut dialecte), ils écrivent le signe *W*, qui

---

(1) On voit ici pourquoi de tout temps, en toute langue, il s'est fait des permutations habituelles de ces trois lettres, et pourquoi le *p* se trouve altéré en *b*, le *b* en *m*, selon que l'oreille trouve plus ou moins de grace à ces échanges : l'art des étymologies repose sur ce genre d'observations : l'alfabet arménien distingue deux *p* : l'un plus *dur*, appelé *piur*; l'autre plus *doux*, appelé *pien*. En transcrivant cette langue il faudrait également les distinguer.

a l'inconvénient d'être usité dans l'écriture anglaise avec une valeur très-différente, puisqu'il y figure notre *ou* français, de manière qu'entre nos trois nations il y a confusion habituelle sur cette lettre *w* : ce qu'un Anglais écrit *water, well, where*, un Français le prononce *ouater, ouell, ouhere*; un Allemand *presque vater, vel, vhere*. Je dis *presque*, parce qu'il y a une nuance dont je vais bientôt tenir compte.

L'étroite affinité qui existe entre *V* et *F* explique pourquoi, en toute langue, il y a un échange habituel de l'un en l'autre. Dans notre français nous voyons *sauf* devenir *sauve*; *veuf*, devenir *veuve*; *fugitif, fugitive* : ici l'échange est du fort au faible; en d'autres cas, c'est du faible au fort, et cela par une disposition particulière à chaque nation : on a remarqué qu'elle domine chez les Allemands, et qu'ils la portent sur toutes les consonnes; s'ils parlent français nous les entendrons dire *pon*, pour *bon*; *poire*, pour *boire*; *tiner*, pour *dîner*; *choli*, pour *joli*, *foir*, pour *voir*, etc. Les Italiens et les Anglais attestent la même chose à leur égard. D'où vient cette disposition singulière, lorsque l'idiome allemand possède toutes les nuances des consonnes? Serait-ce un défaut d'attention dans l'éducation, lorsque l'éducation et l'attention ne manquent point chez cette nation judicieuse? Serait-ce une roideur naturelle de fibres qui viendrait d'un tempérament robuste? Cette question est digne des physiologistes. Quand je considère que la langue chinoise, formée par un peuple d'abord sauvage, dans le rigoureux climat des provinces du nord, a plutôt les consonnes fortes que les faibles, je suis porté à croire que c'est par l'effet de la seconde raison que j'indique.

L'on a dès long-temps remarqué que certains peuples confondent habituellement le *B* avec le *V*. Ce cas a lieu de préférence chez les peuples *Vasques* ou *Basques* où *Gascons*, de qui un poète latin a dit:

« *O fortunatas gentes quibus vivere est bibere.* »

Cet abus s'est propagé chez les Espagnols, et il y cause souvent des équivoques. L'on ne sait si *de* leur bouche le mot *rebelado* ou *revelado*, signifie *révolté* ou *révélé*. Quant au changement de *V* en *g*, qui se remarque dans les deux mots *Vasquons* et *Gascons* (car ils y sont synonymes), nous l'expliquerons à l'article du *g*, et nous ferons voir comment le même mécanisme a produit chez les Russes l'échange de *moiégo* en *moiévo*.

Ici vient se placer une prononciation particulière aux Belges, aux Hollandais, et à plusieurs autres tribus des anciens *Deutches*. Cette prononciation peinte par *ẇ*, n'est ni notre *v* français, ni le *w* anglais: c'est un terme moyen qui tient plutôt de l'*U* (français): les lèvres sont disposées comme pour souffler dans le fifre; elles sont prêtes à se toucher, mais il n'y a pas contact entier, et le souffle léger,

5

semblable à une aspiration, est la seule circonstance qui puisse lui donner le caractère de consonne plutôt que de voyelle. J'ai déja indiqué qu'elle me semble avoir existé chez les Latins, et je suis porté à croire, aussi chez les Grecs, surtout de Macédoine et d'Épire, voisins des *Deutches* (Daces), où elle fut commune. L'emploi de l'*upsilon* en plusieurs cas conduit à cette idée. Quant à la différence de ce *ψ* belge à notre *vé* français, elle est telle que si l'on écrit *werven*, on voudra dire *enrôler*, tandis que *verven* ou *verwen*, signifiera *teindre*.

La troisième classe ou famille des consonnes provient de la pointe de la langue en contact avec la paroi intérieure des dents incisives supérieures : il en résulte deux nuances, l'une forte, peinte par la lettre *T*, l'autre faible, peinte par la lettre *D*. Maintenant je n'ai pas besoin de dire au lecteur pourquoi dans notre langue *verd* se change en *verte; grand homme*, se prononce *grant homme* : la voyelle force, pour ainsi dire, d'appuyer sur la consonne pour la faire sentir.

Une quatrième famille dérive de celle-ci d'une manière assez singulière : ayant disposé la langue pour proférer *Da*, si l'on fait passer par le nez une forte partie du son, avant de détacher la langue, on profère la consonne *Na*. Dangeau a le premier fait cette remarque, et il la prouve en observant que si le nez est obstrué, comme dans les rhumes de cerveau, l'on ne peut plus proférer *Na*, mais seulement *Da*.

Maintenant dans la syllabe *Na*, si l'on introduit *I*, faisant *Nia*, prononcé d'un seul temps, et si l'on serre la langue contre le palais, on forme une autre consonne que les Français peignent par *gn*, comme dans *signe, digne, indignation, ignorance* : les Italiens de la même manière prononcent *degno*; les Anglais, par l'inverse *ing*, comme dans *ring*, anneau; *thing*, chose; *king*, roi : enfin les Espagnols par *ñ*, qu'ils appellent *n* avec *tildé*, c'est-à-dire avec un trait : l'alfabet espagnol a le mérite ici de s'être préservé du défaut des précédens, qui emploient deux ou trois lettres à peindre une seule consonne aussi simple que D et B. Car *gn* en *digne*, en *degno*, en *king*, etc., est un contact aussi indivisible que les autres consonnes : la lettre espagnol *ñ* étant commode et connue, il faut la conserver dans l'alfabet général.

Enfin si l'on appuie le milieu de la langue contre le voile du palais, et que l'on fasse passer plus de son par le nez que par la bouche avant de rompre le contact, on formera encore une consonne nasale, inconnue en Europe, mais très-usitée dans l'Inde, et qui, dans les recueils d'alfabets indiens, est désignée sous le nom de *nga* (voyez Alfabet de l'Encyclopédie, pl. XIX, article Consonnes, figure 5). Pour bien saisir cette consonne, il faut l'entendre, comme j'en eus l'occasion au Kaire, de la part de trois Malabares qui revenaient de Constantinople : elle me frappa dans les mots *nganngani-nganan* (formule

5.

de bonjour). Ces trois consonnes paraissent mériter le nom spécial de *nasales*.

Une cinquième famille se forme en repliant la pointe de la langue contre le palais, à l'origine de la gencive des dents incisives : de ce contact résulte la consonne *La*, dont la valeur et le signe sont les mêmes pour toute l'Europe. Cette consonne se change ou se confond quelquefois avec la consonne *Na*; notre peuple dit *Écolomie*, pour *Économie*; *canneçon*, pour *caleçon*; ceci indique une analogie de formation entre *La* et *Na*, mais il y a cette différence que pour *Na*, la pointe de la langue serre les dents elles-mêmes, et que pour *La*, elle se replie, s'élève et s'appuie plus doucement contre les gencives et le palais.

Si dans la syllabe *La*, on introduit *i*, faisant *Lia*, prononcé d'un seul temps, et si l'on serre la langue *aplatie* contre le palais, on obtient une autre consonne, que les Français peignent par *ill*, dans les mots *fille*, *famille*; les Espagnols par *ll*, dans les mots *llanos*, *llorar*; les Italiens par *gli*, dans *figlia*, *famiglia*; etc. Cette consonne n'a point lieu chez les Anglais et les Allemands qui y substituent notre syllabe ordinaire *li*.

Dans un alfabet régulier, on pourrait sans choquer les yeux, introduire un L ayant le tildé par-dessous.

Il existe encore une autre consonne appartenant à cette famille, mais dont je ne connais d'exemple que chez les Polonais; c'est ce qu'ils appellent *L* barré. Pour former cet *L*, la langue se replie fortement vers le fond du palais, et par ce moyen elle opère une cavité singulière dans la gorge : l'on n'a d'idée de cette prononciation qu'en l'écoutant attentivement, et elle reete difficile à imiter; mais il est facile de classer la lettre (1).

Cette classe a mérité le nom de *linguale*.

La langue, a raison de sa souplesse, pouvant se mettre en contact avec les diverses parties de la bouche, parvient aussi à former presque seule une et même deux consonnes que l'on peint par la lettre *R*, et que je place en sixième classe.

Je dis *deux* consonnes, parce qu'après avoir écouté avec attention les Anglais prononcer leur *R* en certains mots, je reste convaincu qu'ils ont deux *R* bien distincts; l'un celui que prononce toute l'Europe (*Ro*), dans lequel la pointe de la langue légèrement appuyée contre les gencives supérieures, ne laisse sortir le son qu'en subissant trois ou quatre vibrations très-marquées à l'oreille : on les entend dans les mots *je frapperai*, *je porterai*; *to trust* (confier), *the frost* (la gelée) : dans l'autre *R*, la langue ne subit point de vibration sensible; mais elle laisse passer avec gêne un son froissé, qui porte à l'oreille

---

(1) Dans les chansons anglaises, lorsque la voix se repose sur une finale de vers terminée en *le*, comme dans *little*, *bubble*, il m'a semblé que cette prononciation *ble* et *tle* avait quelque chose d'analogue à l'*l* barré.

la sensation d'un son bègue; par exemple, dans les mots *sir* (monsieur), *furr* (fourrure), *warm* (chaud); quiconque écoutera bien ces mots, s'apercevra que l'*R* n'y est point vibré à notre manière, et qu'il est réellement un *R* distinct, un *R faible* ou *doux*, dont l'alfabet arménien semble offrir un autre exemple; car les Arméniens comptent deux *R* aussi, l'un rude, n° 28 de leur alfabet, l'autre *R* doux, n° 32.

Cet *R* faible est une des prononciations auxquelles les Anglais reconnaissent le mieux un étranger : le mot *sir*, lui seul, est une pierre de touche d'autant plus fine, que l'*i* n'est pas ce qu'il semble, mais bien cet *E* gothique tenant de l'*o* et de l'*eu*, dont j'ai parlé.

Pour ne pas confondre ces deux lettres, donnons à l'*R* vulgaire son nom grec *Ro*, et à l'*R* anglais son nom national *aR*.

Entre *Ro* et *La* il y a une analogie de mécanisme qui explique pourquoi l'une de ces lettres se change quelquefois en l'autre; par exemple, pourquoi le mot latin prononcé *lousciniola*, est devenu notre français *rossignol* : ici entre *R* et *L*, il n'y a de différence que les vibrations du bout de la langue : cette classe ou famille est notre sixième.

La septième est celle des deux consonnes dites *sifflantes*, dans la plupart des langues : elles se forment en rapprochant les deux dentiers, et en appuyant le bout de la langue contre la jointure des incisives hautes et basses : de ce contact et du bruit de l'air sifflant il résulte une consonne douce ou faible, peinte par *zed*, et une consonne plus ferme, peinte par *Sa*.

De leur analogie ces deux prononciations sont fréquemment confondues chez les Français et les Allemands, mais en ce sens que la forte *S* dégénère en la faible *Z* : on écrit *rose*, on prononce *roze*. Il a plu aux imprimeurs d'user de cette licence au point d'écrire *hasard*, au lieu de *hazard*, selon l'ancienne et véritable orthographe; de cette manière rien n'est fixé, et les difficultés de lecture se multiplient pour l'étranger. Chez les Allemands, *Z* n'est pas simple, c'est un composé de *DS*, d'autant plus vicieux que *D*, consonne faible, se lie mal à *Sa*, consonne forte, et que malgré soi on prononce *DZ*, ou *ts*; les Italiens sont dans le même cas.

Il est assez singulier qu'en quelques pays on ait la fantaisie de supprimer totalement l'*S* devenu *Z* au milieu de certains mots : ainsi dans notre ancienne Bourgogne le peuple dit volontiers *mai-on* pour *maison*, *ré-on* pour *raison*. A mesure que le langage est plus pratiqué, il tend à ce qu'on appelle *s'adoucir*, c'est-à-dire que la bouche supprime, on amincit les consonnes pour prononcer plus coulamment et plus vîte.

Si la pointe de la langue s'élève et s'appuie légèrement contre la paroi des dents incisives supérieures, il en résultera deux autres nouvelles consonnes, toujours l'une *douce*, et l'autre *ferme*, qui ne sont usitées que par les Anglais en Europe (on pourrait les nommer demi-sifflantes). Ils peignent l'une et l'autre par *TH*, ce qui est un double défaut; d'abord, parce qu'elles sont l'une et l'autre indivisibles; en second lieu, parce que *H* se trouve ici sans motif, puisqu'il n'y a pas plus d'aspiration que dans *Sa* et *Zed*: enfin parce que dans les mots anglais *this*, *there*, *those*, *th* est aussi doux que *zed*, tandis que dans les mots *thick*, *thinck*, *with*, il est ferme et sec, comme dans *Sa*. Je dis que les Anglais *seuls* en Europe ont l'usage entier de ces deux consonnes : cela me semble vrai en ce que les Grecs qui ont le *Th* dur dans leur *thita*, et les Espagnols dans leur *Ç* et dans *Zed*, n'ont point le *Th* doux des mots anglais *this*, *those*, *there*.

Nous verrons que l'alfabet arabe contient ces deux lettres, l'une, n° 4, nommée *ta*; l'autre, n° 9, nommée *zâl*: comme elles ont des figures tout-à-fait différentes, il est clair que les auteurs de cet alfabet ont prononcé l'une et l'autre de ces consonnes : aujourd'hui elles ne sont réellement prononcées que chez quelques tribus de Bedouins; et la majeure partie des Arabes leur substitue tantôt le *T* ou l'*S*, tantôt le *Z* ou le *D*.

Pourquoi le *TH* dur ou *théta* se trouve-t-il une des consonnes les plus répétées dans l'idiome *berbere*, c'est-à-dire dans la langue des indigènes disséminés sur la côte-nord de l'Afrique, depuis l'Égypte jusqu'à

Maroc? Leurs ancêtres en des temps reculés eurent-ils quelque analogie d'origine avec les indigènes d'Arabie, ou tiendraient-ils cette consonne du langage phénicien que répandit la domination de Carthage?

Une neuvième famille est peinte en français par les lettres *ja*, et par le composite *che* (*sh* anglais, *sch* allemand, etc.), qui donne lieu à plusieurs remarques.

La formation de ces deux consonnes ne laisse pas d'être compliquée; les lèvres y concourent assez peu; les deux dentiers sont rapprochés, la langue ne les touche point par sa pointe, mais bien par ses deux côtés, en se relevant vers son milieu, pour serrer plus ou moins les bords du palais. Si ce contact est ferme, il produit la consonne *che*, comme dans *chercher* : s'il est doux, il produit le faible *ja*, comme dans *jamais*, *jadis*; l'une et l'autre se trouvent dans le mot *joncher*. Plusieurs grammairiens français ont proposé pour ces consonnes l'épithètes de *chuchotantes* : elle peut convenir dans notre langue et dans celle des espagnols qui disent aussi *cuchuchear* pour *chuchoter*; mais que signifiera-t-elle pour les Italiens, les Anglais, les Allemands, qui rendent ce mot par *sousourrar*, to *whisp*, *pispern* et *flüstern?* (Les Latins disaient *mussitare*) : un alfabet général ne peut guère s'accommoder de ces dénominations nationales. Le *ja* et le *che* n'ayant point existé chez les Grecs et les Latins, ce fut pour nos grammairiens du moyen âge un embarras de peindre ces prononciations : il se fait sentir dans tous les alfabets d'Europe, par l'incohérence de leurs signes représentatifs. Dans l'Anglais notre *ja* n'a point de lettre propre, et cependant il est prononcé correctement dans les mots *pleasure*, *measure*, équivalens à *plejer*, *mejer*; en outre il y est fréquent sous le composé *dj*, et *gé*, *gi* : par exemple le mot *juge* est prononcé *djodje* (1).

Chez les Allemands, notre j ne vaut que *i* : ils disent *iong*, et non pas *jong*, de manière qu'ils n'ont réellement point cette consonne. Il en résulte un grand embarras pour leurs voyageurs en Asie, lorsqu'il leur faut écrire les mots persans et turcs où elle se trouve pure, et les mots arabes où elle est en composé, comme dans *djebel* (montagne), *djamil* (beau): en ce cas ils emploient les combinaisons *dsj*, *dzj*, qui ne font qu'embrouiller : aussi en lisant les relations, d'ailleurs estimables, de Niebuhr et de Seetzen, nous ne comprenons rien à leurs mots géographiques, si l'original n'est à côté.

Chez les Italiens le *ja* n'existe point simple mais combiné avec le *D*; ils prononcent *djusto*, ce qu'ils écrivent *giusto* : ceci donne lieu à deux remarques : 1° que la lettre *g*, a le tort de représenter, elle seule, les deux consonnes *d* et *j*; 2° que l'*i* n'est ici qu'une

---

(1) Wallis n'a pas bien analysé cette consonne, puisqu'il a cru que *gé* se formait de *D* et de *y* (faisant dyé), et que *Ké* se formait de *Ty* (faisant tyé). L'art n'est pas si facile que l'on pourrait croire.

véritable cheville insérée pour empêcher qu'on ne dise *gusto*, qui signifierait *plaisir*; par conséquent cet *i* cesse d'être une lettre, car il ne représente rien : voilà encore un défaut commun dans nos alfabets. Le français en offre l'exemple dans les mots *changea*, *mangea*, où l'*e* ne sert que de plastron entre le *g* et l'*a*, pour l'empêcher de faire *ga*. Le même vice se trouvait ci-devant dans les mots *forcea*, *commencea*, avant que l'on eût introduit le *ç*, qui aujourd'hui fait *força*, *commença*, etc. (1).

Les Espagnols ont bien la lettre *j*, mais ils la prononcent comme le *ch* allemand dans *buch* (livre), ainsi que nous le verrons : ils ne disent ni *ja*, ni *dja*, à notre manière.

Notre *che* français éprouve encore plus de variantes : les Anglais le peignent *sh*, les Allemands *sch*; les Polonais *sz*; les Italiens *sci*; les Portugais *x*; les Espagnols ne le prononcent point simple, mais seulement composé de *tch*. C'est aussi la manière défectueuse dont les Anglais prononcent leur *ch*.

Les Russes et les Asiatiques ont été plus habiles, ou plus heureux : ils ont tous une lettre appropriée à cette consonne.

Le désordre qui résulte de toutes ces variantes dans nos alfabets européens devrait être un motif suffisant de convenir d'une lettre commune, mais l'habitude

---

(1) L'idée de cette cédille paraît encore être due au médecin *Jacques Dubois*, car il avait proposé de mettre sur le c un s, que l'on a mis dessous (ç).

y opposera de longs obstacles : heureusement cette habitude n'étant point établie ou affermie relativement aux langues asiatiques, je m'en prévaudrai pour proposer un signe nouveau dans mon projet d'alfabet (1).

Une dixième famille succède à celle-ci par droit d'analogie en sa formation : la langue demeurant dans la position de *ja* et de *che*, si au lieu de laisser passer l'air sifflant qui caractérise ces deux consonnes, on colle la langue au palais, ce *contact* produit deux autres consonnes, l'une forte qui doit s'écrire *ké*, et que les Français prononcent dans *question*, *quelqu'un*; l'autre douce, que les Français prononcent dans les mots *gué*, *guérison* : c'est ce qu'ils appellent le *g mouillé*. Nous examinerons cette épithète.

Dans la peinture de ces deux consonnes, tous nos alfabets sont remplis d'irrégularités qui, pour être consacrées par l'usage, n'en sont pas moins déraisonnables. Dans tous les syllabaires, on commence par épeler *ga*, *go* : mais quand *g* vient en présence de *e* et de *i*, sa valeur change; il devient *jé*, *ji*; il passe réellement d'un organe à un autre, puisque *ga* et *ja* sont deux diverses positions de la langue : il change même encore devant *u* ; car dans *gu*, le *g* est *mouillé* : pour être conséquent, après avoir dit *ga*, *go*, l'on

---

(1) Les Polonais ont pour *je* et pour *che*, deux modifications particulières, qui en sont comme des diminutifs. Ils prononcent *ja* et *cha* en plusieurs cas, avec une sorte de mignardise qui en fait presque deux lettres nouvelles.

devrait dire *gué*, *gui*, et pourtant on ne le serait pas encore; car on convient que dans *ga*, *go*, le *g* est *dur*, et que dans *gué*, *gui*, il est *mouillé*: pourquoi cette nouvelle inconséquence? Il faut l'avouer; elle a sa cause dans la nature même des organes, qui éprouvent de la difficulté à prononcer sur *e* et sur *i* le *g* comme il l'est sur *a* et sur *o* : il faudrait presque dire d'un seul temps *gaé* ou *goé*, et cela est difficile, parce que les voyelles *é* et *i* comportent un resserrement, un aplatissement de la langue, qui ne s'accommodent point avec la consonne *ga*, comme nous le verrons.

Ces irrégularités causent beaucoup de peines aux pauvres enfans qui apprennent à lire : la justesse native de leur esprit n'entend rien au commandement qu'on leur fait : pour épeler *ga*, on leur dit épèle *jé* plus *a*, et dis *ga*; mais, répondent-ils, *jé* plus *a*, doit faire *ja*. Ils ont raison : et le maître a d'autant plus tort qu'ici sa méthode est fausse de toutes manières; car, pour se redresser, s'il épèle comme quelques-uns *ga*, *gué*, *gui*, *go*, *gu*, *gou*, je lui objecte que selon ses propres définitions *g* est ce qu'il appelle *dur* dans *ga*, *go*, *gou*; qu'il est mouillé dans *gué*, *gui*, *gu*; tandis que dans *g-é*, comme on l'épèle, il est le *jé* d'une autre famille; ces états sont tout-à-fait divers. Maintenant sachons ce que signifient les épithètes de *g dur* et *g mouillé*.

Dans le *mouillé gu*, *gué*, *gui*, la langue portée quarrément en avant, forme son contact avec la partie antérieure et moyenne du palais : elle s'y colle à plat.

Au contraire dans le *g* dur, *ga*, *go*, *gou*, elle se retire quarrément en arrière, et se relevant vers sa racine, elle forme son contact avec le palais à la racine du voile. De là deux sensations de contact, et deux classes de consonnes distinctes à l'oreille; l'une, *classe de mouillées*, divisée en forte et en faible, savoir *gué*, si l'on appuie légèrement, et *ké*, si l'on appuie plus ferme : l'autre classe *dure* également divisée en consonne faible *ga*, et en consonne forte *ca*. L'on n'a peut-être jamais bien remarqué ces différences, mais elles n'en sont pas moins positives : outre celles de la formation, il y a encore cette circonstance que *gué* et *ké* sont déclinables régulièrement et commodément sur toutes les voyelles, et forment avec chacune d'elles une syllabe d'un seul temps, comme on peut le voir dans le tableau suivant :

guia, *gué*, *gui*, *guio*, *guiou*, *gu*, *gué*, etc.
kia, ké, ki, kio, kiou, ku, kê.

Ce n'est pas ma faute si les syllabes *guia*, *guio*, *guiou*, sont composées de plusieurs lettres : c'est la faute de l'alfabet qui n'a point établi le *g* particulier, qu'ensuite il a fallu spécifier par le nom de *mouillé*. La syllabe *gu*, qui pour nous a cette qualité, s'étant trouvée régulière, c'est-à-dire formée d'une seule consonne et voyelle, on lui a emprunté son *u*, sans lequel les autres lettres dérogeraient et feraient *gia*, *gié*, *gi* : on voit que *u* n'est ici qu'une cheville : cette observation s'applique au *kia*, *kiou*, relativement à l'*i*.

Dans la classe *dure* *ga* et *ca* il y a cette différence que ces deux consonnes ne se déclinent pas commodément sur toutes les voyelles. L'on dit bien *ga*, *go*, *gou*, *ca*, *co*, *cou*, et même encore *gue* et *que* par *e* muet (di*gue*, bri*que*); mais l'on ne trouve plus la même facilité, comme je l'ai déja dit, à prononcer *ga* et *ca* sur *i* et sur *u* : on retombe comme malgré soi dans le mouillé *gué*, *ké*, *gui*, *ki* : il aurait fallu que dans cet état *dur*, les lettres *ga* et *ca* eussent un signe particulier pour les distinguer de *gué* et de *ké*, et encore plus de *gé*. C'est à quoi j'ai eu égard dans mon alfabet européen asiatique, et par la suite les étymologistes en sentiront toute l'utilité.

Mais d'où viennent ces épithètes bizarres de *mouillé*, de *dur* ? je crois en apercevoir la raison : les grammairiens français ayant voulu rendre sensible, aux étrangers sur-tout, la différence de *L* ordinaire (notre *La*) et de *ill* ou *lle* (*brille*, *fille*), ils ont trouvé que le meilleur moyen était de citer en exemple un mot où cette dernière se prononçât : ils auraient pu citer *famille*, *failli*, *taillé*, ils ont préféré le mot *mouillé*, sans doute parce qu'il leur a semblé que dans *llé*, la langue, en se détachant du palais, se faisait réellement sentir comme *mouillée* de salive. Ce terme une fois imaginé, l'on s'en est servi pour d'autres états, avec moins de justesse peut-être, mais avec l'utilité d'établir une distinction désirable : et remarquez que dans tous ces états *llé*, *gué*, *ké*, la langue serre le palais, et ne s'en détache qu'en formant nécessairement la voyelle *i*, qui leur donne un caractère commun ; tandis que dans *ga*, *go*, *ca*, *co*, le contact a quelque chose de rond (1), qui amène comme nécessairement les voyelles ouvertes *a*, *o*, et ne revient que par effort sur l'*e* fermé et sur *i*; ce mécanisme est si vrai, que je le retrouve dans toutes les langues.

J'appelle donc ma dixième classe *les deux mouillées gué*, *ké*; et ma classe onzième, les deux *dures ga*, *co*, en me proposant de ne jamais confondre leurs signes dans un alfabet général.

J'ai dit que l'alfabet italien, irrégulier comme le nôtre en déclinant *ga*, *gé*, *gi*, prononçait *ga*, *dje*, *dji*, ce qui est vicieux : pour dire *gué* et *gui* il a imaginé d'insérer *h* après *g* et d'écrire *ghé*, *ghi* : mais que fait ici cet *h* quand il n'y a aucune aspiration, dont il soit le signe ?

Dans l'alfabet espagnol, *ge*, *gi*, ne fait point *gué* ou *djé*, mais il devient la gutturale *ch* des Allemands et des Écossais, qui est l'X grec en certains cas.

Chez les Anglais il y a moins d'irrégularités; puisqu'ils mouillent volontiers le *g* et le *k* devant toutes

---

(1) « Quintilien indique positivement cet effet, lorsqu'il dit, « page 64, *et* Q *cujus similis effectu specieque, nisi quod* « *paullum a nostris obliquatur, Kappa apud Græcos*, etc. » — Et le Q qui ressemble au K grec de valeur et d'espèce, si ce n'est qu'il est plus *courbé* (ou *arrondi*) par nos Latins.

les voyelles : ils disent plutôt *guiap* que *gap*, *kiâlm* que *câlm*, et ils prononcent *guillespie*, quoiqu'ils écrivent *gillespie*.

Les Allemands ont aussi leurs irrégularités, puisqu'à la fin des mots le *g* devient habituellement gutturale *ch*, forte ou faible, et que cela même lui arrive en certains dialectes au milieu des mots : par exemple *ego* est prononcé *echo* (*ejo* espagnol). En d'autres dialectes on le prononce à la hollandaise, en lui donnant la valeur du *gamma* grec, ou grassèyement doux dont nous parlerons. Par exemple *geogra*phia : chrono*logia*.

Les irrégularités du *g* mouillé se retrouvent naturellement dans le *ké* qui est sa nuance forte. Les Français ne peuvent écrire *kia kio* qu'en introduisant *i*; long-temps même ils ont repoussé ce *k* grec et n'ont voulu le rendre que par *qué*, sujet à bien des équivoques, car on ne sait quelquefois si *quia* doit se prononcer *cuya* ou *kia*.

Les Italiens emploient ici la même cheville que pour *g*, et écrivent *che*, *chi*, pour ne pas dire *tche*, *tchi* sur les syllabes *cé*, *ci* : mieux valait adopter le *k*, écrire *ké*, *ki*. Les Allemands qui ont retenu du grec le *kappa* sont moins embarrassés, mais ils sont encore irréguliers dans leur manière de le syllaber, *ca*, *tsé*, *tsi*, *co*, etc.

Les Anglais, en mouillant, tantôt *c* devant *a* comme dans *calm*, et même devant *e* comme dans *cape*; tantôt en ne le mouillant pas comme dans *cook*, ou en le prononçant *s* comme dans *sity* (*city*), prennent leur part de toutes ces anomalies.

6

On peut dire que cette lettre *c* est une pierre de scandale dans tous les alfabets d'Europe : aucun ne la décline régulièrement, excepté le Polonais qui dit *tsa*, *tse*, *tsi*, *tso*, *tsu*, etc. Encore ici se trouve le vice de représenter deux consonnes par une seule lettre.

Chez les Italiens devant *e*, *i*, le *c* devient *tché*, *tchi* : chez les Français il se dit *sé*, *si*, avec la bizarrerie de redevenir *k* s'il est suivi d'une consonne, comme dans *perfection*, etc.

D'où viennent tant de variantes, quand cette lettre *c* nous vient d'une source commune, le latin ? n'a-t-elle pas dû y avoir une valeur fixe, et cette valeur n'a-t-elle pas été celle du *kappa* grec, selon l'aveu positif des auteurs, et selon la traduction constante des noms latins tels que *Cicero*, *Cæsar*, *Cincinnatus*, *Corbulo*, qui sont rendus en grec *Kikero*, *Kaisar*, *Kinkinnatus*, *Korbulo* ? enfin selon l'origine de la lettre même; car la série des monumens prouve que jadis le C fut le K lui-même dont les deux traits saillans, attachés d'abord carrément au trait vertical, se sont ensuite arrondis avec lui pour la commodité de l'écriture. Si les Latins, comme il est vrai, le prononcèrent *ka*, *ké*, comment les Italiens l'ont-ils altéré en *tcha*, *tché*; les Polonais, en *tsa*, *tsé*; les Français et les Anglais, en *sa*, *se* ? Voilà de ces choses que les grammairiens qui se bornent à une ou deux langues ne devinent pas aisément : les voyageurs ont ici un avantage marqué, résultant de comparaisons nombreuses et diversifiées. C'est à ce titre qu'arrivant en

Égypte, je fus bientôt frappé d'entendre les Arabes du pays prononcer *guemel, guizeh, guebel*, tandis que les Arabes nés en Syrie prononçaient *djemel, djizeh, djebel* : à la vérité les uns et les autres prononçaient *kelb, kerim, kebir*; mais lorsque je fus chez les Bédouins, ces mots en *k* devinrent *tchelb, tcherim, tchebir* (*T'shelb, tsherim, tshebir*), et partout *tche* pour *ke*. J'analysai ces consonnes *gué*, *ké*, et je trouvai que réellement elles avaient de l'analogie dans leur formation; que leur différence ne venait que d'un peu plus ou un peu moins d'aplatissement de la langue et de serrement des dentiers : cette cause naturelle me fut confirmée, lorsque de retour en France, je trouvai que dans la Brie le peuple disait habituellement *tchetchun* m'a *tchestchionné* pour *quelqu'un* m'a *questionné* : j'ai conçu que ce mécanisme devait être général par la raison qu'il était naturel; enfin la Chine même m'en a offert un exemple dans la controverse récente des deux auteurs d'un dictionnaire anglo-chinois et d'un dictionnaire franco-chinois : l'un soutient que le nom du défunt empereur fut *Kia-Kinn*; l'autre veut que ce soit *Tsia-Tsinn*, *en faisant l'S gras*; ils ont tous deux raison, attendu que dans la vaste Chine, telle province prononce sans doute *kia* ce que telle autre prononce *tcha*, qui est le *tsia gras* mentionné. L'on voit que ces permutations ont leur importance dans les étymologies (1).

---

(1) En Picardie, le chi devient Ki : on dit le *kien* pour le *chien*.

Par exemple, nous écrivons *Daces*, et nous prononçons *Dasses*, ce que les Grecs et les Romains disaient *Dakae* ou *Dakiae*, *Dakioi*. L'on ne sent point l'analogie ; mais prononcez le *ké* en *tché*, vous avez *Datches*, qui devient clairement le *Deutches* allemand (*Deutsch*). Nous prononçons *Sites* (*Scythes*) ce que les Grecs et les Latins prononçaient *Skout*, analogue à *Skout-um*, un bouclier fait de *cuir* ou de *peau*, en latin *cut-is* : or les tentes de ces peuples étaient faites de *cuir*; leur nom signifiait donc les *hommes aux maisons de cuir* (en hébreu *sokout* signifie tente).

La confusion du *gué* avec *djé* a les mêmes causes et les mêmes conséquences (1).

Que la *forte* et la *faible*, c'est-à-dire *gué* et *ké*, aient pu se confondre, c'est ce dont nous avons un exemple remarquable dans les deux verbes *facere* et *agere* : si vous les prononcez à la française, *fassere*, *agere*, *fassio*, *ago*, *fessi*, *egi*, ils n'offrent point de ressemblance ; mais si vous les prononcez selon mes principes, leur identité de son et de sens devient frappante :

Fakere, fakio, feki, fakiam, factum, fakiendo.
Aguére, aguio, egui, aguiam, aktum, aguiendo.

---

(1) L'échange des fortes avec les *faibles* a pour les étrangers l'inconvénient de dénaturer les mots mêmes : on le voit dans les mots *égorger* et *écorcher*.

L'unique différence consiste en ce qu'étant originairement un même mot grec, il sera arrivé qu'une tribu rude et sauvage l'aura prononcé avec la consonne ferme *k*, et l'aspiration figurée par F, qui fut le digamma éolien ; tandis qu'une tribu policée, *amollie*, le prononça par la consonne faible *gué* avec l'*aspiration douce*, conservée dans le mot grec *agué* (ἀγὴ), et dans le verbe *agó*.

Chez les Polonais le *C* n'est devenu *tsé* qu'en perdant l'intensité qu'il avait en *tché*; et chez nous Français qui n'aimons pas l'accumulation des consonnes, il s'est encore adouci en perdant *t* et restant *s* : enfin par un dernier abus, cet *s* dégénère en *z* : avec de telles altérations comment reconnaître les étymologies ?

Il nous reste à décrire plusieurs consonnes assez difficiles pour qui n'en a pas l'usage ou l'audition.

D'abord se présentent les deux grasseyemens, l'un ferme et *rude* assez commun à Paris, très-répandu chez les Provençaux, et constitué consonne réelle chez les Arabes, dans le *gaïn*, dix-neuvième lettre de leur alfabet ; c'est une des prononciations dominantes des Berbères : l'autre grasseyement, *doux* et *faible*, est le *gamma* des Grecs, que la prononciation des Hollandais et de plusieurs Allemands a rappelé à mon oreille dans les mots *geographia, geometria*. Ces deux consonnes forment notre douzième famille.

Dans le grasseyement *dur*, le contact se fait entre le voile du palais et le dos de la langue vers sa racine : les deux organes sont disposés comme pour l'acte que nous appelons *se gargariser* : étant souples l'un et l'autre, leur contact a quelque chose de gras à l'oreille; on peut même dire qu'il n'est pas clos et complet : s'il l'etait il formerait la consonne *ga*.

Dans le grasseyement *doux* la langue se retire un peu en arrière, et ne forme qu'un demi-contact de son milieu avec le palais près de l'attache du *voile* : c'est moins un contact qu'un froissement qui a de l'analogie avec le *jota* espagnol : la différence est que, dans ce dernier, le froissement est plus sec, et pour ainsi dire aspiré : comme la langue se trouve ici presque dans la même position que pour former *i*, il est arrivé quelquefois que cette voyelle a été changée en gamma et *vice versâ* : l'ancien grec a dit γέλας (éclat, splendeur), le moderne dit *yelas*; le Dorien disait γα pour *oui*, l'Allemand dit *ia* : et sans beaucoup de peine *ego* par gamma a pu faire *eio*.

Le grasseyement *dur* est considéré, en France, comme un vice de prononciation, parce qu'il est la substitution d'une consonne *non avouée* à une autre consonne *constituée* (notre *Ro*) ; nos grasseyeurs ne peuvent prononcer cette dernière : chez les Arabes et les Berbères il est indispensable de prononcer l'une et l'autre; car elles se trouvent souvent dans un même mot : l'on ne saurait les confondre sans tout brouiller (1).

Les Latins ont habituellement traduit le gamma

---

(1) Dans le tome XIX des Sciences Médicales, on trouve un article complet sur le grasseyement. L'auteur, médecin savant, n'a pu manquer de bien décrire le mécanisme de cette

grec par *g* : mais l'on ne saurait assurer s'ils lui ont donné les valeurs différentes du *g dur* ou du *mouillé*, et même du grasseyement doux. Chez les peuples modernes à qui il manque ces deux consonnes, il est arrivé quelquefois des substitutions bizarres : par exemple, l'*l* substitué à *gaïn* : les Italiens des croisades on écrit *baldachino*, ce que les Arabes prononçaient *bagdâdino* (notre *baldaquin*) (1). Ceci nous avertit que dans un alfabet général il nous faudra une lettre particulière pour *gaïn*, et une autre pour *gamma*.

Une treizième famille est celle de deux consonnes inconnues et désagréables aux Français, aux Anglais et aux Italiens : l'une *dure* est le *jota* des Espagnols

―――――――――――――――――――――――――

consonne, ainsi que de l'*R*, qu'il lui adjoint; mais quant à sa nomenclature, je ne puis être de son avis, lorsqu'il appelle grasseyement cinq manières d'altérer l'*R* : la première, en lui substituant le vrai grasseyement, *gaïn*, des Arabes; la deuxième, en disant *vé* pour *Ré*, *opeva* pour *opera* ; la troisième, en substituant le *G dur* ou *mouillé*, et en disant *gaison* pour *raison*, et *Figago* pour *Figaro* ; la quatrième, en prononçant *zraison* ou *zaison*, pour *raison* ; enfin la cinquième, en supprimant totalement *R*, et en disant *mou'ir* pour *mourir*, et *Pa'is* pour *Paris*. Ce ne sont point là des grasseyemens; ce sont de ces vices de prononciation, dont certains grammairiens arabes comptent jusqu'à douze (y compris le haquetonnement et le bégayement), et dont ils disent que la réunion se trouve dans le langage du peuple de *Bairout* : c'est beaucoup dire ; mais on ne peut nier que les villes maritimes de cette côte, à raison du mélange des étrangers, n'aient une portion de ces défauts.

(1) Les Grecs n'ont-ils pas écrit Xaldai, ce que les Phéniciens et les Juifs prononçaient *Kachdai*, par un *chin* ?

ch allemand, dans *buch*, et X grec, en certains cas. Pour former cette consonne, la langue et le palais sont presque dans la même position que pour le grasseyement *dur*, et que pour se préparer à cracher, ayant d'ailleurs la gorge sèche ; car humectée, on forme *gaïn*. Au reste, cela ne se conçoit bien qu'en l'entendant l'exécuter.

Cette consonne *jota* est usitée dans l'idiome fraternellement conservé par les *Bas-Bretons* et les *Gallois*, issus des anciens Keltes : elle a lieu aussi chez les Écossais, les Polonais, les Russes, et encore plus chez les Arabes (lettre septième).

Sa nuance faible est une autre consonne moins répandue, dont l'exemple le plus marqué se trouve dans les mots allemands terminés en *ich*, tels que *ich* (moi), *iarnovich*, *metternich* : quoique écrite de la même manière que *ch*, dans *buch*, *nacht*, elle en diffère sensiblement, en ce qu'elle se forme vers la partie antérieure du palais, par une position de la langue analogue à celle de la voyelle *i* : le contact n'est pas clos : il y a seulement un passage d'air sec, un *sifflement* semblable à celui des oies, ce qui l'a fait nommer par le Latins *litera anserina* : ce nom a pu s'appliquer aussi à sa nuance forte (*ch, jota*). Les Grecs modernes, en adoucissant leur X devant *e* et *i*, lui donnent souvent la valeur de l'*ich* allemand.

Les Espagnols n'ont que la nuance dure, qu'ils appellent *jota*, peinte tantôt par *j*, tantôt par *x*, et quelquefois par *g*, mais seulement devant *i*, et *e*. Il serait nécessaire de caractériser ces deux prononciations par deux lettres particulières qui en fissent sentir la distinction.

Une quatorzième et dernière classe est celle des deux aspirations proprement dites, qui observent, d'une manière sensible, la règle générale de *forte* et de *faible*.

Je ne vois l'aspiration forte usitée en Europe que par les Florentins, qui prononcent de cette manière le *c* dur des autres Italiens : ainsi, tandis que ceux-ci disent *casa*, *core*, *cavallo*, etc., les Florentins disent *hasa*, *hore*, *havallo* (1), avec une aspiration ferme, que l'on ne retrouve que chez les Arabes, dans la sixième lettre de leur alfabet. Il est probable cependant que dans l'ancien allemand cette prononciation eut son énergie.

La nuance faible, peinte par *h*, est connue dans toute l'Europe, mais presque inusitée en Italie : elle décroît sensiblement en France, où de jour en jour on prononce moins l'*h*, et où l'on est prêt à dire du fromage *d'Ollande* au lieu *de Hollande*. Sans doute l'homme, amolli en se civilisant, trouve pénibles et inutiles ces efforts de poumons que les passions vives et les besoins violens inspirent à l'homme sauvage ou rustique.

Des grammairiens anciens et modernes ont quel-

---

(1) N'est-ce pas la même permutation qui se retrouve dans l'ancien gothique *haus*, une *maison*, et le latin *casa?*

quefois mis en question de savoir si l'aspiration était une *voyelle* ou une *consonne*, si son signe était une *lettre* digne de tenir place dans l'alfabet. Ces arguties sont décidées par le fait, puisqu'en Asie, comme nous le verrons, un usage ancien et général donne aux aspirations toutes les fonctions de consonnes : au reste il est singulier, tandis que les uns veulent chasser *h*, de voir les autres l'employer partout sans besoin : car il n'existe aucune aspiration dans toutes les combinaisons de *ch*, *gh*, *sh*, *th*, *ph*, usitées dans nos langues modernes. Nous ne saurions assurer la même chose du *ch*, que les Latins ont écrit pour l'*X* grec : il paraît certain qu'ils ne l'ont point prononcé comme nous faisons dans *charmant*, *chercher*: mais il est douteux qu'ils l'aient prononcé comme nous Français dans *charitas*, dans *archontes* (*caritas*, *arcontes*) : il ne serait pas déraisonnable de penser qu'il y a eu ici une division des deux lettres qui, en rendant sensible l'aspiration, aurait produit *ark-hontes*, *k-haritas*, pour imiter un peu l'aspiration dure de l'*X* grec (1).

De leur côté les Grecs, qui n'ont point eu la véritable aspiration dure des Florentins et des Arabes, lui ont de tout temps substitué leur *X* (*jota*), qui a l'inconvénient de faire de graves contre-sens en arabe; car h*araq*, par 'ha, signifie *il a brûlé*; par X, *Xaraq, il a percé*; 'h*abar* signifie *il a embelli*; *Xabar, il a appris*, etc.(2).

---

(1) L'ancienne écriture *michi* pour *mihi*, *nichil* pour *nihil*, favorise cette opinion.

(2) D'après cette règle, le mot grec χρυσὸς (or) serait syno-

TABLEAU GÉNÉRAL
DES CONSONNES USITÉES EN EUROPE.

N°s		CLASSES.	N°s		CLASSES.
1	1re	m-a.	17	7e	z-ed.
2		b-é.	18		s-a.
3		p-o.	19	8e	th anglais doux (*those*).
4		w-a belge.	20		th anglais dur (*thick*), *théta* grec.
5	2e	v-é.	21	9e	j-a.
6		f-i.	22		ch-in. Sh, *angl.*; sch, *allem.*; sci, *ital.*; x, *port.*; sz, *pol.*
7	3e	d-a.	23	10e	gué, g mouillé.
8		t-é.	24		k-é mouillé.
9		n-a.	25		ga g dur.
10	4e	ñ-é espagnol; gn français, italien; ing, anglais.	26	11e	co c dur.
11		ng-a. (indien.)	27	12e	grasseyement doux, γαμμα grec.
12	5e	l-a.	28		grasseyement dur.
13		ll-é.	29	13e	ich allemand.
14		l barré polonais.	30		jota espagnol; ch allemand; χ grec.
15	6e	ar anglais.	31	14e	he aspiration douce.
16		r-o.	32		ha aspiration dure, *ca* florentin.

N° II.

Face à la page 90.

On peut s'étonner que les Anglais, de race teutonique, n'aient point l'usage du *ch* allemand ; mais Wallis (1) nous avertit que cet usage a existé, et, pour preuve, il cite un nombre de mots anglais où le *gh* remplace le *ch* allemand : par exemple, night, right, light, fight, daughter, au lieu de *nacht, recht, licht, fecht, dochter,* etc. Il est clair qu'à l'époque où s'introduisit une telle orthographe, il y eut motif de peindre ainsi un son alors existant, mais perdu depuis.

Quant à la valeur de *fé*, donnée aujourd'hui à *gh*, dans *enough* (enof), *cough* (cof), cette permutation se retrouve presque semblable dans l'espagnol, où le *fé* représente quelquefois l'aspiration forte, et même la faible : on y dit *albufera*, pour l'arabe *albûhaira* (un lac); et par inverse, *hierro*, pour le latin *ferro* ; c'est-à-dire qu'en divers lieux, l'on a également tâché d'imiter un sifflement qui n'était pas bien distinct à l'oreille, par quelque chose d'analogue, qui lui fût connu : ce qui tous les jours se passe sous nos yeux en devient une preuve; car lorsque le chat entre en

---

nyme à *horos* (par *h* dur et par *sâd*), qui en phénico-hébreu signifie *or*; et à *hors* (par *h* dur), qui signifie *soleil;* mais pourquoi en anglais *horse* signifie-t-il *cheval?* Ne serait-ce pas parce que le mot anglais serait d'origine ou de parenté persane, comme mille autres? Or, chez les anciens Persans, le cheval fut l'emblème spécial du soleil. Zoroastre appelle sans cesse le soleil *coursier vigoureux.*

(1) *Grammat. linguæ anglic.* Page 82.

colère, il donne le change à notre oreille, qui croit entendre *fot*, *fot*, comme venant des lèvres, tandis que c'est de la gorge que vient ce bruit, véritable *jota*. C'est encore par quelque analogie de sifflement à sifflement qu'il y a eu quelquefois permutation de l'*h* avc l's; ainsi le mot Ἅλς de certaines tribus grecques, prononcé avec aspiration, devint le mot *sal* (le sel) de quelques autres tribus colonisées en Italie (1) : les mots *yper* et *yperbos* devinrent *super* et *superbos*, etc. Notez que *y* se trouve ici rendu dans le plus ancien latin par *u* qui n'est pas *i*, comme le veulent les Grecs modernes. Il est remarquable encore que dans l'ancien idiome scythique, appelé *sanscrit*, avec lequel le grec et le latin ont de nombreuses analogies, l'addition de la lettre sifflante *s* est d'un usage fréquent au commencement des mots, comme pour leur donner plus de grace. L'introduction de l'*r*, qui s'y pratique aussi dans le corps des mots mêmes, est une autre indication d'énergie et de contraction dans la fibre, qui cadre très-bien avec l'origine présumée de ce peuple.

Désormais, munis de la connaissance de toutes les voyelles et consonnes des langues d'Europe, nous allons nous en faire un instrument sûr et commode pour apprécier et classer les prononciations de l'Asie. et obtenir par ce moyen l'alfabet le plus général que l'on ait dressé jusqu'à ce jour.

---

(1) Et du mot *sal*, signe d'hospitalité, est venu le mot *sal-us*, *salutation* de celui qui la demande ou qui la donne.

CHAPITRE IV.

§ Ier.

Des Alfabets asiatiques, et spécialement de l'Alfabet arabe, et de ses analogues.

Les révolutions politiques qui ont tourmenté l'Asie ne lui ont pas procuré, comme à l'Europe, le bienfait d'un alfabet *unique*, ou du moins *semblable* en ses figures et en sa construction : les peuples de l'Asie, séparés les uns des autres par de trop vastes déserts, ou de trop fortes chaînes de montagnes, ont été moins susceptibles de s'amalgamer, ont opposé plus de résistance inerte au changement de leurs habitudes : de là cette diversité persistante d'alfabets chinois, mantchou, japonais, malais, tibetan, hindou, tamoul, bengali, malabare, arménien, géorgien, arabe, éthiopien, copte, etc.

Il est clair que cette diversité est un obstacle matériel à la communication des esprits, par conséquent à la diffusion des connaissances, aux progrès de la civilisation : d'ailleurs elle subsiste sans aucun motif raisonnable; car si, comme il est de fait, le mécanisme de la parole est le même pour toutes ces nations, quelle utilité, quelle raison y a-t-il de le figurer par des systèmes si différens? Si le modèle est *un*, pourquoi ses copies n'auraient-elles pas la même unité? et quel immense avantage pour l'espèce humaine, si de peuple à peuple, tous les individus pouvaient se communiquer par un même langage! Or le premier pas vers ce but élevé est un seul et même alfabet : la myope ignorance peut traiter de chimère cette haute perspective ; mais l'expérience du passé démontre qu'un mouvement puissant et presque automatique y pousse graduellement l'espèce humaine : il n'y a pas deux mille ans que les historiens et les géographes (1) comptaient dans l'Ibérie, l'Italie et les Gaules plus de huit cents peuples parlant des idiomes divers : aujourd'hui trois langues seulement, et trois langues très-analogues entre elles, divisent les habitans de ces pays, et déja une seule (2) lie tous les individus lettrés de notre Europe. Concourons par nos efforts au but de la nature; le temps fera le reste.

Il faut l'avouer, le premier aspect des alfabets orientaux frappe le disciple européen d'une sensation pénible et décourageante : la figure des lettres est étrange pour lui : son amour-propre se sent blessé de n'y rien comprendre : déja loin de l'enfance, il va redevenir écolier ; il s'alarme avec raison du travail d'introduire en sa mémoire tant de signes bizarres, et de plier sa main à une habitude que l'âge adulte

---

(1) Pline l'ancien, Strabon et Diodore.
(2) Le latin, ou, si l'on veut, le français.

supporte bien plus impatiemment que l'enfance : ce ne sont là que des préliminaires: l'explication commence; il a coutume d'écrire de gauche à droite, on lui ordonne d'écrire de droite à gauche: son écriture européenne trace tout ce qui se prononce : l'écriture asiatique, en général, n'en trace qu'une partie; il faut deviner le reste : les professeurs *royaux*, étrangers à ces langues, décrivent plutôt qu'ils ne font entendre à son oreille des sons inaccoutumés ; parmi ceux qu'il reconnaît, ils lui prescrivent d'appeler *consonne* ce qui chez nous est appelé *voyelle* : enfin toute la doctrine grammaticale est exposée en un langage qui, ne lui étant point encore connu, laisse tout obscur à sa pensée. La faible enfance se plie à ce joug, mais le disciple adulte y résiste : il veut se rendre compte de ses idées: après un premier étonnement, passant à la réflexion, il argumente, et se dit :

« Si l'organisation humaine est la même en Asie
« qu'en Europe, le langage dans ce pays-là doit
« être composé d'élémens semblables aux nôtres, par
« conséquent de voyelles, de consonnes et d'aspira-
« tions ; dès-lors les alfabets asiatiques ne doivent
« être, comme les nôtres, que la liste des signes qui
« représentent ces élémens ; mais ces signes peuvent
« avoir deux manières d'être : ils peuvent être sim-
« ples, comme les élémens A, E, D, P, etc., ou
« composés, formant sous un seul trait des syllabes,
« et même des mots entiers: dans l'un et l'autre cas,
« c'est une pure opération d'algèbre, par laquelle

« des signes divers sont appliqués à des types iden-
« tiques. Pourquoi cette diversité de tableaux ? il faut
« opter entre deux partis : si ces lettres que je ne
« connais pas représentent des sons que je connais,
« je n'ai pas besoin d'elles ; je puis me servir de mon
« alfabet accoutumé : si au contraire ces lettres repré-
« sentent des sons inconnus à mon oreille ; l'étude
« va me les faire apprécier ; et même, sans pouvoir
« les prononcer, je peux leur donner des signes, leur
« attribuer des lettres de convention, déduites de
« celles que je connais. On me présente vingt alfa-
« bets divers, par conséquent vingt diverses figures
« d'une même voyelle que j'appelle *A*, d'une même
« consonne que j'appelle *B* : pourquoi chargerais-je
« ma mémoire de ces vingt répétitions ? une seule
« figure me suffit ; avec un seul alfabet, je peux
« peindre toutes les prononciations de ces langues,
« comme, avec un seul système d'écriture musicale,
« je puis peindre tous les tons, tous les chants des
« divers peuples de la terre. »

Telles furent mes impressions, et tels furent mes
raisonnemens, lorsque, me préparant à voyager en
Syrie, je voulus acquérir les premiers élémens de la
langue arabe : j'ouvris la grammaire d'*Erpénius* : ne
comprenant rien à ce genre nouveau de doctrine,
j'eus recours au professeur royal alors en fonction (1):

---

(1) En 1780, M. Leroux des Hautesrayes, professeur d'arabe
au collége royal de France.

sa patiente complaisance écouta toutes les questions et les objections dont j'avais rédigé la liste : elles lui parurent raisonnables ; mais le résultat fut « que les « usages étant établis, l'on ne pouvait les changer; que « le but de l'institution des professeurs royaux n'était « pas tant d'enseigner l'arabe *parlé*, que l'arabe *écrit*, « en tant qu'il contribue à expliquer les anciens livres « des Juifs; que sans doute l'arabe vulgaire avait une « grande utilité commerciale et diplomatique; mais que « quoiqu'il y eût à Paris une école destinée à ce but, le « meilleur parti était d'apprendre la langue dans le « pays même et de la bouche des naturels. » A cette occasion, le savant professeur prenant un volume du voyageur *Niebuhr*, me lut l'anecdote du jeune Suédois *Forskâl*, qui, arrivé en Égypte sans savoir un mot d'arabe, parvint à le parler couramment en douze ou quinze mois, tandis que l'érudit professeur danois *Von Haven*, qu'il accompagnait, ne put jamais ni se faire entendre, ni même entendre ce qu'on lui disait.

Je sentis le mérite de la leçon et de l'exemple; mais je l'appréciai bien mieux encore lorsque, visitant l'Égypte et la Syrie, je reconnus que plusieurs prononciations éprouvaient des différences de canton à canton ; et que, malgré la prétention de chaque ville d'avoir le meilleur système, il y avait, dans l'opinion de tous les Arabes un peu lettrés, une grande différence entre la prononciation du Kaire et celle de Damas ou d'Alep : entre l'école de la mosquée d'*el*

Az'hâr, toujours subsistante au Kaire, et les écoles variables des autres petites villes d'Égypte et de Syrie.

Muni de ces moyens de comparaison, je pus dès-lors étudier à fond les problèmes que je m'étais proposés, et je le pus avec d'autant plus de latitude, que, dans le cours de mon voyage, j'eus l'occasion d'entendre parler dix ou douze langues diverses, dont les sons devenus familiers à mon oreille, furent appréciables à mon esprit, en même temps que ma bouche sut les imiter (1). Je n'ai donc pas besoin de m'appuyer d'autorités étrangères ou médiates dans la

---

(1) Au Kaire, j'entendais l'arabe de la bouche du peuple, et le turc de la bouche des militaires et des effendis. Mon maître d'écriture était Turc de Constantinople : j'eus l'occasion d'entendre les *Gellâb*, ou marchands d'esclaves noirs, parler éthiopien, et trois Malabares parler leur dialecte indou; dans Alep, outre l'arabe et le turc, j'entendais journellement l'arménien, le grec, plusieurs fois le kurde et le persan, sans compter l'allemand, l'anglais, le hollandais, le slavon, l'espagnol et l'italien, dans les maisons des Francs. En cette ville, il n'est pas rare de voir une seule maison se composer d'individus parlant cinq ou six langues, et les enfans les entendre sans les confondre. Ce fut dès lors que, me rendant compte de toutes ces prononciations, et n'en trouvant guère plus de cinquante, je conçus la possibilité d'un seul alfabet dont je fis sur l'arabe un premier essai qui est devenu l'instrument du reste. Lorsque j'ai dit que *j'entendais parler* tant de langues, je n'ai pas eu l'idée d'insinuer que je les *comprenais* : je sais qu'avec quelque adresse en ce genre, et sachant seulement écrire des alfabets et lire des mots, on peut agrandir sa taille naturelle; mais en toute chose je préfère de posséder moins, pour cultiver et défendre mieux.

question que je vais traiter ; et vis-à-vis des auteurs qui, comme moi, auraient puisé aux sources, l'on ne me refusera pas de prétendre à un crédit équivalent : redressé d'ailleurs, là où j'aurais pu errer, par une instructive controverse, je vais analyser l'alfabet arabe, et comme les principes de cette langue se trouvent développés dans la grammaire de M. de Sacy (1), avec l'habileté qui caractérise ce profond orientaliste, je prends son livre pour base de mon opération, avec d'autant plus d'utilité pour le lecteur, qu'il va devenir juge entre deux auteurs qui ne sont pas d'accord sur divers chefs.

§ II.

Grammaire Arabe de M. de SACY, Chap. Ier. *Des sons et des articulations de l'alfabet arabe.*

« 1° Les élémens de la parole sont de deux sortes :
« les *sons*, nommés aussi *voix* par quelques gram-
« mairiens, et les *articulations*. (Page 1re.)

(J'observe que le mot *articulation* est bien vague ; voyez ce que j'en ai dit, page 12.)

« Les sons consistent en une simple émission de
« l'air modifiée diversement : ces diverses modifica-
« tions dépendent principalement de la forme du pas-
« sage que la bouche prête à l'émission de l'air, mais

---

(1) Grammaire arabe à l'usage des élèves de l'école spéciale des langues orientales vivantes. Paris, 1810, 2 vol. in-8°.

« sans aucun jeu des organes ; les sons peuvent avoir
« une durée plus ou moins prolongée. »

(Voyez ma définition des *voyelles*, page 5.)

« Les articulations sont formées par la disposition
« et le mouvement subit et instantané des différentes
« parties mobiles de l'organe de la parole, telles que
« les lèvres, la langue, les dents, etc. Ces parties,
« diversement disposées, opposent un obstacle à la
« sortie de l'air ; et lorsque l'air vient à vaincre cet
« obstacle, il donne lieu à une explosion plus ou
« moins forte, et diversement modifiée, suivant le
« genre de résistance que les parties mobiles oppo-
« saient, par leur disposition, à sa sortie. »

(Voyez ma définition des *consonnes*, page 11.)

« La conséquence de ceci est qu'une articulation
« n'a par elle-même aucune durée, et ne peut être
« entendue que conjointement avec un son : ainsi
« quand nous prononçons *ba*, on entend en même
« temps l'articulation produite par le jeu des lèvres
« qui opposaient une résistance à la sortie de l'air, et
« le son *a*.

« L'aspiration plus ou moins forte est comprise
« avec raison parmi les articulations.

« La réunion d'une articulation et d'un son, forme
« un *son articulé*. (C'est la syllabe.)

« 2° Les élémens de l'écriture, destinés à représen-
« ter ceux de la parole, sont, comme ceux-ci, divisés
« en deux classes : les uns peignent les sons, les au-
« tres les articulations.

« 3° On donne aux sons et aux signes dont on se
« sert pour les représenter, le nom de *voyelles*. Les
« articulations, et les signes par lesquels on les re-
« présente, sont nommés *consonnes*. » (Ceci peut
introduire des équivoques et des confusions.)

« 4° Chez le plus grand nombre des peuples, les
« signes qui représentent les sons, et ceux qui pei-
« gnent les articulations, sont de la même espèce ; ils
« sont compris les uns et les autres sous la dénomina-
« tion commune de *lettres*. » (Jusqu'ici, à cela près des
expressions, je suis d'accord avec M. de Sacy, sur les
principes ; maintenant viennent les divergences.)

« Il est néanmoins des peuples, tels que les Hé-
« breux, qui n'écrivent que les consonnes.

(Je demande au savant professeur de nous prouver
cette assertion : l'école savante des Buxtorf y a complètement échoué.)

« Lorsque les Hébreux veulent peindre les voyelles,
« ils emploient pour cela des *figures* qui ne se pla-
« cent point dans la série des consonnes, mais au-
« dessus ou au-dessous de ces lettres. »

(Il faut prouver depuis quand cela ? Il faut montrer des manuscrits, des monumens quelconques *antérieurs au sixième siècle*, qui autorisent une telle
assertion. L'auteur lui-même nous apprend ailleurs
« *Qu'encore aujourd'hui le livre* officiel qui sert à la
« lecture publique dans les synagogues, ne porte au-
« cune *de ces figures*, et cela par imitation et par
« respect de l'ancien usage. »)

« Dans ce système d'écriture on ne donne le nom
« de lettres qu'aux signes représentatifs des *articula-*
« *tions* : ceux des sons se nomment *points-voyelles*
« ou *motions.* Le premier de ces noms est dû, parmi
« nous, aux grammairiens hébreux, qui vraisem-
« blablement *le tenaient* des *premiers grammairiens*
« *arabes*, et vient originairement de ce que les sons,
« *ou du moins* une *grande partie* des sons ne sont
« représentés que par des points dans l'*écriture hé-*
« *braïque :* le second est commun aux grammairiens
« orientaux en général ; et ils ont ainsi nommé les
« signes des voyelles, parce que l'explosion de la
« voix ne pourrait avoir lieu malgré les dispositions
« des parties de l'organe nécessaire pour former les
« articulations, sans l'émission d'air qui forme le
« son, et qui *meut* ou met en jeu les parties de
« l'organe.

« Les Arabes sont du nombre des peuples qui ont
« admis ce dernier système d'écriture. »

Ce texte veut plus d'un éclaircissement : l'auteur
a dit plus haut que les *grammairiens hébreux* tenaient le nom de *points-voyelles* des *premiers gram-*
mairiens arabes : donc ces *Arabes* avaient écrit
avant ces rabbins *hébreux :* en ce cas, comment
dire que les Arabes ont *admis* ce système d'écriture, lorsque le mot *admettre* signifie *recevoir* ce
qui déjà existe, et ce qui se trouve indiqué préexis-
tant dans cette phrase première : « *Il est des peu-*
« *ples tels que les Hébreux* qui n'écrivent que les

« consonnes. » Cette indication est d'autant plus formelle, que le nom d'*hébreu* ne s'entend de ce peuple que dans son ancienne existence nationale : une fois dissous par les Chaldéens, et sur-tout par les Romains, il porte plus particulièrement le nom de *Juifs* : l'auteur eût dû faire cette distinction, et au contraire son texte est tissu de manière à l'écarter : quand il parle de l'écriture *hébraïque*, on peut lui demander *laquelle*, puisqu'il y en a deux, et que la plus véritable est le caractère samaritain qui est sans points-voyelles : tout le monde sait que l'hébreu actuel est le vrai *chaldéen*, pris à Babylone, qui ne fut admis, ou du moins consacré que par Ezdras : à cette époque, et après elle, on cherche vainement les points-voyelles dans les livres juifs ; la plus âpre controverse n'a pu prouver l'existence de leur système mis en pratique, avant l'assemblée des docteurs juifs à Tibériade, au commencement du sixième siècle (1) : et nous verrons ailleurs que M. de Sacy est de cet avis. Continuons son texte.

« Les Arabes sont du nombre des peuples qui ont
« *admis* ce dernier système d'écriture : toutes leurs
« lettres sont des consonnes : elles sont au nombre
« de vingt-huit. Outre cela ils ont pour voyelles
« trois signes qu'ils appellent d'un nom générique
« *motions*. »

---

(1) D'après l'aveu formel d'Elias Levita ; voyez les écrits de Louis Capel et du P. Simon, oratorien, contre Buxtorf : voyez aussi les Prolégomènes de la Polyglotte de Walton.

Ainsi l'auteur se place au nombre de ceux qui veulent que les lettres *A*, *i*, *ou*, et *ain*, soient des consonnes : cette thèse sera difficile à soutenir : l'on conçoit qu'elle l'ait été et le soit encore par des savans de cabinet, qui n'expliquant les livres orientaux qu'à la manière algébrique, c'est-à-dire par la seule vue des signes, ne s'occupent point de la valeur prononcée des lettres et qui même la dédaignent comme une chose barbare : mais de la part d'un professeur versé dans la théorie et la pratique, qui a entendu beaucoup d'individus égyptiens, syriens, barbaresques ; qui a présidé la commission arabique tenue en 1803, et même dressé l'alfabet harmonique, conforme à mes principes, auxquels alors il adhéra ; cette nouvelle assertion serait inconcevable, s'il n'y joignait immédiatement des restrictions qui l'atténuent infiniment, je pourrais dire qui la détruisent. Écoutons-le.

« Il est assez vraisemblable, dit-il, n° 5, page 3,
« que parmi les lettres des Arabes, ainsi que parmi
« celles des Hébreux, il y en eut autrefois plusieurs
« qui ont fait *au moins dans certains cas* les fonc-
« tions de voyelles. Cela *paraît même certain* de l'é-
« lif, du *waw*, et du *ya* (a, ï, ou), qui, dans le
« système actuel de l'écriture arabe, *semblent faire*
« *encore souvent la fonction de voyelle*. Le *waw* et
« le *ya* sont même prononcés dans le langage vul-
« gaire, lorsqu'ils se trouvent au commencement d'un
« mot, comme nos voyelles *ou* et *i* (françaises). »

Il y a dans ce texte une incertitude remarquable d'expressions : — *Il est assez vraisemblable.* — *Cela paraît même certain — au moins dans certains cas.* — Si cela est *certain*, pourquoi l'appeler *apparent*, surtout quand on l'avoue fréquent dans l'usage actuel (1)? En outre que veulent dire ces mots : *plusieurs lettres qui ont fait les fonctions de voyelles ?* — En faisant ces fonctions restent-elles consonnes ? peuvent-elles changer de nature à volonté ? et si, comme il est de fait, ces lettres, dans l'usage actuel, représentent habituellement des voyelles comme les nôtres, avec ou sans les *points postiches*, dits *motions*, où est la preuve qu'elles n'en représentaient pas avant l'invention de ces signes interpolés ? Ne peut-on pas dire qu'il y a ici un mélange de deux doctrines ? l'une *dogmatique*, résultant d'autorités anciennes, que l'on ne veut pas enfreindre; l'autre *personnelle*, résultant de la conviction intime que donne l'examen judicieux des faits.

En procédant d'après cette seconde méthode, je pourrais trancher la difficulté par la seule application des principes généraux dont j'ai démontré l'évidence; mais il m'a paru plus instructif et plus curieux de résoudre le problème par ses propres racines, et de faire connaître au lecteur comment les construc-

---

(1) L'auteur, page 4, à la note, cite Antoine Ab Aquilà pour quelques exemples de l'*i*; mais tout l'arabe usuel en est rempli et pour l'*a*, et pour l'*ou*, et pour l'*aïn*.

teurs eux-mêmes de l'alfabet arabe ont raisonné en le formant, et comment ils ont donné lieu à un paradoxe qui ne fut point d'abord général, et qui ne l'est devenu que par une position vicieuse de la question. Mes autorités ne seront pas équivoques, puisque je vais les emprunter de M. de Sacy lui-même, qui, dans le volume 5o des Mémoires de l'Académie des Inscriptions, a publié, d'après les écrivains originaux, un travail du plus grand intérêt sur l'histoire de cet alfabet : je vais en rassembler les résultats dans l'ordre que prescrit la clarté de mon sujet.

§ III.

Précis historique de la formation de l'Alfabet Arabe.

« Les meilleurs historiens arabes (1) s'accordent à
« dire que le caractère d'écriture dont se sert mainte-
« nant cette nation, fut inventé seulement vers les
« premières années du quatrième siècle de l'hégire
« (vers l'an 940 de notre ère), par le visir *Ebn Mo-*
« *kla :* que ce fut moins une invention qu'une ré-
« forme nécessitée par le désordre que la fantaisie et
« la négligence des copistes avaient introduit dans le
« caractère *antérieur* usité.

« Ce caractère antérieur avait pour la première

---

(1) Voyez d'abord sa grammaire arabe, page 4, n° 5; puis les Mémoires de l'Académie, page 386, tome L.

« fois été apporté (vers l'an 558 de notre ère) aux
« pays de la Mekke et de Médine, où personne avant
« cette époque ne savait écrire. (Par conséquent ni
« *lire*).

« Le premier Mekkois qui l'apprit fut un nommé
« *Harb*, cousin issu de germain du père de Moham-
« med (né, comme l'on sait, en 571).

« Ce *Harb* le tint d'un habitant de *Hira*, qui,
« lui-même, l'avait appris à *Anbar* (1), de deux Ara-
« bes (2) de la tribu de Taï, lesquels étaient venus
« s'y établir.

« D'après les plus anciens monumens arabes, cette
« écriture première était de forme quarrée, semblable
« au caractère syrien, dit *estranguelo*. Or, comme
« la tribu de Taï, établie dans le désert de *Syrie*, a
« toujours eu des rapports commerciaux avec le lit-
« toral de ce nom, on a droit de conclure que ce fut
« réellement l'alfabet syrien, alors usité, qu'apportè-
« rent les deux arabes dans les villes d'Anbar et de
« Hira. Cette conclusion a d'autant plus de force que
« le nombre actuel des vingt-huit lettres arabes et
« leur ordre dans la liste alfabétique, ne sont pas
« d'une date aussi ancienne, et qu'avant Mohammed
« les lettres étaient classées selon l'ordre des vingt-
« deux lettres syriennes. »

Sur ce texte, j'observe d'abord que l'alfabet syrien

---

(1) Deux petites villes sur l'Euphrate.

(2) Appelés *Morâmer* et *Aslàm*.

estranguelo n'étant, selon les antiquaires, qu'une forme, une variété de l'alfabet phénicien dont les Grecs adoptèrent l'usage environ quinze siècles avant notre ère, on a droit de conclure que les Grecs et les Arabes, qui ne se connaissaient ni ne se communiquaient, n'ont pu s'entendre à recevoir les mêmes lettres pour figurer leurs prononciations respectives sans qu'il y ait eu identité ou très-grande ressemblance entre les valeurs de ces lettres : par conséquent *A*, *i*, *ou*, même *ain*, ont dû être des *sons-voyelles* identiques, ou très-analogues chez les Grecs et les Phéniciens qui leur ont donné un même ordre alfabétique, et chez les Arabes qui n'ont dérangé cet ordre que depuis Mohammed : en ce cas, l'on ne saurait dire qu'elles soient devenues consonnes par la raison qu'elles ont changé de pays; et quant à l'altération qu'y aurait pu apporter le temps, si l'on veut disputer sur le passé, du moins accordera-t-on ce qui est constaté par le temps présent.

Nous regrettons que le savant auteur n'ait point traité la double question de savoir en quel temps l'alfabet arabe fut élevé au nombre de ving-huit lettres, et en quel temps fut changé l'ordre ancien des vingt-deux qui furent sa base. Pour suppléer à cette lacune ne peut-on pas dire que l'arabe étant parlé sur une immense étendue de pays, par diverses tribus ou peuplades, les unes sédentaires, les autres errantes, qui se communiquaient peu, il dut naître des prononciations nouvelles, par des accidens naturels, et même individuels? Ainsi un individu puissant, un chef de tribu ou de famille, ayant, par quelque défaut d'organe, émis une consonne singulière, comme il est arrivé chez nous pour le grasseyement, cela aura suffi chez une tribu isolée, pour introduire et fixer une nouvelle consonne : d'ailleurs les Arabes, sur leurs frontières égyptiennes et persanes, ont pu prendre des femmes qui auront apporté et transmis à leurs enfans des prononciations étrangères : lorsqu'ensuite de telles peuplades auront voulu écrire, elles auront été forcées de faire des lettres nouvelles, et le recueil de ces alfabets partiels a servi à composer finalement un alfabet général : l'établissement de celui-ci, qui suppose la préexistence de tous les autres, exige pour son époque et pour son foyer, un pays et une époque de civilisation et de culture des lettres, avec une communication facile entre tous les Arabes. On n'aperçoit pas des traces d'un tel état de choses avant Alexandre le conquérant; et, comme après lui les Grecs, vainqueurs de l'Asie, donnèrent partout une vive impulsion aux lettres, il serait naturel de croire que l'opération dont nous parlons se fit sous l'influence scientifique des Séleucides ou même des Ptolomées sur les bords du Nil ou ceux de l'Euphrate.

Quelque part qu'elle se soit faite, on doit remarquer qu'elle fut du genre de celle que je propose, et que l'addition de six lettres à l'antique alfabet dut être une innovation *hétérodoxe*, d'abord blâmée, mais qui ensuite, fortifiée par l'utilité et par l'usage, devint dominante, et par conséquent *orthodoxe* ; car *l'orthodoxie* n'est que la puissance.

Sans doute l'alfabet de vingt-huit lettres existait déja depuis du temps lors de l'apparition de Mohammed ; mais l'ordre actuel des lettres était-il fixé ? cela n'est pas si clair : les premiers savans qui ajoutèrent six lettres nouvelles aux vingt-deux anciennes, durent ne pas heurter l'usage établi ; ils durent faire ce qu'ont fait les Syriens et les Juifs qui, voulant peindre des sons étrangers, prennent dans leur alfabet la lettre la plus analogue, et se contentent de la noter d'un point par-dessus ou par-dessous : ils donnent à cette méthode le nom de *kerchouni* : en de tels cas, l'idée naturelle est d'accoler cette lettre neuve à sa semblable pour faire saillir leur différence. Par cette raison, l'ordre premier des vingt-huit lettres arabes a dû imiter l'ordre ancien : alors on pourrait supposer que les premiers musulmans l'ont changé pour effacer une trace de ce qu'ils appellent le temps d'*ignorance* et d'*idolâtrie ;* cela serait dans leur caractère : le savant auteur du mémoire que je cite nous en donne une autre raison fondée en faits plus positifs (1).

Il observe que dans l'ancienne écriture quarrée la ressemblance de certaines lettres n'avait pas lieu au point de les faire confondre l'une avec l'autre ; mais dans les transplantations d'écriture qui eurent lieu

---

(1) Mémoires de l'Académie, tome L, page 348.

d'école en école, d'abord d'Anbar à la Mekke, puis de la Mekke à Médine, à Basra, enfin à Koufa, les copistes qui, pour leur commodité, arrondirent de plus en plus les lettres, parvinrent à en altérer plusieurs de manière à ne plus les différencier : il en résulta des méprises, *graves* en certains cas : l'un de ces cas étant arrivé dans le camp des Musulmans au temps d'*Othman*, troisième kalife (élu l'an 643), ce chef des fidèles imagina pour premier remède de retirer de la circulation, encore très-bornée à cette époque, toutes les feuilles du *Qôran*, composées de fragmens de papyrus, de parchemin, de feuilles de palmier, et même d'omoplate de mouton, dont on cite un exemple formel (1) : le scribe *Zeïd*, fils de *Tabet*, chargé de ce travail, parvint à composer un exemplaire régulier, qui a été le type de tous les Qôrans écrits depuis. Il est reconnu que cet exemplaire d'Othman fut écrit sans aucun des points soit *diacritiques*, soit *voyelles*, inventés depuis pour différencier les lettres : à mesure que l'on en tira des copies successives, la figure propre des lettres subissant des altérations, il s'ensuivit confusion de quelques-unes : par exemple, *i* fut pris pour *n*, *Sad* pour *Dad*, etc. Ces méprises devinrent de jour en jour plus fréquentes, plus fâcheuses ; l'on ne fut pas d'accord immédiatement sur le remède : les uns voulurent appliquer des signes ; les autres, plus scrupuleux, s'oppo-

---

(1) Mémoire cité, page 307 à 311.

sèrent à l'introduction de tout corps qui fût étranger à la pure *parole divine.*

§ IV.

Définition des points-voyelles ou motions, *et des points* diacritiques *ou* différentiels.

Deux causes principales de méprise et de confusion existaient : l'une était la ressemblance des lettres elles-mêmes; l'autre, était l'absence d'une partie considérable des voyelles prononcées : cette deuxième cause était inhérente à l'ancien alfabet; en outre, les voyelles mêmes qui étaient écrites changeaient quelquefois de valeur. Divers expédiens sans doute furent proposés : on préféra celui *de ne pas toucher au corps de l'écriture sacrée*, venue de Dieu par le prophète; et l'on imagina d'apposer hors de cette écriture, *dessus* et *dessous* la ligne, des signes factices pour remplir l'objet désiré : les premiers de ces signes furent des *points* et des barres, divisés en deux classes distinctes; l'une, celle des points *diacritiques;* l'autre, celle des points-voyelles, ou *motions* : les points *diacritiques* sont ceux qui, selon la valeur de ce mot grec, *distinguent* une lettre de sa semblable; placés sur elle ou sous elle, ils font partie intégrante et constitutive de cette lettre : ainsi la figure du grand H, si l'on met un point *par-dessus*, vaut *jota*, χ grec : *djim* ou ڄ, si le point est *par-dessous.* (V. le tableau, n° V).

Les *points-voyelles*, ou plutôt les *motions*, selon le terme arabe, sont ceux qui suppléent aux voyelles absentes, ou modifient les voyelles écrites.

Ces deux espèces de points ont-elles été inventées ensemble, ou l'une après l'autre ? en quel temps précis leur usage fut-il introduit ? L'auteur des mémoires produit à cet égard les opinions de beaucoup d'écrivains musulmans qui ne sont pas d'accord entre eux : les uns, sans preuves, et même contre toutes preuves, raisonnant à la manière de l'école rabbinique, veulent que les deux espèces de points soient *aussi antiques* que le livre sacré ; qu'ils soient *partie intégrante* de l'ancien système d'écriture qui, sans eux, disent-ils, n'eût pu avoir de clarté, etc. Les autres réfutent cette opinion par des monumens authentiques, qui démontrent la non-existence des points dans les temps anciens, et leur première apparition seulement après le kalife Othman : quant au défaut de clarté, nous ajoutons qu'il a pu, qu'il a dû exister par deux raisons puissantes, l'une fondée sur le génie mystérieux de l'antiquité, l'autre sur la nature de la chose même.

D'une part on ne saurait douter que l'homme ingénieux qui le premier imagina les lettres, et qu'après lui ceux qui fixèrent l'alfabet, n'aient remarqué que la consonne en général ne peut se prononcer sans être suivie d'une voyelle : cette remarque faite, ils ont pu conclure qu'il suffirait de peindre cette consonne pour que nécessairement la voyelle fût *appelée*:

et si, comme on a lieu de le croire, les premiers auteurs de l'alfabet furent des *marchands*, des navigateurs *phéniciens*, c'est-à-dire des hommes qui parlaient l'un des nombreux dialectes du vaste idiome arabe, ces hommes qui auront remarqué ce fait encore existant, savoir « que les petites voyelles diffè- « rent de tribu à tribu, quoique leurs consonnes af- « fixes soient les mêmes; » ces hommes auront jugé convenable de ne tracer que ces dernières, en laissant à chacun le soin de suppléer les voyelles selon son dialecte et son habitude : ainsi, trouvant que le mot prononcé $K^a\ T^u\ B^a$, en Chaldée, se prononçait $K^o\ T^o\ B^o$, dans le nord de la Syrie, $K^i\ T^i\ B^i$, en Palestine, sans que le sens fût changé, ils auront jugé superflu, et même embarrassant de tracer les voyelles *variables*, et ils se seront contenté d'écrire le canevas élémentaire $K\ T\ B$.

D'autre part, une seconde cause d'obscurité, et celle-là préméditée, a dû être l'esprit mystérieux des anciens savans qui, surtout chez les peuples d'Asie, s'étant organisés en castes héréditaires, n'acquirent leur immense pouvoir politique et sacerdotal que par le monopole de toute science : le système hiéroglyphique servit bien leur jalousie par son vague et par ses équivoques; ils durent s'opposer à l'introduction du système alfabétique; mais, lorsqu'une fois ils l'eurent admis, ils durent conserver les difficultés nécessaires à en repousser le vulgaire : il convint au génie des prêtres de rendre les livres difficiles et mystérieux; et lorsqu'ensuite des novateurs posèrent en dogme le besoin de lire correctement la parole de Dieu, cela devint le germe, le signal d'une révolution dans tout le système théocratique. Aussi une partie même des dévots musulmans blâma-t-elle les moyens de rendre la lecture trop facile et trop populaire : tant il est vrai que le monopole de la science et du pouvoir est le virus moral de l'espèce. Revenons à notre narration.

Le savant auteur du mémoire observe (1) que selon d'autres narrateurs, Othman fut le premier qui fit apposer non les *motions*, mais seulement les points *diacritiques*; on objecte à ceux-ci que ni le manuscrit original de ce kalife, ni ses premières copies, jusqu'à la mort des compagnons du prophète, ne furent marqués de ces points; et l'on ajoute qu'à leurs premières apparitions, il ne fut permis de les peindre qu'en couleur rouge ou bleue, pour les distinguer du texte sacré : il paraît que dans le principe, les points quelconques ne furent apposés qu'en certains passages, susceptibles de controverse ou de méprise.

Selon une troisième opinion, la première opposition régulière et systématique aurait été faite quarante années après Othman, par *Abou'l Asouad-el-Douli*, sur l'ordre du kalife *Abd-el-Melek*, fils de *Mérouan*; mais d'après les circonstances que l'on

---

(1) Mémoire cité, page 318.

récite, le système ne fut pas encore complet, et le plus grand nombre des auteurs qui se montrent les mieux informés s'accorde à reconnaître que ce fut le grammairien *K'alil*, qui enfin, vers l'an 770, organisa de toutes pièces l'édifice orthographique aujourd'hui subsistant.

L'un des narrateurs arabes (*el Mobarred*), s'exprime à cet égard d'une manière très-remarquable; il dit (1) :

« Les figures des voyelles qui se voient aujourd'hui
« dans les alcorans sont de l'invention de *Khalil* :
« ces figures sont prises de celles des lettres : le
« *domma* n'est autre chose qu'un petit *ou*, que *Khalil*
« plaça au-dessus de la lettre : le *kesrah* est un petit
« *i*, posé au-dessous de la lettre, et le *fat'ha* est un
« elif placé horizontalement au-dessus de la lettre. »

Je prie le lecteur de bien noter ces phrases : *les figures des motions sont prises de celles des lettres* (*a*, *i*, *ou*); c'est-à-dire de ces grandes voyelles, de ces voyelles constitutives de l'alfabet dès son origine phénicienne : ce fait seul résout toute la question.

Nous voyons que *K'alil* fut l'organisateur définitif de l'alfabet arabe; mais ce que l'on cite du travail antérieur d'*Abou'l Asouad-el-Douli* indique que celui-ci avait eu l'idée première des motions; l'un des narrateurs nous dit que ce grammairien, sollicité par *Ziad*, d'orthographier le *Qôran*, pour l'usage des

---

(1) Mémoire cité, page 369.

Persans convertis, exigea qu'il lui fût fourni un copiste auquel il prescrivit l'ordre suivant (1):

« Quand *j'ouvrirai* la bouche, mets un point sur « la lettre;

« Quand *je serrerai* la bouche, mets un point « devant la lettre;

« Quand *je briserai* la bouche, mets un point sous « la lettre. »

Or voilà exactement le nom et la définition des trois *motions* arabes subsistantes, *fat'ha* (ouverture), *domma* (serrement), *kesra* (brisement): et si *K'alil* ne leur a point conservé la forme de points, mais bien la figure diminutive des grandes voyelles, on devine qu'il a eu pour motif d'éviter la confusion que l'on en aurait faite avec les points *diacritiques*.

Maintenant, si nous considérons d'une part, que les musulmans, à l'époque de 680, voulant peindre les voyelles *occultes*, employèrent d'abord de simples points, et d'autre part, que vers l'an 520, c'est-à-dire un siècle et demi auparavant, les rabbins juifs (2), dans leur concile de Tibériade, avaient discuté et fixé définitivement le système de leurs points-voyelles, n'avons-nous pas lieu de croire qu'ici les grammairiens arabes empruntèrent quelque chose

---

(1) Mémoire cité, page 325.

(2) Connus sous le nom spécial de *masorètes*, c'est-à-dire, *traditionnaires*, dépositaires des *traditions*, chose si casuelle par elle-même, que, pour lui donner crédit, il a toujours fallu commencer par en faire un dogme hors de discussion.

des Juifs? surtout quand nous savons que plusieurs de ceux-ci devinrent partisans de l'islamisme. Bien des questions curieuses pourraient se présenter ici: par exemple, jusqu'où s'étend l'analogie entre l'un et l'autre système orthographique arabe et juif? ce dernier, réellement antérieur à l'autre, fut-il improvisé à Tibériade, ou fut-il seulement le résumé de beaucoup de tentatives partielles et successives, faites depuis long-temps, ainsi que l'indique avec candeur le rabbin *Elias Levita?* Les Juifs d'Asie qui connurent la langue grecque depuis les Ptolémées, ne durent-ils pas puiser, dans l'examen de son alfabet, des idées de comparaison qui leur auront fait sentir les imperfections et les besoins du leur? L'analogie entre leurs cinq voyelles principales et les voyelles grecques ou latines n'est-elle pas marquée? D'autre part, quand nous voyons la langue grecque régner en Syrie depuis le Macédonien Alexandre; quand nous calculons la nécessité où se trouvèrent les premiers chrétiens parlant syriaque, de comprendre et de traduire avec précision les livres saints, écrits dans les deux langues; enfin quand ces chrétiens syriens nous présentent aussi un système de points-voyelles à eux particulier, n'est-ce pas un autre problème de savoir comment ce système s'est formé; pourquoi l'on y trouve une branche de points-voyelles véritables, et une autre branche de *trois lettres* diminutives, évidemment tirées du grec, et formant *motion*, comme les arabes; enfin quels rapports de construction et d'origine peuvent avoir le système des Juifs et celui des Arabes? Ces recherches, en ce moment, me conduiraient trop loin; je dois me hâter de revenir à mon sujet.

Après le premier essai d'*Abou'l Asouad-el-Douli*, de nombreux incidens ayant fait sentir l'insuffisance de sa méthode, et le besoin d'un système plus étendu, le mérite et l'art du grammairien *K'alîl* furent de profiter de l'état des choses et de la préparation des esprits pour construire l'édifice qu'adoptèrent ses compatriotes, et que je vais analyser.

§ V.

Système du grammairien K'alîl.

Nous avons vu que dans l'écriture arabe le premier besoin senti fut de distinguer les lettres trop ressemblantes : ce besoin fut rempli par l'admission de ce qu'on appelle les points *diacritiques*, qui, posés dessus ou dessous la lettre, lui donnent une valeur différente : c'est par ce moyen que les lettres ḣ, χ, ǵ, diffèrent l'une de l'autre, ainsi que les lettres *sâd* et *dâd*, *tâ* et *zâ*, *i* et *n*, *r* et *z*, etc.

Le second besoin qui ensuite frappa le plus vivement fut de rendre visibles les petites voyelles, qui, quoique non écrites, devaient se prononcer après les consonnes. Par exemple, l'écriture n'offrant que les consonnes *k t b*, il s'agissait d'indiquer si l'on dirait

$k^a\ t^a\ b^a$, ou $k^o\ t^o\ b$, ou $k^e\ t\ b$, ou $k^a\ tt^a\ b$; où $k^o\ tt^e\ b$, etc.; tous mots ayant des sens différens. Ici le moyen adopté par K'alîl fut, comme nous l'avons vu, de réduire à l'état de miniature les trois grandes lettres *a*, *i*, *ou*, et de placer ces nouvelles figures là où il convenait: l'on nous avoue que ces figures sont des voyelles; mais puisqu'elles ne sont que le diminutif d'*a*, *i*, *ou*, il s'ensuit évidemment qu'Abou'l Asouad et K'alîl les ont considérées comme étant de même nature, également voyelles, avec cette seule différence, que les trois *grandes* avaient un son plus long, plus marqué; et les petites, un son plus bref, exactement comme dans les vers grecs et latins où l'*a*, l'*i*, et l'*ou*, tantôt brefs, tantôt longs, causent cette cadence harmonieuse qui, par le même motif, existe éminemment dans la langue arabe.

Les noms donnés aux trois petites figures sont eux-mêmes la preuve de l'identité de leur son avec les trois grandes lettres; car *fat'ha* (ouverture), est la définition générale de l'*a*, selon tous les grammairiens; *domma*, ou *serrement*, est l'état où ils disent que sont les lèvres pour produire *ou* et *u*; *kesra*, ou *brisement*, a signifié pour l'auteur arabe l'écartement des lèvres à leur commissure pour prononcer les lettres *i* et *e*.

Le nom de *motion* ou *mouvement*, appliqué à ces signes, n'est pas d'un choix très-heureux; néanmoins il nous montre que les Arabes regardèrent la consonne comme un *empêchement*, comme un *verrou*, mis sur la *voix* qui ne prenait son issue et son *mouvement* que lorsqu'il était levé : il y a bien quelque chose de cela, mais l'expression est trop vague pour mériter approbation, surtout quand le nombre des *voyelles*, en arabe, n'est pas restreint aux trois motions, quoi qu'en aient dit leurs grammairiens et les nôtres ; et qu'au contraire ce nombre s'étend à six ou sept autres sons parfaitement distincts, ainsi que nous allons le prouver, tant par l'examen de l'état actuel, que par l'analyse des combinaisons qu'inventa K'alîl, pour exprimer ces variétés encore subsistantes.

Il est de fait incontestable que l'oreille de tout Européen attentif distingue dans l'idiôme arabe bien prononcé une diversité considérable de voyelles : tous les voyageurs rendent ce temoignage : l'auteur de la grammaire que nous suivons, n'en disconvient pas lui-même, quand il dit, page 3 :

« Dans le système actuel de prononciation, les
« lettres *elif*, *ié* et *wau* semblent faire (*font*) souvent
« fonction de voyelles : que *wau* et *yé* sont même
« prononcés dans le langage vulgaire au commence-
« ment du mot, comme nos propres voyelles *i* et *ou* ;
« que l'on en pourrait dire autant du *hé*, qui souvent
« répond à notre *a* et à notre *é* ; et encore du *ha*,
« qui fait entendre avant lui un *é* très-marqué ; que
« *aïn* aussi semble prendre le son d'une voyelle, et le
« plus ordinairement de la voyelle *a*, etc. »

Cet état de choses fut reconnu vrai, et fut sanctionné par la commission arabique de 1803 : le tableau qu'elle dressa à cette époque, porte au-delà de quatorze le nombre des voyelles distinctes chez les Arabes (1).

Je présente au lecteur ce tableau ci à côté.

Jusqu'ici l'opération de K'alîl ne nous a montré que sept voyelles, savoir, les trois grandes a, ω, î ; les petites *a*, *ŭ*, ì, et la gutturale ăïn. Sept autres restaient à exprimer ; savoir : deux modifications de l'ăïn, è, et eù (de gorge) ; plus notre *é* masculin ; notre *é* (ai), notre *ô*, et même notre o moyen dans leur mot *omam* (les nations), enfin notre son *eu*, dans certains cas, ou plutôt en certains cantons, par exemple, celui d'Alep, où ce son est très-usité devant ou après la forte aspiration : il est probable qu'*Abou'l Asouad* avait trouvé trop de difficultés à peindre ces divers sons, et qu'il y avait renoncé ; après lui, l'extension que les conquêtes de l'islamisme donnèrent au langage du *Qôran* chez toutes les tribus arabes et chez plusieurs peuples étrangers (2), ayant de plus en plus fait sentir le besoin d'en préciser les moindres détails de lecture, il dut se faire beaucoup de raisonnemens et de discussions dans les diverses

---

(1) Je n'en avais marqué que douze dans mon travail de 1795.

(2) L'auteur du mémoire cite des exemples notables de méprises occasionnées par les barbarismes et solécismes, même du bas-peuple arabe. Un cas grave et grossier fut celui d'un gouverneur de La Mekke, qui, trompé par une tache d'encre tombée par hasard sur le grand *h*, lut *Xasä*, au lieu de *hasa*, et fit sur les jeunes conscrits de la ville l'opération de les *châtrer*, au lieu de les *dénombrer*.

VALEUR (FRANÇAISE) DES VOYELLES (ARABES) BRÈVES, LONGUES ET DIPHTHONGUES,

Selon l'Alfabet Harmonique de la Commission officielle en 1803.

1	بَ	*ba* ou *bè*.	
2	بِ	*bi*, *be*, ou *bé*.	
3	بُ	*bo*, *bu* (1), *bou*, *beu*.	
4	بَا	*bâ*.	
5	[بَا	*be* ou *bv* (2).]	*b'ellah*, *b'esm*.
6	بِي	*bi*.	
7	بُو	*boû*.	
8	بَو	*baw*.	
9	بَي	*bai* ou *bei*.	
10	بَي	*bä*.	
11	عَ	°*a*.	
12	عِ	°*i* ou °*e*.	
13	عُ	°*o* ou °*eu*.	

(1) J'observe que l'*u* français et turk n'a pas lieu en arabe.
(2) La Commission a oublié cette combinaison : avec les variantes *bo*, *bou*, *beu* et *be*, il y aurait seize voyelles diverses plutôt que treize.

SIGNES

COMBINÉS PAR LE GRAMMAIRIEN K'ALIL,

POUR REPRÉSENTER LES DIVERSES VOYELLES PRONONCÉES DANS L'ARABE USUEL.

1	اَ	fat'ha sur alef lui confirme sa valeur naturelle a	a (petit) sur grand a égal à plein et pur.
2	بَ	idem sur i fait aï égal à ê et ai français	a (petit) sur grand i égal ai français et ê.
3	بَ	idem fait quelquefois a (ramä, iermi)	idem fait quelquefois a.
4	وَ	fat'ha sur waw fait ô profond (au français), et aou diphthongue	a (petit) sur ou fait au, et ô profond français: fôq (désir) sôt (voix)
5	بِ	kesra sous grand I lui confirme sa valeur î et ï	petit i sous grand I fait î plein et pur.
6	اِ	idem sous alef fait é ou æ français v. (exemple el esm)	petit i sous a fait ē.
		kesra sous ou n'a pas lieu	petit i n'a pas lieu sous ou.
7	وُ	domma sur waw lui confirme sa valeur ω	petit ou sur grand ou fait où plein et pur.
8	اُ	idem sur alef fait quelquefois o moyen omam (les nations)	petit ou sur a fait o moyen.
		idem sur le kesra n'a pas lieu	
9	عَ	fat'ha sur ǎïn lui confirme sa valeur ä	petit a sur a guttural fait ä guttural pur.
10	عِ	kesra sous ǎïn fait è guttural ĕ	petit i sur a guttural fait ĕ guttural.
11	عُ	domma sur ǎïn fait eù guttural ĕ	petit ou sur a guttural fait ŏ guttural.

En réduisant toutes ces expressions à leurs plus simples termes, il en résulte le tableau européen suivant:

REPRÉSENTATION EUROPÉENNE DES VOYELLES ARABES.

1. a — long, ou grand a.
2. à — bref, ou petit à.
3. î — long, ou grand î i.
4. i — bref, ou petit i.
5. é — bref (kesré) é.
6. ou — long, ou grand ω.
7. où — bref, ou petit ŭ.
8. aï — valant ê français et quelquefois ä.
9. au — valant ô profond.
10. oa — valant o moyen.
11. ia — valant æ, v et v. (esm.)
12. ä et a ä guttural, ou prononcé de la glotte.
13. ïä — valant è guttural.
14. oä — valant eù français prononcé de la glotte.

NOTA. Ce tableau a trois voyelles de plus que les précédens, parce qu'il comprend les trois motions pures.

Face à la page 123.   N° IV.

écoles arabes : ces discussions durent amener quelques idées générales, dont on fut d'accord, et ce furent sans doute ces idées qui suggérèrent à *K'alil* les moyens de résoudre les divers problèmes à la satisfaction sinon de tout le monde, du moins de la grande majorité.

Il paraît qu'en cette occasion il arriva ce qui a lieu dans la plupart des inventions : un premier moyen ayant été imaginé, l'inventeur ou le perfectionneur s'en saisit pour l'appliquer à d'autres cas de même espèce : *Abou'l Asouad* avait imaginé les trois points-voyelles ; mais il ne s'en était servi que relativement aux consonnes : *K'alil*, trouvant le sentier frayé, fit un pas de plus ; après avoir changé seulement leur forme, il les appliqua aux grandes voyelles, et il fit des unes et des autres cette variété de combinaisons qui, approuvée par les docteurs, est devenue le système dominant et unique, tel qu'il existe de nos jours : voici les statuts de ce système, dont je rends le style arabe intelligible, en le traduisant en style européen.

(Le lecteur est instamment prié de prendre une attentive connaissance du tableau ci-joint n° IV.)

En se rendant compte de ce tableau, n'est-il pas singulier de trouver, 1° qu'aux septième et huitième siècles de notre ère, les grammairiens arabes aient opéré précisément comme nos grammairiens d'Europe ? que n'ayant les uns et les autres que quatre à cinq voyelles à leur disposition, ils aient également imaginé de les combiner ensemble, pour exprimer le surplus des sons qu'ils trouvaient existans ? je n'examine pas si ce surplus avait existé dès le principe de la langue : la négative me semble indiquée par le petit nombre des signes primitifs ; mais cela m'est étranger en ce moment. 2° N'est-il pas singulier que parmi ces combinaisons plusieurs se trouvent exactement les mêmes en arabe qu'en grec et en latin ? par exemple : *a* joint à *i*, se prononce comme notre *ai* français, c'est-à-dire, comme *é* dans *être* et *maître*, analogue à l'*ai* grec et à l'*œ* latin : ce même *a* joint à *ou*, fait le latin *au*, tantôt diphtongue (*aou*), tantôt voyelle simple valant notre *ô* et *au* français dans les mots *autre* et *apôtre* ; enfin, par la combinaison du petit *i* (kesré), avec alef, il fait notre *é* dans *esm*, *émir*. Il est clair que l'inventeur arabe a raisonné à l'européenne ; il a dit : « *La bouche ouverte* fait *â* ; la bouche *serrée* fait *ĭ* ; entre ces deux termes, l'ouverture moyenne me donne *é* ; je le peindrai par *a* moins *i* = *é* ; en outre, le système arabe partage avec les Européens le défaut de plusieurs double-emplois des mêmes signes pour des valeurs simples, et de quelques signes simples pour des valeurs doubles : j'y reviendrai à l'instant. Ici, je dois saisir l'occasion de montrer au lecteur la solution matérielle du problème paradoxal : *Que les* « *vingt-huit lettres de l'alfabet arabe sont toutes des* « *consonnes.* »

D'après les principes physiques de la science, il est démontré que les quatre lettres représentant *a*, *i*, *ou* et *ăïn*, ne peuvent être considérées comme consonnes : comment donc l'opinion contraire a-t-elle pu s'établir chez des hommes d'ailleurs doués d'esprit et de sens ? l'analyse du procédé de *K'alil* va nous l'expliquer.

Du moment que les grammairiens eurent adopté l'expédient d'appliquer les trois *petites voyelles* ou *motions* sur les *grandes*, pour exprimer de nouveaux sons-voyelles, ils s'accoutumèrent à regarder la présence des motions comme indispensable à fixer la valeur de toute lettre indéfiniment ; aucune lettre n'ayant pour eux un son déterminé sans ces auxiliaires, ils regardèrent toute lettre comme essentiellement muette, ou, selon leur langage, comme *quiescente*, c'est-à-dire *en repos*, et par cela même comme *consonne* : or, parce que les lettres *alef*, *i*, *ou*, *ăïn*, quand elles étaient *nues*, c'est-à-dire, *sans motions* écrites, étaient susceptibles de valeurs diverses, et que par conséquent elles n'en avaient point encore une fixe, l'addition des motions leur devint aussi nécessaire qu'aux autres lettres ; on les regarda également comme des signes *muets* et en *repos*, et par suite comme des consonnes. Cela est vrai sous certains rapports ; mais ce n'en est pas moins une subtilité de la vieille école, qui, retorquée contre elle, prouve, sans réplique, le vice énorme dont nous l'accusons, «celui de n'avoir écrit que la moitié

« de ce qu'il fallait prononcer, et d'avoir laissé le
« reste à deviner. »

La preuve que ma solution n'est point idéale, se trouve dans le témoignage positif d'un *Syrien maronite* qui, en 1596, publia une grammaire syriaque infiniment superieure en clarté à ce qu'on a fait depuis (1). Ce Syrien nommé *George Amira*, en attaquant l'opinion de quelques grammairiens antérieurs, et entre autres, d'un nommé *David*, fils de *Paul*, s'exprime de la manière suivante (2) (page 31):
« Selon David, fils de Paul, les lettres se divisent en
« deux classes; les unes ayant *voix* (les voyelles);
« les autres *sans voix* (les consonnes): celles ayant
« voix (les voyelles) se prononcent par elles-mêmes,
« semblables à elles-mêmes, formant un son complet
« sans le besoin d'aucune associée pour compléter
« l'émission de leur son : chacune d'elles complète sa
« propre syllabe.

« Les autres sont appelées *sans voix*, parce qu'elles
« ne peuvent à elles seules compléter un son comme
« les voyelles. »

George Amira trouve cette définition assez juste.
« Mais, dit-il, elle ne peut s'appliquer à notre alfa-
« bet syriaque, parce qu'aucune de nos lettres *ne*
« *peut se proférer* sans le secours de l'une des six

---

(1) J'entends surtout désigner la grammaire de Jean David Michaelis, imprimée en 1784; Halle, in-4°.

(2) Les parenthèses ne sont pas du texte.

« ou sept voyelles établies par nos grammairiens : je
« suis du nombre de ceux qui considèrent toutes nos
« *lettres comme des consonnes*, par la raison qu'au-
« cune d'elles *ne sonne* par elle-même; et que *toutes*
« *ont besoin qu'on leur joigne* quelques *voyelles* ou
« *motions qui les fassent sonner* chacune diverse-
« ment. »

On voit ici très-positivement exprimé ce que j'ai
établi ci-dessus. Amira continue : « Je n'aime pas
« non plus la doctrine d'un de nos grammairiens,
« qui a écrit en langue arabe, et qui, comme *plu-*
« *sieurs*, veut qu'on divise les lettres en *voyelles* et
« en *quiescentes*, en appelant *voyelles* celles qui,
« comme *alef*, *ou*, et *i*, commencent par une mo-
« tion ; et *quiescentes* celles qui commencent sans
« motion. »

Sur ce texte, George Amira fait un mauvais raisonnement, en inférant que le *Qâf* et le *sâd* seraient
aussi des *voyelles*, parce que, dit-il, pour les prononcer, nous commençons par une *motion*. Le fait est
faux, à moins qu'on n'en dise autant de *ma*, de *bé*, etc.:
cela nous montre seulement que George Amira, né
montagnard du Liban, par conséquent nourri en un
dialecte paysan et grossier, a eu le vice de prononciation qui dénature le Qâf, à la manière de Damas,
et quelque chose de semblable pour le Sâd.

Ensuite, citant des mots qui commencent par *a*
et *ou* (ahina), un parent; *wa qâm* (et il se leva) :
« Leurs initiales, dit-il, n'ont point de motion, et

« par la définition de notre adverse, elles seraient
« consonnes; ce qui, dit-il, est un contre-sens. »

Donc Amira les reconnaît pour voyelles, et lui-même est en contradiction : ce qui nous importe en ces aveux est de voir que les anciens grammairiens n'eurent point, sur la question qui nous occupe, cet accord dont on veut se prévaloir aujourd'hui ; et que si l'opinion actuelle domine chez les Musulmans, c'est parce que, selon leur esprit intolérant, la majorité, après l'avoir adoptée, n'a plus permis que l'on soutînt le contraire, et a fait disparaître tous les témoignages relatifs.

Un autre aveu notable de George Amira, est celui-ci : » Je conviens que lorsque ces lettres a ω i, se
« trouvaient tracées dans les livres (anciens), sans
« aucune motion, et qu'elles ne pouvaient alors son-
« ner par elles-mêmes, il dut exister une grande
« difficulté de lecture ; c'est pourquoi nos *docteurs*
« *imaginèrent* de *petites marques*, faisant fonction
« de voyelles, afin que les lettres affectées de ces
« marques ne laissassent plus d'embarras sur leurs
« valeurs. »

On voit ici que les points-voyelles ou motions n'ont été chez les chrétiens syriens qu'une invention tardive, née, comme chez les Arabes, du besoin d'éclaircir le logogriphe de la vieille écriture. Quant à l'objection qu'on en pourrait tirer, nous apprenons d'un autre grammairien, antérieur à George, que des prêtres éthiopiens, venus à Rome (vers 1530), avec des livres syriaques sans aucuns points-voyelles, furent étonnés d'apprendre l'existence de ces signes, et qu'ils n'en conçurent pas même le besoin, vu, dirent-ils, la facilité que donne l'habitude contractée dès l'enfance, de lire sans points (1).

Revenons à l'examen des procédés de *K'alil*, pour lever une dernière portion des difficultés de la lecture arabe : le mérite de cette portion semble lui appartenir tout entier, d'après les expressions du narrateur *el Mobarred*, *qui dit*:

« Mais les signes de *hamza*, *tašdid*, *roum* et *īstimâm*, sont de l'invention de *K'alil* (2). »

§ VI.

Signes orthographiques, djazm, hamza, tašdid, etc.

Nous avons vu que, dans le système *phénico-arabe*, la consonne *écrite* renferme une voyelle *occulte* qu'il faut ajouter dans la lecture et dans la prononciation : cependant, par la construction du langage, il s'est trouvé beaucoup d'exceptions où la consonne doit rester *close* et *muette*, par exemple : dans les mots *qalb* (cœur), *kelb* (chien), *esm*, (nom),

---

(1) *Introductio in linguam Syriacam, Chaldaicam, auctore Thesæo Ambrosio*, etc.

(2) Mémoire cité, page 239. M. de Sacy observe que le *Roum* équivaut au *Katef* des Juifs, l'*Īstimâm* au *Scheva*.

oktob (écris), etc., on voit *lb, sm, kt*, liés sans motions intermédiaires : pour spécifier cet état, il fallut un signe particulier : *K'alil* imagina ou adopta celui qu'on appelle *djazm*, qui signifie *séparation, césure* (et encore *repos*) : c'est une espèce d'apostrophe assez bien représentée ainsi : *qal'b, kal'b, es'm, ok'tob*. On voit ici l'embarras et la contradiction qui résultent du vice organique de l'alfabet arabe ; son principe *fondamental* a voulu que la consonne fût *ouverte* : un usage très-fréquent veut qu'elle soit *close* et muette : le *principe* lui attache une voyelle ; il faut un signe négatif pour effacer un signe positif qui devient superflu, c'est-à-dire, qu'il faut un *moins* pour détruire un *plus*, et faire zéro. Quel détour pour un but simple ! Quelle complication inutile ! Le nom de *séparation* donné à ce signe est insignifiant : celui de *repos* cadre mieux avec l'idée arabe de considérer la consonne comme un *obstacle* stationnaire mis en mouvement par la voyelle.

Par suite du principe vicieux qui veut que la consonne soit toujours *ouverte*, toujours munie de sa voyelle *cachée*, il est encore arrivé qu'une même lettre consonne n'a pu s'écrire *double*, quoique prononcée telle, parce que la voyelle cachée vient toujours s'interposer à la première, par exemple : si l'on écrivait $K^a\ T\ T^a\ B$, par deux TT, on lirait $K^a\ T^a\ T^a\ B$. Pour remédier à cet inconvénient, *K'alil* imagina d'appliquer sur la *lettre-à-redoubler* un signe spécial qu'il appela tašdid, c'est-à-dire, *renforcement* à-peu-près comme ceci (̈).

Je reproche au mot *renforcement* de n'être ni bien choisi, ni exact; car il ne suffit pas ici de prononcer plus *ferme*; il s'agit de *doubler*, attendu que la consonne est évidemment *doublée*, ainsi que le prouvent les verbes qui n'ont que deux consonnes écrites, par exemple : R^{a}D (il a repoussé), équivalent à R$_a$DD; M^{a}D (il a entendu), équivalent à M^{a}DD, etc. : lorsque ce radical entre en régime, le double D se développe, et dans le participe, il fait *ma*RDωD (objet repoussé), *ma*MDωḊ (objet étendu), etc. Il est apparent que les grammairiens arabes n'ont pas été de savans analystes; les auteurs de l'ancien alfabet grec furent plus habiles ou plus heureux, lorsqu'en adoptant le phénicien, ils rejetèrent le principe d'écrire la *consonne seule comme portant avec elle une voyelle occulte et affixe*: et lorsqu'ils établirent que la consonne serait essentiellement *close*, et ne s'ouvrirait que par la présence d'une *voyelle écrite*: par là, il n'y eut de prononcé, dans leur système, que ce qui fût écrit; et il n'y eut d'écrit que ce qui fut prononcé; alors la consonne *tracée seule* n'eut point besoin d'un signe particulier pour la faire taire, il ne lui fallut ni le *djazm* arabe, ni le *scheva* juif; ni même le *tašdid*, puisque l'on put et l'on dut l'écrire double quand elle fut prononcée double. Qui pourra nous dire les conséquences qu'a eues cette clarté de méthode sur tout le système scientifique des occidentaux ? Qui pourra dire jusqu'à quel point la méthode logogriphique des phénico-arabes, et de leurs disciples, a entravé la marche de l'esprit chez les Asiatiques ? Mais revenons à notre grammairien qui nous donne encore à déchiffrer trois signes plus compliqués et moins utiles que les précédens.

Le premier de ces signes est celui que l'on nomme *hamza*, c'est-à-dire *piqûre* ; aucun européen n'a bien défini son objet, parce que c'est un incident de prononciation qui, jusqu'ici, ne s'est montré que dans l'arabe, et qu'il faut l'avoir anatomiquement étudié pour le comprendre : cet incident est une *coupure* ou *interruption* subite de la voix, opérée par le rapprochement des deux parois de la glotte, qui forme un contact léger, seul de sa classe. Sous ce rapport, le *hamza* mérite le nom de consonne, et le judicieux auteur français de la grammaire que nous suivons a eu raison de l'appeler *articulation* (1). Il est également fondé à lui trouver de l'analogie avec l'*aïn*, dont le mécanisme dépend aussi de la glotte : K'alil paraît avoir eu la même idée ; car sa figure du *hamza* (ᵉ) n'est qu'un diminutif de cette lettre : néanmoins, quiconque aura bien écouté un Arabe chantant des vers où l'*aïn* se trouve sous ses trois modifications, ă, ĕ, ŏ, surtout dans les finales, ne pourra se dissimuler qu'elles ne soient autant de véritables voyelles, difficiles sans doute pour des étran-

---

(1) Page 52 et page 18.

gers, mais non pour les Arabes, qui s'habituent dès l'enfance à faire jouer les petits muscles de la glotte. Lorsque ensuite l'auteur français ajoute que *alef*, marqué de *hamza*, cesse d'être voyelle et devient consonne, je ne puis du tout adopter son avis : je conviens seulement que A est si brusquement étranglé par *hamza*, qu'à peine peut-on le distinguer de ce *pincement* de la glotte qui le suit : la voix se coupe comme d'un hoquet pour être immédiatement reprise et continuée. Le mot piqûre ne me paraît pas une expression plus heureuse que le *renforcement* et la *césure* ; j'aurais mieux aimé *pincement*.

Les fonctions du *hamza* ne sont guère relatives qu'à la lettre *alef*; il avertit qu'elle est *mobile*, c'est-à-dire susceptible d'être changée par toute *motion* survenante. Quelquefois les copistes se permettent d'écrire *hamza* pour *alef* même, par exemple : supposant le signe (") valoir *hamza*, ils écrivent D"B au lieu de DAB : Gï" au lieu de GïA : sω" au lieu de sωA : ïes"aL au lieu de ïesAL, etc.

Ce dernier exemple a ceci de remarquable, que le *djazm*, appliqué à l'*s'*, produit l'effet de *hamza* même ; c'est-à-dire qu'il arrête subitement la voix en sorte qu'il faut épeler non pas *ie-sal*, mais *ies-al*; la même chose a lieu dans le mot *qor'an*, et partout ou la consonne djezmée est suivie d'une voyelle.

Hamza suit encore *alef* sous ses formes de *ou* et de *i*, c'est-à-dire lorsque ces deux voyelles remplacent

A, par exemple : dans *mω"men*, *ɢi"lᵃ* : son mérite alors est d'avertir que A radical est caché là : ce mérite sera facile à conserver dans mon système d'écriture européenne, en donnant au hamza une figure convenue : je viens de proposer celle du guillemet renversé (").

Il ne nous reste plus à discuter que deux derniers signes appelés *wasl* et *madda*.

Le mot *wasl* signifie *jonction* ; il a pour signe un trait courbe qui se place sur Alef commençant un mot (͡) : ce trait avertit que la voyelle finale du mot précédent va tuer Alef, pour se joindre à la lettre qui le suit, et se prononcer avec elle, par exemple : on a écrit ʀ*aïtoú*, A*bnᵃ* ᴋᵃ : le trait *wasl*, en se posant sur A, ordonne de lire ʀ*ait ŭ bnᵃ* ᴋᵃ : on a écrit a*bnᵘ-al-malekⁱ* ; le *wasl* ordonne de lire a*bn-u-lmalekⁱ*.

Par conséquent, c'est comme si, en français, ayant écrit : *la joie et l'espérance ont enivré son âme* ; on imaginait des signes pour faire lire la *joy et l'espéran' son tanyvré so nâme*. Assurément de telles précautions seraient un abus ridicule et très-onéreux pour le lecteur ; j'ajoute très-inutile dans l'une comme dans l'autre langue ; car si le disciple ne veut qu'expliquer le sens à la manière des savans d'Europe, ces subtilités d'orthographe ne lui servent à rien ; si, au contraire, il veut parler selon l'usage vulgaire, toutes ces règles lui sont superflues, car on n'acquiert cet usage que par la *pratique auri-*

culaire : en aucun pays arabe on n'entendrait un homme qui dirait comme nos érudits de Paris : *raï-tubn^a ka, ibnŭlmaliki, ïaqʊlŭ zan, ihdiñiyossiráta nimatiya 'llati* : je puis attester que dans toute l'Égypte et la Syrie on dit à la française, *rait ebnak; ebn-el malek; iaqwl aïzen, ehdini el serát*, ou bien *es-serát, nemati ellati*, etc. J'ajoute que cette prononciation d'A ou de E en I est entièrement turke ; qu'aucun pur Arabe ne dit, *ibn, il melïki;* ni *b'ism illah irrahmani, ihdina*, etc. Mais bien clairement à la française, *b'esm, ellah errahmán; ehdi-na*, etc.

L'abus du *wasl* est porté au point de l'écrire sur Alef, alors même qu'il ouvre une phrase, un alinéa, ou qu'il est précédé d'un mot terminé par une consonne sans action sur Alef. Pour montrer tout l'imbroglio de cette orthographe, je veux épeler, à la manière arabe, quelques mots, en nommant tous leurs signes tant négatifs que positifs : par exemple, le mot *oktob* (écris), un Arabe épélera :

Alef plus *domma* fait *o*, plus *hamza*, plus *kef, djezm, Te, domma, Bé, djezm* : voilà dix signes pour écrire un mot que notre méthode rend très-bien en cinq lettres, *oktob* : on voit toute la supériorité du système européen en clarté et simplicité : sa construction dispense de l'échafaudage de toutes ces règles positives et négatives qui fatiguent l'étudiant (1), et de plus elle nous permet de rempla-

---

(1) L'auteur de la Grammaire arabe, page 62, n° 140, dit

cer par des signes équivalens ce qu'elles peuvent avoir d'utile : voyons le *madda* (⌢)

Ce mot signifie *extension* ou *prolongation* : le signe est un trait semblable à celui que les Espagnols metttent sur l'ñ : son emploi est encore relatif et presque exclusif à l'*alef* : comme il arrive en certains cas que deux *alef* doivent se suivre, l'un radical et l'autre mobile, le signe *madda*, placé sur un seul, dispense d'écrire l'autre : par exemple, on devrait écrire *sam*aa (le ciel), on écrit *sam*ã; on devrait écrire aa*manna*, aa*kelωn*, on écrit ã*manna*, ã*kelωn* ; par conséquent *madda* est une véritable abréviation, dont nous avons l'exemple dans nos anciens manuscrits, et dans les premiers imprimés de l'Europe : je néglige ses autres règles tout-à-fait insignifiantes.

Nous avons vu tout ce qui concerne les voyelles arabes : nous avons prouvé qu'elles sont de même nature que les nôtres européennes, mais que leur système représentatif est beaucoup plus compliqué par suite des bases vicieuses de l'antique alfabet. J'allais oublier de parler de trois signes assez peu signifians, appelés *tanouin*, par les Arabes, et *nunnations*, par nos grammairiens. Ce sont les figures de nos trois prononciations, *an*, *on*, *in*, que les

---

positivement : « Dans les livres imprimés, et même dans les « manuscrits avec voyelles, on omet souvent *medda*, *wesla*, « *hamza*, sans qu'il en résulte aucune difficulté réelle pour la « lecture. »

Arabes placent, ou plutôt ont jadis placées à la fin des mots en certains cas, pour montrer qu'ils sont dans un état de régime : l'on ne peut pas dire que ces trois finales soient nos voyelles nasales, puisque les Arabes font sonner la consonne *n*, d'une manière sensible à l'oreille, encore qu'ils y mettent du nasillement : ce n'est pas que dans leur prononciation générale il n'y ait certains cas où l'on puisse leur citer de vrais nasalemens comme les nôtres; mais ces cas résultent de la rencontre de certaines consonnes qui rendent l'*n* sourd, et comme ce cas est commun à toutes les langues, l'on ne peut les noter d'exception.

Pour figurer ces trois finales *an*, *on*, *in*, les Arabes ont imaginé de doubler le signe de la voyelle ou motion qui compose chacune d'elles, comme si nous redoublions *aa*, *oo*, *ii*.

L'usage de ces signes et de ces prononciations paraît avoir été fréquent dans l'ancien arabe, et y avoir eu pour but d'exprimer le nominatif, l'accusatif et l'ablatif, ou datif indéfini, comme chez les Grecs *os* et *on*; et chez les Latins *am*, *um* : les Arabes modernes ne s'en servant presque plus, ces figures deviennent peu utiles, et cependant il nous sera facile de les représenter dans notre Alfabet Européen. Il suffira de graver trois poinçons dans lesquels *an*, *on*, *in*, formés en italiques, seront liés d'une manière particulière, qui les distinguera toujours de tous autres *a* et *n* alfabétiques, lesquels seront constamment séparés, sans compter qu'alors la consonne *n* sera toujours en caractères romains. Passons à l'examen des consonnes.

Le lecteur est prié de tenir sous ses yeux le tableau de correspondance, n° V, et de se rappeler que le ſ n'est pas s vulgaire, mais *chin*, etc.

CHAPITRE V.

§ Ier.

Des Consonnes arabes.

D'après ce que nous avons dit ci-devant, le nombre des consonnes arabes se trouve n'être réellement que de vingt-quatre, y compris les deux aspirations : si l'on voulait y joindre le hamza, ce serait vingt-cinq. L'alfabet syro-phénicien n'en eut que dix-huit (1) : les six sur-ajoutées sont connues, nous les désignerons en temps et lieu.

Sur ces vingt-quatre consonnes, cinq seulement sont *inusitées* en Europe : je ne dis pas *inconnues*, parce qu'il y en a quatre qui trouvent chez nous leurs analogues dans nos lettres S, D, T et Z : la différence

---

(1) En arabe, une *lettre* s'appelle *harf*, au pluriel *hôrouf*: ce mot a une analogie remarquable avec le γράφω des Grecs, signifiant *j'écris, je trace*. Les trois consonnes sont les mêmes, car la différence de *ha* à γα est très-peu de chose. En arabe, le sens du radical *haraf* n'a point d'analogie, puisqu'il signifie *échanger* et *commercer*; mais il est singulier que ce sens rappelle l'idée des Phéniciens *commerçans*, de qui les Grecs tirent leurs lettres. Si le dictionnaire de ce peuple industrieux nous était parvenu, que de mots nous y trouverions qui manquent au dictionnaire de leurs ignorans voisins!

est qu'en arabe ces quatre prononciations, appuyées plus fortement, s'accompagnent d'un renflement de gosier, et comme d'un *o* sourd qui leur donne un caractère emphatique : ce sont les n°s 14, 15, 16 et 17 du tableau V. (*Sád, Dâd, Tâ, Za*).

La cinquième consonne particulière aux Arabes, se nomme *qâf* : elle est produite par le contact du voile du palais avec le dos de la langue vers l'épiglotte : les Égyptiens de la Basse-Égypte la prononcent très-bien ; ceux de la Haute la trouvent incommode, et lui substituent le *g* dur *ga* (ga, go, gω) : dans une partie de la Syrie, surtout à Damas, à Bairout, à Acre, elle est remplacée par une espèce de hoquet désagréable à l'oreille, et produisant des équivoques qui égarent surtout un étranger (1); l'influence de Damas a beaucoup répandu ce vice : cependant le Qâf persiste dans sa pureté chez la plupart des montagnards, et chez les Bédouins : j'ignore ce

---

(1) J'en trouve un exemple dans le voyage de *Horneman* en Afrique, traduit en 1803, sous la direction de M. Langlès; ce professeur dit, page 42, à la note : « L'emplacement des « ruines de *Syouah* se nomme *oûmmebeda*. Ce nom a une forme « arabe, mais on ne sait s'il signifie *emplacement vaste*, ou « *pays merveilleux*. » — Je réponds que c'est tout simplement *qoum el baida*, signifiant *monticule blanc*, *tertre blanc*, qui est la définition juste du local donné par *Horneman*. Mais ce voyageur ayant prononcé à la manière de Damas, il a supprimé le *qáf*; de même il a écrit, page 16, *oumm essogheïr*, que M. Langlès n'explique pas; c'est encore le *tertre petit*. Ailleurs, page 24, à la note, on lit : *hoeckl ouhhchyet*, c'est le *kohl* ou *henné* sauvage, etc.

qui a lieu en Iemen; mais je sais que les Persans et les Turks rejettent toutes les particularités de ces voyelles, et qu'ils les prononcent comme nous-mêmes faisons S, D, T, Z, et *ga* dur. Pour rendre cette dernière, j'ai trouvé notre lettre Q d'autant plus commode que sa figure est presque la même en sens retourné (1) : à l'égard des quatre autres, j'ai cru ne devoir point altérer les lettres, mais seulement les distinguer par un petit trait au-dessous, lequel pourra être négligé impunément là où l'on ne tiendra pas aux étymologies.

Les dix-neuf autres consonnes arabes ne diffèrent en rien des nôtres d'Europe; mais comme nous en avons quelques-unes qui ont le vice d'être représentées par deux et trois lettres, comme *ch* français, *sh* anglais, *sch* allemand, j'ai été obligé d'imaginer des figures spéciales et simples pour exprimer leurs correspondantes dans l'alfabet arabe : l'étude du tableau qui les représente devra être pour le lecteur un sujet particulier d'attention. (Voy. le tableau, n° V).

Les grammairiens arabes ont quelquefois, comme ceux d'Europe, distribué les consonnes par familles d'organes, en désignant les *linguales*, les *labiales*, les *dentales*, etc. ; mais entre eux ils ont des variantes qui prouvent, ou qu'ils n'ont pas étudié cette matière avec une égale attention, ou que leur manière de prononcer n'a point été la même : ils ont d'ailleurs

---

(1) Q français, q romain.

des divisions de lettres *fortes*, et de lettres *faibles* ou *infirmes*, de *disjointes*, de *cachées*, etc., qui sont des subtilités de l'art, très-inutiles à la pratique. La savante grammaire de M. de Sacy, page 26, expose ces détails de manière à dispenser de les répéter.

Dans la prononciation des Syriens et de beaucoup d'autres Arabes, la lettre appelée *djim* a le defaut d'exprimer deux consonnes (le *d* et le *ja*) : ce défaut n'existe point en Égypte et en d'autres contrées où l'on prononce *guim* par *g* mouillé : pour y remédier, je n'ai vu d'autre expédient que de conserver l'unité de la lettre, sous la condition d'être prononcée en chaque pays, selon l'usage régnant : en employant pour le *djim* ou *guim* notre *g* italique, je lui ai encore donné une forme particulière, afin d'avertir toujours le lecteur de sa différence aux autres *g*, et g que je réserve pour d'autres valeurs (1).

Cette conservation de l'unité de chaque lettre arabe est un article de la plus haute importance dans tout le système de transcription : elle est exigée par l'organisation même de l'idiome et de l'alphabet phénico-arabe, laquelle consiste surtout en ce que les mots radicaux se composent de deux et de trois syllabes, dont chacune est tracée par une seule lettre, dite radicale, comme nous l'avons déjà vu : ainsi K^a T^a B^a (il a écrit), S^a F^a R^a (il a sifflé) D^a h^a q^a (il a ri), etc.,

---

(1) Si l'on coupait en deux ce nouveau signe, on y trouverait *dj*.

présentent leurs radicales toutes également d'une seule lettre, et cette lettre sert à faire retrouver le mot dans les diverses formes où il se combine par régime : tels sont *ma*KTωB (objet écrit), *esta*DR*ᵃ*B (il a été battu), *mo*DTARAB (vacillant). D'après ce principe ingénieux et commode, l'on sent que, si l'unité d'une lettre radicale était violée, si l'on y substituait deux ou trois lettres, il s'ensuivrait une confusion inextricable : prenons pour exemple un mot arabe composé des trois consonnes ſ, *h*, *r*, (chin, hé, ré), il se prononce ſahar, et signifie *il a divulgué*. Si je l'écris à la manière allemande, ce sera *schahhar* : comment le disciple distinguera-t-il ici les trois radicales ? et dans cette méthode, quel bizarre aspect nous présentera le composé *maschhhourah* (chose divulguée)? et l'hébreu *schischschah* (le nombre sixième), au lieu de ſiſſah et maſhωrah ; telle est néanmoins la méthode actuelle de tous les Européens orientalistes : ouvrez leurs traductions de livres arabes, turks et persans, vous n'y verrez dans les noms géographiques et patronimiques qu'un chaos de lettres disparates, accumulées sans raison, sans goût ; demandez-leur sur quelle autorité primitive : ils ne pourront citer que l'autorité et l'exemple des premiers Européens marchands, soldats ou moines, qui, en des temps d'ignorance et de barbarie, firent ces pélerinages de massacres et de bigoterie, fameux sous le nom de croisades, et qui nous rapportèrent d'Égypte et de Syrie des mots tellement défigurés, qu'ils ont écrit *miramolin* ce que l'arabe avait prononcé *emir-el-moumenin* (le prince des fidèles).

Les studieux de cabinet qui ensuite lurent ces relations mirent peu d'importance à une matière que n'entendait pas le plus grand nombre; il s'établit des habitudes que les savans postérieurs ont admises, les uns par imitation et insouciance, les autres, par un respect systématique de ce qui, selon leur style, est consacré par le temps et l'usage : mais outre que l'erreur n'a pas droit de prescription, il va suffire de développer un peu l'effet de celle-ci pour en faire sentir même le ridicule en France, c'est-à-dire à Paris (puisque là seulement on s'occupe de langues orientales); chaque professeur d'arabe, de turk, d'hébreu, etc., se fait une orthographe particulière, mais s'écartant peu de quelques usages généraux, dont l'ensemble est à-peu-près réuni dans le tableau ci-joint, n° VI : une colonne présente la méthode la plus ordinaire, que M. de Sacy a modestement adoptée: l'autre, une méthode que M. Langlès a publiée comme *chose nouvelle, inventée par lui*, selon les expressions de sa *note*, qui sert de préambule au tome cinquième des notices des manuscrits orientaux (1) : voici ce que dit cet orientaliste à la page iv du volume :

« L'alfabet des Arabes, des Turks, des Persans, etc.,
« est plus nombreux que le nôtre; ils ont, en outre,
« des sons étrangers à nos organes : la transcription

---

(1) Publié à Paris, in-4°; l'an VII, égal à 1798—99.

TABLEAU COMPARÉ
DES MÉTHODES
DE MM. SACY, LANGLÈS, VOLNEY.

NUMÉROS.	ARABE.	SACY.	LANGLÈS.	VOLNEY.
1	ا	a**	á	a
	fat'hha	a	a	a
4	ت	ts	tç ou sç	ṯ ou ṣ
5	ج	dj	dj	ǵ
6	ح	h*	hh	ḥ
7	خ	kh	kh	χ
9	ذ	dz	ds	ẓ ou ḍ
12	س	s*	ṣ ou ç	s
13	ش	sch	ch	ſſ
14	ص	s* bis	ss	ṣ
15	ض	dh	dh	ḍ
16	ط	th	th	ṯ
17	ظ	dh** bis	td	ẓ
18	ع	a** bis	'	ă
19	غ	gh	gh	ǵ
21	ق	k	q	Q
22	ك	c	k	k
26	ة	h* bis	h	h
27	و	w	v ou	ω
	domma	ou	o	ŭ, ò.
28	ي	y	y ou Ï	ĭ, í.

Face à la page 144.   N° VI.

« de leurs mots en caractères français présente donc
« deux difficultés capitales : 1° la représentation équi-
« valente du nombre des lettres ; 2° l'expression la
« moins imparfaite qu'il est possible du son de ces
« lettres : *personne n'ayant cherché jusqu'ici à éta-*
« *blir un système de correspondance plus ou moins*
« *exact entre ces lettres et les nôtres*, il est souvent
« difficile de reconnaître le mot écrit par différens
« auteurs, et impossible aux Orientaux même de de-
« viner de quelle manière ce mot doit être écrit dans
« sa langue originale. C'est ce système que j'ai essayé
« d'établir dans les *notes* qui accompagnent ma nou-
« velle édition du voyage de Norden, et dans les no-
« tices que j'ai insérées dans ce volume. J'ai rédigé un
« alfabet harmonique arabe, turk, persan et français,
« par le moyen duquel non-seulement j'ai tâché d'*ex-*
« *primer*, autant qu'il m'était possible, *la véritable*
« *prononciation* du mot, mais encore j'ai *exprimé*
« *toutes les lettres dont ce mot est composé*, de
« manière qu'une personne médiocrement versée dans
« les langues orientales dont je viens de parler, peut
« restituer en caractères originaux les mots, et même
« les passages transcrits d'après *mon système*, que
« je vais exposer en peu de mots. »

Ce préambule exige de ma part une *note* aussi :
dès les premiers mois de 1795, sous le titre de *Simplification des langues orientales* (1), j'avais publié

---

(1) Ou Méthode nouvelle et facile d'apprendre les langues

un premier travail, dirigé vers ce but, d'une manière si positive et si neuve, qu'il en résulta scandale dans l'école orientaliste de Paris : les professeurs blâmèrent beaucoup ma *nouveauté* dans leurs leçons : M. Langlès, l'un d'eux, a moins ignoré que personne l'existence de mon écrit; comment donc se fait-il que trois ou quatre ans après, lorsque j'étais aux États-Unis, il ait affirmé que *personne n'a encore cherché a établir un système de correspondance plus ou moins exact entre les mots arabes et les nôtres?* A la vérité, à la fin de sa note, en parlant de mon travail, il le qualifie de *procédé ingénieux*, mais *inadmissible, vu les caractères étrangers que je veux introduire. Vicieux ou non*, mon travail existait; il était de son genre le premier en date; on pouvait le censurer, le corriger; mais étant motivé dans ses détails, il était autre chose qu'un *procédé* : si l'invention est un mérite, pourquoi y céderais-je mes droits ? Mais voyons comment il a organisé ce qu'il appelle *son nouvel* alfabet harmonique.

Pour exprimer la quatrième lettre arabe, le *th* anglais *dur*, M. Langlès écrit *tç* ou *sç* : voilà deux valeurs dissemblables entre elles, et qui ne peignent point le *th* anglais; de plus, comme il peint quelquefois l'*s* commun par *ç*, lorsqu'un *t* naturel précédera, il y aura équivoque (par exemple *matsωë*, formé de

---

arabe, persane et turke, avec des caractères européens. Paris, in-8°.

tesă, 9, ou de tă, (*vomir*); j'en dis autant de DS pour exprimer le *zal* arabe (n° 9), ou *th doux* anglais; j'ajoute que l'union d'une consonne faible comme D, à une consonne forte comme S, est un contre-sens d'harmonie et d'organe; et ce *ta*, pour peindre le *za* emphatique, que signifie-t-il?

Cette idée de peindre des sons étrangers, inconnus, par des combinaisons de lettres déja connues, a été si bien combattue et réfutée par l'honorable sir Williams Jones, qu'il est étonnant de voir l'un de ses admirateurs y revenir et y persister (1) : il est de vérité algébrique qu'un son étranger à une langue ne peut y être figuré que par un signe nouveau et conventionnel, lequel doit se prononcer comme son type, mais, se prononce mal, tant que ce type n'est pas connu.

Maintenant que signifie cet h, ajouté à K, à D, à T, à G, (*kh, dh, th, gh*)? y a-t-il aspiration dans ces lettres? pas du tout : mais ce pauvre h, comme personnage insignifiant, est employé à tout rôle.

M. Langlès figure l'*aïn* par une simple apostrophe, comme si cette prononciation n'avait pas d'existence réelle : certes il ne penserait pas de même s'il eût en-

---

(1) Voyez le tome premier des Recherches Asiatiques, traduites de l'anglais en français, par La Baume, sous la direction de M. Langlès.—Paris, 1805. On a voulu faire de cette utile collection un livre de luxe; et pour deux volumes seulement, on a dépensé trente mille francs, qui eussent suffi à imprimer tout l'ouvrage, qui est resté là.

tendu les Arabes chanter *abou'el ŏiωn el sωd* : ou bien *el ăaſeq naſs-oh maksoura*.

Pour le ωaω arabe, il propose notre *v* : quelle bouche arabe a jamais prononcé cette consonne turke ? cela ne s'entend qu'à Paris, où l'on dit aussi à la tnrke : *bism illah ir'rahman ihdina issirat il mistaqim*, au lieu de l'arabe *b'esm ellah el rahman el rahim ehdi na el serat el mestaqim*. De l'arabe dans la bouche d'un Turk ! c'est comme si les mots français, *Voulez-vous venir à Paris?* étaient prononcés, *Vulez-vu vinir è Péris* (1)?

L'auteur de la note admet pour peindre *Qáſ*, l'emploi de notre lettre *q* sans *u* : et lorsque, dans mon *Voyage en Syrie*, j'en montrai le premier exemple, nos orientalistes crièrent au scandale.

Il peint l'aspiration faible par un *h*, et la forte par deux *hh* ; mais quand il arrivera que l'un suivra l'autre, ou qu'ils seront précédés de *kh*, de *dh*, de *th*, nous aurons donc une file de trois ou quatre *h* ; le même vice a lieu pour son *sad*, peint *ss*, quand cette lettre sera précédée de *ds*.

---

(1) Comment cela serait-il autrement? Les Turks, par suite de leur puissance politique, ont pris la prépondérance dans l'instruction asiatique : des effendis turks régissent les écoles arabes, même dans la grande ville du Kaire. Pour avoir à Paris quelque lettré arabe, il faudrait des soins particuliers, et surtout il faudrait établir des concours : le gouvernement français, qui en cette branche ne voit que par des yeux subalternes, suit leur routine partiale; aussi la *fabrique des interprètes* est-elle en complète décadence, surtout depuis que l'on y a fait une dernière *épuration*.

Au demeurant, le vice incurable de cette méthode est le doublement des lettres européennes, pour figurer les lettres simples de l'arabe. L'on ne peut admettre cette violation du principe constitutif, qui veut que *l'on ne trouble pas les lettres radicales* des mots, et l'on a tout droit de s'étonner du profond silence de l'auteur sur ce point, comme sur tout autre; car il ne donne pas un seul motif de ses opinions; il assure qu'il a *exprimé les prononciations, qu'il a rendu les lettres des mots :* ce n'est pas là un système raisonné; c'est une formule prescrite; c'est une recette arbitraire: sans doute il a eu le droit de l'appliquer aux ouvrages dont il s'est rendu l'éditeur; mais avoir usé de tout son crédit à l'imprimerie du gouvernement, pour déparer le magnifique ouvrage de la *Description d'Égypte*, par une orthographe sans règle et sans goût, c'est ce dont tous les amis des arts ont droit d'être choqués : en se conformant à cette orthographe, comment s'écriraient les mots arabes *achehhhha* (avares), *hhachichah* (de l'herbe), *moutahachhechah* (femme caressante). Le lecteur trouvera sans doute ces combinaisons *nouvelles;* mais elles n'ont pas même le mérite de l'invention : car pour peu qu'on ait feuilleté les grammairiens arabes et les voyageurs au Levant, on verra que le professeur n'a fait que s'approprier celles de leurs combinaisons qu'il lui a plu de choisir (1).

---

(1) La plupart de ces combinaisons se trouvent dans la

Quant à la méthode suivie par M. de Sacy, après être convenu, lors de la commission de 1803, de tous les inconvéniens que j'attaque, cet orientaliste profond a sans doute eu ses raisons de garder un silence absolu sur une innovation qui tend à écarter les *anciennes doctrines;* de mon côté je me bornerai à dire que mes observations ont la même force sur les figures qu'il adopte ; ses trois lettres *sch* pour *ſ*, quoique autorisées des Allemands, n'en sont pas moins un vice capital ; une même *s* employée pour *sad* (14), et pour *sin* (12), un même *a* pour *alef, aïn, fatha*; un même *dh* pour *dád* (15), et pour *za* (17); une même *h* pour les deux aspirations (6 et 26), sont une source d'équivoques : on les verra naître à chaque pas dans la rencontre des lettres simples et des lettres composées : par exemple, si dans un mot on trouve *dz*, on doutera si c'est la lettre simple *zal* (*dzal*), ou le concours des deux lettres *d, z*; ainsi du *th*, du *dh*, du *gh*, etc. : désormais la question est trop claire pour y insister.

Je ne veux donc point répéter mes remarques sur les défauts de l'alfabet harmonique, dressé par la commission de 1803 : le peu de convenance de plusieurs de ses caractères, et l'admission de quelques lettres doubles le gâtent entièrement. Je viens à l'examen de ma nouvelle méthode, rectifiée par les nombreuses

---

grammaire arabe de Savary; que M. Langlès a publiée en 1803 (trois ans après celle de M. de Sacy), en déclarant que depuis long-temps elle avait été dans ses mains.

épreuves que la commission de 1803 fit subir a mon premier essai de la *Simplification des langues orientales.*

§ II.

Transcription des Consonnes arabes.

Je commence par les consonnes, et d'abord je mets à part celles qui, dans l'arabe, sont les mêmes que dans nos langues d'Europe, avec la condition d'y être également peintes par une seule lettre : cela me donne les lettres *B*, *F*, *D*, *T*, *R*, *L*, *Z*, *S*, *K*, *M*, *N*, *H*; total, douze.

Je divise le reste en deux autres parties, l'une celle des consonnes ayant même valeur que les nôtres, mais que nous écrivons par deux lettres, telles sont *djim*, ou *guim*, et *chin*; l'autre celle des consonnes dont la valeur est étrangère à notre oreille, lesquelles sont le *théta*, le *zal*, le *jota* ou χ grec, le *ha*, les quatre emphatiques *sâd*, *dâd*, *ta*, *za*, le *gaïn*, et le *Qáf*, total, dix.

Je prends les quatre emphatiques, et parce qu'elles ne diffèrent pas matériellement des nôtres *S*, *D*, *T*, *Z*, et que les Turks et les Persans, qui les tiennent des Arabes, ne leur ont pas gardé leur valeur, mais les prononcent comme nous, je ne change rien au corps de ces lettres; seulement je les souligne d'un trait qui avertit qu'elles ne sont pas nos lettres simples *S*, *D*, *T*, *Z*, et qui en même temps donne le moyen de recourir au mot radical dans l'original arabe, turk ou persan : il résultera de ceci que les Persans, les Turks et les Européens qui ne donneront pas la valeur arabe, pourront sans inconvénient, dans un usage vulgaire, négliger d'écrire le trait souligné, qui pour eux ne signifie rien; on verra combien cette orthographe simplifie le turk et le persan.

Je prends ensuite le θητα, n° 4, ou *th* anglais *dur*, et le *zal*, n° 9, *th* anglais *doux* : ces deux lettres, chez les Arabes eux-mêmes, ont le défaut que, selon les divers pays, elles sont diversement prononcées : beaucoup de Bédouins leur conservent leur ancienne et véritable valeur : dans l'Égypte au contraire et dans la Syrie, le θητα se prononce tantôt comme notre *T* naturel (par exemple, *telaté*, trois); tantôt comme notre *S*, (par exemple *ouáre*s, ou *warit*, héritier); le *zal*, tantôt comme *z* (*ellazi, zalek*); tantôt comme D. Nous pourrions sans plus d'inconvénient, écrire nos propres lettres; cependant, afin de conserver la trace de l'étymologie, j'en use pour ces lettres comme pour les quatre emphatiques, et je leur attache un petit signe qui les caractérisera toujours, sauf à le négliger dans l'usage vulgaire (1).

Le n° 7, qui est *jota* espagnol, *ch* allemand, est plus difficile à tracer : nos alfabets français, italien, anglais, n'ont pas d'équivalent : nous ne pouvons

---

(1) Quand *zal* sera prononcé *d*, rien n'empêche de lui donner la cédille : ḑ*anab*, ḑ*ail* (queue).

employer le grand *j*, parce qu'il sert à notre neuvième classe, dans la consonne *ja* : il faudrait une lettre nouvelle ; mais nous avons un moyen d'éviter ce désagrément : nos principes rendent inutiles dans tous les alfabets européens la lettre X parce qu'elle a le vice de représenter deux et même quatre consonnes ; car tantôt elle vaut *ks*, comme dans *Saxe*, *fixe*, que l'on devrait écrire *Sakse*; *fikse*; tantôt *gz* (mineures ou faibles de *ks*), comme dans *examen*, *exercice*, que l'on devrait écrire *egzamen*, *egzercice*; cette lettre X se trouvant supprimée de droit, nous pouvons la rendre utile ; et puisqu'en sa fonction ancienne et primitive dans l'alfabet grec, elle eut précisément la même valeur que notre lettre arabe, n° 7, il m'a semblé naturel et possible de la réintégrer dans ses droits, en convenant avec le lecteur que dans notre alfabet arabico-européen, elle aura l'invariable valeur du *jota* espagnol : si le lecteur ne connaît pas cette valeur, il est instamment prié de ne point retomber dans l'habitude du *ksé*, ou *gz*, pour X, mais de le prononcer plutôt *k*, et de dire *kota*, au lieu de *ksota* ; c'est afin de lui rappeler cette convention que j'ai introduit l'χ grec d'une forme particulière, au lieu de notre *x* ordinaire, qui eût été plus gracieux, mais qui pourra se rétablir sitôt qu'on le voudra.

Vient l'aspiration forte : pour la peindre j'emprunte le signe de la faible *h*; mais afin de les distinguer, j'attache à celle-ci un petit trait qui avertira toujours qu'elle est la lettre, n° 6, de l'alfabet arabe, équivalente au *ca* florentin: nous l'appellerons *hache dur* ou grand *hache* (ha).

Le petit *h* arabe lui-même a exigé une modification de forme pour exprimer un état particulier qu'il prend assez souvent à la fin des mots : au lieu d'y être aspiré, il se prononce *t*: ainsi, au lieu de *marráh ωahedah*, on dit *marrat ωahedat*. Les arabes spécifient ce changement, en posant deux points sur leur *hé* : mais cette multitude de points en notre écriture ayant l'inconvénient de papilloter aux yeux, j'ai préféré la forme nouvelle ḥ, qui ne choque pas les yeux, et qui de l'*h* éteint, fait le *t* prononcé.

Maintenant j'ai à peindre la lettre du grasseyement dur, dite *ghaïn*: je ne puis lui conserver l'*h* que lui a donné l'usage : je ne puis non plus employer notre g vulgaire, qui n'exprimerait pas sa valeur: il faut encore une lettre de convention : la commission arabique de 1803, en adoptant le *g*, l'avait distingué par une barre transversale : comme cette barre, désagréable à l'œil, a des inconvéniens dans l'écriture et dans l'imprimé, j'ai trouvé préférable de donner la forme ci-jointe, que l'habile artiste a trouvée commode, (ɡ).

Si l'on avait un besoin exprès de peindre le grasseyement doux, et que l'on ne voulût pas accepter le gamma grec, un trait sur celui-ci ferait la différence.

La cinquième lettre, appelée *djim* ou *guim*, a été

difficultueuse : il fallait éviter l'équivoque des *g dur* ou *mouillé*, dont j'ai parlé. J'ai choisi un *g* italique, en lui donnant un appendice qui l'appropriera à la lettre arabe, et qui avertissant le lecteur par une forme spéciale, le laissera libre de prononcer *djé*, ou *gué*, selon l'usage du pays, (ǵ).

Une lettre plus embarrassante encore a été la lettre *chin*, sur laquelle tous les alfabets européens sont en discord : il est indispensable de lui attribuer un *seul* signe, et la difficulté est de le faire accepter unanimement ; les anciens Grecs et Latins ayant presque toujous exprimé cette consonne par *s*, j'ai cru que le meilleur parti était d'accepter cette lettre, telle qu'on s'en servait ci-devant dans l'imprimerie, c'est-à-dire le ſ allongé hors de ligne, qui restera affecté au *ch* français, au *sh* anglais, au *sch* allemand, etc.

L'emploi de la lettre *Q*, pour le *Qâf* arabe sans lui ajouter l'*u*, est une chose si naturelle et si commode, qu'il est étonnant qu'on ne l'ait pas adopté plutôt (1) : d'ailleurs on peut dire que la figure est la même avec la seule différence que le Q romain est tourné dans un sens tandis que le *qâf* est tourné dans l'autre : et l'on donne un emploi utile à une lettre qui sans cela n'en aurait plus.

De ces détails résulte le tableau total des consonnes

---

(1) Je croyais l'avoir imaginé le premier, mais en ces derniers temps, je l'ai trouvée dans la grammaire de George Amira.

arabes, exprimé comme on le voit dans le tableau ci-joint (voyez le tableau, n° V) : les voyelles vont être un peu plus minutieuses à régler.

§ III.

Transcription des Voyelles arabes.

Je pose d'abord nos trois voyelles européennes, grand a, grand ï, grand *ou*, ω, comme identiques à l'a*lef*, au *ïa*, et au *ωaω*.

Pour distinguer ensuite les trois petites voyelles qui leur correspondent et qui en sont les mineures, voici les règles que je propose.

Alef, ou grand a, sera toujours peint par a romain : *fatha*, ou petit *a*, par *a* italique.

Grand *i*, sera peint par i romain, soit tréma, soit circonflexe ï, î : le *kesré*, ou petit *i*, sera peint tantôt par *i* italique, tantôt par *e* italique aussi, selon qu'il sonne dans l'arabe même. Je n'emploie point l'*y*, parce que, outre son inutilité, dans le cas présent, c'est trop le détourner de son ancienne valeur, qui, chez les Grecs et les Latins, fut notre *u* français, ou notre *ou* très-bref. La preuve en est dans les mots arabes *sour* écrit *Tyr* : *baïrout*, écrit *Béryt*; dans les mots romains *Romulus*, écrit par Plutarque *Romylos*; *Valerius*, écrit par Polybe et Eusèbe, *Oyalerios*. On pourrait citer nombre d'autres exemples.

Nos arabistes veulent écrire *Yemen* : je demande s'il n'est pas aussi bien exprimé par *Ïemen*.

Grand *ou* sera toujours peint par ω.

Domma, ou petit *ou*, tantôt par *ŭ* valant *ou* bref, tantôt par *o* italique, selon qu'il sonne dans l'arabe même. En certains lieux, par exemple Alep, le *domma* sonne souvent comme notre *eu* : mais du moment que nous lui donnons un signe propre, on sera libre de lui donner la valeur qui est usitée. Nous avons vu, ci-devant, que a*lef*, souligné de *kesré* ou *i* bref, se prononçait souvent *é*, comme dans les mots *el esm*, *émir*, *eslam* : pour éviter de confondre cet *é* avec celui du *kesré*, je propose le signe *œ* italique, que l'on prononce dans presque toute l'Europe *é*, ou bien le a renversé (ɐ), qui par cas heureux est une sorte de *e*, tout-à-fait bien adapté au besoin de cette circonstance.

Alef, frappé de *domma*, ou petit *o*, sonne quelquefois comme notre *o* moyen, par exemple, dans *omam* (les nations), *omm* (mère), *omol* (espère); je rends cet état par le signe ō.

Grand *i*, frappé de *fatha*, ou petit *a*, se prononce comme notre *é*, dans *être*, ou notre *ai* dans *maître*. Il est intéressant de conserver cette forme *ai*, parce que souvent le mot où elle se trouve au singulier, fait son pluriel en la retournant; par exemple, *dair* (une maison), fait au pluriel *diar* (les maisons), *bairaq* (un drapeau), fait au pluriel *biareq* (les drapeaux) : nos principes ne permettent pas de donner deux signes au son simple *ai*; mais j'ai pensé que l'on pouvait, par cas particulier, sauver ici cet inconvénient, en liant l'*a* italique à l'*i* romain, par un poinçon particulier.

L'Arabe a quelquefois la bizarrerie de prononcer *a* sur *i*; par exemple, il écrit *rami*, et prononce *rama*, par la raison que *i* est frappé de *fatha*; pour exprimer cet état particulier, je propose le signe *ä*, qui fut agréé par la commission.

Grand *ou*, frappé du *domma* (ou petit *ou*), vaut notre *oú* français : pour corriger le vice de deux lettres, pour sauver l'équivoque de *u*, que les étrangers prononcent *ou*, et pour éviter que le double *w* anglais fût prononcé *vé* à la manière allemande, j'ai cru nécessaire d'introduire le signe ω, qui ne choquera point les yeux accoutumés au grec, et qui est presque la réunion des deux *oo* anglais : l'usage fera sentir la commodité de ce signe.

Ce ωαω frappé de *fatha*, sonne quelquefois comme notre *ó* profond; par exemple dans les mots arabes s̱ot (la voix), ſóq (le désir) : il semblerait qu'on dût l'écrire tel qu'on le voit; mais parce que le pluriel de ces mots fait reparaître l'*a* caché, et que l'on dit asωat (les voix), aſωaq (les désirs), il a été utile de garder une trace de cet *a*, et j'ai tâché de remplir ce but par la figure ω̈, qui maintient l'unité, et qui s'autorise d'exemples semblables chez les Allemands.

Maintenant nous avons les trois formes de la prononciation gutturale *aïn*, dont nous avons parlé ci-devant : les trois voyelles qui en résultent sont tout-à-fait particulières aux Arabes; mais, comme les

Turks et les Persans, en adoptant leurs figures alfabétiques, ne leur ont point gardé leur valeur gutturale, et qu'ils les prononcent simplement comme les voyelles communes auxquelles elles correspondent, il m'a semblé convenable d'en user ici comme pour les quatre emphatiques, c'est-à-dire d'attacher seulement un petit signe spécial à nos voyelles analogues. En conséquence,

je peins l'*aïn* frappé de *fatha*, par ă,

   frappé de *kesré*, par ĕ,

   frappé de *domma*, par ŏ.

J'ai dit que ce dernier sonne dans la bouche des Arabes, presque comme notre *eu*, dans *cœur*, *peur* : dans tous les cas, il suffit que ce signe soit affecté à cette forme, pour être prononcé suivant l'usage du pays.

Il nous reste a tenir compte des notes orthographiques : celle du doublement (*tafdid*), nous est inutile, puisque dans le système européen, la lettre s'écrit double quand la prononciation le demande : cependant la méthode arabe ne laisse pas d'avoir quelque mérite, elle économise beaucoup de place, et je serais d'avis de lui donner un équivalent.

Le *djazm* est nécessaire à conserver; nous le remplaçons très-bien par l'apostrophe, qui, comme lui, avertira que la voix est coupée : par exemple, dans le mot *fat'ha*, il avertit de ne pas prononcer *t'ha* d'un seul temps, mais de faire sentir l'*h* séparément de *t*, comme s'il y avait un rapide *e* muet interposé, *fate-ha*; c'est le cas du point-voyelle juif, *scheva*.

D'autre part, la nécessité de ce signe et de cette coupure de voix se fait sentir dans la conjugaison de certains verbes, par suite des principes constitutifs mêmes de la langue.

En effet, dans l'arabe, il est de principe général, comme je l'ai dit plus haut, que le mot *radical*, lequel est la troisième personne masculine singulière du passé ou prétérit, soit composé de trois syllabes, et que chacune de ces syllabes soit prononcée en *a*, par exemple, *KaTaBa*, il a écrit; *NaSaLa*, il est sorti, etc.; pour convertir ce radical en indicatif présent, on le modifie, et l'on dit, *ïaKToBo*, ou *ïaKTŭBŭ*. Ici l'on voit la première consonne *K*, privée de sa voyelle, et *T*, *B*, se prononcer en *u*, *o* : dans nos formes européennes, nous n'avons pas besoin de *djazmer*, c'est-à-dire de noter l'arrêt de ce *K* : nous supprimons la voyelle, et le but est rempli; mais si, comme il arrive en bien des cas, une ou même deux ou trois syllabes du radical se trouvent être une grande voyelle, comme *a*, *o*, *ou*, *ăin*, il en résulte des règles particulières pour la manière de conjuguer : par exemple, dans le verbe $S^a AL^a$ (il a interrogé), nous avons nos trois syllabes radicales *S*, pour première, *A*, pour seconde, *L*, pour troisième : maintenant, afin de les tourner à l'indicatif présent, il nous faut priver *S* de son *a* ou *fat'ha*; mais alors, si l'on dit *IaSaLo*, cette privation n'est point sentie, parce que a*lef* se trouve là pour la masquer ; l'écriture arabe a imaginé son *djazm*, pour la faire sentir ; nous remplirons parfaitement son objet en introduisant notre apostrophe *IaS'aLo* ; pour bien le prononcer, il suffira de l'avoir entendu d'un maître.

C'est encore par suite du principe des *trois syllabes*, ou *temps de voix*, prononcés en *a*, dans le radical, que la voyelle i se trouvant quelquefois former la troisième *syllabe*, ou *temps de voix*, on est forcé de la prononcer en *a*, quoiqu'elle soit écrite *i* : par exemple *RaMA*, il a jeté ; *iaRMI*, il jette ; *NaSA*, il a oublié ; *iaNSI*, il oublie : l'arabe écrit *RaMi*, *NaSi*, mais l'application du *fat'ha*, ou petit *a*, avertit de dire *RaMA*, *NaSA*. La commission de 1803 adopta l'a frappé de deux points (ä) pour figurer cet état, et je le conserve. En d'autres circonstances, il arrive que la seconde syllabe est formée de *aïn* ; par exemple Qaăn^a, il s'est assis ; en le tournant à l'indicatif présent, *iaQ'ŏd^o*, il s'assied. Là on voit l'application des deux règles, l'une du *djazm*, après le Q', l'autre du *domma*, au lieu de *fat'ha*, convertissant l'*aïn* en notre véritable ŏ guttural : la simplicité comme l'efficacité de ma méthode se rend de plus en plus sensible.

Il est difficile de penser qu'un langage ainsi combiné dans ses bases ait été composé par des sauvages errans dans le désert, par des Bédouins nomades : tout dans ce système d'organisation annonce un état de société riche d'idées, par conséquent ayant pour base un sol fécond, qui a suscité, et qui entretient une population progressivement industrieuse : je pourrai par la suite examiner les conséquences de cette idée-mère : en ce moment, je me borne à remarquer que la voyelle dans le radical figure à l'instar de la consonne, c'est-à-dire qu'elle y tient lieu de *syllabe* complète, comme si les inventeurs eussent cru que l'un et l'autre fussent une même chose.

Le *hamza*, qui ne s'applique qu'au grand a, ou a*lef*, se remplace facilement, comme nous l'avons vu, par le signe". Le point essentiel est d'avoir bien saisi d'une bouche arabe la vraie valeur du son ainsi figuré.

Nous avons vu que *wesla* et *madda* sont réellement superflus, nous n'en tenons point compte.

Tout mon édifice orthographique se trouvant ainsi complété, je vais en rendre sensibles les effets, en le comparant avec la méthode vulgaire, dont j'ai parlé ci-dessus. Le lecteur jugera par lui-même combien ma méthode est préférable aux routines suivies jusqu'à ce jour.

Je prends pour exemple le modèle de transcription qui se trouve à la page 65 de la grammaire de M. de Sacy, en regard à la page 64, où est écrit le texte arabe ; cette transcription porte ces mots :

« Akh-bâ-rou a-bi dou-lâ-ma-ta wa-na-sa-bou-hou
« a-bou dou-lâ-ma-ta zan-dou 'b-nou 'l-djoûni wa-
« ac-tsa-rou 'n-nâ-si you-sah-hi-fou 's-ma-hou. »

Voici mes remarques : d'abord le *domma* étant écrit absolument comme le *waw* à la fin des verbes, l'on ne peut distinguer le singulier du pluriel : par exemple, dans *you-sah-hi-fou*, si l'*ou* final est *domma*, c'est la troisième personne singulière, signifiant *il a erré*; si, au contraire, cet *ou* final est *waw*, c'est la troisième personne au pluriel : de même dans *akh-bá-rou*, si *ou* est *domma*, c'est le substantif *histoire*, *récit*; s'il est *waw*, c'est le verbe à sa troisième personne du pluriel, *ils ont appris*.

2° De ce qu'une même lettre française en représente deux différentes en arabe, il résulte une seconde cause de méprise; par exemple, dans le mot *you-sah-hi-f*, on ne sait si c'est le verbe *sahaf*, par notre *s* et *h* européens, signifiant *il a brûlé de soif*; ou *saḥaf*, par l'aspiration florentine, signifiant *il a rasé, il a taillé de la chair*; ou *ṣaḥaf*, par *ṣád* et grand *h*, signifiant *errer*, *se tromper* : on voit ici l'inconvénient de la même figure *h*, représentant les deux aspirations : pour éviter cet inconvénient, M. Langlès, comme nous l'avons vu, peint la *forte*, par deux *hh*; dans sa méthode on écrirait *yous-sahhhhifou*.

Une troisième source d'embarras est de faire disparaître totalement des lettres radicales, par exemple, on lit *you-sah-hi-fou 's-ma-hou*; l'arabe porte en toutes lettres *yousaḥifou Esma hou* : E, figurant *alef* frappé de *kesré*, comment deviner un mot sous cette forme tronquée *'s-ma-hou?* et cela sous le

prétexte qu'en parlant, le *ou* dévore *e* : c'est comme si en français l'on écrivait *el-accept-av'e-kindifférence* (au lieu de, elle accepte avec indifférence) : l'usage seul doit enseigner ces nuances de prononciation. C'est encore ainsi qu'en faisant disparaître l'article *al* ou *el*, on embrouille le texte gratuitement. L'arabe vulgaire écrit a*k*tar-*el*-nas, et prononce a*k*tar-*en*-nas; qui pourra le reconnaître dans *ac-tsa-rou-n-na-si?* laissez l'usage apprendre que *l* dans l'article *al* ou *el* s'élide par euphonie devant certaines lettres; mais laissez au lecteur un signe pour se reconnaître : d'ailleurs, combien est vicieuse cette manière de syllaber *ac-tsa-rou*!
akh-ba-rou, et cela quand le corps du mot est a*k*tar, a*χ*bar, plus le *ou* final (*domma*) dans le littéral, mais qui ne se dit point dans le vulgaire. En lisant *ac-tsa-rou-n' na-si*, ne peut-on pas croire que *na-si* appartient au verbe *na-sä, iansi*, oublier? Pourquoi au mot *nas* incorporer le *kesré i*, qui n'est que le signe savant de son génitif? Les mêmes vices se répètent dans *zan-doub' nou 'l-djou-ni*, dont la véritable syllabation est *zand^{ou} ebn^{ou} el djouni*. Là du moins on reconnaît le texte. Il ne faut pas s'étonner si, avec tous les vices de leur orthographe, nos orientalistes soutiennent qu'il vaut mieux apprendre l'arabe en son propre système que dans le leur. Voyons les effets de la méthode que je propose : je vais écrire à ma manière le même texte : je prie le lecteur de se rappeler 1° que mon χ n'est pas *iks*,

mais *jota*, et qu'à défaut de la vraie prononciation, il faut plutôt dire a*k*bar que a*ks*bar;

20. Que *a* romain est a*lef* pur; et *a* italique *fat'ha*, que в ou ē long est a*lef* par *kesré*; que *ŭ* pointé est *ou* bref, *domma*; etc.

Le corps de ma ligne figure le texte arabe si exactement, qu'avec mon tableau de comparaison on peut restituer le texte arabe.

J'ai placé en dehors de ce corps les finales scientifiques, exprimant les cas dans l'ancien arabe, comme les finales latines *us*, *a*, *um*. Elles n'ont plus lieu dans l'arabe actuel; en les négligeant, le lecteur sera bien compris du vulgaire. J'ai distingué tous les mots, parce que leur liaison, enchaînée telle qu'on l'a vue dans l'exemple ci-dessus, forme un cahos inintelligible. Si l'on objecte que l'arabe s'écrit sans points ni virgules, je répondrai qu'en apprenant l'arabe, un Européen n'est point obligé d'en épouser les absurdités. (Notez qu'en cette lecture *u* vaut *ou*.)

a*χ*bar*ᵘ* a*bi* di*ŭ*lâmah*ᵃ*, ωa nasab*ᵘ* h*ᵘ*. abω-
Historia Abi-Dulamati et stirpis ejus. Abû-
d*ω*lamat*ᵃ* zand*ᵘ* ben (ou *ebn*) el ɠωn*ⁱ*; ωa
Dulamatus Zandus filius (fuit) Djûni; et
a*k*tar*ᵘ* el nas*ⁱ* ïŭsa*h*hef*ᵘ* esm*ᵃ* h*ᵘ* (1).
major (pars) hominum adulterat nomen ejus.

---

(1) « Histoire d'Abi-Doulamah et de son origine (ou de sa

Si l'on compte le nombre de mes lettres, y compris les finales, on en trouvera quatre-vingt-une. La méthode vulgaire en donne quatre-vingt-quatorze, c'est-à-dire au-delà d'un septième plus que le texte arabe. Continuons encore quelques lignes.

« famille). Abou-Doulamah (dit) *Zand*, était fils de *Djoûni*. « La plupart se trompent sur son (vrai) nom. »

ORTHOGRAPHE VULGAIRE.

fa-ya-koû-lou zaï-doun bi-'l-yâ-i (1) wa-dza-li-ca-kha-ta-oun-hou-wa (2) zan-doun b'in-noû-ni.

(3) wah-wa coû-fiy-youn (4) as-wa-dou-moû-lan li-ba-ni a-sa-din-câ-na-a-boû (5) hou ab-danli-râ-djou-lin (6) min houm : you-kâ-lou la (7) hou-fa-sâ-fi-sa.

(*Traduction.*) « Or on dit *Zaïd* par *i*, et cela (est une) faute.
« C'est *Zand*, par *n*, et il fut (natif de) Koufa, noir (de couleur)
« affranchi de Liban-Asad; son père fut esclave d'un homme d'entre
« eux, on l'appelle *Fasafes*. »

---

(1) Selon M. de Sacy, on dit (ou plutôt l'on écrit) *zaïd* par *y* : cela ne s'entend pas; je ne vois pas d'*y* dans *zaïd* : il fallait donc écrire *zayd*. Pourquoi ces deux lettres diverses, quand leur type arabe est le même? pourquoi appeler *y* ce que vous écrivez *i* ?

(2) Dans l'arabe il y a *wa hou*, ce qui est l'inverse.

(3) *wah-wa*, au lieu de *wa houa* : qui peut comprendre cette coupure *wah-wa* ?

(4) *coû-fiy-youn*. Le texte ne porte qu'un seul *i* long; pourquoi le peindre par deux *y*, plus un *i* ? *as-wad*, au lieu de *asouad*, *noir*.

(5) Doit-on lire *aboû-hou* (son père)? ou bien *hou-abdan* (lui esclave). Rien n'est distinct par ponctuation : *abdan* est-il par *aïn* ou *alef*?

(6) *râ-djou-lin* est-il le duel, est-il le pluriel? voilà trois équivoques.

(7) *la hou*, encore une équivoque : ou peut croire *non ille*, au lieu de *illi* (*non lui*, au lieu de *à lui*).

ORTHOGRAPHE NOUVELLE.

fa iaqωl^u zaid^{ou} b' el i : ωa zalek^a χata^{on} :
Nam dicit Zaïd per *i*; et istud peccatum :
hω^a zand^{on} b'el n : ωa hω^u kωfi^{ou}, aswad^{ou}, mωl^{an}
ipse Zandus per *n* : et ipse Cuficus niger libertus
liban^i-asad^{en} : kan^a abω-h^u ăbd^{an}. l' roǰŭl^{en}
(fuit) Liban-Asadi : fuit pater ejus servus homini
men hom : iŭqal^o l'hω   fasafis^a.
ex   illis : dicitur illi (nomen) Fasafes.

C'en est assez sur ce chapitre : tout lecteur touche au doigt et à l'œil les vices nombreux de la vieille méthode; mieux il connaîtra le texte arabe, mieux (j'ose le dire), il appréciera la combinaison de mes moyens pour le figurer. Je demande la permission de l'appliquer encore aux lectures vulgaires du *Pater Noster* en arabe, et même en hébreu. Je les puise dans la collection célèbre qu'en a faite le docteur *Chamberlayne* (Amsterdam, 1715), ouvrage surpassé sans doute par des successeurs rivaux, quant au luxe typographique, mais non quant au mérite du savoir.

Chamberlayne cite d'abord, page 8, une lecture qu'il dit venir d'un moine *allemand*, élève de la propagande, lecture qui aurait passé par les mains du savant français *La Croze* : ces circonstances sont utiles pour apprécier l'orthographe. On va remarquer que cette lecture, prise dans les missions de *Mésopotamie* et de *Syrie*, ressemble bien plus à la mienne que celle du docte *Erpenius*, sans doute parce que le moine allemand et moi nous avons écrit d'après un même modèle vivant qui a frappé notre oreille des mêmes sensations; tandis que le *hollandais Erpenius*, opérant sur un modèle *mort*, c'est-à-dire sur l'*arabe ancien* et *littéral*, tombé en désuétude, comme le *grec* et le *latin*, et comme eux défiguré par des grammairiens de diverses nations, a copié et mêlé leurs signes orthographiques sans en connaître les valeurs. (Voyez ci-à côté le tableau A, intitulé : *Texte arabe et lecture vulgaire, Chamberlayne, page* 8.)

Maintenant si nous confrontons l'arabe ancien et littéral selon Erpenius, page 7 de Chamberlayne, on va remarquer une bien plus grande différence de lecture ou d'orthographe, et cependant les lettres et les motions sont à peu de chose près les mêmes. (Voyez au *verso*, p. 200.)

PATER NOSTER EN ARABE VULGAIRE.
Lecture de Volney.

abu-na ellazi fi el samawat
père (à) nous lequel (es) dans les cieux

iatqaddas esm-ak
sanctifié (soit ou est) nom (à) toi

tâti malkut-ak
vienne règne (à) toi

takon mašit-ak kama kama fi el sama keŷalec fîlâ èl arḍ
soit (ou est) volonté (à) toi comme dans le ciel de même sur la terre

aåt-na ꭓobs-na kefat-na ium biom
donne (à) nous pain (à) nous suffisant (à) nous jour par jour

oa egfor lena ḍonub-na oa ꭓataia-na kama nogfor naḥna lèman asa ѐ'aina
et pardonne à nous fautes (à) nous et péchés (à) nous comme nous pardonnons nous à qui à nui envers nous

oa la tadaxxel-na fi el teḍjarib
et ne fais entrer nous dans les épreuves

laken naggina men èl šarîr
mais délivre-nous du malin (esprit) (1)

(*) Dans la boîte, le mot male lectus équivoque si c'est le substantif mal, ou l'adjectif méchant : cette équivoque n'a point lieu en arabe, non plus qu'en français ; la seule prière est l'adjectif : délivre-nous du malin, c'est-à-dire du mauvais génie (Diêime, Satan). Il est vrai que l'arabe est une traduction ; mais le texte original, qui n'a pas été que le syriaque, langue des apôtres, se sert de l'adjectif mal di kiri. du malin, et non pas di kil da mel. L'hébreu s'est d'autre point, puisqu'il est lui-même une traduction tardive.

N° VII.

TEXTE ARABE ET LECTURE VULGAIRE.
Voyez Chamberlayne, *page 8.*

ابينا الذي فى السموات
abuna elladhi fi (1) *ssamwat.*

يتقدس اسمك
jetkaddas esmac.

تاتي ملكوتك
tati malacutic.

تكون مشيتك كما فى السما كذلك على الارض
tacuri (2) *machiatac, cuma fi-ssama* (3) *kedhalec ala* (4) *lardh.*

اعطنا خبزنا كفاتنا يوم بيوم
aatina ꭓobzena kefatna iaum be iaum.

واغفر لنا ذنوبنا وخطايانا كما نغفر نحن لمن اسا الينا
wogfor lena dunubena (5) *wachatiana, ama nogfor nachna lemanaça* (6) *deina.*

ولا ند خلنا فى التجاريب
wala tadachchalna fi (7) *hajarib.*

لكن نجنا من الشرير
laken nejjina me (8) *nnescherir.*

(1) Deux *sa* comme pour aid et l'article *el* supprimé.
(2) *tacuri*, au lieu du texte écrit *tekon*.
(3) *kedhalec* ; on se voit, deux lettres diverses à ctre pour la même lettre arabe *kef*.
(4) La texte dit *el ardh*, le teste. Comment deviner *lardh* ?
(5) *danub-na* ; le d c'est point distinct de *nul*, et le *a* ne peut avoir lieu.
(6) *deina* au lieu de *aleina*, faute grave.
(7) Suppression de l'article *el*, *hajarib* au lieu de *tajarib*.
(8) Séparation vicieuse du mot *men*, et suppression de l'article *el*.

Face à la page 170.

ARABE LITTÉRAL.

Lecture selon Volney.

aba-na (1) ellazi fi el samawati
l' iūtqaddasi asm-ŭ-ka
(2) l' tati malkωt-ŭ-ka
l' takωn maſitŭ-ka kama fi
el soma-i ωa ălä el ard-i
χobza-na kafat-na aăti-na fi el iŭmi
ω agfer l' na χaṭaïana kama
nagfer nahn l' man aχṭaa ălaina
ωa la todχel-na el tagǧâreba
laken nagǧi na men el ſariri (3).

---

(1) L'arabe *littéral* donne la pleine valeur d'*a* à l'alef, que le vulgaire prononce *e* : il dit *al*, et non *el*.

(2) La lettre *l*, comme signe d'impératif, n'a point besoin du *kesré*; l'apostrophe avertit et sauve les équivoques.

(3) Délivrez-nous du *malin* (esprit), aucun texte oriental ne dit : délivrez-nous du mal.

ARABE LITTÉRAL.

Lecture selon les Grammairiens européens.
(Chamberlayne, page 7.)

abahna (1) *lledhsi* (2) *phi 'ssemavati* (3)
liutekaddesi (4) *smuka*
litati melcoutuka (5)
litekun (6) *meschjituka kema phi*
'ssemai véàlei 'lardhi
*chuhze*na (7) *kephaphena àthina phi' ljieumi*
vaghpher (8) *lena chathajana kema*
neghpheru nahhno li men achtaa ileina
vela tudchilna 'ttegsaraba
lekin neggina mine (9) *'schscheriri.*

---

(1) *abahna*. Il n'existe ni aspiration dans la parole, ni signe d'aspiration dans l'écrit.

(2) *lledhsi* est tont barbare : *dhs* pour la lettre *zal*.

(3) *ssemavati*, voilà le *v* turk inconnu aux Arabes.

(4) *liute*, c'est un *scheva* que cet e muet, au lieu du *djazm*, ou consonne close que veut le texte.

(5) Pourquoi tantôt *c*, tantôt *k* quand c'est la même lettre au texte?

(6) *litekun* : pourquoi *te*, quand le texte porte *ta* par *fat'ha*? pourquoi deux *ji*, quand il n'y en a qu'un seul? toujours l'article *al* supprimé; *phi-ssemai-vealei*, d'un seul mot quand il y en a deux : *aïn* n'est point distingué; *lei*, au lieu de *lai* par *fat'ha*; *lardhi*, d'un seut mot.

(7) *chuhze*, doit se dire *chuhza* : *kephaphe*, faute semblable, et de plus il y a erreur totale dans le mot qui est *kafat*, ou *kinfat*, et non *kafàf* : *àthina*; l'*aïn* est sauté; *phi' ljieumi*, toujours l'article *el* fondu dans le mot; et *ïeum* par *kesré*, au lieu de *iaum*.

(8) *ghph* et *neghpheru-nahhn*, quel chaos de consonnes?

(9) *mine' schscheriri*, au moins il fallait écrire *men e' schscheriri*, pour faire sentir que par l'élision d'*l* le *sin* était doublé.

Il devient inutile de multiplier des exemples qui ne seraient que la répétition des mêmes règles et des mêmes censures ; il suffit à mon but d'avoir mis en évidence tout le désordre des méthodes actuelles, et toute la supériorité de celle que je propose d'y substituer. Le lecteur versé dans les langues orientales saura déduire de mes principes les diverses applications qui leur conviennent : par exemple, il verra que l'écriture persane et turke, imitées de l'arabe, ne donnent lieu à aucune difficulté, et que, pour en faire la transcription, il suffit d'assigner des représentans aux cinq lettres que ces deux langues ont de plus que l'arabe. La commission de 1803 a déja donné l'exemple de cette opération : j'admets avec elle de figurer par notre *P*, la lettre persane et turke qui porte trois points sous le *b* arabe; de figurer par notre *ja* français la lettre qui porte trois points sur un *z;* de rendre par l'*ñ* espagnol la lettre qui porte trois points dans le *kef*, et qui s'appelle *sagir-noun*, petit n; d'exprimer par g romain l'autre *kef*, qui porte trois points sur sa tête, et qui se prononce tantôt en *gué*, tantôt en *ga :* mais je n'admets point le *c* italien, ou le *ch* anglais, pour exprimer le *tchim* persan et turk, peint par le *djim* arabe, souligné de trois points : cette prononciation est évidemment formée des deux consonnes *té*, *ché ;* l'on ne peut la peindre régulièrement par un signe unique, mais on peut capituler avec cette difficulté, en frappant un poinçon qui portera notre *tſ* liés en un seul groupe :

le tableau ci-dessous présente cette correspondance établie :

پ p européen.

چ ts tché.

ژ ja français.

گ g gué mouillé.

ݣ ñ gné espagnol.

Je ne dis rien présentement des alfabets indiens ni de l'écriture chinoise : il faudrait que mon oreille eût entendu ces langues de la bouche des naturels, pour en apprécier et classer les sons : si je puis juger du sanscrit et de ses dérivés par quelques mémoires insérés dans les *Asiatik Researches*, leur système pourra exiger quelques expédiens nouveaux et particuliers : par exemple, les consonnes frappées d'une aspiration immédiate sont pour moi un cas nouveau que je ne conçois pas nettement : n'y a-t-il aucun sentiment de voyelle entre le *b* et l'*h*, dans *bh*, ou y a-t-il un *a* très-rapide, faisant *bàh*, comme je l'ai entendu à Paris, des trois jongleurs indiens ? voilà ce que je ne puis éclaircir sans un plus ample informé.

A l'égard du chinois, les cinq tons ou accens qui donnent une valeur si différente aux mêmes prononciations, ne sont point un obstacle radical à notre transcription : on aurait le choix, ou d'écrire sur cinq lignes, comme on écrit la musique, ou d'employer nos chiffres 1, 2, 3, 4, 5, à noter le ton de la lettre qui en serait frappée.

Un sujet d'un intérêt plus immédiat pour les lettrés européens, est l'application de nos lettres à la lecture des langues mortes, telles que l'hébreu, le syriaque, l'éthiopien, qui jusqu'ici ont été sous le monopole d'un petit nombre d'érudits, pleins de partialité. Ce serait une chose utile et curieuse de soumettre le système grammatical de ces langues à l'examen de tout littérateur libre des préjugés de l'enfance et de l'éducation; cette opération n'est pas aussi épineuse qu'on peut le croire, car si l'on veut que la lecture se fasse selon la doctrine rabbinique, avec les points-voyelles des massorètes, rien de si aisé que d'exprimer ces *points* par nos lettres correspondantes; si au contraire l'on admet que l'écriture se fasse à l'ancienne manière orientale, sans points-voyelles, il suffira d'exprimer les lettres alfabétiques de l'hébreu et du syriaque par les nôtres, et déja ce travail se trouve fait, puisque la correspondance de ces deux alfabets avec l'arabe est solidement établie par les orientaux eux-mêmes : il est vrai que cette hypothèse partagera avec ceux-ci l'inconvénient de présenter beaucoup de consonnes sans voyelles; mais ce ne sera pas la faute de notre méthode, et l'on n'aura pas droit d'exiger d'elle plus que les anciens Hébreux et les Phéniciens n'exigèrent de la leur : si l'on dit qu'il restera beaucoup d'arbitraire, le tout rejaillira sur ceux qui ont voulu le corriger ou le masquer par des expédients apocryphes, eux-mêmes arbitraires. Non, jamais devant aucun jury raisonnable l'on ne pourra *légitimer* la lecture factice des massorètes : si nous avions les procès-verbaux des assemblées de ces docteurs, nous verrions, que nés, éduqués chez les divers peuples de l'Europe et de l'Asie, chacun d'eux avait contracté des habitudes et des opinions dont la différence devint la cause même de leur congrès de conciliation ; et dans cette lutte de tant d'amours-propres mondains et théologiques, nous verrions que l'on ne parvint à un concordat que par des capitulations étrangères au fond de la question, comme il arrive toujours dans toutes les *assemblées délibérantes* : on peut le dire sans témérité, la vraie lecture de l'ancien hébreu et du syriaque est absolument perdue, parce que, dès le temps d'Alexandre, le fil de la tradition authentique était déjà rompu ; toutes les lectures actuelles des écoles européennes sont fausses et ridicules : s'il existe un type raisonnable, c'est à la langue arabe qu'il faut le demander, parce qu'elle est de la même famille, et qu'ayant persisté dans les déserts, à l'abri des invasions étrangères, elle a mieux conservé le caractère original qui fut ou qui dut être celui de *ses sœurs* depuis long-temps éteintes. Si donc il fallait introduire des voyelles dans l'hébreu et dans le syriaque, écrits textuellement, je ne verrais pas de meilleur moyen que de les placer selon les règles arabes : ce serait le sujet d'un travail trop étendu pour que j'en raisonne en ce moment : je me borne à présenter pour échantillon la lecture du *Pater Noster*, écrit d'une part selon l'orthographe vulgaire, dans le livre de Chamberlayne, page 1re; et d'autre part selon mon système.

PATER NOSTER HÉBREU.

Lecture de Chamberlayne, page 1 (1).

(1) *abhinu schebbaschschamájim* (2).
jikkadhésch schemécha (3).
tabhó malchutécha.
jehi rezonéchá caaschér baschschamajim
vechén baárez.
lachménu dhebhár jom bejomó then
lánu hajjom.
uselách lánu eth chobhothénu caaschér
saláchnu lebhaalé chobhothénu.
veál tebhiénu lenissajon.
ki-im hazzilénu merá.
ki lechá hamalchuth ughebhurá
vechabódh leolám olamín.

amen.

---

(1) Cet hébreu est une traduction faite par les Chrétiens.

(2) ahhi-na, l'*h* est sans motif, il n'y a pas d'aspiration.

(3) Quel étrange *pudding* que ce mot de dix-neuf lettres pour les six du texte! voilà le produit du *sch* allemand allié aux règles rabbiniques : et notez qu'ici le redoublement du *sch* et du *b* n'a aucun motif en hébreu, mais qu'il est une imitation de l'arabe, où il est ainsi *prononcé*. L'école juive serait donc postérieure.

(4) scheme-*cha*, le *ch* pour *k*, est un contre-sens, deux lettres pour une; et *jota* pour *k*, et tout le reste confus, sans distinction d'un mot à l'autre. Faut-il s'étonner de l'adage : *un vrai grimoire d'hébreu!*

אבינו שבשמים:
יקדש שמך:
תביא מלכותך:
יהי רצונך כאשר בשמים:
וכן בארץ:
לחמנו דבר יום ביומו תן:
לנו היום:
וסלח לנו את־חובותינו כאשר
סלחנו לבעלי חובותינו:
ואל תביאנו לנסיון:
כי־אם הצילנו מרע:
כי לך המלכות וגבורה.
וכבוד לעולם עולמים:
אמן:

Face à la page 181.

PATER NOSTER HÉBREU.
Lecture de Volney.

abinω ſⁱ bᵉ ſᵃmim (1) iᵒqᵃddᵃſ jᵉm-kᵃ (2)
Pater noster qui in cœlis   sanctificetur nomen tuum

tᵉbωa mᵃlkωt-kᵃ
adveniat regnum tuum

iᵉhi rᵒsωn-kᵃ k'aſr bᵉ-ſᵃmim ωa kᵃn b'arṣ
vivat voluntas tua ut qui in cœlis et sic in terra

lᵃhm-nω dᵃbɪ ɪωm b'ɪωmω tᵃn l'nω hɪωm (3)
panem nostrum post diem in diem da nobis hoc die

ωa sᵒlᵉh lᵉnω at hᵒbωtinω k'ſr
et dimitte nobis debita nostra ut qui

sᵃlᵃhnω lᵉbăli (4) hᵒbωtinω
dimittimus super (eos qui) debent nobis

ωa al tᵉbia-nω lᵉnᵉsiωn
et ne inducas nos in tentationem

ki am hᵃṣilnω mᵉră
sed quidem solve nos ab maligno

kilᵉ kᵃ hᵉmᵃlkωt ωa gᵒbωrᵃh
quia tibi imperium et potentia

ωa kᵒbωd l'ăωlᵃm ăωlᵃmim.
et gloria in sæculum sæculorum.

amⁱn.

---

(1) On voit par les mots latins qu'il y a trois mots dans *si be samim* : j'écris *be*, parce que *ba* laisserait l'équivoque d'*a-lef* : *e* n'existant pas dans l'alphabet hébreu, on sent qu'il y est hors de texte.

(2) sem-*ka* : les Hébreux ont pu prononcer comme l'arabe vulgaire sem-ak : il semble que les rabbins ont emprunté leur lecture du chaldaïque qui me parait tenir beaucoup du *nahou*.

(3) Chamberlayne a écrit par erreur *ha* dur par *he* doux.

(4) Il est probable que l'Hébreu a prononcé *ala* comme l'Arabe, quoique écrit *ali*, etc., etc.

L'on peut se convaincre par cet échantillon qu'il serait facile de transcrire le dictionnaire hébreu lui-même en entier, et de le rendre lisible à tout lettré européen : pour base de l'opération, on prendrait le Lexique de Buxtorf, ou plutôt celui de *Simonis*, et l'on observerait les règles suivantes :

1° Transcrire les mots hébreux lettre pour lettre (selon mon tableau), et si l'on voulait y joindre les points-voyelles, on placerait hors de ligne leurs équivalens dont on serait convenu ; le mieux, selon moi, serait d'appliquer à l'hébreu les règles de la lecture arabe, bien plus certaine que celle des massorètes ;

2° On négligerait tout ce qui dans *Simonis* ne tend point à l'explication directe, par conséquent toutes les citations qui remplissent plus des deux tiers de son livre : cela simplifierait beaucoup le travail ;

3° Sur la marge du livre transcripteur on noterait les pages du livre transcrit, comme il se pratique dans les réimpressions d'éditions anciennes ; à ce moyen le lecteur pourrait sans cesse recourir à l'original pour le consulter.

Ce travail exécuté conduirait naturellement à celui d'une grammaire dressée sur les mêmes principes : on serait étonné de la simplicité qu'elle prendrait, alors qu'on aurait écarté les règles factices des massorètes, tant pour l'alfabet, que pour les déclinaisons et conjugaisons, et qu'à leur baroque langage grammatical, l'on aurait substitué celui de nos grammairiens modernes, bien plus clair par lui-même, et qui, de plus, nous est familier.

Une semblable opération pratiquée sur le *syriaque*, le *chaldéen*, *l'éthiopien*, etc., en ramenant toutes ces langues mortes à la condition du grec et du latin, donnerait lieu à une foule de travaux utiles et curieux sur leurs affinités, leurs différences, leur origine. Par cette même méthode on pourrait transcrire le corps entier des livres hébreux, imprimer le texte de la *Bible*, avec autant de fidélité que d'économie : l'on ne saurait douter que si les *sociétés bibliques* appliquaient leur zèle et leurs talens à une telle entreprise, conforme d'ailleurs à leur esprit d'*évangélisme*, elles n'obtinssent un succès aussi rapide qu'éclatant... Mais désormais j'en ai assez dit sur les *moyens*, c'est au temps d'amener les *réalités*; j'ai la persuasion que cette nouvelle branche d'instruction, aidée de la méthode de l'*enseignement mutuel*, avec qui elle sympathise, aura d'ici à vingt ans produit des effets surprenans, et d'avance appercevant ses heureux et immenses effets sur la diffusion des lumières et sur les progrès de la civilisation, j'aime à inscrire au pied de ce livre:

Exegi monumentum œre perennius,
Non omnis moriar!

SIMPLIFICATION
DES
LANGUES ORIENTALES,

OU

MÉTHODE NOUVELLE ET FACILE

D'APPRENDRE LES LANGUES ARABE, PERSANE ET TURKE,
AVEC DES CARACTÈRES EUROPÉENS.

> La diversité des langues est un mur de séparation entre les hommes ; et tel est l'effet de cette diversité, qu'elle rend nulle la ressemblance parfaite d'organisation qu'ils tiennent de la nature.
> AUGUSTIN, *de la Cité de Dieu.*

DISCOURS
PRÉLIMINAIRE.

C'est un phénomène moral vraiment remarquable que la ligne tranchante de contrastes qui existe et se maintient opiniâtrément depuis tant de siècles entre les Asiatiques, surtout les Arabes, et les peuples européens. Nous ne sommes éloignés d'Alger et de Tunis que de soixante heures de navigation ; quatorze jours seulement nous mènent en Égypte, en Syrie, en Grèce ; dix-huit à Constantinople : et cependant l'on dirait que ces peuples habitent une autre planète ; que, contemporains, nous vivons distans de plusieurs siècles. Le vulgaire se contente de voir pour raison de ces contrastes la différence des religions, des mœurs, des usages ; mais cette différence elle-même a ses causes ; et lorsqu'enfin las du joug des préjugés et de la routine, l'on recherche avec soin ces causes radicales, on trouve que la plus puissante, que l'unique peut-être consiste dans la différence des langues, par qui s'est établie et par qui se maintient la difficulté des communications entre les personnes. C'est parce que nous n'entendons pas les langues de l'Asie, que depuis dix siècles nous fréquentons cette partie du monde sans la connaître : c'est parce que nos ambassadeurs et nos consuls n'y parlent que par interprètes, qu'ils y vivent toujours étrangers, et n'y peuvent étendre nos relations ni protéger nos intérêts : c'est parce que nos officiers envoyés à la Porte ne savaient pas le turk, qu'ils n'ont pu opérer dans les armées les réformes que désirait le divan même : c'est parce que nos facteurs ne savent pas la langue de leurs échelles, qu'ils y vivent comme prisonniers, ne se montrant point dans les marchés, vendant peu ou mal; de manière que toute la masse de notre commerce est obligée de passer par l'étroite filière de quelques censals (1), et de quelques drogmans. Supposons tout-à-coup la facilité de communiquer établie; supposons l'usage familier et commun des langues, et tout le commerce change de face : les marchands se mêlent; des colporteurs pénètrent jusque dans les villages; les marchandises se distribuent; la circulation s'anime; l'industrie s'éveille; les esprits s'électrisent; les idées se répandent, et bientôt, par ce contact général, s'établit entre l'Asie et l'Europe une affinité morale, une communication d'usages, de besoins, d'opinions, de mœurs, et enfin de lois qui, de l'Europe jadis divisée, ont fait une espèce de grande république d'un caractère uniforme ou du moins ressemblant.

Tel est le but vers lequel je me propose en cet

---

(1) Noms des courtiers en levant.

ouvrage de faire un premier pas, un pas fondamental. Par une opération d'un genre neuf, et cependant simple, j'entreprends de faciliter les langues orientales ; de les débarrasser des entraves gratuites qu'une habitude routinière leur a imposées ; enfin, de les rendre accessibles, presque populaires, en les ramenant à la condition des langues d'Europe dont elles ne diffèrent point essentiellement. Le développement des idées qui ont amené mon opération va mettre le lecteur en état de prononcer sur sa valeur et sur sa fécondité.

Ce premier fait posé, que la différence du langage est l'unique ou du moins la principale barrière élevée entre les peuples d'Asie et d'Europe, trois questions se sont présentées :

1° Les langues orientales, et spécialement les langues arabe, persane et turke, sont-elles réellement plus difficiles que les langues d'Europe ?

2° En quoi consiste leur difficulté principale ?

3° Quel est le moyen d'en simplifier l'étude et la pratique ?

A l'égard de la première question, il faut distinguer en deux classes les difficultés d'une langue quelconque : difficulté de prononciation, et difficulté de mécanisme ou de construction. Considéré sous le premier rapport, il est vrai que l'arabe offre à nos oreilles des prononciations dont la nouveauté les étonne : non qu'elles soient réellement plus difficiles que les nôtres ; mais tel est pour chaque peuple, comme pour chaque individu, l'empire de l'habitude et de l'amour-propre, qu'il regarde comme barbare tout son qui lui est étranger. Ainsi nous nous récrions sur le *jota* des Espagnols, sur le *th* des Anglais, sur le *c* des Italiens ; et à leur tour ils se récrient sur notre *u*, sur notre *j*, et sur nos nasales *ou*, *an*, *in*, qui leur semblent aussi dures que désagréables : nous trouvons doux notre *p*, notre *v*, notre *gné* ; et les Arabes les trouvent pénibles à prononcer. La vérité est que cette difficulté gît dans l'habitude, et qu'une habitude contraire la sait effacer.

Quant au persan et au turk, cette difficulté est presque nulle, leur prononciation étant presque aussi coulante et plus harmonieuse que celle d'aucune langue d'Europe.

Vient la difficulté de mécanisme ou de construction : or il est certain qu'aucune langue d'Europe n'a la régularité, ni la simplicité de l'arabe, encore moins du persan ; dans aucune, les phrases ne sont plus claires, plus méthodiques : c'est notre construction française. Le turk seul déroge à cette clarté, et il faut avouer qu'avec ses phrases à pleines pages, avec ses inversions qui portent le nom et le verbe gouvernans au bout de nombreuses périodes, il a l'inconvénient que l'on reproche à l'allemand et au latin. Néanmoins toute compensation faite, ces trois langues asiatiques n'ont essentiellement rien de plus difficile que les nôtres. D'où vient donc l'idée que l'on en a ? En quoi consiste leur difficulté ?

Sur cette seconde question il faut convenir que ce n'est pas sans motif que le préjugé s'est établi ; mais ce qu'il reproche de rebutant et de barbare à l'arabe et à ses analogues, appartient bien moins au fond du langage qu'à ses accessoires, qu'à ses signes représentatifs, et pour le dire en un mot, consiste uniquement dans la figure des lettres, et dans le système vicieux de l'alfabet.

En effet, c'est une première difficulté, un premier abus que cette figure bizarre des lettres arabes : si, à l'instar de l'anglais ou du polonais, l'arabe se fût écrit avec des caractères qui nous fussent connus, jamais l'on n'eût érigé sa difficulté en proverbe; mais parce qu'à l'ouverture de ses livres, l'œil est frappé de figures étranges, la surprise et même l'amour-propre se récrient sur la nouveauté, et s'exagèrent les obstacles. Cependant ils ne sont qu'apparens, ou pour mieux dire, que superflus et gratuits ; car l'on ne peut éviter ce dilemme : ou les prononciations arabes sont autres que les nôtres, et alors il faut pour les peindre des signes qui nous manquent; ou elles sont les mêmes, et dès-lors il devient inutile de les peindre par des signes différens des nôtres. Si, comme il est vrai, la majeure partie des prononciations, voyelles, aspirations, consonnes, est la même de langue à langue et de peuple à peuple, quelle est la nécessité de leur donner des signes, c'est-à-dire, des caractères alfabétiques divers ? Pourquoi cette diversité d'alfabets éthiopien, tartare, chinois, thibétan, arabe, malabare? Pourquoi une même prononciation, par exemple *a*, *b*, *t*, aura-t-elle vingt figures différentes? Pourquoi consumer en frais de lecture une attention et un temps si précieux au fond du sujet? Je le répète : à des sons divers donnez des signes divers, puisqu'ils les distinguent; mais à des sons identiques donnez des signes identiques, sans quoi vous les multipliez onéreusement pour l'esprit.

Je compte pour peu le contraste de la marche de l'écriture arabe, qui, tandis que nous traçons nos lignes de gauche à droite, trace les siennes de droite à gauche, et commence un livre où nous le finissons; mais une troisième difficulté, la plus grave, la plus radicale, c'est son système alfabétique lui-même; c'est la manière incomplète, réellement vicieuse, dont l'arabe peint la parole. Dans nos langues d'Europe, tout élément de cette parole, voyelle, consonne, aspiration, suspension de sens, interrogation, admiration, tout est peint avec détail, précision, scrupule, et les images nettes passent à l'esprit sans fatigue et sans confusion. Nous regardons même une langue comme d'autant plus parfaite que son écriture peint plus exactement toute sa prononciation; que cette langue s'écrit comme elle se prononce : et tel est le mérite que tout étranger aime à reconnaître dans l'italien, l'espagnol, l'allemand, le polonais; tandis que dans l'anglais et le français, le vice contraire, c'est-à-dire, écrire comme l'on ne prononce pas, fait le tourment même des naturels de ces deux idiomes.

Dans l'arabe au contraire et dans ses analogues, éthiopien, persan, turk, non-seulement l'on n'écrit pas comme l'on parle, mais l'on n'écrit réellement que la moitié des mots : dans la plupart il n'y a de tracé que les consonnes, qui en sont la base principale, et les quatre voyelles longues, peintes dans l'alfabet : les trois voyelles brèves qui jouent le plus grand rôle dans la prononciation, et qui en sont la partie intégrante, sont supprimées et sous-entendues ; il faut les suppléer d'imagination et en impromptu : quelquefois l'une des consonnes veut en être privée, l'autre non; quelquefois il faut redoubler l'une des consonnes, changer la valeur naturelle de l'une des grandes voyelles : et si l'on manque une seule de ces conditions, si l'on introduit une voyelle brève pour une autre, tout est confondu : je cite un exemple. Les trois consonnes $k\ t\ b$, forment un mot arabe : pour être prononcé il a besoin de voyelles ; or, selon celles qu'on lui donne, il change de signification : si l'on prononce $k^a\ t^a\ b$, c'est, *il a écrit;* $k^o\ t^e\ b$, *il a été écrit;* $k^o\ t^o\ b$, *des livres;* $k^a\ tt^a\ b$, *il a fait écrire ;* et même $k^a\ t\ b$, *l'action d'écrire,* tous sens très-divers et néanmoins enveloppés sous une même forme $k\ t\ b$; car, ainsi que je l'ai dit, les voyelles brèves ne s'écrivent pas dans l'usage ordinaire; ce n'est que dans des cas très-particuliers, pour des livres sacrés : et alors la manière dont je les ai ajoutées, représente assez bien l'état de l'arabe ; car lorsqu'on les écrit, par exemple, dans le *Qóran*, on les rapporte ainsi en seconde ligne, et elles y figurent comme une broderie sur le canevas. (*Voyez planche* Ire.)

Ce n'est pas tout ; l'alfabet arabe, quoi qu'en aient dit les grammairiens d'Europe, porte des voyelles, et ces voyelles, longues par leur nature, ont une valeur propre, déterminée : néanmoins il arrive sans cesse que ces valeurs sont changées par l'influence, toujours secrète, des voyelles brèves supprimées ; et que, par exemple, *i* devient *a* ; que *a* devient *é*, ou *ó*, etc. Ainsi l'on écrit *rmi*, *il a jeté*; et l'on dit *r^a ma* : l'on écrit *ali*, *sur*, *dessus* : et l'on lit *ala*, même *alai*; *alaikom*, *sur vous*. L'on écrit *anbia*, les *prophètes*, et l'on prononce *onbia*; *amam*, les *nations*, et l'on lit *omam* ; sans compter que le bon goût est de n'avoir ni virgules, ni point-virgules, ni alinéa, etc. : de manière que la lecture est une divination perpétuelle, au point qu'il n'est aucun érudit arabe, persan ou turk, capable de lire couramment un livre s'il n'en a fait une préparation préalable.

Tel est le nœud radical des difficultés de la langue arabe et de ses analogues ; voilà l'obstacle qu'il s'agit de faire disparaître, et le moyen s'en indique par la chose elle-même. Puisque la difficulté ne réside point dans le fond du langage, mais dans sa forme, dans la manière de le peindre, et dans un système vicieux d'alfabet, il faut abroger ce système, et lui en substituer un plus simple et plus parfait : or, comme le système alfabétique d'Europe réunit une partie de ces conditions, comme il nous est déja connu, familier, et que l'on peut l'étendre et le perfectionner, c'est faire tout d'un coup un pas considérable dans la connaissance des langues asiatiques, que de le leur appliquer, et de peindre leurs prononciations par nos caractères ; c'est, pour ainsi dire, une transposition comme l'on en pratique en musique, et comme les Arabes eux-mêmes l'usitent quelquefois en écrivant de l'arabe en lettres syriaques, ou de l'arménien en arabe, ce qu'ils appellent écriture *kerchouni* : dès-lors la lecture de l'arabe, du persan, du turk, maintenant si rebutante, devient tout acquise : l'espèce de voile hiéroglyphique qui la couvrait, disparaît ; et ces langues ramenées à la condition de l'espagnol, de l'allemand, du polonais, ne demandent plus qu'un degré d'attention et de travail dont tout le monde est capable.

Telle est l'opération simple en principes et féconde en conséquences, que j'exécute en cet ouvrage. Depuis plusieurs années j'en recueille par ma propre expérience et pour mon usage des avantages qui m'en ont constaté la justesse, la solidité, et qui me font regarder comme un service rendu au commerce de publier aujourd'hui ma méthode.

Une seule objection se présente : l'on ne manquera pas de dire qu'en écrivant les langues orientales avec nos caractères européens déja existans, secondés de quelques caractères de convention, l'on n'apprendra point à lire ni à écrire ces langues en leurs propres lettres, et qu'alors on restera privé de leurs livres, privé des moyens de correspondance; en un mot, que l'on ne pourra les apprendre.

Je ne dénie point cette objection; mais en l'admettant dans toute sa force, je soutiens qu'ayant à choisir entre divers inconvéniens, ceux que l'on évite sont infiniment plus grands que ceux auxquels on se soumet, qui d'ailleurs, susceptibles d'être atténués, emportent avec eux des avantages immenses et incalculables. Faisons-en la balance respective.

1°. Il découle immédiatement de mon plan, de faire des dictionnaires arabe, persan et turk en lettres européennes; et ce travail ne serait pas long : car il s'agit simplement de transposer la partie orientale, et de traduire la partie latine des dictionnaires déja existans, en les réduisant à ce qui est d'utilité pratique; et cette opération est si simple, que les principes de transposition étant une fois établis, il n'est point de copiste qui ne soit capable de l'exécuter : dès-lors ces dictionnaires, ramenés à la condition des nôtres, présentent tous les moyens et toutes les bases d'étude et d'instruction.

2°. Il est de fait que presque tous les livres arabes, persans et turks, vraiment utiles ou curieux, sont traduits en nos langues d'Europe; qu'il en reste peu qui méritent la peine d'apprendre leurs langues;

que malgré l'enthousiasme de quelques amateurs de la littérature orientale, elle est infiniment au-dessous de l'opinion que l'on s'en fait; et que tout bien pesé, il nous reste peu, pour ne pas dire rien, d'un grand intérêt à recevoir d'elle;

3° Que si l'on en excepte quelques livres de dévotion chrétienne, imprimés par les Maronites, et quelques livres de géographie et d'histoire, imprimés en turk à Constantinople, tous les autres livres existant en Turkie, Arabie et Perse, sont des livres écrits à la main, par cela même, rares, coûteux, hors des moyens et de la portée des voyageurs et marchands, et, par-là encore, ne pouvant être regardés comme un vrai secours pour l'étude de ces langues.

D'où il résulte que renonçant même entièrement à ces prétendus trésors littéraires nous ne ferions aucune perte grave; et cependant je ne veux renoncer à rien : car dans mon plan, tout livre sera transposé à volonté, sans l'altération d'une syllabe; et, lu selon ma méthode, il sera aussi parfaitement entendu d'un naturel que dans le caractère arabe, encore que le lecteur le lût sans y rien comprendre.

Le seul inconvénient qui subsiste est pour la correspondance par écrit; car dans ma méthode, elle ne se trouve pas établie entre ceux qui ne connaîtraient que le système européen, ou que le système arabe. Mais j'observe à cet égard qu'en Asie la correspondance pour le commerce est très-faible, peu de naturels sachant ou voulant écrire; et que pour la diplomatique, et en général pour tout genre d'affaires, on traite bien plus par entretien que par écrit. Or si, comme il est vrai, l'entretien a une utilité bien plus habituelle, bien plus puissante, bien plus vaste, mon système qui s'y applique immédiatement compense d'abord le défaut qu'on lui reproche; défaut d'ailleurs volontaire et momentané, rien n'empêchant les naturels eux-mêmes d'adopter ou de connaître notre alfabet, dont ils trouveraient l'écriture bien plus courante et bien plus commode, ainsi que je l'ai constaté avec des religieux Maronites à qui j'en ai communiqué les premiers essais.

Au reste, à cet inconvénient unique, j'oppose une foule d'avantages importans.

1°. La facilité soudainement acquise d'une lecture ci-devant énigmatique, difficile et lente; facilité telle que je suis certain, par mon expérience, d'avancer plus en six mois un élève interprète, qu'il ne le serait en deux ans par la méthode actuelle; car non-seulement il n'aura plus à vaincre les obstacles nombreux de la lecture arabe, mais encore il se trouvera affranchi d'une foule de règles de grammaire que ma méthode rend nulles : règles de *mutation* d'une voyelle en une autre; règles d'*élision*, dites de *hamza* et de *djazm*; règles de *doublement* ou *cheddi*; règles de *jonction*, *madda* et *ouesla*; enfin règles des terminaisons grammaticales qui forment la science du *Nahou*; de manière que, après avoir analysé les grammaires, soit de l'école d'Adjroum, soit celle d'Erpenius, j'ai vu que plus de la moitié en devenait complètement inutile.

2° L'avantage d'écrire avec un caractère bien plus expéditif, puisque le meilleur scribe arabe, avec son roseau au lieu de plume, avec son encre grasse comme pour imprimer, et avec les délinéamens entortillés de la plupart des lettres, écrit plus lentement que le scribe européen; et que sitôt qu'il se hâte, il ne forme plus qu'un griffonnage illisible, comme celui des scribes coptes ou des marchands syriens.

3° Mais le plus grand et le plus important avantage, c'est la facilité et l'économie pour l'impression. Dans le système arabe, les frais d'impression sont tellement énormes, que, pour réimprimer le Golius et le Meninski, il n'en coûterait pas moins de 1,500,000 livres; et il faudra les réimprimer, car ces ouvrages fondamentaux manquent entièrement. Dans mon plan, au contraire, les frais se réduisent au prix le plus modique : d'abord j'économise tous ceux de fonte, de gravure, d'emploi des caractères infiniment compliqués; je n'ai besoin que de caractères européens déja gravés et fondus, et d'un très-petit nombre de caractères additionnels. J'économise les protes et les correcteurs orientalistes devenus très-rares, très-dispendieux; je n'ai besoin que de protes ordinaires; en sorte que ce qui, dans le système arabe, coûterait 1,500,000 livres, n'en coûtera pas la dixième partie : or, que l'on étende cette économie à tout ce qui s'imprimerait par la suite, que l'on calcule la facilité de mettre en circulation des livres dont aujourd'hui chaque copie manuscrite coûte 5 et 600 livres le seul in-4°, qui, imprimé et transporté, ne coûterait pas 20 livres, et que l'on juge de quel côté est l'avantage.

4° Enfin la facilité de former, à moins de frais, des interprètes qui chaque jour deviennent plus rares et plus dispendieux. Dans l'état actuel, on élève des jeunes gens, dès l'âge le plus tendre, sans connaître leurs dispositions; pendant vingt ans, l'on fait pour eux les frais d'une éducation recherchée : au bout de ce terme, sur vingt sujets, à peine deux ont-ils réussi parfaitement; en sorte qu'un bon interprète coûte réellement à la nation plus de 100,000 livres. Au contraire, par ma méthode, l'on n'a plus besoin de préparer des sujets expressément et de longue main : il se formera naturellement des interprètes, par le besoin des affaires, et par des goûts personnels. Nos négociateurs et nos négocians apprendront ces langues comme ils apprennent l'espagnol, l'italien, l'anglais; et leur intérêt personnel, combiné avec leur aptitude, deviendra la mesure de leurs succès et de leurs fortunes. Il est possible, il est même naturel que cette nouveauté éprouve des obstacles, ne fût-ce que ceux de l'habitude ; c'est au plan lui-même à se défendre par ses propres moyens. S'il est défectueux, il tombera, et je n'aurai d'autre regret que de n'avoir pu atteindre le but d'utilité que je me propose; s'il est solide, il résistera, et la critique même, en l'épurant, le fortifiera. Alors, après ce premier essai de dépense, mesuré avec sagesse, le gouvernement pourra faire exécuter les dictionnaires qui en dépendent, et dix ans ne s'écouleront pas sans qu'il s'opère dans l'étude des langues orientales une révolution complète.

Appliquée au commerce, cette révolution est d'un véritable intérêt; car du sort de ces langues parmi nous dépend en partie celui de notre commerce en Levant; et ce commerce prend une importance qui croît de jour en jour. C'est lui qui par les blés de la côte barbaresque alimente et doit alimenter le midi trop sec de la France; c'est par lui que l'Égypte nous envoie des riz, des safranons, des cafés, et elle pourrait y joindre toutes les productions des Tropiques; c'est enfin lui dont la masse, dans toute la Turkie, nous procure un mouvement de soixante-trois millions d'échanges, plus réellement riche que la possession de terres vastes et lointaines.... Et si l'on soulève un instant le voile de l'avenir, si l'on calcule que la secousse actuelle de l'Europe entraînera la subversion générale du système colonial, et l'affranchissement de toute l'Amérique; que de nouveaux états formés rivaliseront bientôt les anciens sur l'Océan atlantique; que, concentrée dans ses propres limites, l'Europe sera contrainte d'y restreindre son théâtre d'industrie et d'activité; l'on concevra qu'il nous importe de nous assurer de bonne heure du bassin de la Méditerranée, qui, portant nos communications dans le Nord par la mer Noire, dans le Midi par la mer Rouge, et liant à-la-fois l'Asie, l'Europe et l'Afrique, peut devenir à notre porte et dans nos foyers, le théâtre du commerce de tout l'univers.

Que si je considérais cette révolution sous des rapports moraux et philosophiques, il me serait facile de lui développer des effets immenses; car à dater du jour où s'établiront de l'Europe à l'Asie de faciles communications d'arts et de connaissances, à dater du jour où nos bons livres traduits pourront circuler chez les orientaux, il se formera dans l'Orient un ordre de choses tout nouveau, un changement marqué dans les mœurs, les lois, les gouvernemens. Et quand on observe l'heureuse organisation de ces peuples, comparée à leur arrièrement en civilisation et en connaissance, l'on est tenté de croire que la cause première de cet arrièrement n'a résidé que dans le vice de leur système d'écriture, qui, comme chez les Chinois, rendant l'instruction difficile, a, par une série de conséquences, rendu plus rare l'instruction, empêché la création des livres, leur publication, leur impression, et consolidé le despotisme des gouvernemens par l'ignorance des gouvernés.

Je termine par quelques observations sur la langue arabe. Elle passe avec raison pour l'une des plus répandues sur la terre : en effet on la parle depuis

Maroc jusqu'en Perse, et depuis la Syrie jusque vers Madagascar. L'idiome abyssin n'en est qu'un dialecte, et ceux d'une foule de peuplades d'Afrique en sont composés. On l'entend dans la plupart des ports de l'Inde; elle y fait la base d'un langage vulgaire; et si l'on remonte dans les siècles passés, on trouve que l'hébreu, le syriaque, le chaldéen, le copte et d'autres langues d'Asie ont avec elle une analogie marquée, ensorte qu'on la peut regarder comme la clef de l'Orient ancien et moderne.

Cependant il ne faut pas croire que l'arabe soit identique comme le français : au contraire, il subit des différences assez sensibles d'un canton à l'autre. Un Arabe d'Alger a de la peine à se faire entendre au Kaire; un Arabe de Syrie comprend difficilement un Arabe d'Yemen : la raison en est simple : les peuples arabes vivant généralement isolés et indépendans, chacun d'eux s'est fait des mots particuliers et locaux sur nombre d'objets, d'où il est résulté une distinction d'arabe vulgaire et d'arabe littéral, par laquelle chaque canton appelle *vulgaire* ce qu'il usite, et *littéral* ce qui lui est étranger, parce que cet arabe étranger se trouve consigné dans des livres qui néanmoins ont cours dans toute l'Arabie; et ils ont cours, parce qu'il y a un fond de mots universels et communs, et une syntaxe la même pour tous. Que s'il se formait parmi les Arabes un peuple dominateur et poli, il ferait dans la totalité de ces mots un choix suffisant à peindre toutes ses idées, et il laisserait à l'écart cette inutile multitude de redondances et de synonymes, faussement appelée richesse de langage, et qui n'en est véritablement que le chaos.

GRAMMAIRE

DE LA

LANGUE ARABE.

~~~~~~~~~~~~~~~~~~~~~~~~

CHAPITRE PREMIER.

De la Langue Arabe, de ses Prononciations, et de ses Lettres alfabétiques.

LA langue arabe, ainsi que nos langues d'Europe, est composée de trois élémens de prononciation, qui sont :

1° Les voyelles,
2° Les consonnes,
3° Les aspirations.

L'on appelle voyelle (1) tout *son* simple, indivisible, proféré par le gosier, sans le mélange d'aucun autre *son* qui en change la modification à l'oreille.

Ainsi *â* dans *âtre* est un son voyelle qui continue d'être le même, encore qu'on puisse le proférer sur tous les tons de la gamme musicale ; mais qui change

---

(1) Le mot *voyelle* vient du latin *vocalis, son vocal.*

et devient une autre voyelle sitôt que le gosier et la bouche prennent une autre ouverture, une autre disposition (1).

D'où il résulte 1° qu'il y a autant de voyelles que le gosier et la bouche prennent d'ouvertures différentes; par conséquent, que c'est une erreur d'avoir établi et de répéter, comme on le fait tous les jours, qu'il n'y a que sept voyelles : notre seule langue française en possède dix-sept très-distinctes.

2° L'on appelle *consonnes* les *contacts* de certaines parties de la bouche, telles que les lèvres, la langue, les dents; contacts qui par eux-mêmes sont *sourds, non sonores*, et ne se manifestent que par l'intermède nécessaire des sons voyelles qui les suivent, les précèdent ou les accompagnent. Ainsi *b*, *p* seuls et par eux-mêmes ne se peuvent prononcer, puisqu'ils sont un contact des deux lèvres, une véritable clôture de la bouche; et dans cet état on doit les appeler *consonnes fermées* : pour les prononcer,

---

(1) Voici le mécanisme du *son* dans la gorge, soit de l'homme, soit des animaux. Le poumon contracté chasse l'air par le canal du larynx : cet air parvenu au tambour appelé *pomme d'Adam*, y rencontre deux membranes tendues sur ce tambour, comme on le voit dans les gosiers d'oie dont s'amusent les enfans. En passant entre elles, il les fait frémir, et ce frissonnement occasionne un son plus ou moins grave, plus ou moins aigu, selon qu'elles sont plus ou moins tendues, comme cordes, et plus ou moins ouvertes, comme instrumens à vent; en sorte que le tambour vocal est un instrument partie à vent et partie à cordes.

il faut nécessairement qu'elles soient précédées ou suivies d'une voyelle, comme *pé*, *bé*, *ef*, *er*, et dans ce second état je les appelle *consonnes ouvertes*.

3° On nomme *aspiration* une expulsion sèche de l'air par la gorge, sans accompagnement de *son*; c'est un souffle plus ou moins fort, mais sourd par lui-même, tel que la prononciation peinte par *h*, surtout chez les Allemands : c'est une espèce de consonne.

Il résulte de ces définitions, que la consonne, pour être proférée, ayant besoin de l'accompagnement d'un son voyelle, elle doit être considérée comme une vraie syllabe, c'est-à-dire comme un composé de deux élémens, ainsi que l'exprime son nom, *consonans, sonnant avec un autre*; tandis que le son vocal pur, ou voyelle, est un élément unique et indécomposable de la parole : et cette observation aura le mérite de nous donner la solution de plusieurs difficultés de l'alfabet arabe.

Non-seulement les Arabes parlent comme nous avec des voyelles, des consonnes et des aspirations, ils ont encore avec nous cela de commun, d'avoir représenté chacun de ces élémens de la parole par des signes attachés à chacun d'eux, et appelés vulgairement *lettres alfabétiques*.

Mais là commencent plusieurs différences. Nos lettres européennes venues des Romains se ressemblent toutes à peu près de nation à nation ; celles des Arabes au contraire sont originales dans leur genre :

nous écrivons de gauche à droite; les Arabes écrivent de droite à gauche : nous ne comptons que vingt-cinq lettres; les Arabes en comptent vingt-huit : nous écrivons tous les sons que nous prononçons; les Arabes n'en écrivent presque réellement que la moitié. Voilà les différences qu'il s'agit de faire disparaître, et pour cet effet il faut les bien connaître et les bien analyser.

Si l'on en croyait quelques grammairiens européens, les vingt-huit lettres de l'alfabet arabe seraient toutes des *consonnes*; mais si, comme il est vrai, les consonnes ne se peuvent prononcer sans voyelles, il faut, ou que plusieurs de ces lettres représentent des voyelles, ou qu'il y ait des voyelles supplémentaires à l'alfabet; et ces deux cas se trouvent également vrais.

Nous allons donner le tableau des vingt-huit lettres arabes, telles que les rangent ordinairement les grammairiens : il est indispensable au lecteur de l'examiner avec attention, afin de bien saisir les raisonnemens dont il va être le sujet. (*Voyez le Tableau ci à côté.*)

D'abord l'on remarquera que, sur ces vingt-huit lettres, dix-sept représentent des prononciations absolument les mêmes que dans notre langue française; en conséquence, je les exprime par nos propres lettres, sauf quelques observations qui suivront ci-après.

Il reste onze lettres qui peignent des pronon-

ALFABET ARABE

SELON L'ORDRE VULGAIRE.

LETTRES ARABES.	VALEUR EN FRANÇAIS.	LETTRES ARABES.	VALEUR EN FRANÇAIS.
1 ا	a	15 ض	
2 ب	b	16 ط	
3 ت	t	17 ظ	
4 ث		18 ع	
5 ج	dj	19 غ	
6 ح		20 ف	f
7 خ		21 ق	
8 د	d	22 ك	k
9 ذ		23 ل	l
10 ر	r	24 م	m
11 ز	z	25 ن	n
12 س	s	26 و	ou
13 ش	ché	27 ه	h
14 ص		28 ي	i

ciations qui nous sont étrangères, et qu'il s'agit de bien définir afin d'y attacher des signes propres et particuliers.

I.º La quatrième lettre ث est la même que le θ (*théta*) des Grecs, et le *th* dur des Anglais dans les mots *think* (*penser*), *with* (*avec*); et non le *th* doux comme dans *those* (*ceux-là*), *thère* (*là*) : pour prononcer cette lettre il faut appliquer le bout de la langue contre les dents supérieures ; il en résulte un sifflement tenant de l'*s*, mais que l'on ne peut bien exécuter qu'avec les leçons d'un maître. Dans quelques provinces d'Espagne le *z* se prononce de la même manière : les Français, les Allemands, les Italiens ne connaissent point cette consonne.

Chez les Arabes elle n'est pas universellement usitée. En Barbarie, à Bagdad, à Basra, dans le désert et l'Arabie propre, on la prononce exactement ; mais les Syriens et les Égyptiens lui substituent tantôt le *t* et tantôt l'*s*; ainsi ils ne disent point θelâθé trois, mais telâté.

II.º La sixième lettre ح est une pure aspiration sèche, un véritable *h* plus dur que le nôtre. Je ne connais en Europe de comparaison à lui donner que la manière dont les Florentins prononcent le *c* devant *a*, *o*, *u* : car ils ne disent pas *casa*, *core*, *cavallo*; mais avec une aspiration forte et sèche, *hasa*, *hore*, *havallo*; ils rendent réellement le ح (*hā*) arabe.

III.º La septième lettre خ dont la figure ne diffère de la précédente qu'en ce qu'elle porte un point, est le *jota* des Espagnols, *ch* des Allemands (*buch*, *un livre*) ; c'est encore le χ des Grecs. Pour la prononcer il faut supposer que l'on veut cracher : dans cette position, la *luette* touche légèrement le voile du palais, et il en résulte une consonne que l'on n'imite bien qu'en l'entendant.

IV° La neuvième ذ lettre est le *th* doux des Anglais dans les mots *those*, *thère*, *that*. Nul autre peuple ne l'usite en Europe : parmi les Arabes même, plusieurs pays ne l'usitent pas ; l'Égypte et la Syrie la remplacent par *d* et par *z*.

V° La quatorzième lettre ص est un véritable *s*, avec cette différence qu'il veut, pour être prononcé, un gonflement de gorge qui lui donne un ton dur et emphatique.

VI° La quinzième ض est un *d* prononcé avec la même emphase de dureté.

VII° La seizième ط est un *t* également dur et emphatique.

VIII° La dix-septième ظ est un *z* pareillement dur et emphatique.

IX° La dix-huitième ع est un véritable *à* prononcé de la gorge, à la florentine : il faut l'avoir entendu pour le bien concevoir.

X° La dix-neuvième غ est tout simplement l'*r* grasseyé à la manière des Provençaux ou des Parisiens.

XI° Enfin, la vingt-unième ق a dans sa formation quelqu'analogie avec le *jota* espagnol ou arabe ; car elle se prononce aussi avec la luette et le voile du palais ; seulement elle exige un contact complet : il faut l'entendre pour la concevoir ; nul peuple d'Europe ne la connaît. Chez les Arabes bédouins, et dans la haute Égypte on la prononce *ga*, *go* ; *gou* ; à Damas, on la supprime brusquement, ce qui produit un hiatus ou bégaiement fort désagréable à l'oreille : nos Européens la prononcent défectueusement, *ca*, *co*, etc. ; mais alors même il y a de cette lettre à la suivante ك cette différence, que cette dernière est toujours prononcée comme un *k* mouillé, c'est-à-dire comme un *k* suivi d'*i*, ce qui s'opère en couchant la langue contre le palais : on dit *kia*, *ké*, *ki*, *kio*, etc. (1) ; tandis que dans l'autre, ق, la langue ne touche que par sa racine le voile du palais, et que l'on prononce d'une manière sèche et rude *qa*, *qo*, *qou*, presque comme dans *quoique* (2).

A l'égard des dix-sept prononciations semblables aux nôtres, nous observerons que la cinquième lettre *djé*, se prononce diversement, selon les pays : en Égypte, on dit *ga*, *gué*, *gui*, etc. ; en Barbarie, en Syrie et dans l'Arabie propre, l'on dit *dja*, *djé*, *dji*, etc.

---

(1) Cette différence est très-marquée dans les mots *qalb*, cœur, et *kalb*, chien : pour peu que l'on s'écarte de la juste prononciation, on commet une équivoque risible, comme ce prédicateur, qui disait : *élevez votre chien à Dieu*, pour dire élevez votre cœur.

(2) Nous ne parlons point du lamalef لا, dont quelques-uns font une vingt-neuvième lettre, mais qui n'est que la réunion de l'*a* et de l'*l*.

De même le ك‍ *kef*, se prononce chez les Bédouins comme le *cz* des Russes et des Polonais, c'est-à-dire presque comme notre *tché*, quoique plus doux : ainsi les Bédouins ne disent pas, comme les Égyptiens et les Syriens, *kelb*, un chien, mais *tchelb* ou *tsielb*.

Il nous reste à remarquer que sur ces vingt-huit lettres, quatre sont de véritables voyelles, savoir : *a*, *i*, *ou* et *a* guttural, ou *aïn*; mais de plus, les Arabes emploient dans leur écriture d'autres signes qui, pour n'être pas compris dans l'alfabet, n'en sont pas moins des caractères alfabétiques, de véritables lettres voyelles, ainsi que nous allons le démontrer.

Et tels sont d'abord les trois signes appelés *motions* ou *points-voyelles* figurés ´ , ˏ , ˒ ; ces signes, il est vrai, n'existent jamais seuls, et ils ne se montrent que comme des parasites, toujours attachés à d'autres lettres consonnes ou voyelles dont ils déterminent et modifient la prononciation, comme dans cet exemple بَ *ba*, بِ *bi*, *bo* بُ ; mais si d'un côté ils n'existent que par d'autres lettres, il est certain d'une part que ces lettres, surtout les consonnes, ne peuvent se proférer sans eux, au point que l'absence des points-voyelles cause des équivoques qui ne se résolvent qu'en les retraçant. Rendons ceci plus sensible par la répétition de l'exemple déja cité dans le discours préliminaire; nous y avons vu que les trois lettres *k*, *t*, *b*, forment un mot arabe écrit ainsi كتب : composé, comme il l'est, de trois consonnes, l'on ne peut le prononcer, il veut des voyelles ; or, selon les signes-voyelles qu'on lui ajoutera, il prendra des sens différens ainsi qu'on le voit dans les mots suivans :

كَتَبَ $k^a t^a b$,   il a écrit ;

كُتِبَ $k^o t^e b$,   il a été écrit ;

كُتُبٌ $k^o t^o b$,   des livres ;

كَتَّبَ $k^a t t^a b$,   il a fait écrire :

tous sens divers, déterminés seulement par les voyelles supplétives et sur-ajoutées, d'où il résulte plusieurs considérations remarquables.

Le première est que l'écriture arabe, telle qu'elle se pratique, c'est-à-dire, sans les points-voyelles, ne présente réellement que la moitié des mots ; que leur squelette, auquel il faut ajouter les ligamens et les muscles ; et cette addition de ce qui manque, en fait une divination perpétuelle qui constitue sa difficulté.

La seconde est que lorsque cette écriture est armée de tous ses signes et points accessoires, on peut dire qu'elle est écrite sur deux et même sur trois lignes, l'une composée des caractères majeurs et alfabétiques, et les deux autres composées des signes mineurs ou additionnels.

Or, comme cette distinction d'élémens qui sont réellement de même nature, est non-seulement inutile, mais encore défectueuse, ainsi qu'on le voit; il est bien plus simple de les faire tous rentrer dans une même ligne, et de rendre l'écriture une et complète (1).

La troisième est que les trois *points-voyelles* ont précisément le même son que les trois grandes voyelles de l'alfabet A, ï, *ou*, avec cette différence qu'ils ont brève la valeur que les grandes voyelles ont longue; ce qui est constaté 1° par l'oreille; car pour quiconque a écouté parler les Arabes et analysé leur système de prononciation, il est démontré que le premier point-voyelle appelé *fatha* a le son d'*a* bref; le second appelé *kesré* a le son d'*i* bref, et le plus souvent d'*é*; et que le troisième appelé *domma* a le son d'*o* et d'*ou* brefs; 2° par la figure même de ces trois points-voyelles; car il est évident à l'œil attentif que le *domma* n'est que le diminutif de و, le *fatha* celui d'alef ا, et même le *kesré*, celui de l'*ïé* souvent rendu par ces traits non ponctués د ى.

_____

(1) Il résulte encore de là que cette écriture est purement syllabique, et si l'on en recherche la raison, on la trouvera sans doute dans la définition que nous avons donnée de la consonne. Il paraît que les premiers grammairiens ayant remarqué comme nous, que la consonne emportait nécessairement avec elle sa voyelle, ils n'en firent qu'un tout, et qu'ils se contentèrent de peindre un seul signe représentatif des deux élémens.

Il résulte de là que la langue arabe nous présente déja au moins sept voyelles très-caractérisées, savoir, quatre lettres alfabétiques ou majeures :

ا â
ي i } longs,
و ou

ع a guttural ;

et trois supplémentaires ou mineures :

′ a bref,
, i bref,
′ o bref.

Et il est remarquable que cette distinction de longues et de brèves est très-sentie dans la prosodie et dans la cadence des vers arabes ; ce qui établit un rapport sensible avec les voyelles longues et les voyelles brèves des Latins et des Grecs, qui, comme l'on sait, reçurent leurs alfabets de l'Asie, et qui ont conservé aux lettres un ordre et une dénomination très-rapprochés de l'arabe (1).

Mais ce n'est pas tout : ces mêmes *points-voyelles* appliqués aux voyelles majeures de l'alfabet, les modifient encore de manière qu'il en résulte de nou-

---

(1) L'alfabet grec est évidemment modelé sur le syriaque à vingt-deux lettres, dont les Arabes ont pris, comme l'on sait, jusqu'à la figure, et auquel ils ont ajouté quelques lettres très-faciles à reconnaître, puisqu'ils n'ont fait qu'ajouter des points à celles qui existaient. Il est d'ailleurs remarquable que les Grecs ont aussi précisément sept voyelles, et qu'ils semblen

velles voyelles, distinctes des unes et des autres, et formées à la manière de nos diphthongues : c'est ce que va rendre sensible le tableau suivant.

EXEMPLE.

1	اَ	vaut â.
2	اِ	é.
3	اُ	o.
4	ىَ	ai ou ê.
5	ىِ	î.
6	ىُ	*incompatible.*
7	وَ	aû *au* ô.
8	وِ	*incompatible.*
9	وُ	oû.
10	عَ	a guttural.
11	عِ	è guttural.
12	عُ	o *ou* eû guttural.

avoir fait une opération analogue à celle que j'exécute aujourd'hui, en faisant rentrer tout ce qui était sous-entendu ou tracé dehors.

Ce tableau analysé nous fournit cinq nouvelles voyelles, savoir :

Le n° 2 ا *á* combiné avec *i*, que les Arabes prononcent exactement *é*.

4 ك *a* bref avec *i*, faisant *ai* ou *é*, comme dans le français.

7 و *a* bref devant *ou* faisant *ó* long, précisément comme *au* français.

11 ع *aïn* avec *i* bref faisant *è* guttural ouvert et aigu.

12 ع *aïn* avec *ou* bref faisant *o* ou *eu* guttural.

Enfin, il faudrait aussi compter pour voyelle distincte le n° 3, ا *á* avec *ou* bref faisant *o* moyen; mais comme le *domma* lui-même se prononce *o*, il devient inutile de multiplier les êtres.

Maintenant si nous comptons les voyelles arabes au total, nous en trouverons effectivement douze, comme on peut le voir au tableau ci-après. (*Voyez le tableau*, n°. 2.)

À quoi il faut joindre les trois *nunnations* ou nasalemens, *on*ˢ, *an*ʺ, *en*„; terminaisons fréquentes des mots dans l'arabe littéral; ce qui présente, comme l'on voit, un canon alfabétique bien plus étendu qu'on n'a voulu le croire jusqu'à ce jour.

Or si, comme il est vrai, la perfection d'un alfabet consiste à offrir la liste complète de toutes les prononciations d'une langue, et à peindre chaque voyelle ou consonne d'un signe propre et distinct, simple et indivisible comme elle, il est évident que l'alfabet actuel des Arabes n'est pas moins défectueux que la plupart de nos alfabets d'Europe; qu'il se ressent comme eux de l'inexpérience des siècles où il fut composé (1), et que c'est rendre un vrai service à la science et à la communication des peuples que de le ramener à un état de précision et de simplicité qui débarrasse la langue de ses difficultés accessoires : c'est ce que j'ai exécuté dans le tableau ci-joint, dont je vais donner l'analyse. Tous les signes de l'écriture arabe s'y trouvent rassemblés; tous y reçoivent un équivalent en caractères européens déja existans ou de convention; ils y sont tellement combinés qu'ils forment un système d'écriture homogène et régulier avec lequel l'arabe, le persan, le turk, et toutes les langues peuvent s'écrire comme on les parle. Dans la description des lettres, je n'ai point suivi la routine accoutumée qui mêle indistinctement les voyelles, les consonnes, les aspirations : je procède par un ordre méthodique fondé sur la nature des prononciations ; et, les considérant relati-

---

(1) La bonne composition d'un alfabet est un ouvrage plus abstrait, plus difficile qu'on ne le pense communément; ce n'est, pour ainsi dire qu'en ces derniers temps que l'on en a bien conçu le mécanisme : ceux de toutes les langues d'Europe sont à refaire, particulièrement ceux des langues anglaise et française, dont l'incohérence et la barbarie sont dignes des siècles qui les ont vu naître.

ALFABET ARABE,

TRANSPOSÉ EN CARACTÈRES EUROPÉENS,

A L'USAGE DES VOYAGEURS ET NÉGOCIANS EN ASIE ET EN AFRIQUE.

NOMBRE.	LETTRES ARABES.	LETTRES EUROPÉENNES.	VALEUR DES LETTRES.	EXEMPLES.	OBSERVATIONS.
I.	ٱ̄ آ اَ	â, a', ä	â ouvert *ou* long	*comme dans* bleuâtre.	Les six figures n° 1ᵉʳ se prononcent toutes á long, et doivent se peindre par cette lettre; mais, pour conserver leur distinction, il convient de leur attacher des signes propres; comme à pour ى;
II.	ďarab *il a frappé*, ضَرَب (َ)	a	a bref	parasol.	
III.	eďreb *frappé*, اِضْرِب (ِ)	é	e moyen	espérance.	EXEMPLE. ramã رَمَى *il a jeté*.
IV.	omm° *mère*, أُم (ُ)	o	o moyen *ou* bref	obole.	Cette figure n° VII, la même que dans le n° III, ne doit se rendre par *i* que dans les terminaisons grammaticales.
V.	bait *maison*, بَيْت	ai	ai *ou* ê	maître.	
VI.	.... ى	î *ou* ï	î long	île (en mer).	EXEMPLE. b'esmⁱ allâh¹, *au nom de Dieu*, بِسْمِ اَللّٰه
VII.	.... (ِ)	i	i bref	fini.	
VIII.	sωq *marché*, سُوق	ω	où français	voûte.	A la fin des mots ã prend souvent deux points, et se prononce *aï* et *eï*. Il devra s'accentuer *ät*, afin de le distinguer de اَت qui s'écrira toujours avec le romain *ât*.
IX.	sôt *la voix*, صَوْت	ô	ô profond	môle.	
X.	adl *justice*, عَدْل	ȧ	â du fond de la gorge		
XI.	ëml *science*, عِلْم	ë	è de même		
XII.	orď *honneur*, عِرْض	ö	ò *et* eù de même		
I..	hω *lui*, هُو	h	h français	honte.	
II.	'horriàt *liberté*, حُرِّيَّة	ḥ	h très-dur	DÉNOMINATION.	
I.	Labiales .... {	م	m	ma.	Les Arabes n'ont point le *v*, qu'il faut appeler *va*, et qui est la mineure de *fi*, comme *m* du *bé*, et *bé* du *pé*.
II.	{	ب	b	bé.	
III.	Labiodentale ... {	ف	f	fi.	
IV.	Dentales douces ... {	د	d	da.	
V.	{	ض	ď	ď dur	ďo.
VI.	Dentales dures ... {	ت	t	ta.	
VII.	{	ط	ṭ	ṭ dur	ṭo.
VIII.	Zedantes douces ... {	ذ	z	th anglais doux (*those*)	zal.
IX.	{	ث	θ	th anglais dur (*think*)	θêta grec.
X.	Zedantes dures ... {	ز	z	z	zed.
XI.	{	ظ	ẓ	ẓ dur	ẓo.
XII.	Sifflantes .... {	س	s	s	sa.
XIII.	{	ص	ṣ	s dur	ṣo.
XIV.	Chuchotantes ... {	ج	ďj		ďja.
XV.	{	ش	ψ	ch français, *sh* anglais	ch.
XVI.	Linguales .... {	ر	r	r	ra.
XVII.	{	ل	l	l	lé.
XVIII.	{	ن	n		no.
XIX.	Glottales .... {	غ	γ *gamma* grec	r grasseyé	γamma.
XX.	{	خ	χ *jota* espagnol		χota.
XXI.	{	ق	q *ou* ga		qâf.
XXII.	Palatiale .... {	ك	k	k	ké.
	(ً on), (ً an), (ٍ en).				

vement aux organes dont elles émanent, je les classe par familles d'espèces semblables, ainsi que le tableau va l'expliquer clairement.

Voyez le tableau général ci-contre (n°. 2), et suivez attentivement le renvoi de chaque numéro à chaque lettre : l'intelligence de tout cet ouvrage dépend entièrement de celle de ce tableau.

ANALYSE DU TABLEAU.

a long.

Le n° 1ᵉʳ offre sous plusieurs formes un même â ouvert ou long (1), tel que nous le prononçons dans *âtre* (du foyer), *noirâtre*.

Je n'ai donné à l'a qui leur correspond ces trois modifications, a, a', ä, que pour indiquer les formes diverses de l'alef arabe. La plus remarquable, ä, sera toujours affectée à l'ى.

EXEMPLE.

رَمَى *ramä, il a jeté.* مَلَى *malä, il a rempli.*

En général, cet a représentant l'alef dans toutes ses modifications, doit être et sera toujours peint dans mon système par l'a romain, tandis que le fatha

---

(1) En Syrie, surtout à Alep, on prononce volontiers cet a en è; et dans quelques endroits, tels que le canton de Sidnaïa, on le prononce ô; mais ce sont des prononciations vicieuses.

' ou *a bref*, n° II, sera toujours peint par l'*a* italique; ce qui conservera même dans l'alfabet transposé la distinction de l'a *radical* avec l'a *motion*.

Il est à remarquer qu'à la fin des mots féminins le ة se prononce aussi *a*, et qu'avec deux points ة il se prononce *at*, ce qui arrive surtout quand le mot suivant commence par une voyelle.

EXEMPLE.

marr*àt* wâhed*àt*, *une fois seule* : cet *a* sera peint par *àt* italique accentué en *à* pour le distinguer des terminaisons d'une autre espèce.

e.

Le n° III est notre *e* moyen, comme dans espérer : il est formé de deux manières en arabe, tantôt par ا, tantôt par kesré seul ◌ : le son est exactement le même en arabe qu'en français ; mais pour en distinguer la source, je peindrai toujours ا par e romain, et le kesré par *e* italique. D'ailleurs il faut remarquer une fois pour toutes que jamais le kesré ◌ n'a lieu que dans le corps des mots, et que quand ils commencent par *E*, c'est toujours ا.

EXEMPLE.

ektob, *écris*, اُكْتُبْ.

ermi, *jette*, اُرْمِي.

o.

Le n° IV a également le son d'*o* sous deux formes : la première ‍ا a lieu surtout au commencement des mots.

EXEMPLE.

omm, *mère*, اُمّ.

omam, *nations*, اُمَام.

onʒor, *regardes*, اُنْظُرْ.

La seconde ´ n'a jamais lieu au commencement, mais seulement après d'autres lettres. Par exemple, ʒ*or* dans onʒor قُبْرُس ; qobros, *l'île de Cypre*.

Ces figures sont quelquefois prononcées *eu*, *e*, et *ou* bref, selon les divers peuples. Par exemple, les Alépins disent *eumm*, mère ; les Turks même les prononcent *u* ; mais il suffit de savoir que o représente ا et ´, pour lui donner ensuite la valeur usitée dans le pays.

ai ou é.

Le n° V est absolument notre *ai* français dans *maître*, le même que *é* ouvert dans *être*, *fenêtre*. J'avoue que c'est un défaut de représenter ce son par les deux lettres *ai* ; mais il en résulte un avantage précieux, en ce que très-souvent un nombre singulier en αi ne fait que retourner au pluriel la diphthongue, et se prononce en *ia*.

EXEMPLE.

dαir, *maison*; diâr, *les maisons* : bαir, *puits*; biâr, *les puits*. Dans tous les cas, l'*i* radical se remontre d'une manière ou d'une autre.

EXEMPLE.

bαit, *maison*; biɔt, *plusieurs maisons*; ψαix, *vieillard*; ψîɔx, *les vieillards* : et cet avantage ne se trouverait pas dans la lettre *é*.

i long.

Le n. VI est notre *i* bien appuyé, bien senti : il sera toujours peint *i* où *î*.

i bref.

Le nº VII est une seconde fois le kesré ⹁, avec cette différence que, prononcé *é* dans le corps des mots de l'arabe vulgaire, il se prononce *i* dans l'arabe littéral ou savant, surtout dans les terminaisons grammaticales; en conséquence, je distinguerai toujours cet état par l'*i* italique, qui évitera toute confusion avec l'i romain affecté pour l'i radical.

ɷ.

Le nº VIII est notre son voyelle *ou*. Ce son étant simple, indivisible, c'est un défaut de le peindre par deux lettres ; je leur substitue donc le double w des Anglais, sous une forme commode à écrire ω.

ô *ô ouvert.*

Le n° IX est notre son voyelle ô ouvert, le même que *au* dans *pauvre* : il est à remarquer que l'arabe le forme de la même manière que nous par la réunion d'*a* et d'*ou*. Je l'ai représenté par ô surmonté d'un petit *a*, parce que cette diphthongue se renverse comme la précédente.

EXEMPLE.

ŝaω't, *la voix* ; aŝωa't, *les voix* : zaωdj, *le mari* ; zωadjà't, *les maris.*

à *a guttural.*

Le n° V représente l'à guttural pur et simple.

'e *è guttural.*

Le n° XI est l'è guttural, qui a lieu surtout à la fin des mots.

EXEMPLE.

qâ't'e, *tranchant.*

ơ *ò guttural.*

Enfin le n° XII est un son guttural, prononcé tantôt comme ò, et tantôt comme *eù*.

EXEMPLE.

qơod, *assieds-toi* ; el bòrqơ (eu), *voile du visage.*

Ces différences dépendent de l'usage du pays ; il suffit de savoir que l'aïn affecté d'un domma ́, est représenté par ơ.

A ces voyelles, il faut ajouter les trois finales nasales *on*, *en*, *an*, qui n'introduisent aucun son nouveau, et que par cette raison nous exprimons avec des figures déja employées; il n'en résulte pas de confusion pour *on* et *en*, en ce que nulle autre terminaison ne leur ressemble, mais *an*, ayant deux analogues, veut des signes distinctifs. Nous avons donc approprié la figure *an* italique, à ̋ pur et simple.

EXEMPLE.

d'*arban*, *coup*, ضَرْبٌ.

et celle de a'*n* à |̋ d'*arbâ'n*, ضَرْبًا.

et celle de a*n* simple à اٰ, *eθnan*, إِثْنَانِ

Des Aspirations.

h doux.

Le n° I est notre *h* dans les mots *honte*, *Hollande*; les Arabes en font une consonne qu'ils emploient ouverte ou fermée également.

EXEMPLE.

haωâ, · l'*air*.
behi, *beau*.

bahhah, *gaîté, amusement.*
nahr, *ruisseau.*
onhor, *les ruisseaux.*

Il ne faut pas prononcer *béï, nár, onor*; mais *bé-hi, na-hr, on-hor,* en faisant bien sentir l'*h*, sans quoi il naîtrait mille équivoques; par exemple, nar, veut dire feu; *nehar,* jour; *béï,* en moi.

ℏ dur.

Le n° II est l'ℏ dur, prononcé d'une manière forte : les voyageurs européens l'expriment souvent par deux *hh*; mais comme ils ajoûtent aussi un *h* à plusieurs consonnes telles que *d', ch,* etc., il en résulte une répétition d'*h* dans un même mot, qui en détruit la simplicité. La figure que nous adoptons évite ce défaut; elle est facile à peindre, et facile à distinguer du petit *h* par son ligament supérieur, qui dans l'écriture devra toujours être bouclé ainsi ℏ, tandis que l'*h* mineur sera toujours un trait sec.

L'ℏ dur est une des lettres arabes les plus difficiles à prononcer, surtout lorsqu'il est dans l'état de consonne fermée.

EXEMPLE.

daℏradj, *degré;* aℏmar, *rouge.*
maℏkamàt, *tribunal.*

Quelquefois il n'a pas même de voyelle devant lui, comme dans *malℏ, sel.*

Alors il faut supposer qu'il y a un è, et prononcer brièvement ma*lèh*.

Mais un maître seulement peut bien diriger ces prononciations.

Le reste des consonnes a moins de difficultés; il n'en existe point sur *m*, ni sur *b*. Les Arabes n'ont pas le *p*, qui est la troisième labiale, ils le trouvent trop dur et le remplacent par *b*; mais les Turks et les Persans l'ont et le peignent par ݒ.

Les Arabes manquent aussi du *vé*, quoique la plupart des drogmans européens veuillent prononcer ainsi le ω; mais c'est une prononciation vicieuse qu'ils imitent des Turks dont ils sont les élèves.

Le *fé*, qui est la consonne majeure de *vé*, est chez les Arabes le même que chez nous.

Il en est ainsi de toutes les lettres suivantes, lorsqu'elles n'ont pas de forme ou de signe particulier; il nous suffira d'expliquer celles qui ont de nouveaux signes.

Le n° V exprime le *d'* dur : nous l'avons distingué du *d* doux, en lui attachant au sommet de la tige un ligament qui tient de l'*o*; ce qui convient d'autant mieux, que ce *d'*, dans sa prononciation, semble imprimer le son d'*o* à toutes les voyelles qui l'approchent.

La même observation a lieu pour les trois autres consonnes *t* dur, n°. VII; ⅔ dur, n° XI°; ś dur, n° XIII; aussi leur attachons-nous le même signe, et dans leur dénomination les distinguons-nous par la voyelle *o* qui les suit et qui retrace leur caractère (1).

Le n° VIII représente le ذَال. Les Égyptiens et les Syriens lui substituent tantôt *d*, tantôt *z*, comme nous l'avons dit : il suffira de savoir que partout il sera peint par notre ƶ barré, comme l'on voit dans le tableau, sauf à le prononcer selon l'usage des lieux.

Le n° IX est le θêta grec que nous adoptons sans altération comme une lettre simple et commode, sauf encore à la prononcer *t ou s*, à la manière des Syriens et des Égyptiens; car ils prononcent *etnân* pour *eθnân*, deux.

Le n° XII est notre *s*, qui jamais ne doit prendre dans l'arabe le son de *z* que nous lui donnons dans *rose, close*.

Le n° XIV, ʤ, a l'inconvénient de porter deux lettres à-la-fois, mais les Arabes les font sentir très-distinctement; et l'on ne peut employer ici le *g* italien, parce que devant a, o, ω, il faudrait ajouter un *i*; que si l'on prononçait *ga*, *go*, à la manière des Égyptiens, il faudrait ajouter *u* devant *é* et *i*, pour faire *gué*, *gui*, ce qui romprait la simplicité que l'on doit se proposer. Nous avons remédié à cet inconvénient par la forme liée de la lettre ʤ qu'il faut prononcer *dgé*.

Le n° XV est une lettre nouvelle pour peindre notre consonne *ch*. Chez tous les peuples d'Europe

---

(1) La planche gravée indique la manière de tracer ces signes distinctifs, d'une manière courante dans l'écriture. (*Voyez* pl. I.re.)

cette consonne a le double défaut d'être peinte par des lettres multiples et diverses. Les Anglais la peignent par *sh*; les Allemands par *sch*; les Polonais par *sz*; les Italiens par *sci*; nous par *ch*; et cela par la raison que les Grecs et les Romains n'ayant point cette consonne, les Barbares du Nord qui leur ont succédé n'ont pas eu l'art d'ajouter une lettre à leur alfabet. Il eût été à désirer que l'on pût adopter le ش arabe, mais dans notre écriture à la main il se confondrait avec l'*m*. Nous avons donc préféré d'imaginer un signe nouveau, et celui que nous adoptons a le double mérite de conserver des rapports avec la lettre arabe, et même avec le ja qui est sa consonne mineure, puisque le ψ est composé du jambage j dans son milieu, avec seulement deux ailes latérales : pour le bien former dans l'écriture, voyez la planche n° 1er.

Nous n'avons pas la même peine pour l'*r* grasséyé, n° XXI, parce que le γ des Grecs l'exprime exactement; car les Grecs ne prononcent pas *gamma*, mais *ramma*, en grasséyant l'*r*.

Pour le n° XX, nous adoptons le χ grec qui ne doit pas se prononcer *iks*; mais comme le *jota* espagnol et le *ch* allemand : lorsque la prononciation *ks* se trouvera en arabe, nous la peindrons par *ks*, qui est un signe composé et divisible comme elle.

EXEMPLE.

Makscɔr *brisé*, venant de kasar *briser*, où l'on voit k, s, divisés.

Nous n'ajouterons rien à ce que nous avons dit sur *q*, sinon qu'il ne prendra jamais d'*u* à sa suite, et qu'il s'écrira *qa*, *qé*, *qi*, etc.

Nous n'avons rien à ajouter non plus à ce que nous avons dit de *k*.

Tel est notre système d'écriture dont l'usage démontrera une foule d'avantages précieux de facilité et de simplicité ; il a entre autres le mérite de rendre nuls cinq signes usités dans l'arabe, dont les règles sont on ne peut plus embarrassantes. Le premier est le djam ؚ ou signe du *repos* d'une consonne, c'est-à-dire qui désigne qu'elle est fermée ou sans voyelle après elle.

EXEMPLE.

ضَرْبٌ d'arb, *un coup* ; et non pas ضَرَبٌ d'arab, *il a frappé*.

Ce signe devient nul par la nature même de notre écriture européenne.

Le second est le tawdîd ّ qui désigne que la lettre est redoublée.

EXEMPLE.

d'arrab, *il a fait frapper*, ضَرَّبٌ ;

kattab, *il a fait écrire*, كَتَّبٌ.

Ce signe devient également nul, puisque toute lettre prononcée est écrite.

Le troisième est le hamza ؚ qui avertit qu'il y a un *a* absent, ou changé en une autre lettre.

EXEMPLE.

سُوٓ sɷᵋ *pour* sɷa *mal.*

مَآ mâᵋ *pour* maa *l'eau.*

شَىٓ ψaiᵋ *pour* ψaïa *chose.*

إِن en, *si.*

أَن an, *que.*

Ce signe est encore nul, soit parce que nous écrivons les lettres absentes, soit parce que nous appliquerons à sa place une virgule qui indiquera une élision.

Le quatrième est le madda ◌ٓ ou extenseur de l'*alef* final, qui se place devant le hamza, et ce signe est entièrement inutile.

Enfin le cinquième est le ɷesla ◌ٱ, aussi exclusivement attaché à l'*alef* initial, pour indiquer qu'il disparaît par la lettre qui termine le mot antécédent.

EXEMPLE.

عُمْقُ ٱلسَّمَآءْ, ɷmqᵒ al sαmâⁱ ;

prononcez : ɷmq os' sαma-i, *la profondeur du ciel.*

Nous remarquerons plusieurs règles dans cette phrase ; 1.º l'effet du ɷesla qui indique de prononcer *o'l* au lieu de *al* ; 2.º l'effet du hamza sur sαmâ ;

3° l'effet du taщdid qui indique de redoubler l'*s* et de dire ossama, au lieu de ol sama; mais toutes ces règles si embarrassantes dans l'arabe, disparaissent dans notre méthode. Nous laisserons donc à part tous ces signes minutieux et embarrassans; et supprimant ainsi, à l'avantage des novices, plus d'un quart de la grammaire d'Erpenius, nous allons produire la langue arabe dans toute sa simplicité et sa pureté.

CHAPITRE II.

§ Ier.

Du Nom.

En arabe comme en français, le discours est composé de trois parties principales, 1° le *nom* (de l'agent), 2° celui de l'action ou le *verbe*, et 3° les *particules* qui lient l'agent à l'action, c'est-à-dire le nom au verbe.

Dans le nom, l'on distingue, 1° l'article; 2° le cas; 3° le genre; 4° le nombre.

Rien n'est plus simple que la déclinaison du nom dans l'arabe vulgaire; il est le même à tous les cas qui ne se distinguent que par les particules, ou par le sens de la phrase.

EXEMPLE.

Nom.	al samak	*le poisson.*
Gén.	al samak	*du poisson.*
Dat.	l'al samak	*au poisson.*
Acc.	al samak	*le poisson.*
Voc.	iâ samak	*ô poisson.*
Abl.	men al samak,	*du* ou *par le poisson.*

On voit par cet exemple, 1° que l'article *al* est

indéclinable, et qu'il répond à tous nos articles *le*, *la*, *de*, *du*, même aux pluriels *les*, *des*, tant au féminin qu'au masculin.

2° Que le nom ne change pas de forme, et qu'il reste le même dans tous les cas; il en résulte l'inconvénient de ne pas distinguer facilement le génitif du nominatif ou de l'accusatif : mais il est convenu en arabe que quand deux noms se suivent et que le premier manque de l'article *al*, il gouverne le second au génitif.

EXEMPLE.

râs al samak, *la tête du poisson.*
sari al markab, *le mât du vaisseau.*

Lorsque c'est un nom propre, l'article *al* est lui-même supprimé.

bait zaid, *la maison de Zaid.*
mandîl fâtmat, *ou* fâtmé, *le mouchoir de Fâtmé.*

Voilà pour l'arabe vulgaire, à quoi il faut ajouter que par corruption l'on prononce *el* au lieu d'*al* dans l'Égypte et dans la Syrie, où le changement d'*á* en *é* a lieu dans une infinité de cas.

Remarquons de plus que l'*l* dans *al* se perd devant treize consonnes de l'alfabet, appelées solaires, qui sont (1) :

d, ď, t, ƭ, θ, z, ʒ, ʓ, s, ś, ψ, r, n, et qu'à sa

---

(1) Appelez-les selon le canon alfabétique, da, ďo, ta, ƭo, θèta, ʒal, etc.

place on double ces lettres pour l'agrément de la prononciation ; ainsi l'on prononce *es'samak*, et non *el samak; en'nabi*, le prophète, et non *el nabi;* eʒʒolm, *la tyrannie*, et non el ʒolm : mais c'est à l'usage d'enseigner cela, et non à l'écriture de le tracer, et les signes imaginés par les grammairiens pour diriger cette manière d'écrire, sont aussi ridicules que si chez nous l'on écrivait ces mots, *ils ont écrit à Rome*, de cette manière : *il zon t'écri t'à Rome.*

Quant à l'arabe littéral, connu sous le nom de naħωi, l'équivoque des cas n'y a pas lieu, parce qu'ils y sont distingués par des finales ajoutées au corps du mot, comme en grec *os*, ων, et en latin *us*, *a*, *um*.

EXEMPLE.

Nom.	al nahr-o	*le ruisseau.*
Gén.	al nahr-i	*du ruisseau.*
Dat.	l'al nahr-i	*au ruisseau.*
Acc.	al nahr-a	*le ruisseau.*
Voc.	ïa nahr-a	*ô ruisseau.*
Abl.	men al nahr-i	*du* ou *par le ruisseau.*

L'on voit par cet exemple que l'*o* appartient au nominatif; l'*i* aux génitif, datif, ablatif; et l'*a* aux accusatif et vocatif; et cela tant au singulier qu'au pluriel, et tant au féminin qu'au masculin.

Si le nom est un nom propre, ou qu'il soit privé de l'article *al*, il ne prend plus pour finales *o, i, a*, mais les nasales *on, en, an*, le vocatif seul excepté.

EXEMPLE.

Nom.	Moḣammad-on	*Mahomet.*
Gén.	Moḣammad-en	*de Mahomet.*
Dat.	l'Moḣammad-en	*à Mahomet.*
Acc.	Moḣammad-an	*Mahomet.*
Voc.	ïa Moḣammad-o (1)	*ô Mahomet.*
Abl.	men Moḣammad-en	*par Mahomet.*

Nom.	nahâr-on	*jour.*
Gén.	nahâr-en	*de jour.*
Dat.	l'nahâr-en	*à jour.*
Acc.	nahâr-en	*jour.*
Voc.	ïâ nahâr-a	*ô jour.*
Abl.	men nahâr-en	*par jour.*

Si le nom propre se terminait par lui-même en *an*, il ne faudrait plus lui appliquer les nasales, mais bien les lettres *o, i, a*.

EXEMPLE.

Nom.	oθmân-o	*Otman.*
Gén.	oθmân-i	*d'Otman.*
Dat.	l'oθmân-i	*à Otman.*
Acc.	oθmân-a	*Otman.*

---

(1) Dans les noms propres, le vocatif prend *o*, comme le nominatif des substantifs.

Voc.   ia oθmân-o   ô Otman.
Abl.   men oθmân-i   par Otman.

On voit par les exemples ci-dessus que l'*on* appartient au nominatif; *en* aux génitif, datif, ablatif, et *an* à l'accusatif, tant au singulier qu'au pluriel, et au féminin comme au masculin.

§ II.

Du Genre.

En arabe comme en français, il n'y a que deux genres, le masculin et le féminin; il n'y a pas de neutre.

La terminaison *a* et *àt* prononcée en arabe vulgaire *é* et *ét*, est le signe constant du féminin singulier, tant substantif qu'adjectif : au pluriel cet *a* bref devient *ât* long.

EXEMPLE.

*tin*ât, *des figues.*

Il faut en excepter les deux mots *xalifàt*, un kalife; *alamàt*, un savant, qui sont masculins, malgré leur finale féminine.

D'autre part, les terminaisons *con, în, ân*, sont les signes des pluriels masculins; mais elles se bornent presque exclusivement aux participes actifs et passifs, et suivent, quant aux cas, la règle d'*on, en, an*.

EXEMPLE.

Nom. sing. al ʒâlem   *l'opprimant.*
Nom. plur. al ʒâlem-con   *les opprimans.*

Gén.   al ʒâlem-în   *des opprimans.*
Dat.   l'al ʒâlem-în   *aux opprimans.*
Acc.   al ʒâlem-ân   *les opprimans.*
Voc.   ïa ʒâlem-an   *ô opprimans.*
Abl.   men al ʒalem-în   *des opprimans.*

PASSIF SINGULIER.

al *ou* el maʒlɔm   *l'opprimé.*

PLURIEL.

Nom.   el maʒlɔm-ɔn   *les opprimés.*
Gén.   el maʒlɔm-în   *des opprimés.*
Dat.   l'el maʒlɔm-în   *aux opprimés.*
Acc.   el maʒlɔm-ân   *les opprimés.*
Voc.   ïa maʒlɔm-an   *ô opprimés.*
Abl. men el maʒlɔm-în   *des* ou *par les oppr.*

Avec les finales, *àt* et *ât* on fera

SINGULIER FÉMININ.

Nom.   el ʒâlem-*àt*^{o} *l'opprimante.*
Gén.   el ʒâlem-*àt*^{i} *de l'opprimante.*
Acc.   el ʒâlem-*àt*^{a} *l'opprimante*, etc.

PLURIEL.

Nom.   el ʒâlem-ât^o *les opprimantes.*
Gén.   el ʒâlem-ât^i *des opprimantes.*
Acc.   el ʒâlem-ât^a *les opprimantes*, etc.

PASSIF SINGULIER.

Nom.   el maẓlɔm-àt° *l'opprimée.*
Gén.   el maẓlɔm-àtⁱ *de l'opprimée.*
Acc.   el maẓlɔm-àtᵃ *l'opprimée*, etc.

PLURIEL.

Nom.   el maẓlɔm-ât *les opprimées.*
Gén.   el maẓlɔm-ât *des opprimées.*
Acc.   el maẓlɔm-ât *les opprimées*, etc.

Voilà les seuls signes auxquels on reconnaisse les masculins et les féminins ; mais il s'en faut beaucoup que ces signes soient généraux : au contraire, la presque totalité des noms substantifs en est privée, et l'on n'en peut distinguer le genre par la forme qui, comme en français, est indistinctement commune aux uns et aux autres : l'usage seul peut les faire connaître, et c'est là une des difficultés de la langue arabe ; difficulté d'autant plus grande, que le substantif étant équivoque, l'adjectif qu'il gouverne ne peut l'être, et doit se montrer masculin ou féminin.

En général, les noms de femmes, de pays, de villes, d'élémens sont féminins.

EXEMPLE.

mariam *Marie.*   meśr *l'Égypte.*
el ârd̶ *la terre.*   ψâm *la Syrie.*
el samâ *le ciel.*   qobros *Cypre.*

el mâ'	l'eau.	ḣalab	Alep, ville.
el nâr	le feu.	boγdâd	Bagdad.
él hawâ	l'air.	baṡrâ	Basra.
el rîḣ	le vent.	ṡɷr	Tyr.
el ɥams	le soleil.	tedmɷr	Palmyre.
el ·qamar (1)	la lune.	etc.	

Sont aussi féminins les membres pairs :

el ĩad	la main.
el ȧïn	l'œil.
el aʒn	l'oreille, etc.

Et quelques mots en ä; tels que ʒekrä, *souvenir;* ɷɷlä, *première;* tɷlä, *plus longue;*

Et d'autres en â; kobriâ, *l'orgueil;* maɥiɷxâ, *sénat;* ḣamrâ (chose), *rouge.*

Souvent il est permis de rendre féminin un nom masculin, surtout quand il est susceptible d'être de l'un ou de l'autre sexe.

EXEMPLE.

ɖjadd	aïeul,	ɖjadd-àt	aïeule.
ȧmm	oncle,	ȧmm-àt	tante.

Cela se pratique généralement pour les adjectifs.

EXEMPLE.

kabîr	grand,	kabîr-àt	grande.
ṡaγîr	petit,	ṡaγîr-àt	petite.

---

(1) Plus souvent masculin que féminin.

nadîf *net*, nadîf-àt *nette*.
aӡîm *très-grand*, aӡîm-àt *très-grande*, etc.

Si l'on prononce comme le vulgaire, kabîr-é šaγîr-é, nadîf-é, on voit que cette forme ressemble à celle du français, où l'e final rend féminins les adjectifs masculins, *grand-e, fort-e, petit-e*, etc.

Que si les adjectifs commencent par un *a*, cet *a* passe à la fin du mot pour le genre féminin.

EXEMPLE.

ašfar	*jaune*, masc.	šafrâ, *fém.*
ahdab	*à longs cils*,	hadabâ.
aḥmar	*rouge*,	ḥamrâ.
abiad	*blanc*,	baidâ.

Cette règle a spécialement lieu pour les comparatifs qui tous se forment par l'*a* initial, avec la seule différence que l'ä porte deux points.

EXEMPLE.

| aṭwal | *plus long*, | ṭwlä | *plus longue*. |
| akbar | *plus grand*, | kobrâ | *plus grande*. |

Quelquefois la terminaison *at* s'ajoute à un nom masculin, et alors il exprime spécialement l'unité.

EXEMPLE.

tebn,	*de la paille*,	tebnat,	*une seule paille*.
ӡahab,	*de l'or*,	ӡahab-at,	*un peu d'or*.
darb,	*coup*,	darb-at,	*une tape*, etc.

Une bizarrerie de la langue est que quelquefois un nom singulier en *at* prend au pluriel une terminaison en apparence masculine, sans cesser d'être féminin.

EXEMPLE.

madinàt, *une ville*; modon, *des villes*; amràt, *une femme*; nescôân, *des femmes*, etc.

Enfin une dernière bizarrerie est que quoique en général l'adjectif suive le genre du substantif, cependant la plupart des objets inanimés, ou même non raisonnables, gouvernent également dans le pluriel les adjectifs au féminin singulier.

EXEMPLE.

el aśâfîr el tâïéràt, (mot à mot) *les oiseaux la volante*, (pour) *les oiseaux volans*;
el hadjar el śalîdàt, *les pierres la dure*, (pour) *les pierres dures*.

Sur quoi nous remarquerons en passant, que l'article *el* se répète toujours devant l'adjectif, sans quoi il emporterait l'équivoque de gouverner le génitif.

§ III.

Du Nombre.

Les Arabes distinguent comme les Grecs trois espèces de nombres, le singulier, le pluriel et le duel, ou nombre deux.

Le duel n'est point usité dans l'arabe vulgaire; il a seulement lieu dans l'arabe savant ou littéral, où il est employé tant dans les noms que dans les verbes.

Sa forme dans les noms est simple; elle consiste à ajouter au nom singulier la finale *ân* pour le nominatif, et *ain* pour les *génitif* et *accusatif*, tant au masculin qu'au féminin.

EXEMPLE.

radjol, *un homme.* radjol-an, *deux hommes.*
Gén., acc., dat. radjol-ain, *de deux hommes.*
madinat, *une ville.* madinat-an, *deux villes.*
Gén., acc., dat. madinat-ain, *de deux villes.*

A l'égard des singulier et pluriel, masculin et féminin, nous avons vu dans le paragraphe des genres comment ils se composent pour les participes et les adjectifs; et comment les finales *ôn*, *in*, *ân*, *at*, forment les pluriels masculins et les féminins singuliers et pluriels. Ce sont-là en quelque sorte les seuls noms qui conservent de la régularité: quant aux noms substantifs, la presque totalité, tant masculins que féminins, ne suit aucune règle constante ni uniforme pour passer du singulier au pluriel; au contraire ils se replient de manières si diverses et si singulières, que c'est-là une des plus grandes difficultés pour les novices dans la langue.

Les grammairiens ont pris la peine d'en former

vingt-deux classes ; mais cette multiplicité, loin d'éclaircir le sujet, ne fait que l'embrouiller, et il vaut mieux s'en tenir à la pratique, et apprendre à mesure du besoin le pluriel de chaque mot.

Nous allons cependant donner quelques exemples qui serviront à prouver cette vérité, et à donner une idée de cette difficulté.

EXEMPLE.

SINGULIER.		PLURIEL.
iaḥiàt	*la barbe*,	ioḥiân.
kobrâ	*plus petite*,	kobar.
amcod	*une colonne*,	omcod *et* acâmid.
qaďib	*un bâton*,	qoďob.
aḥmar	*rouge*,	ḥomr.
qerbàt	*une outre*,	qerâb.
romaḥ	*une lance*,	remâḥ.
radjol	*un homme*,	redjâl, *et* ardjâl.
kàb	*talon*,	kaâb.
djabal	*montagne*,	djebâl.
raqabàt	*le cou*,	reqâb.
ďers	*grosse dent*,	ďorcos.
ϕâhed	*témoin*,	ϕohcod.
kâmel	*parfait*,	kamalat.
γâzen	*attaquant*,	γozâat.
dobb	*un ours*,	debâb *et* debâbàt.
zôdj	*mari*,	zecoadjàt.
àχ	*frère*,	eχcoàt.

16.

ωadjh	*face,*	aωdjoh.
ïad	*main,*	aïden.
ma'tar	*pluie,*	am'târ.
raγîf	*pain,*	arγefàt *et* roγfân.
ψamâl	*nord,*	ψamâïel.
âdjωz	*vieille,*	adjâïez.
tâdj	*couronne,*	tidjân.
saqf	*voûte,*	soqfân.
ψarif	*noble,*	ψorafâ.
baχil	*avare,*	boxalâ.
ḣabib	*aimé,*	aḣebbâ.
γani	*riche,*	aγniâ.
djariḣ	*blessé,*	djarḣa.
qa'tîl	*tué,*	qa'tla.
śaḣrâ	*désert,*	śaḣara.
azrâ	*la vierge,*	azâra.
nafs	*l'ame,*	nofos *et* anfωs.
baḣr	*la mer,*	bohor, ebḣâr, abḣor.
akbar	*plus grand,*	akâber.
mâ	*l'eau,*	miâh, amωâ.
fomm	*la bouche,*	afωâàt.
emràt	*femme,*	nesâ, nesωân, nesωat.
ensan	*homme,*	anâs, *et* enes.

C'en est assez pour faire sentir que l'usage seul peut apprendre la variété de ces formes; et cependant il arrive que quand on a saisi le génie de la langue on devine souvent par analogie quel pluriel doit résulter d'un singulier donné.

§ IV.

Du Comparatif et du Superlatif.

Le comparatif se forme tout simplement, en appliquant a devant l'adjectif.

EXEMPLE.

ḥasan   *bon,*   aḥsan   *meilleur.*
śaγir   *petit,*   aśγar   *plus petit.*
ḥabib   *cher,*   aḥabb   *plus cher.*

Et le *que* qui suit s'exprime par *men.*

EXEMPLE.

Plus généreux que,
akrâm men.
Plus grand que le sultan,
aaẓam men el solṭan.

———

CHAPITRE III.

Des Pronoms personnels et possessifs, des Conjonctions et des Particules.

Les pronoms personnels, quand ils régissent et gouvernent la phrase, s'expriment comme il suit :

		Genre.
Je ou *moi*	anâ	commun.
Tu ou *toi*	ent	masculin.
	ent*i*	féminin.
Il ou *lui*	hɔ	masc.
Elle	hi	fém.
Nous	naḥn	comm.
Vous	entom	masc.
	entonn	fém.
Eux	hom	masc.
Elles	honn	fém.

Dans l'arabe littéral on dit : ant*a*, ant*i*, hɔ*a*, hi, naḥn*o*, antom, antonn*a*, hom, honn*a*.

On se sert aussi du duel dans l'arabe littéral pour les deux termes suivans :

| Vous deux, | *commun;* | antomâ. |
| Eux deux, | *commun;* | homâ. |

DE LA LANGUE ARABE.   247

Mais ils sont peu usités dans le vulgaire.

Que s'ils sont gouvernés et régis par un verbe, ils s'accolent à la fin du verbe régissant dans la forme ci-après.

EXEMPLE.

naśar-ni	il a aidé moi.	
naśar-ak	il a aidé toi	masc.
ek	.... toi	fém.
naśar-ho	il a aidé lui	
ha	.... elle	
naśar-na	nous	comm.
naśar-kom	vous	masc.
konn	il a aidé vous	fém.
naśar-hom	eux	masc.
honn	elles	fém.

AUTRE EXEMPLE.

riamä-k	il a jeté toi	masc.
ïarmi-k	il te jette	masc.
ïarmi-ki	....	fém.
γaẑâ-k	il a attaqué toi	masc.
γaẑâ-ki	toi	fém.
ïaγẑω-k	il attaque toi	masc.
ïaγẑω-ki	toi	fém.

Par où l'on voit que le *k* désigne proprement le *tu* et le *toi*, et qu'il reçoit l'influence de la voyelle qui le précède.

Dans le littéral on ajoute sans cesse *a* final à *naśar*, et à quelques-uns de ces pronoms : l'on dit, *naśara-ka*, *naśara-ki*, *naśara-konna*, *naśara-honna*.

Dans plusieurs cas l'on sépare le pronom du verbe ; mais alors on interpose la particule *eïâ*.

EXEMPLE.

d'arab - eïâ - ï	*il a frappé*	moi	
d'arab { *eïâ - k*	....	toi	masc.
{ *eïâ - ki*	....	toi	fém.
{ *eïâ - ho*, etc........		lui	

Les mots confirmatifs, *même*, *moi-même*, *toi-même*, etc., s'expriment par *mon ame*, *ton ame*, etc.

Je m'aime moi-même, *aḣebb nafs-i.*
   j'aime mon ame.

Vous vous aimez vous-mêmes ; *taḣebboo anfos-kom.*
     vous aimez vos ames.

Aimez votre prochain comme vous-mêmes ;
ḣebboo qarib-kom, ka-anfos-kom.
   comme vos ames.

Les pronoms possessifs *mon*, *mien*, *mes*, *ton*, *tien*, tant masculin que féminin, et tant singulier que pluriel, s'expriment comme il suit :

DE LA LANGUE ARABE.

ketâb	ï	livre	mien	
	ak		tien	masc.
	ek		tien	fém.
	ho		son	masc.
	ha		son	fém.
	na		notre	comm.
	kom		votre	masc.
	konn		votre	fém.
	hom		leur	masc.
	honn		leur	fém.

AU FÉMININ.

djaddàt	ï	mon aïeule	
	ak	ton aïeule	masc.
	ek	....	fém.
	ho, etc.	son aïeule	

Dans l'arabe littéral on dit toujours *ka*, *ki*, *kom*, *konna*, *hom*, *honna*, avec les finales grammaticales du mot qui précède.

ketâb°—ka.
Gén. ketâbⁱ—ka.
Acc. ketâbᵃ—ka.

Pour le duel dans le littéral on suit la même marche, et l'on accole également le pronom à la suite du nom.

EXEMPLE.

ketâbâ		deux livres		
	ï		mien	
	ka		tien	masc.
	ki		tien	fém.
	ho		sien	masc.
	ha		sien	fém.
	na		notre	
	komâ		votre	commun.
	homâ		leur	commun.

Des Pronoms démonstratifs.

Celui-ci, ʒâ *ou* haʒa ; *au Kaire*, dé.

Celle-ci { ʒeh, ʒi, ʒehi ;
ou tâ, teh, ti, tehi, *et* haʒéhé.

Ceux-ci
et Celles-ci } oωlâ, *et* haωlâ.

Pour exprimer l'éloigné on ajoute à la fin de ces mêmes mots la seule lettre *k*, et l'on dit :

Celui-là, ʒâk, haʒâk, *et* ʒalek,
Celle-là, tàk, *et* telk.
Ceux-là
Celles-là } oωlâk, oωlaïek, oωlâlek, etc.

En littéral ces deux-ci :

ʒâni *et* ʒaini *masc.* ou haʒâni.
tâni *et* taini *fém.* hàtâni *et* hataini.

En littéral ces deux-là { zâneka, zaineka. *masc.*
tâneka, taineka. *fém.*

Des Pronoms relatifs.

Qui, que, lequel, laquelle.

Ces pronoms s'expriment par les mots,

ellazi *o u* elladi, pour le masculin singulier
ellazin *ou* elladin, pour le masculin pluriel,
et par { ellati, au féminin singulier,
ellâti, au féminin pluriel,

avec cette singularité, que lorsqu'il faut leur joindre des particules telles que, *avec*, *par*, *en*, *dans*, *pour*, etc., on prend cette tournure, *qui*, ou *lequel avec lui*, au lieu de dire *avec qui*; de manière que le pronom reste indéclinable.

SINGULIER.

Nom. *qui, lequel,*   ellazi.
Gén. *de qui, duquel, dont,* ellazi men-ho.
Dat. *à qui, auquel,*   ellazi l'ho (*lequel à lui*).
Acc. *que, lequel,*   ellazi.
Abl. *duquel, de qui,*   ellazi men-ho (*lequel de lui*).
     dans qui,   ellazi fi-h.

PLURIEL.

Lesquels, qui,   ellazin.
Auxquels, pour qui, ellazin l'hom (*lesquels à eux*).

Avec lesquels, ellaʒin mà hom.
Dans lesquels, ellaʒin fi hom.

SINGULIER FÉMININ.

Nom. *laquelle*, ellati.
Dat. *à qui, pour laquelle*, ellati l'ha.
Abl. *de laquelle*, ellati men ha.

PLURIEL.

Lesquelles, ellâti.
Auxquelles, ellâti, l'ha (*lesquelles à elles*).
Dans lesquelles, ellâti, fi ha.

Que si ces pronoms relatifs se rapportent à d'autres personnes qu'à la troisième, citée en exemple, on répète le pronom de cette personne.

EXEMPLE.

Vous que j'ai vu, ent ellaʒi rait-ak
Nous en qui votre confiance, naḥn ellaʒin amânkom b'-na.

Ainsi des autres personnes.

Quand ces pronoms *qui* et *lequel* sont interrogatifs, on les exprime par aï au masculin, tant singulier que pluriel, et par aïat au féminin singulier, et aïât au pluriel.

EXEMPLE.

De quel droit, b'aï ḥaqq?

Par quels sentiers marches-tu ? b'aïàt dorɔob ent sâlek?

Que et *qui* pris au sens neutre s'expriment par ma.

Ce que j'ai dit, ma qolt.

Et l'on ajoute élégamment le pronom ho à la fin : mâ qolt-ho.

Ce qui arrive par fois, mâ ioṣďaf.

S'ils sont interrogatifs, on se sert de la phrase *quelle chose*, au lieu de *que*; et l'on dit : αιψ par abréviation de αï - ψαι; qu'est-il arrivé ? αιψ ṣaďaf?

En arabe savant l'on dit plus élégamment : a? ma ṣaďaf?

Des Particules conjonctives.

Les particules conjonctives, c'est-à-dire qui servent à lier le sens des mots dans la phrase, sont de deux sortes; les unes sont essentiellement attachées au mot; les autres peuvent s'en séparer. Nous allons d'abord traiter des premières; elles consistent dans les huit lettres suivantes :

A, b, t, s, f; k, l, ω : dont chacune a un sens complet.

A est le signe de l'interrogation; il ouvre la phrase comme pour avertir de la question :

à safar zaid? *Zaid est-il parti?*

â ent? *est-ce toi?* â fi-h? *est-ce dedans?*

B. *b* qui se prononce *bé*, a plusieurs sens : 1° il signifie *dans;* b'el bait, *dans la maison*, où l'on voit l'élision de son *e* devant une voyelle : nous n'écrirons jamais cet *e*, même devant les consonnes, et il sera toujours remplacé par une virgule : b'nafs-i, *dans mon ame;* b'-nâ, *en nous.*

2° Il signifie *par* et *avec : par Dieu*, b'ellah. *Par le tombeau de mon père*, b'torbet âb'i. *Ils sont venus avec l'enfant*, âtω ou d'jâω b'el fatä (au lieu de dire *ils l'ont amené.*) *J'ai écrit par* ou *avec la plume*, katabt b'el qalam.

Il prend aussi le sens de *pour* et de *à cause;* b' doxωl-ak, *pour ton entrée.*

3° Par une tournure singulière d'affirmation et presque de serment on dit : *moi fidèle croyant*, ana b'mωmen. *Dieu puissant*, allah b'qad'ir.

4° Enfin *b'* prend le sens de *sur* et de *outre;* marr b'i, *il m'a passé, il a passé sur moi, outre moi.*

T. *t* prononcé *té*, est un jurement qui n'a lieu que dans la forme suivante :

allah, b'ellah, t'illah, *par Dieu;* comme si l'on voulait décliner tout l'alfabet en attestant le nom de Dieu.

s, prononcé *sa*, est le signe spécial du futur : il s'ajoute en première lettre aux personnes du verbe; *il attaquera*, s'ioγzω; *je partirai*, s'asâfer; *tu m'aideras*, satanśor-ni.

f, prononcé *fa*, signifie *or*, et commence ou soutient très-élégamment une phrase ou une période; *or il mourut*, fa-mât; *ils mangèrent tout*, fa akalω el koll.

k, prononcé *ka*, signifie *de même, ainsi que, comme*; *comme un torrent*, ka sîl; *ainsi que la foudre*, ka el śaàqàt.

l, prononcé *lé*, a plusieurs sens; 1° il signifie le datif *à, pour, à cause*; *dis au juge*, qoll l'el qâḍi; *je l'ai châtié pour* ou *à cause de son mensonge*, addabt-ho l'kez̧b-ho.

Avec les pronoms *tu*, *toi*, *vous*, etc., on le prononce en vulgaire comme il suit :

A toi, masc.	l'ak;	*à vous*,	l'kom.
A toi, fém.	l'ek;	....	l'konn.
A moi,	l'ï;	*à nous*,	l'na.
A lui,	l'ho;	*à eux*,	l'hom.
A elle,	l'ha;	......	l'honn.

En arabe littéral on dit l'ka, l'ki, l'kom, l'konna, l'hom, l'honna.

2° Il est formule de serment; l'ellah, *par Dieu*, ou *pour Dieu*.

3° Il sert à appeler : iâ l'mostafa, *ô Mustapha !*

4° Il assure fortement une chose; enn allah l'qaḍ'ir, *Dieu est puissant*; enn el ensân l'meskin ωa raz̧îl, *l'homme est faible et misérable.*

5° Enfin, joint au prétérit il le change en optatif; *pour qu'il vienne!* l'd͡jà (*qu'il fût venu*).

ω, prononcé ω*a*, prend une foule d'acceptions dans le discours arabe, quoiqu'il ne signifie littéralement que *et;* on l'emploie signifiant *par*, dans le serment suivant que les Arabes ont sans cesse à la bouche : ωallah, *par Dieu*.

Des Particules disjonctives.

Nous renfermons sous ce titre les adverbes, les prépositions, les conjonctions, les interjections, toutes particules formées de mots invariables.

Adverbes de lieu.

Où, en quel lieu, par interrogation, ain? et fi ain? — Dans le cours de la phrase ḥaiθ, *et* fi, avec le pronom convenable à l'objet; *le puits où il tomba*, el bir ḥaiθ ωaqà, (*où*) ellaẕi ωaqà fi-h : *d'où*, men ḥaiθ, men ain.

Vers où, jusqu'où, elä ain, elä ḥaiθ.
Où que ce soit, ḥaiθmâ, ain mâ, aïi.
Ici, honâ, héné, hâhonâ.
D'ici, men honâ, *ou* men héné.
Là, honâk, honâlek; *dela*, men honâk.
Vers ici, vers là, elä honà, elä honâk

Adverbes de temps.

Quand, lorsque : matâ, lamma.
Déja, avec un sens affirmatif : qad : *il est déja venu* : qad dja.
Jamais, qat̕, faqat̕, faqad, l'qad.
Ensuite, pour lors, θomm, et θommat.
Alors, ḥîn, iôm, ḥinaizen, iômizen.
Puisque, sitôt que, dès que, ez, ezâ, ezma, aïan.
Apèrs que, bad-en, bad-men, bad-ma, lamma.
Après, bad, sœf, sœ, saï, saf, men bad.
Après cela, bad haza.
Avant, qabl; *avant que*, qabl ma, qabl-en; men qabl; *avant cela*, qabl haza.
Jusqu'à ce que, elä en; ḥattä en; ḥattä eza.

Les adverbes pour appeler, sont :

â et aïâ, pour un objet voisin.
haïa, pour un objet éloigné.
ia, et aïoha, pour un objet masculin.
ia aïat-ha, pour un objet féminin.
Voici (pour le masculin), ez, eza, ha; hœza, hahœza, hanaza.
Voici (pour le féminin), hanazeh.
Quoi, Eh? interrogant, â, hal.
N'est-ce pas? a'ma, a-la, a'fa-la; a'lam, afalam, aœ lam, aœ-la.
Oui, certes, nam, en, balä adjal, djîr, amîn.

Non, *la*, kolla (*tout non*), lam, ma, *et* laïs.

Mais *laïs* se conjugue en verbe ; laïs, *il n'est pas*, laïst, *tu n'es pas*, laïstom, *vous n'êtes pas*.

Nullement, lan, lan-ma.

Comment, kaïf, anni ; kaïf ma, *comment que, de quelque façon que*.

Pourquoi, l'ma, l'aiϕ, l'ai-ψai ; *pour quelle chose seulement*, l'aiψai faqat.

Absolument tout-à-fait, b'el koll, kollian.

Plût à Dieu, puissé-je ! laït, ïa laït !

Peut être, lal, robb, robb-ma.

De même que, et comme si, k'aun, ka-ma.

Toutes fois que, tant que, koll ma.

Allons donc, or donc, eʒan, fa eʒan.

Beaucoup d'adverbes se forment de l'adjectif, en lui ajoutant la finale an.

Bon, ḥasan ; *bien*, ḥasan-an.
Mauvais, ψarr ; *mal*, ψarran.
Avec, ma, *ensemble*, maan.
Éloigné, b'eïd ; *de loin* b'eïd'ân.
Premier, aωal ; *premièrement*, aωalan.
Maintenant, elan ; *jusqu'à présent*, elä elan.
Désormais, dorénavant, men elan.
Ou distinctif : l'un ou l'autre, aω, am, amma.
Mais, bal, laken, enn'ma,
Afin que, b'ma, l'kaï, l'kaïma.
Parce que, l'ann, bema.
De peur que, l'illa, kaïla, l'kaïla.

Si conditionnel, pour le passé ; lo, en, l'ain.
Sinon, ella, lola, loma.
Quoique, oa en, oa lo.
Or, fa enn, f'amma, enn, ennama, ann, amma *pour* ann-ma.

CHAPITRE IV.

Des Verbes.

C'est dans le *verbe* en général que la langue arabe développe davantage la simplicité et la richesse de son mécanisme, et sa différence avec les langues d'Europe.

En arabe les verbes n'ont que trois temps, le *passé* le *futur* et l'*impératif* ; le présent est absolument le même que le futur.

A défaut d'infinitif, on appelle les verbes par la troisième personne du passé au singulier masculin : ainsi, au lieu de dire le verbe *aimer, parler, faire*, on dit le verbe, *il a aimé, il a parlé, il a fait*.

Cette troisième personne masculine est ce que les grammairiens appellent la *racine* ou le *mot radical*, parce que c'est sur ce mot que se composent toutes les modifications des temps, des personnes et des conjugaisons, tant régulières qu'irrégulières.

En général, la *racine* est composée de trois lettres, quelquefois de quatre, presque jamais de plus ni de moins que ces deux nombres. On appelle ces trois lettres, les *radicales*.

Les radicales sont ou toutes consonnes, ou partie consonnes et partie voyelles, ou même toutes voyelles, mais très-rarement : et il est remarquable que ces *radicales voyelles* ne peuvent jamais être que les quatre majeures ou alfabétiques â, ï, ω et à, les voyelles mineures étant toujours rapportées après coup, et servant par leur intercalation à modifier les radicales et à distinguer les temps et les personnes.

Si les trois radicales sont consonnes, le verbe est dit *régulier* (1).

EXEMPLE.

n^a s^a r, *il a aidé* ; h^a k^a m, *il a gouverné*.

Si une seule des trois radicales est voyelle, le verbe est dit irrégulier (2).

Si deux sont voyelles, le verbe est doublement irrégulier.

Si les trois sont voyelles, le verbe est complètement irrégulier.

Or la raison de cette irrégularité procède de ce que les voyelles mineures ou intercalées, variant selon les temps et selon les formes actives ou passives des verbes, les voyelles majeurs qui en sont affectées varient aussi, et les trois â, ï, ω, se changent de l'une en l'autre, ou même disparaissent entièrement ; ce qui nous les fera souvent désigner par le nom de voyelles *éclipsées* et *éclipsantes*. L'aïn ne s'éclipse

---

(1) En arabe, sàlem, *sain*.

(2) γair, sàlem, *non sain*.

jamais; il devient seulement ҽ ou ơ, selon qu'il est frappé des voyelles mineures *e*, *o*.

Si l'une de ces trois voyelles â, ï, ω, se trouve au milieu de la *racine*, c'est-à-dire entre deux consonnes, le verbe s'appelle verbe *creux*, parce que non-seulement la voyelle change dans les formes diverses du temps, mais parce qu'elle s'efface entièrement dans quelques-unes, et laisse pour ainsi dire vide l'espace entre les deux consonnes.

EXEMPLE.

qâl, *il a dit*; ï^{a}qωl, *il dit*.
Impératif, q^{o}l, *dis*.

Cet exemple indique la manière dont se conjuguent tous les verbes arabes. On appelle d'abord le passé, puis le futur ou présent, enfin l'impératif et le participe; et l'on commence par la troisième personne, *lui*, pour finir par notre première *moi*: *il a dit, tu as dit, j'ai dit*, c'est-à-dire, l'inverse de notre usage.

L'exemple d'une conjugaison va rendre tous les préceptes généraux plus sensibles que nous ne le pourrions faire de toute autre manière.

Conjugaison du Verbe régulier.

n^{a}ʒ^{a}r, *il a vu.*

1	n^{a}ʒ^{a}r	*il a vu.*
1	n^{a}ʒ^{a}r-^{a}t	*elle a vu.*

2	naʒar-t	*tu as vu.*
2	naʒar-ti	*tu as vu.* fem.
3	naʒar-t	*j'ai vu.*
4	naʒar-ω	*ils* ou *elles ont vu.*
5	naʒar-tω	*vous avez vu.*
6	naʒar-nâ	*nous avons vu.*

REMARQUES.

1º On voit que la racine naʒar reste la même à toutes les personnes, et qu'il suffit de lui accoler certaines finales pour faire la distinction de ces personnes.

2º Ces finales appelées *serviles*, consistent, comme l'on voit, en cinq lettres, t, i, â, ω, n, dont nous verrons les positions diverses servir à distinguer les autres temps.

3º Dans l'arabe littéral il y a un troisième *a* final à la troisième radicale; et l'on dit naʒara; ce qui établit pour principe cette phrase :

Le verbe régulier prononce sa racine en *a*; c'est-à-dire que chaque lettre radicale emporte avec elle le son d'*a*; que si une radicale est voyelle, elle est affectée de ce même son. Ainsi dans la racine ramï, *il a jeté*, l'ï, troisième radicale étant frappé d'*a* accessoire, se prononce ramä, et ceci doit rendre clair ce que nous avons dit des verbes irréguliers.

4º Enfin l'on voit qu'il y a équivoque dans l'arabe vulgaire sur le mot naʒart qui signifie également *j'ai vu* et *tu as vu*; mais dans le littéral, les finales *o* et *a* servent à distinguer ces deux personnes ; et l'on dit nᵃʒᵃrtᵒ pour *j'ai vu*, nᵃʒᵃrtᵃ pour *tu as vu*. On dit aussi nᵃʒᵃrtᵒm, *vous avez vu*, au lieu de nᵃʒᵃrtɔ ; mais il n'en résulte pas d'inconvénient pour le sens.

A l'égard du présent qui est aussi le futur, la racine, pour le former, se retourne de manière, 1° que les lettres serviles *á*, *n*, *t*, *ï*, qui étaient à la fin, passent au commencement du mot; 2° que la première radicale devient *fermée*, c'est-à-dire privée de voyelle intercalaire, et que les deux autres intercalaires se changent, savoir, la troisième constamment en *o*, et la seconde tantôt en *e*, et plus souvent en *o*. Un exemple va rendre tous ces préceptes sensibles.

PRÉSENT ET FUTUR ACTIF.

ïᵃnʒᵒr	*il voit* ou *il verra*.
tʼᵃnʒᵒr	*elle voit* ou *elle verra*.
tʼᵃnʒᵒr	*tu vois* ou *tu verras*. masc.
tʼᵃnʒᵒri	*tu vois* ou *tu verras*. fém.
anʒᵒr	*je vois* ou *je verrai*.
ïᵃnʒᵒrɔn	*ils voient* ou *ils verront*.
tʼᵃnʒᵒrn	*elles voient* ou *elles verront*.
tʼᵃnʒᵒrɔn	*vous voyez* ou *vous verrez*. masc.
tʼᵃnʒᵒrn	*vous voyez* ou *vous verrez*. fém.
nᵃnʒᵒr	*nous voyons* ou *nous verrons*.

REMARQUES.

1° Cet exemple prouve ce que nous avons dit :

1° que les lettres serviles sont passées devant la racine ; 2° que la première lettre radicale est devenue fermée, parce que son *a* syllabique la précède ; 3° que la seconde radicale change *a* en *o* ; à quoi il faut ajouter que la troisième radicale qui manque de voyelle dans l'arabe vulgaire, prend *o* dans l'arabe littéral, où l'on dit ïanʒorᵒ, tanʒorᵒ, anʒorᵒ, nanʒorᵒ, et après les *n*, vient *a* final, ïanʒorɔn-*a*, tanʒorɔn-*a*, et tanʒorn-*a*.

2° L'équivoque qui existe entre la première personne féminine, *elle voit*, et la seconde masculine, *tu vois*, tᵃnʒᵒr, pour les deux, est un défaut qui ne se remédie qu'en appliquant le pronom de chacune,

    hi tᵃnʒᵒr, *elle voit.*
    ent tᵃnʒᵒr, *tu vois.* masc.

3° Dans le littéral le futur se distingue du présent par la particule *sa* placée devant le mot, et rien n'empêche d'en adopter dans le vulgaire l'usage qui est simple.

s'ïanʒor	*il verra.*
hi sat'anʒor	*elle verra.*
ent sat'anʒor	*tu verras.* masc.
sat'anʒori	*tu verras.* fém.
s'anʒor	*je verrai.*
s'ïanʒorɔn	*ils verront.*
s'tanʒorn	*elles verront.*

sat'anʒorcɔn	*vous verrez.* masc.
sat'unʒorn	*vous verrez.* fém.
san'anʒor	*nous verrons.*

L'impératif n'est caractérisé que dans la seconde personne singulière et plurielle.

onʒºr	*vois.* masc.
onʒºri	*vois.* fém.
onʒºrcɔ	*voyez.* comm.

Le reste des personnes se conjugue comme au présent en faisant précéder la particule *l'* qui signifie *que* et *pour que*.

l'ïªnʒºr	*qu'il voie.*
l'anʒºr	*que je voie.*

Le participe est formé des trois radicales prononcées la première en *â* long, la seconde en *é* bref, et la troisième avec les finales des noms, ce qui en fait un adjectif déclinable, selon ce que nous avons dit, article des genres.

EXEMPLE.

nâʒºr	*voyant.*
nâʒºr-cɔn	*voyans.*
nâʒºr-àt	*voyante.*
nâʒºr-ât	*voyantes.*

Il faut encore compter dans le verbe régulier deux formes qui produisent deux noms substantifs très-expressifs et très-commodes. Le premier de ces noms exprime l'action active, le *faire* de l'agent, s'il est permis de le dire.

EXEMPLE.

el n*ᵃ*3r*°*, l'action de voir, le *regardement.*

Le *regard* est un terme équivoque, puisqu'il s'applique également au coup-d'œil qui est la chose, et à l'action de regarder. Notre langue française manque habituellement de ce substantif actif, et elle est forcée d'employer le substantif passif; ainsi l'on dit cet homme entend bien la *composition*, et l'on devrait dire, cet homme entend bien le *composement*, l'art de composer; car la *composition* est la *chose composée*, RES COMPOSITA, au passif, au lieu que le *composement* est la faculté et l'action de composer, considérée dans l'agent qui compose : ainsi la *fortification* d'une ville est le matériel de ses murailles; mais l'action, l'art de la fortifier est le *fortifiement*: la *discussion* d'une question est la chose *discutée, secouée*; mais l'action, l'art de la discuter est le *discutement*; la *persuasion*, et la *conviction* qui en résulte, sont des états passifs de l'esprit persuadé, convaincu; mais l'opération, l'art de celui qui a persuadé est le *persuadement*, le *convainquement*.

Ce substantif actif, qui a lieu dans presque tous les verbes arabes, et qui se forme, comme on l'a vu, des trois radicales, prend jusqu'à trente-trois formes, que l'usage apprend bien mieux que les préceptes;

mais il prononce toujours sa première radicale en *a* bref, sa seconde fermée, et sa troisième avec les finales grammaticales *o*, *i*, *a*, ce qui en fait un nom et non pas un infinitif, comme le prétendent les grammairiens.

EXEMPLE.

Nom.	el naʒr-*o*	*le regard.*
Gén.	el naʒr-*i*	*du regard.*
Dat.	l'el naʒr-*i*	*au regard.*
Acc.	el naʒr-*a*	*le regard.*

L'on se rappelle que ces finales grammaticales *o*, *i*, *a*, ne sont usitées que dans l'arabe savant.

Ce substantif est ordinairement employé d'une manière singulière en sens confirmatif, avec la finale a'n propre aux adverbes.

EXEMPLE.

naʒart-ho naʒra'n *je l'ai vu d'un regard.*
d'arabt-ho d'arba'n *je l'ai frappé d'un coup.*

Ce qui diffère de naʒart-ho nâʒeran, *je l'ai vu regardant;* d'arabt-ho d'are-ban, *je l'ai frappé, frappant.*

La première tournure, a'n, l'a fait regarder comme un participe, ce qui n'est pas.

Un second substantif est celui qui se forme en plaçant un *ma* devant les lettres radicales dont la première se ferme, la seconde s'ouvre en *a* (1), et la troisième prend les finales grammaticales ; et ce genre de substantifs exprime le *temps* et le *lieu* de l'action.

EXEMPLE.

el mᵃnʒᵃr   *le temps de voir, le lieu où l'on voit.*
el mᵃktᵃb   *le temps d'écrire, le lieu où l'on écrit.*

Et ces noms ont des pluriels qui communément prennent la forme suivante :

el mᵃnâʒᵉr *les lieux et le temps de voir.*
el mᵃkâteb *les bureaux, lieux et temps d'écrire.*

C'est-à-dire, première radicale en â long., seconde en *e* bref, et troisième en finales grammaticales, selon les cas.

Avec de légers changemens cette forme sert à exprimer des instrumens, des outils analogues à une action ; ainsi l'on dit :

meftâh   *une clé;*   de fatah *ouvrir.*
meksahat *un balai,*   de kasah *balayer.*
mehlab   *un vase à traire,* de halab *traire du lait.*

Où l'on voit que l'*m* se prononce en *e*, et la seconde radicale en *a*; mais cette règle est moins

---

(1) Douze font exception et prononcent la deuxième radicale en *e* comme el maɣreq, *l'orient;* el maɣreb, *le couchant,* etc.

constante et moins générale, et il faut s'en rapporter au dictionnaire (1).

Cette première conjugaison peut donner une idée de toutes les autres, elle en est un modèle en ce que la troisième personne tant du prétérit que du passé, étant une fois connue, tout le reste de la conjugaison l'est aussi, parce que la difficulté consiste seulement à connaître la qualité et l'inversion des petites consonnes.

Or ces autres conjugaisons consistent en trois classes qui sont :

1° Les conjugaisons dérivées, c'est-à-dire formées de la première régulière, par l'addition ou la combinaison de certaines lettres.

---

(1) Nous avons omis les duels usités seulement dans l'arabe littéral ; les voici :

DUEL DU PRÉTÉRIT.

n^{a}ȝ^{a}ra	*eux deux ont vu.*
n^{a}ȝ^{a}r^{o}ta	*elles deux ont vu.*
n^{a}ȝ^{a}r^{a}t^{o}ma	*vous deux avez vu.*

L'on voit que l'a long final est la lettre caractéristique.

DUEL DU PRÉSENT.

ï^{o}nȝ^{o}r-ân	*eux deux voient* ou *verront.*
t^{o}nȝ^o-ân	*elles deux et vous deux voyez,* ou *verrez.*

DUEL DE L'IMPÉRATIF.

onȝ^{o}ra	*voyez vous deux.*

DUEL DU PARTICIPE.

nâȝ^{e}ran	ou n^{a}ȝ^{e}r^{a}in *voyant eux deux.*
nâȝ^{e}r^{a}tan	ou n^{a}ȝ^{e}r^{a}t^{a}in *elles deux voyant.*

2° La conjugaison des verbes sourds, c'est-à-dire, dont la seconde consonne est *fermée* ou sans voyelle, et est redoublée.

EXEMPLE.

m^{a}dd   *il a étendu ;*   r^{a}dd   *il a rendu.*

3° Les verbes défectifs ou à voyelles radicales changeantes et éclipsantes.

ra'h   *il est allé ;*   ï^{a}rω'h   *il va.*

A quoi il faut ajouter les passifs de toutes ces conjugaisons. Nous allons traiter d'abord des conjugaisons dérivées.

CHAPITRE V.

Des Conjugaisons dérivées.

Les conjugaisons dérivées sont au nombre de douze, ce qui, avec la première que nous venons de voir, forme treize conjugaisons pour la première classe ; le tableau ci-joint (n° 3) en donnera une idée plus claire que tout ce que nous en pourrions dire en détail ; il suffira d'y ajouter quelques observations.

La première est que les douze formes que présente ici le verbe naʒar, sont purement fictives, attendu qu'aucun verbe ne se combine de toutes ces façons ; un grand nombre n'est usité que dans une forme ; plusieurs le sont dans deux, trois, quatre et même jusqu'à six, mais aucun jusqu'à douze, soit en actif, soit en passif. Ce modèle sert seulement à indiquer comment se combinent les lettres radicales, les lettres ajoutées et les voyelles mineures intercalées.

La première forme, dite primitive ou radicale, a une signification simple, soit active, comme :

naʒar   *il a vu.*

CONJUGAISONS
DÉRIVÉES DU VERBE RÉGULIER.

ACTIF.

(I).	PRÉSENT ET FUTUR.	IMPÉRATIF.	PARTICIPE.	SUBSTANTIF.	PRÉTÉRIT
r.	iᵃnṣᵒr.	onṣᵒr.	nâṣᵉr.	naṣr.	*il a aidé*, etc.
²r.	iᵒnᵃṣṣᵉr.	nᵃṣṣér.	mᵒnᵃṣṣᵉr.	tᵃnṣîrân.	*il a fait aider,*
r.	iᵒnâṣᵉr.	nâṣᵉr.	mᵒnâṣᵉr.	mᵒnâṣᵃràt.	et *il a rendu naz*
r.	iᵒnṣᵉr.	anṣᵉr.	mᵒnṣᵉr.	enṣâran.	
ṣṣᵃr.	iᵃtᵃnᵃṣṣᵃr.	tᵃnᵃṣṣᵃr.	mᵒtᵃnᵃṣṣᵉr.	tᵃnᵃṣṣᵒrân.	
ṣᵃr.	iᵃtᵃnâṣᵃr.	tᵃnâṣᵃr.	mᵒtᵃnâṣᵉr.	tᵃnâṣᵒran.	*ils se sont entr*
'ṣᵃr.	iᵃnnᵃṣᵉŕ.	ennᵃṣᵉr.	mᵒnnᵃṣᵉr.	ennᵃṣâran.	
ṣᵃr.	iᵃntᵃṣᵉr.	entᵃṣᵉr.	mᵒntᵃṣᵉr.	entᵃṣâran.	*il a été aidé et a*
'rᵃr.	iᵃnṣᵃrᵃr.	enṣᵃrᵉr.	mᵒnṣᵃrᵉr.	enṣᵉrârân.	
nṣᵃr.	iᵃstᵃnṣᵉr.	estᵃnṣᵉr.	mᵒstᵃnṣᵉr.	estᵉnṣâran.	*il a imploré l'*
ìrᵃr.	iᵃnṣârᵉr.	enṣârᵉr.	mᵒnṣârᵉr.	enṣirâran.	
ωṣᵃr.	iᵃnṣᵃṣᵉr.	enṣᵃṣᵉr.	mᵒnṣᵒṣᵉr.	enṣiṣâran.	
zωᵃr.	iᵒnṣᵃωᵉr.	enṣᵃωᵉr.	mᵒnṣᵃωᵉr.	enṣωâran.	

ns l'arabe littéral, toute la colonne des prétérits ajoute un *a* à l'*r*, et l'on dit
etc. Toute la colonne du présent change cet *a* en *o*: iᵃnṣᵒrᵒ, iᵒnᵃṣṣᵉrᵒ, etc. L'i
rien, et les deux autres colonnes, le participe et le substantif se déclinent comme l

naśar   *il a aidé.*
dˇarab   *il a frappé.*

soit neutre comme ḣaz^{e}n, *il a été triste.*

La seconde forme naśśar, qui redouble sa deuxième radicale, et la quatrième anśar, désignent l'action de faire faire, et s'appellent par cette raison *factitives.*

EXEMPLE.

n^{a}śś^{a}r, anś^{a}r   *il a fait aider.*
ḣ^{a}ʒʒ^{a}n   *il a fait triste, il a affligé.*

La troisième forme nâś^{a}r, exprime une action sur la personne ou la chose dont on reçoit une action semblable. On peut l'appeler *forme réciproque.*

EXEMPLE.

dˇâr^{a}b-ni *il me frappa le premier* (mais je le lui rendis); *il me provoqua.*

La sixième désigne une action réciproque et concurrente.

EXEMPLE.

t^{a}dˇâr^{a}bω   *ils s'entrebattirent.*
t^{a}nâś^{a}rω   *ils s'entr'aidèrent.*

Les cinquième, septième et huitième forment des passifs.

EXEMPLE.

taˡlaˡm	*il a été instruit.*
enkaˡsaˡr	*il a été brisé.*
eqtaˡṡaˡr	*il a été abrégé.*

La dixième exprime par le mot *est* le désir de faire.

EXEMPLE.

estaˡtˀaˡm	*il a désiré de goûter.*
estaˡγfer	*il a demandé grace.*

La neuvième et la onzième sont consacrées à exprimer l'état intense des couleurs ou des difformités.

EXEMPLE.

du terme aṡfaˡr	*il a été jaune,* l'on fait
eṡfaˡrraˡr	*il a été d'un jaune vif, très-jaune.*
esfâraˡr	*il a été excessivement jaune.*
edˡxaˡmaˡm *et* edˡxâmaˡm	*il a eu la bouche de travers.*

La douzième et la treizième sont d'un usage infiniment rare, elles expriment aussi une intensité de l'action ou de la qualité.

EXEMPLE.

xaˡψaˡn	*il a été âpre.*
exψaˡωψaˡn	*il a été très-âpre.*
alaˡt	*il s'est attaché, il s'est collé.*
ealaˡωωaˡt	*il s'est fortement attaché.*

DE LA LANGUE ARABE. 275

Quant aux passifs, il n'y en a qu'un très-petit nombre d'usités; et ce sont ceux de la première et de la seconde forme dont nous allons donner un exemple pour servir de modèle à tous les verbes de ces deux formes.

Passif du verbe régulier n^aṣ^ar.

PRÉTÉRIT.

n°ṣ°r^a	*il a été aidé.*
n°ṣ°r^at	*elle a été aidée.*
n°ṣ°rt^a	*tu as été aidé.* masc.
n°ṣ°rtⁱ	*tu as été aidée.* fém.
n°ṣ°rt°	*j'ai été aidé.*
n°ṣ°rω (en littéral n°ṣ°rωâ)	*ils ont été aidés.*
n°ṣ°rn^a	*elles ont été aidées.*
n°ṣ°rt°m	*vous avez été aidés.*
n°ṣ°rt°nn^a	*vous avez été aidées.* fém.
n°ṣ°rnâ	*nous avons été aidés.*

L'on voit que dans le passif, la première radicale se prononce en *o*, la deuxième en *e*, et la troisième en *o* dans le littéral; car dans le vulgaire, on dit simplement n°ṣ°r.

Dans le littéral on dit pour le duel :

n°ṣ°râ	*eux deux ont été aidés.*
n°ṣ°r^atâ	*elles deux ont été aidées.*
n°ṣ°rt°mâ	*vous deux avez été aidés.*

PRÉSENT ET FUTUR.

ï°nŝᵃr°	*il est* ou *sera aidé.*
t°nŝᵃr	*elle sera aidée.*
t°nŝᵃr	*tu seras aidé.* masc.
t°nŝᵃrî	*tu seras aidée.* fém.
onŝᵃr°	*je serai aidé.*
ï°nŝᵃrɔn	*ils seront aidés.*
ï°nŝᵃrnᵃ	*elles seront aidées.*
t'°nŝᵃrɔn	*vous serez aidés.* masc.
t'°nŝᵃrnᵃ	*vous serez aidées.* fém.
n'°nŝᵃr°	*nous serons aidés.*

Le présent et le futur, comme l'on voit, tournent les trois radicales comme dans l'actif, avec la différence des voyelles supplétives qui sont *o, a;* et comme à la troisième personne singulière le pronom *a* ne peut se montrer comme dans a-nŝᵃr, le petit *o* caractéristique devient dominant, et remplaçant cet *a*, il produit o-nŝᵃr; ce qui est une règle générale dans tous les passifs de cette classe.

Dans le littéral, on dit pour le duel :

ï°nŝᵃrânⁱ	*eux deux seront aidés.* masc.
t°nŝᵃrânⁱ	*elles deux seront aidées.* fém.
t°nŝᵃrânⁱ	*vous deux serez aidés.* commun.

Pour former l'impératif on se sert des personnes du présent, auxquelles l'on ajoute la particule *l'.*

l't°nŝᵃr	*sois aidé.*
l'ï°nŝᵃr, etc.	*qu'il soit aidé.*

PARTICIPE SINGULIER.		PLURIEL.	
masc. mᵃnśωrᵒⁿ	*aidé;*	mᵃnśωrωⁿᵃ	*aidés.*
fém. mᵃnśωràtᵒⁿ	*aidée;*	mᵃnśωrâtᵃ	*aidées.*

Dans le littéral on dit pour le duel :

mᵃnśωrânⁱ   *eux deux aidés.*
mᵃnśωrᵃtânⁱ   *elles deux aidées.*

Les substantifs sont tantôt en *a*, *i*, comme nᵃśir, tantôt en *a*, ω, comme nᵃśωr; et souvent ils manquent et s'empruntent des autres conjugaisons.

Quant au passif de la conjugaison n° 2, nᵃśśᵃr, il se forme en *o*, *e*, *a* pour le prétérit; en *o*, *a*, *e* pour le présent; et en *o*, *a*, *a* pour le participe.

EXEMPLE.

PRÉTÉRIT.	PRÉSENT ET FUTUR.	IMPÉRATIF.
nᵒśśᵉrᵃ.	ïᵒnᵃśśᵉrᵒ.	l'ïᵒnᵃśśᵉr.
PARTICIPE.	SUBSTANTIF.	
mᵒnᵃśśᵃr.	tᵃnᵃśśir.	

Mais cette classe de passifs est peu employée dans l'arabe vulgaire, et l'on s'y sert plus généralement de la forme 5, tᵃnᵃśśᵃr, de la forme 7, ennᵃśᵃr, et de la forme 8, entᵃśᵃr.

C'est au dictionnaire, composé selon notre méthode, qu'appartiennent les remarques convenables à cet égard; la multitude des exceptions dans les grammaires embarrasse et décourage les commençans, et il leur est plus utile et plus agréable de ne les apprendre qu'à mesure du besoin qui alors fixe mieux leur attention.

Verbes à quatre lettres.

Quelques verbes font exception à la règle générale des trois lettres radicales, et en ont quatre comme dᵃℏrᵃdj, *il a roulé*, qᵃmtᵃr, *il a lié par étranglement*. Ces verbes suivent la forme n° 2, c'est-à-dire que privant de voyelle la seconde radicale, ils prononcent leur prétérit en *a, a*; leur présent et futur en *o, a, e*, et leur participe en *o, a, e* comme nᵃssᵃr.

EXEMPLE.

PRÉTÉRIT. PRÉSENT ET FUTUR. IMPÉRATIF. PARTICIPE.

dᵃℏrᵃdjᵃ   iᵒdᵃℏrᵉdj.   dᵃℏrᵉdj.   modᵃℏrᵉdj.

Quant au substantif, l'on dit tantôt dᵃℏrᵃdjàt, et tantôt dᵃℏrᵃdjà'n.

Le passif se conjugue en *o, e, a* comme nᵒssᵉrᵃ.

EXEMPLE.

PRÉTÉRIT.   PRÉSENT ET FUTUR.   IMPÉRATIF.

dᵒℏrᵉdjᵃ.   iᵒdᵃℏrᵃdjᵒ,   l'iᵒdᵃℏrᵃdj.

PARTICIPE.   SUBSTANTIF.

mᵒdᵃℏrᵃdj.   mᵒdᵃℏrᵃdjâm.

C'est encore au dictionnaire à indiquer les exceptions.

CHAPITRE VI.

Verbes sourds, ou à deuxième radicale privée de consonne et redoublée.

Venons à la seconde classe des consonnes : celle des verbes qui dans l'écriture arabe ne présentant que deux radicales, doublent la seconde pour en avoir trois.

EXEMPLE.

سَمَّ prononcé mᵃddᵃ, *il a entendu.*

رَدَّ prononcé rᵃddᵃ, *il a rendu.*

Les grammairiens appellent ces verbes *sourds*, parce que la seconde consonne est privée de voyelle : il en résulte pour la manière de conjuguer les temps et les personnes, des particularités qui demandent un exemple.

PRÉTÉRIT ACTIF.

rᵃddᵃ	*il a rendu.*
rᵃddᵃt	*elle a rendu.*
rᵃdᵃdtᵃ	*tu as rendu.* masc.
rᵃdᵃdtⁱ	*tu as rendu.* fém.
rᵃdᵃdtᵒ	*j'ai rendu.*

rᵃddω (1).	*ils ont rendu.*
rᵃdᵃdtω	*vous avez rendu.*
rᵃdᵃdnâ	*nous avons rendu.*

Vulgairement on dit rᵃddait *j'ai rendu*, et *tu as rendu*; et rᵃddaitω *vous avez rendu*, comme si la racine était rᵃddā, iᵒrᵃddi; et quoique ce soit un défaut, la douceur de cette prononciation l'a fait prévaloir sur l'autre.

PRÉSENT ET FUTUR.

iᵃrᵒddᵒ	*il rend* ou *rendra.*
t'ᵃrᵒdd	*elle rend* ou *rendra.*
t'ᵃrᵒddᵒ	*tu rends* ou *rendras.* masc.
tᵃrᵒddⁱ	*tu rends* ou *rendras.* fém.
arᵃdd	*je rends* ou *rendrai.*
iᵃrᵒddω	*ils rendent* ou *rendront.*
tᵃrᵒddω	*vous rendez* ou *rendrez.*
nᵃrᵒddᵒ	*nous rendons* ou *rendrons.*

IMPÉRATIF.

rᵒdd	*rends.* masc.
rᵒddⁱ	*rends.* fém.
rᵒddω	*rendez.* commun.

Les autres personnes forment avec la particule *l'* mise devant le présent l'iᵃrᵒdd, *qu'il rende.*

---

(1) Règle générale, on ne distingue point dans l'arabe vulgaire le masculin du féminin dans le nombre pluriel.

SINGULIER PARTICIPE.

masc. râdd^on   *rendant.*   râddωn   *rendans.*
fém. râddàt^on   *rendante.*   râddât   *rendantes.*

On voit que dans ce participe c'est la même règle que dans nâś^er, c'est-à-dire que l'*á* ouvert est le signe caractéristique.

SUBSTANTIF.

r^addân, *l'action de rendre;* même règle encore que n^aśrâ'n.

PASSIF.

Le passif se forme avec les mêmes voyelles intercalaires que n^oś^er.

PRÉTÉRIT.

r^odd^a   *il a été rendu.*
r^odd^at   *elle a été rendue.*
r^od^edt   *tu as été rendu.*
r^od^edt^i   *elle a été rendue.*
r^od^edt   *j'ai été rendu.*
r^oddω   *ils ont été rendus.*
r^od^edtω   *vous avez été rendus.*
r^od^edna   *nous avons été rendus.*

PRÉSENT ET FUTUR.

ï^or^add   *il est* ou *sera rendu.*
t^or^add   *elle est* ou *sera rendue.*

tᵒrᵃdd	*tu es* ou *seras rendu.*
tᵒrᵃddᵉ	*tu es* ou *seras rendue.*
orᵃdd	*je suis* ou *serai rendu.*
ïᵒrᵃddω	*ils sont* ou *seront rendus.*
tᵒrᵃddω	*vous êtes* ou *serez rendus.*
nᵒrᵃdd	*nous sommes* ou *serons rendus.*

Il n'y a point d'impératif particulier ; il se forme avec le présent et la lettre *l'* : l'ïᵒrᵃdd, *qu'il soit rendu*, etc.

PARTICIPE.

masc. mᵃrdωdᵒⁿ	*rendu.*	mᵃrdωdωn	*rendus.*
fém. mᵃrdωdàtᵒⁿ	*rendue.*	mᵃrωdât	*rendues.*

SUBSTANTIF.

mᵃrdωdân *et* mᵃrdωdatân, *restitution.*

De cette racine rᵃdd, se forment où peuvent se former les mêmes dérivés que de la racine nᵃšᵃr ; et ces dérivés se conjuguent selon les modèles du tableau n° 3, page 272 ; ainsi l'on peut dire,

2	rᵃddᵃd, ïᵒrᵃddᵉd,	*il a fait rendre.*
4	arᵃdd,	
8	ertᵃdd,	*il a été rendu.*
10	estᵉrᵃdd,	*il a désiré de rendre.*

Mais l'usage seul et le dictionnaire peuvent apprendre lesquelles de ces formes sont usitées dans le vulgaire, et dans chaque pays arabe.

CHAPITRE VII.

Des Verbes défectueux, ou qui ont des voyelles pour lettres radicales.

Lorsque dans un verbe l'une des trois lettres radicales est voyelle, le verbe s'appelle défectueux, parce que dans les diverses modifications des temps, des personnes et des conjugaisons, cette voyelle se change ou même s'éclipse tout-à-fait.

Néanmoins il ne faut pas croire que ces changemens se fassent sans règles; ils en ont au contraire d'assez fixes qui proviennent de ces petites voyelles intercalées que nous venons de voir servir par leurs inversions à exprimer tous les modes des temps, des personnes et des conjugaisons; c'est-à-dire, que ce sont ces petites voyelles qui affectant les grandes, selon les principes du tableau n° 2, faisant face à la page 219, les changent ou les confirment pour obéir aux règles générales de la conjugaison. Quelques exemples rendront ce mécanisme sensible.

Le verbe âk^{a}l, *il a mangé*, offre pour première radicale la grande voyelle â. Dans les principes de la conjugaison, n° 1, la première radicale est affectée du petit *a*, n^{a}ṣ^{a}r; donc il faudrait écrire â^{a}k^{a}l.

Mais ces deux sons se confondant par identité, on dit simplement âk^{a}l.

Au passif, ce n'est plus le petit *a* qui affecte la première radicale, c'est *o* (n^{o}ś^{a}r), et il faudrait dire a^{o}k^{e}l ; mais *a* affecté d'*o*, ferait un hiatus ; et pour l'éviter, les Arabes ont adopté la règle générale de ne prononcer que *o*, avec cette remarque que ce petit *o* bref et intercalaire devient un *o* radical et dominant ; et ils disent ok^{e}l, *il a été mangé*.

Si la voyelle est au milieu, les mêmes principes guident ses changemens : ainsi ces principes voulant que la seconde radicale, au prétérit actif, soit toujours affectée d'*a*, presque jamais cette seconde radicale n'y offre d'î ni d'ω ; ces deux voyelles ne peuvent se montrer qu'au présent et futur.

EXEMPLE.

qâl *il a dit*, ï^{a}qωl *il dit*, ou *dira*.

zâd *il a augmenté*, ï^{a}zîd *il augmente* ou *augmentera*.

Appliquez à cet exemple les petites voyelles du modèle n^{a}ś^{a}r, et vous verrez leurs règles observées.

q^{a}â^{a}l, ï^{a}qω^{o}l.

n^{a}ś^{a}r, ï^{a}nś^{o}r.

zâd cependant ne fait pas ï^{a}zωd, mais ï^{a}zîd, et en cela il suit la règle d'une foule de verbes qui, à la seconde radicale du présent, prennent le kesré, ou petit *e*, comme k^{a}ś^{a}r *il a brisé*, ï^{a}kś^{e}r *il brise*.... et

DE LA LANGUE ARABE.

il en résulte pour tous les verbes qui ont â pour seconde radicale, l'équivoque de savoir s'ils tournent en ω ou en î : l'usage et le dictionnaire peuvent seuls l'enseigner.

Enfin si la troisième radicale est une voyelle, c'est encore la petite voyelle supplétive qui la régit. Cette petite voyelle ne se montre point dans l'arabe vulgaire, qui dit simplement nᵃṣᵃr, ïᵃnṣᵒr ; mais elle existe dans le littéral, qui écrit et prononce nᵃṣᵃrᵃ, ïᵃnṣᵒrᵒ.

La troisième radicale étant voyelle sera donc généralement affectée d'*a*, c'est-à-dire sera toujours â au prétérit actif ; mais elle pourra tourner au présent et au futur tantôt en ω, et tantôt en î, attendu qu'il y a une quantité de verbes où elle est *i*. C'est pour les indiquer que j'ai imaginé de marquer de deux points ä, l'a final qui représente cet î.

EXEMPLE.

rᵃmä *il a jeté*,   ïᵃrmî *il jette*
mᵃlä *il a rempli*, îᵃmli *il remplit*.

Les verbes en ω font :

γᵃza *il a attaqué*,   ïᵃγzω *il attaque*.
ḥᵃla *il a été doux au goût*, ïᵃḥlω *il est doux au goût*.

La voyelle aïn subit des changemens analogues à ceux que nous venons de voir, quoique les grammairiens l'aient voulu conjuguer régulièrement, et que même ils aient établi le verbe fȧl pour modèle de la première conjugaison ; mais leur erreur en ce point se rend sensible, et par l'écriture, et par la prononciation, qui s'accordent à prouver que l'a se modifie en ع et en ơ, selon qu'il est affecté de domma ou de kesré.

EXEMPLE.

ȧz^{a}l *il a destitué*, devient au passif ơzel *il a été destitué*.

f^{a}al *il a fait*, donne fȧعel *faisant*, et m^{a}fơcol, *fait*, *factus*.

ȧbb *il a avalé*, devient ï^{a}ơbb *il avale*.

ȧzz *il a été précieux*, devient ï^{a}عzz *il est précieux*.

Ainsi c'est une règle générale, que l'aïn se modifie en ع et en ơ, selon qu'il est affecté des petites voyelles *é* et *o*.

Sur quoi nous remarquerons 1° que lorsqu'il fait partie d'un verbe sourd, comme dans ȧbb et ȧzz, il suit toutes les règles de r^{a}dd pour le doublement de sa consonne, mais il tourne au présent tantôt en ع et tantôt en ơ, c'est-à-dire qu'il est affecté tantôt du petit *é*, et tantôt du petit *o*.

2° Qu'il ne doit être influencé que par la voyelle intercalaire qui lui appartient en propre, et qu'il ne faut pas lui confondre celles qui appartiennent aux autres radicales : ainsi, selon le type n^{a}ṣ^{a}r, on devrait écrire f^{a}ȧ^{a}l ; mais dans ȧ^{a}l le petit *a* se confond à l'aïn, et il reste f^aäl, parce que le premier petit *a* appartient à f.

3° Qu'à la fin des mots du temps présent et futur, l'aïn ne suit pas communément la règle de ï^ans^or où l'on voit l'*o* affectant la seconde radicale; mais qu'il reste souvent ce qu'il est sans changement : ainsi le verbe q^atä *il a coupé*, ne fait pas ï^aqto, mais ï^aqtä; ce qui n'empêche pas que dans le littéral on ne le fasse suivre de la finale caractéristique *o*, puisque l'on y dit ï^aqtä^o, comme ï^ans^or^o.

Mais c'est encore au dictionnaire qu'il appartient d'indiquer le caractère spécial de chaque verbe, comme l'a fait Golius dans son *Océan* de la langue arabe (qâmωs el loyàt el arabîàt).

Nous allons donner quelques exemples des conjugaisons les plus générales des verbes imparfaits.

EXEMPLE.

Verbe *dont la première radicale est voyelle*.

PRÉTÉRIT.

âk^al	*il a mangé.*
âk^al^at	*elle a mangé.*
âk^alt	*tu as mangé.* masc.
ak^alt^i	*tu as mangé.* fém.
âk^alt	*j'ai mangé.*
âk^alω	*ils ont mangé.*
âk^altω	*vous avez mangé.*
âk^alna	*nous avons mangé.*

PRÉSENT ET FUTUR.

iâkᵒl	*il mange* ou *mangera.*
t'âkᵒl	*elle mange* ou *mangera.*
t'âkolᵒ	*tu manges* ou *mangeras.* masc.
t'âkolⁱ	*tu manges* ou *mangeras.* fém.
â'kᵒl (1).	*je mange* ou *mangerai.*
iâkᵒlω	*ils mangent* ou *mangeront.*
t'akᵒlω	*vous mangez* ou *mangerez.*
n'akᵒl	*nous mangeons* ou *mangerons*

IMPÉRATIF

kᵒl *mange.* masc. kᵒlⁱ *mange.* fém. (2).

PARTICIPE.

âkel (3)	*mangeant.*	âkᵉlât	*mangeante.*
âkᵉlωn	*mangeans.*	âkᵉlât	*mangeantes.*

SUBSTANTIF

el akl (4) *le manger.*

---

(1) On devrait écrire *d'okᵒl;* mais la virgule suffit pour avertir de l'élision de l'*a* mineur, afin d'éviter l'hiatus.

(2) L'*a* radical se supprime dans ce verbe ainsi que dans χod, *prends,* et mᵒr, *commande;* mais dans les autres il devient *é* ou *i*.

(3) Au lieu de *ââkel.*

(4) Qu'il ne faut pas prononcer comme el aql, *l'esprit.*

Au passif, la racine akal suivant les règles de n^{o}ǵ^{e}r se change en o^{o}k^{e}l, et l'on dit :

Prétérit. ok^{e}l *il a été mangé*, etc.
Présent ïωk^{a}l *il est ou sera mangé*, etc.
Participe. mωakl *mangé.*
Substantif. akîlàt *chose mangeable*

Verbe dont la seconde radicale est voyelle.

Dans ce verbe il faut savoir si cette seconde radicale tourne au présent et futur en ω, comme qâl, ï^{a}qωl, ou en *i*, comme sâl, ï^{a}sîl *il a questionné.*

PREMIER EXEMPLE.

qâl (1) *il a dit.* ï^{a}qωl *il dit.*

PRÉTÉRIT.

qâl	*il a dit.*
qâl^{e}t	*elle a dit.*
q^{o}lt^a	*tu as dit.* masc.
q^{o}lt^i	*tu as dit.* fém.
qolt^o	*j'ai dit.*
qâlω	*ils ont dit.*
qoltω	*vous avez dit.*
q^{o}lnâ	*ils ont dit.*

---

(1) L'on devait écrire q^{a}âl, mais la suppression du petit *a* ne donne lieu à aucune équivoque, et elle évite un hiatus.

PRÉSENT ET FUTUR.

ïªqωl   *il dit* ou *dira*, etc.
tʼªqωl   *elle dit.*
tªqlω   *tu dis.* masc.
tʼªqωlⁱ   *tu dis.* fém.
âʼqωl   *je dis.*
îªqωlω   *ils disent.*
tʼªqωlω   *vous dites.*
nªqωl   *nous disons.*

IMPÉRATIF.

qºł *dis*, masc.   qºlⁱ *dis.* fém.   qºlω *dites*, com.

PARTICIPE.

qâïl   *disant.*   qâïlàt *disante.*
qâïlωn *disans.*   qâïlât *disantes.*

SUBSTANTIF.

el qωl *la parole, le dire.*   *Pluriel,* el aqωâl.

PASSIF.

PRÉTÉRIT.

qîl   *il a été dit.*
qîlªt   *elle a été dite.*
qᵉltª   *tu as été dit.*
qᵉltⁱ   *tu as été dite.*
qeltº   *j'ai été dit.*
qîlω   *ils ont été dits,*

qᵉltⲱ	*vous avez été dits.*
qᵉlnâ	*nous avons été dits.*

PRÉSENT ET FUTUR.

ïºqâl	*il est* ou *sera dit.*
t'ºqâl	*elle est* ou *sera dite.*
t'ºqâl	*tu es* ou *seras dit.*
t'ºqâlⁱ	*tu es* ou *seras dite.*
o'qâl	*je suis* ou *serai dit.*
ïºqâlⲱn	*ils sont* ou *seront dits.*
t'ºqâlⲱn	*vous êtes* ou *serez dits.*
nºqâl	*nous sommes* ou *serons dits.*

IMPÉRATIF.

l'ïºqâl.	*qu'il soit dit,* etc.

PARTICIPE.

mᵃqⲱl	*dit,* etc.

SECOND EXEMPLE.

sâr	*il a marché,*	ïᵃsir	*il marche.*

PRÉTÉRIT.

sâr	*il a marché.*
sârᵃt	*elle a marché.*
sᵉrt	*tu as marché.* masc.
sᵉrtⁱ	*tu as marché.* fém.
sᵉrtº	*j'ai marché.*
sârⲱ	*ils ont marché.*

GRAMMAIRE

s^{e}rtω	*vous avez marché.*
s^{e}rnâ	*nous avons marché.*

PRÉSENT ET FUTUR.

ï^{a}sîr	*il marche ou marchera.*
t^{a}sîr	*elle marche.*
t^{a}sir	*tu marches.* masc.
t^{a}sîr^i	*tu marches.* fém.
â'sîr	*je marche.*
ï^{a}sîrω	*ils marchent.*
t^{a}sîrω	*vous marchez.*
n'^{a}sîr	*nous marchons.*

IMPÉRATIF.

s^{e}r	*marche,* masc.	sîr^i	*marche.* fém.
sîrω	*marchez,* masc.	s^{e}rn	*marchez.* fém.

PARTICIPE.

sâïr	*marchant,*	sâïrât	*marchante.*
sâïrωn	*marchans,*	sâïrât	*marchantes.*

SUBSTANTIF.

el sîr (*ou*) sîrâ'n *la marche.*

PASSIF.

PRÉTÉRIT.

sîr	*il a été marché.*
sir^{a}t	*elle a été marchée.*
s^{e}rt	*tu as été marché.*
s^{e}rt^i	*tu as été marchée.*

DE LA LANGUE ARABE.

sᵉrtᵒ	j'ai été marché.
sîrω	ils ont été marchés.
sᵉrtω	vous avez été marchés.
sᵉrna	nous avons été marchés.

PRÉSENT ET FUTUR.

ï°sâr	il est où sera marhé.
t'°sar	elle est ou sera marchée
t'°sarᵃ	tu es ou seras marché.
t'°sârⁱ	tu es où seras marchée.
o'sâr	je suis où serai marché.
ï°sârω	ils sont marchés.
t'°ârω	vous êtes marchés.
n°sâr	nous sommes marchés.

IMPÉRATIF.

l'ï°sâr etc.	qu'il marche.

PARTICIPE.

m'âsωr	marché, etc.

Verbes en ω *et en* ï, *à la troisième radicale.*

PREMIER EXEMPLE.

γᵃzâ	il a attaqué.
ïᵃγzω	il attaque.

PRÉTÉRIT.

γᵃzâ	il a attaqué.

γᵃzât	*elle a attaqué.*
γᵃzω̂t	*tu as attaqué.* masc.
γᵃzω̂tⁱ	*tu as attaqué.* fém.
γᵃzω̂tᵃ	*j'ai attaqué.*
γᵃzω	*ils ont attaqué.*
γᵃzω̂tω	*vous avez attaqué.*
γᵃzωnâ	*nous avons attaqué.*

PRÉSENT ET FUTUR.

ïᵃγzω	*il attaque* ou *attaquera.*
tᵃγzω	*elle attaque.*
tᵃγzω	*tu attaques.* masc.
tᵃγzⁱ	*tu attaques.* fém.
a'γzω	*j'attaque.*
ïᵃγzωn	*ils attaquent.*
tᵃγzωn	*vous attaquez.*
n'ᵃγzω	*nous attaquons.*

On voit dans cet exemple que les deux avant-dernières personnes ïᵃγzωn et tᵃγzωn, prennent l'*n* final grammatical afin de se bien distinguer de leur singulier.

IMPÉRATIF.

oγzᵒ	*attaque.* masc.	oγzⁱ	fém.
oγzω	*attaquez.*	oγzωn	fém.

PARTICIPE.

γâzᵉⁿ	*attaquant.*	âzàt	*attaquante*
γâzωn	*attaquans.*	γâzât	*attaquantes.*

SUBSTANTIF.

el γᵃzω   l'attaque.

PASSIF.

PRÉTÉRIT.

γºzi   il a été attaqué.
γºziᵃt   elle a été attaquée.
γºzît   tu as été attaqué, etc.

PRÉSENT ET FUTUR.

ïºγzä   il est ou sera attaqué.
t'ºγzä   elle est ou sera attaquée.
t'ºγzä   tu es ou seras attaqué.
t'ºγzi   tu es ou seras attaquée.
oγzä   je suis ou serai attaqué, etc.

IMPÉRATIF.

l'ïºγzä   qu'il soit attaqué, etc.

PARTICIPE.

mᵃγzω attaqué.   mᵃγzωᾳt attaquée.
mᵃγzωων attaqués.   mᵃγzωât attaquées.

Les dérivés sont : γᵃzzä,   ïºγᵃzzi.
                   γâzä,   ïºγᵃzi, etc.

C'est-à-dire tous ä au prétérit, et ï au présent.

SECOND EXEMPLE.

rᵃmä   *il a jeté.*   ïᵃrmi   *il jette.*

PRÉTÉRIT.

rᵃmä	*il a jeté,* rᵃmᵃt *elle a jeté.*
rᵃmait	*tu as jeté.* masc.
rᵃmaitⁱ	*tu as jeté.* fém.
rᵃmaitᵒ	*j'ai jeté.*
rᵃmaω	*ils ont jeté.*
rᵃmaitω	*vous avez jeté.*
rᵃmainâ	*nous avons jeté.*

PRÉSENT ET FUTUR.

ïᵃrmi	*il jette.*
t'ᵃrmi	*elle jette, tu jettes.*
a'rmî	*je jette.*
îᵃrmω	*ils jettent.*
t'ᵃrmω	*vous jetez.*
n'ᵃrmi	*nous jetons.*

IMPÉRATIF.

ermi *jette.* commun.   ermω *jetez.*

PARTICIPE.

râmᵉⁿ *jetant,*   râmîàt *jetante.*
râmωn *jetans,*   râmîât *jetantes.*

SUBSTANTIF.

el rᵃmî *ou* rᵃmîâ'n   *le jet.*

PASSIF.

PRÉTÉRIT.

rᵒmã̄   *il a été jeté.*

r°mi^at	*elle a été jetée.*
r°mît	*tu as été jeté* et *j'ai été jeté.*
r°mîtⁱ	*tu as été jetée.* fém.
r°mω, r°mîtω, etc.	

PRÉSENT ET FUTUR.

ï°rmä	*il est jeté.*
t'°rmä	*elle est jetée* et *tu es jeté.*
t'°rmî	*tu es jetée.* fém.
ormä	*je suis jeté.*
ï°rmω, t'°rmω, etc.	

PARTICIPE.

m'^armi	*jeté*	m'^armîàt	*jetée.*
m'^armiωn	*jetés.*	m'^aarmîàt	*jetées.*

Tous les dérivés font le prétérit en ä et le présent en ï

r^ammä, ï°r^ammi
ert^amä, ï^art^ami, etc.

———

CHAPITRE VIII.

Verbes Imparfaits et doublement Irréguliers.

Les verbes imparfaits sont ceux qui n'ont que deux lettres radicales, et qui de ces deux lettres en ont une voyelle.

EXEMPLE.

ʤâ *il est venu.*   âᵃb *il est retourné.*

Lorsque la première radicale est voyelle, comme dans âᵃb, le verbe suit les règles d'âkᵃl *il a mangé*, ou de qắl *il a dit.*

EXEMPLE.

PRÉTÉRIT.	PRÉSENT ET FUTUR.	IMPÉRATIF.
âᵃb.	ïᵃωb.	ob.
il est retourné.	*il retourne.*	*retourne.*
PARTICIPE.	SUBSTANTIF.	
âïb.	âωbâ'n.	
retournant.	*retour.*	

Si c'est la seconde radicale qui est voyelle, le verbe

suit les règles tantôt de qâl, tantôt de sâl, c'est-à-dire qu'il tourne en ω ou en ï.

EXEMPLE.

PRÉTÉRIT.	PRÉSENT ET FUTUR.	IMPÉRATIF.
djâ.	ï*ª*dji.	dji.
il est venu.	*il vient.*	*viens.*

PARTICIPE.	SUBSTANTIF.	
djâï	djìàt *et* m'*ª*djîa'n.	
venant.	*venue.*	
sâ	ï*ª*sω	sω
il a affligé. (1)	*il afflige.*	*afflige.*
sâï.	sω'ân.	
affligeant.	*affliction.*	

Les verbes doublement irréguliers sont ceux qui, ayant trois lettres radicales, ont deux de ces lettres voyelles.

EXEMPLE.

âtâ *il est arrivé.*   nâä *il s'est retiré.*

Ces verbes suivent les règles, tantôt de sâl, tantôt de r*ª*mä.

---

(1) On fait du mal, de la peine, car sω est proprement la peine d'esprit.

EXEMPLE.

PRÉTÉRIT.	PRÉSENT ET FUTUR.	IMPÉRATIF.
âtä.	ïâtï.	eït *ou* t^{e}h.
il est arrivé.	*il arrive.*	*arrive.*

PARTICIPE.	SUBSTANTIF.	
ât^{en}.	etîa'n.	
arrivant.	*arrivée.*	
näâ.	ï^{a}nâï.	enâ.
il s'est retiré.	*il se retire.*	*retire-toi.*
nâ'^{en}.	nâa'n.	
se retirant.	*retraite.*	

Le verbe râä *il a vu*, a dans ses conjugaisons quelques particularités qui méritent d'être observées à cause de son fréquent usage.

PRÉTÉRIT.

räâ	*il a vu.*
raï^{a}t	*elle a vu.*
rait	*tu as vu.* masc.
rait^i	*tu as vu.* fém.
rait	*j'ai vu.*
râω	*ils ont vu.*
raîtω	*vous avez vu.*
raîna	*nous avons vu.*

PRÉSENT ET FUTUR.

ï^{a}rä	*elle voit* ou *verra*, etc.

t'ᵃrä	elle voit et *tu vois*.	masc.
t'ᵃri	*tu vois*.	fém.
a'rä	*je vois*.	
ïᵃrѡ	*ils voyent*.	
t'ᵃrѡ	*vous voyez*.	
n'ᵃrѡ	*nous voyons*.	

IMPÉRATIF.

rᵃ, *ou* reh, *ou* rᵃi
ou erä, *ou* eri } *vois*.

PARTICIPE.

râîⁿ *voyant*.   räiàt *voyante*.

SUBSTANTIF.

râia'n *et* mᵃraïàt *l'action de voir*.

Au reste, ces verbes irréguliers formant des exceptions peu nombreuses, c'est toujours au dictionnaire qu'il appartient de les indiquer, ainsi que les diverses formes de conjugaisons qui sont en usage.

Je vais terminer ces notions élémentaires par quelques proverbes arabes, qui acheveront de donner idée de ma méthode de transposition, et par quelques observations sur la manière de tracer à la main les lettres nouvelles que je propose d'adopter pour correspondre aux prononciations arabes dont nous manquons.

PROVERBES

ARABES.

PROVERBES ARABES.

١ اَلْعَالِمُ بِأَرْضِ مِيلَادِهِ كَالذَّهَبِ فِي مَعْدِنِهِ ۞

٢ مَنْ كَانَ الطَّمَعُ لَهُ مَرْكَبًا كَانِ الْفَقْرُ لَهُ صَاحِبًا ۞

٣ مَنْ كَتَمَ سِرَّهُ بَلَغَ مُرَادَهُ ۞

٤ كُلَّمَا تَعْرُسُ فِي الْفَدَّانِ يَنْفَعُكَ تَعْرُسُ ابْنَ آدَمَ يَقْلَعُكَ ۞

٥ حِفْظُكَ لِسِرِّكَ أَوْجَبُ بِهِ مِنْ حِفْظِ غَيْرِكَ لَهُ ۞

٦ مَنْ نَقَلَ إِلَيْكَ فَقَدْ نَقَلَ عَنْكَ ۞

Modèle d'Écriture arabe transposée et lue selon l'Arabe littéral.

---

1 al (ou) el aâlem^o b'ârḍ^i, m'ilâd^{i}h^i, ka al ʒahab^i fi maden^{i}h^i.

    Le savant est dans sa patrie, comme l'or dans sa mine.

2 man kân^a al ṭamʿ l'ho m'arkabâ'n, kân^a al faqr^o l'ho ṣâḥebâ'n.

    Qui monte sur le char de la fortune (de la cupidité) aura pour compagnon la misère.

3 man katam^a serr^{a}h^o, balaɣ^a morâd^{a}ho.

    Qui cache son secret, atteint son désir.

4 koll^a ma taɣros^o fi al faddân^i, ïanfa^{o}k^a; taɣros abn adam^a, ïaqla^{o}k^a.

    Plante un arbre il te nourrira; plante un homme il te déplantera.

5 hefʒ^{o}k^a la serr^{i}k^a aoɔdjab^o b'h^i, mén hefʒ ɣaïr^{i}k^a l'ho.

    La garde de ton secret par toi est bien plus sûre que par un autre.

6 man naqal^a elai-k^a, faqud naqal^a an-k^a.

    Qui t'apporte t'emportera (t'a de ce moment même emporté.)

٧ اَلْعَالِمُ عَرَفَ اَلْجَاهِلَ لِأَنَّهُ كَانَ جَاهِلًا ٭ وَاَلْجَاهِلُ لَا يَعْرِفُ اَلْعَالِمَ لِأَنَّهُ لَا كَانَ عَالِمًا ٭

٨ اَلْجَاهِلُ عَدُوٌّ لِنَفْسِهِ فَكَيْفَ يَكُونُ صَدِيقًا لِغَيْرٍ ٭

٩ مَنْ مَارَسَ اَلْأُمُورَ رَكِبَ اَلْبُحُورَ ٭

١٠ طُولُ اَلتَّجَارِبِ زِيَادَةٌ فِي اَلْعَقْلِ ٭

١١ مَنْ يُجَرِّبْ يَزِدْ عِلْمًا وَمَنْ يُؤْمِنْ يَزِدْ غَلَطًا ٭

١٦ أُطْلُبْ اَلْجَارَ قَبْلَ اَلدَّارِ وَاَلرَّفِيقَ قَبْلَ اَلطَّرِيقِ ٭

7 al âalem° arafᵃ al djâhelᵃ, l'annᵃh° kânᵃ djâhelân : ωa al djâhel° la ïarêf° al âalemᵃ l'annᵃho la-kânᵃ âalemân.

Le savant connaît l'ignorant, parce qu'il le fut ; mais l'ignorant ne connaît point le savant, parce qu'il ne l'a pas été

8 al djâhel° adωᵒⁿ l'nafsʰhⁱ ; fa kaifᵃ ïakωn° ṣadîqan l'γairhⁱ.

(Si) l'ignorant est l'ennemi de lui-même, comment sera-t-il l'ami d'autrui ?

9 man mârasᵃ al omωrᵃ, rakebᵃ al bohωrᵃ.

Se mêler des affaires, c'est s'embarquer sur la mer.

Noᴛᴀ. Nous allons lire les suivans à la manière vulgaire, sans finales grammaticales.

10 ṭωl el tadjâreb, ziâdàt fi el ȧql.

Longue expérience, étendue de sagesse.

11 man ïodjarreb, ïazed elmân : man ïωmen ïazed γalaṭân.

Celui qui expérimente, augmente ses lumières ; celui qui croit, accroît ses erreurs.

12 oṭlob el djâr qabl el dâr : ωa rafîq qabl el ṭariq.

Informe-toi du voisin avant de prendre maison, et du compagnon avant de faire route.

١٣ أَحْسِنْ إِنْ أَرَدْتَ أَنْ يُحْسَنَ إِلَيْكَ ۞

١٤ عَدُوٌّ عَاقِلٌ أَخْيَرُ مِنْ صَدِيقٍ جَاهِلٍ ۞

١٥ اَلْكَفُّ عَنِ ٱلشَّهَوَاتِ غِنًى ۞

١٦ لِسَانُ أَخْرَسٍ أَخْيَرُ مِنْ لِسَانٍ نَاطِقٍ فِي ٱلْكَذِبِ ۞

١٧ شَخْصٌ بِلَا أَدَبٍ كَجَسَدٍ بِلَا رُوحٍ ۞

١٨ اَلْجَاهِلُ يَرْضَى عَنْ نَفْسِهِ ۞

١٩ اَلْقُنُوعُ مِنَ ٱلْقَلِيلِ غِنًى ۞

٢٠ إِسْمَعْ فَٱعْلَمْ وَٱسْكُتْ فَٱسْلَمْ ۞

٢١ اَلنَّاسُ ٱثْنَانِ بَالِغٌ لَا يَكْتَفِي وَطَلِبٌ لَا يَجِدُ ۞

13 aḣsen en aradt an ioḣsan elaik.
   Fais du bien, si tu veux qu'on t'en fasse.

14 adω aâqel aχair men ŝadîq djâhel.
   Ennemi sage vaut mieux qu'ami sot.

15 el kaff an el ψahωât ɣenän,
   La tempérance des désirs est richesse.

16 lesân aχras aχair men lesân nâṫeq fi el keʒb.
   Langue de muet est meilleure que langue de menteur.

17 ψaχŝ bela adab kadjasad bela rωḣ.
   Personnage sans éducation, corps sans ame.

18 el djâhel iardˇâ an nafs-eli.
   L'ignorant se plaît (tout seul).

19 el qonωω men el qalil, ɣenäu.
   Contentement de peu est richesse.

20 esma f'âalam; ωa askωt, f'aslam.
   Écouter, c'est apprendre; se taire, c'est se conserver.

21 el nâs aθnatân; bâleɣ la ïoktafi, ωa ṫâleb la ïadjed.
   Les hommes se partagent en deux classes : l'avide qui ne se rassasie pas, et le quêteur qui ne trouve pas.

١ ألصبر مفتاح الفرج والعجلة مفتاح الندامة *

٢ ليس لملوك أخ ولا لحسود راحة ولا للكذوب مروة *

٣ ألمتدل بغير ذنب يوجب الذنب على نفسه *

٤ أفهم الناس من ينظر العواقب *

٥ ثلاثة لا يعرفون إلّا في ثلاثة مواضع لا يعرف الشجاع إلّا عند الحرب ولا يعرف الحكيم إلّا عند الغضب ولا يعرف الصديق إلّا عند الحاجة إليه *

٦ إذا تكلّمت كلمة ملكتك وإذا لم تتكلّم بها ملكتها *

22 el ṣabr meftâh el farah : wa el adjalat meftâh el nadâmàt.

La patience est la clef de la joie, et la précipitation celle du repentir.

23 lais l'molok âχ ; wa la l'haswd râhàt ; wa la l'kazwb morwàt.

Point d'amis pour les rois ; point de repos pour les envieux ; point d'estime pour les menteurs.

24 el motadel b'γair ẓanb, iwdjeb el ẓanb àlä nafs-ho.

Celui qui s'excuse sans être en faute, s'en acquiert une.

25 afham el nâs, man ianẓor el awâqeb.

Le plus savant est celui qui voit la fin de chaque chose.

26 talâtat la iorafwn ella fi talâtàt mawâd'e ; el φadjâa ella end el harb ; el hakim ella end el γad'ab : el ṣadîq ella end el hâdjat elai-h.

Trois choses ne se connaissent qu'en trois occasions : le courage à la guerre, la sagesse au moment de la colère, l'amitié dans l'adversité.

27 eẓa takallamt kelmat, malakat-ka. (*en littéral*) malakat-ka wa eẓa lam tatkallam b'ha, malakt-ha.

Le mot qui t'échappe est ton maître ; celui que tu retiens est ton esclave.

٨٦ أَصْعَبُ عَلَى ٱلْإِنْسَانِ مَعْرِفَةُ نَفْسِهِ *

٩٦ ٱلنَّاسُ عَلَى دِينِ مُلُوكِهِمْ *

١٠٠ حُبُّ ٱلدُّنْيَا وَٱلْمَالِ رَأْسُ كُلِّ خَطِيَّةٍ *

١٣ خَيْرُ ٱلنَّادَمَةِ قِلَّةُ ٱلْخِلَافِ *

٦٣ سِتَّةُ خِصَالٍ يُعْرَفُ ٱلْأَحْمَقُ بِٱلْغَضَبِ مِنْ غَيْرِ شَيْءٍ وَٱلْكَلَامِ فِي غَيْرِ نَفْعٍ وَٱلثِّقَةِ فِي كُلِّ أَحَدٍ وَبَذْلِهِ بِغَيْرِ سَبَبِ ٱلْبَذْلِ وَسُؤَالِهِ عَنْ مَا يَعْنِيهِ وَبِأَنَّهُ لَا يُمَيِّزُ صَدِيقَهُ مِنْ عَدُوَّةٍ *

٣٣ يَهْلَكُ ٱلنَّاسُ فِي حَالَتَيْنِ فُضُولِ ٱلْمَالِ وَفُضُولِ ٱلْكَلَامِ *

٤٣ ٱلْوَرَعُ شَجَرَةٌ أَصْلُهَا ٱلْقَنَاعَةُ وَثَمَرَتُهَا ٱلرَّاحَةُ *

28 aṣab älä el ensân marefät nafs ho.

> Le plus pénible à l'homme, c'est de se connaître.

29 el ψοϲωb älä din molωk-hom.

> La religion du prince fait celle du peuple.

30 ḥobb el donia ωa el mâl, râs koll raẓîlàt.

> Amour du monde et des richesses, principe de toute bassesse.

31 χair el monâdamàt, qellàt el χelâf.

> Le meilleur du repentir est l'exiguité de la faute.

32 b'settàt χeṣâl īoraf el aḥmaq; b'el γaďab men γair ψai; ωa el kalâm fi γair nàfe; ωa el teqàt fi koll aḥad; ωa badl ho b'γair sabab el badl; ωa sωâl-ho an mâ la ioni-h; ωa b'an'ho la iamîz sadîq-ho men adω-ho.

> Le sot se reconnaît à six attributs : il se fâche sans motif; il parle sans utilité; il se fie sans connaître; il change sans raison; il interroge sur ce qui lui est étranger; et il ne sait pas distinguer son ami de son ennemi.

33 iahlak el nâs fi ḥâlatain; foďωl el mâl, ωa foďωl el kalâm.

> Deux choses perdent les hommes, abondance de richesses et abondance de paroles.

34 el ωarà, ďjaďjaràt^on; aṣl-ha el qanâat, ωa tamaràt-ha el râhàt.

> La tempérance est un arbre qui a pour racine le contentement de peu, et pour fruit le calme et la paix.

٥٣ كَثْرَةُ ٱلْقُرْبِ إِلَى ٱلنَّاسِ تَجْلُبُ ٱلسُّوءِ ٭

٦٣ زُرْ غِبًّا تَزْدَدْ حُبًّا ٭

٧٣ سُلْطَانٌ بِلَا عَدْلٍ كَنَهْرٍ بِلَا مَاءٍ ٭

٨٣ عَالِمٌ بِلَا عَمَلٍ كَسَحَابٍ بِلَا مَطَرٍ ٭

٩٣ غِنًى بِلَا سَخَاوَةٍ كَشَجَرٍ بِلَا ثَمَرَةٍ ٭

٤٠ فَقِيرٌ بِلَا صَبْرٍ كَقِنْدِيلٍ بِلَا زَيْتٍ ٭

١٤ شَبَابٌ بِلَا تَوْبَةٍ كَبَيْتٍ بِلَا سَقْفٍ ٭

٢٤ إِمْرَأَةٌ بِلَا حَيَاءٍ كَطَعَامٍ بِلَا مِلْحٍ ٭

٣٤ يَوْمٌ وَاحِدٌ لِلْعَالِمِ خَيْرٌ مِنَ ٱلْحَيَاةِ كُلِّهَا لِلْجَاهِلِ ٭

35 ketrat el qorb elä el nâs, tadjleb el sœ.
> Trop fréquenter le monde amène repentir (*mot à mot* malheur).

36 zor γennân, t'azed hôbbân.
> Visite rare accroît l'amitié (*mot à mot* visite rarement; tu accroîtras l'amitié).

37 solṭân bela adle, ka nahr bela mâ.
> Prince sans justice, fleuve sans eau.

38 âalem bela aïmal, ka saḥâb bela maṭar.
> Savant sans œuvres, nuage sans pluie.

39 γani bela saχawât, ka ψadjar bela tamarât.
> Riche sans bienfaits, arbre sans fruit.

40 faqir bela ṣabr, ka qandîl bela zait.
> Pauvre sans patience; lampe sans huile.

41 ψabâb bela tôbat, ka bait bela saqf.
> Jeune homme sans repentirs; maison sans toit.

42 amrât bela ḥaïâ, ka ṭaâm bela meleḥ.
> Femme sans pudeur, mets sans saveur (*mot à mot* sans sel).

43 iôm wâḥed l'el âalem, aχair men ḥaiât l'el djâhel.
> Une seule journée d'un sage vaut mieux que toute la vie d'un sot.

OBSERVATIONS

SUR LE TABLEAU CI-CONTRE.

La lettre ω se trace couramment, mais elle se lie mieux avec les lettres qui la devancent qu'avec celles qui la suivent.

L'ω̂ n'en diffère que par le trait, ou le petit A que l'on trace dessus.

La troisième lettre, qui est l'aïn, ne diffère de l'a ordinaire, qu'en ce que son trait courbe est brisé.

La 4ᵉ est ce même trait brisé, qui représente l'ε-grec.

L'o' diffère de l'o ordinaire en ce que la plume doit toujours le traverser en terminant son jambage de retour.

Le ɦá et le ƚo diffèrent du té et de l'h, par la boucle dont leur jambage supérieur est toujours couronné.

Le ďo (n° 8) demande un second pli dans le retour de sa courbe, pour se lier avec la lettre qui suit.

Le ʃo commence par en bas, et se termine par le ligament à sa tête.

Le ʒo n'est que le z ordinaire, avec un pli de plus.

Le ԛin se forme de deux traits, 1° d'un ω, 2° d'un ɉ dont on traverse ce ω de haut en bas pour reprendre la lettre suivante avec la ligature de la queue du ɉ.

Le γamma est presque une r à longue queue.

Le θ prend la forme de ꝏ pour bien se joindre aux lettres qui le précèdent ou le suivent.

Dans les pays où on le prononce *t* ou *s*, il faut se servir simplement de ces lettres, et il suffira de les marquer d'un point ou d'un chevron brisé, pour indiquer que dans le dictionnaire elles appartiennent au θ.

Nécessairement le grand à et l'a bref se confondront dans l'écriture. C'est à l'usage d'en apprendre la distinction; on peut d'ailleurs, dans les cas de besoin, les distinguer par le trait circonflexe posé sur l'*â* pour l'*alef*, et par le trait grave posé sur *à* pour le fâtha ou a bref.

L'HÉBREU

SIMPLIFIÉ

PAR

LA MÉTHODE ALFABÉTIQUE

DE C.-F. VOLNEY,

CONTÉNANT UN PREMIER ESSAI DE LA GRAMMAIRE ET UN PLAN DU DICTIONNAIRE ÉCRITS SANS LETTRES HÉBRAÏQUES, ET CEPENDANT CONFORMES A L'HÉBREU ; AVEC DES VUES NOUVELLES SUR L'ENSEIGNEMENT DES LANGUES ORIENTALES.

ÉPITRE

A MESSIEURS LES MEMBRES

DE

L'ACADÉMIE FRANÇAISE.

MESSIEURS ET CHERS CONFRÈRES,

Présenter aux épurateurs de la langue française un livre qui traite de la langue hébraïque, peut vous sembler une idée bizarre : soit ; permettez-moi seulement, en parodiant le guerrier d'Athènes (1), de dire à tout censeur grave ou plaisant : *Frappe, mais écoute.*

---

(1) Thémistocles.

Qu'est-ce que notre Académie française ? n'est-ce pas un corps d'hommes choisis, constitués officiellement pour veiller à la pureté de la langue, et pour en établir un dictionnaire ? — *Cela est vrai.*

Maintenant, qu'est-ce en général qu'un dictionnaire ? n'est-ce pas le recueil de tous les *mots* d'une langue, expliqués et fixés dans leurs acceptions, souvent très-diverses ? — *Oui, c'est bien cela encore.*

Permettez-moi d'approfondir jusqu'aux élémens. Qu'est-ce que les mots d'une langue ? ne sont-ce pas les *mouvemens sonores* de la bouche (1) qui, par la convention des hommes, sont devenus signes de leurs idées et moyens de les communiquer ? — *Cela me semble exact et neuf.*

Mais, mon cher confrère, si les mêmes mots ont des acceptions diverses ; si leur sens n'est fixé que par convention, beaucoup de malentendus, d'équivoques, de propos discordans n'ont-ils pas dû s'introduire dans l'usage vulgaire ? — *Assurément,* et c'est pour cela que notre dictionnaire a une importance bien plus grande que ne l'imagine le vulgaire.

---

(1) *Motus, motiones oris;* cela est si vrai que nous trouvons cette définition dès le huitième siècle chez les Arabes alors occupés des grammaires quand nous n'étions que des scholastiques barbares. Il est bien probable que nos premiers grammairiens raisonnables ont puisé à cette source en Espagne.

Actuellement, mon cher confrère, n'est-il pas vrai que nous croyons tous bien savoir notre langue? nous avons été choisis pour cela : cependant chaque jeudi, quand nous arrivons en séance, et que l'on nous présente une liste de mots à établir, ne commençons-nous pas souvent par n'être point d'accord, par avoir beaucoup de débats, et par remporter toujours quelque chose que nous ne savions pas ? d'où viennent ces difficultés ?

Mais, Monsieur... il me semble qu'elles ont deux sources : la première est que notre langue française est un habit d'arlequin composé de pièces et de morceaux disparates, venus de langues antérieures, et dont nos ancêtres ont souvent altéré le tissu et la couleur originelle : la seconde source serait la complication et la multiplicité des idées, que, pour la commodité du langage, il plaît aux hommes de concentrer sous un même mot. Tout est clair, quand les mots peignent des objets physiques et palpables : par exemple, *La flèche a frappé l'oiseau* n'a d'équivoque en aucune langue, bien qu'il reste à exprimer beaucoup de circonstances de grandeur, de couleur, de temps, de lieu, etc. ; mais si nous disons : *Le bonheur consiste dans la pratique de la vertu;* ces mots *bonheur* et *vertu*, en recevant des acceptions diverses selon les préjugés et les habitudes, jettent dans un dédale de controverse. Ils ressemblent à ces étiquettes posées sur des boîtes closes où on lit *opiat, élixir;* de quoi se composent cet opiat, cet élixir?

voilà ce qu'il faut analyser, et ce qui souvent est très-difficile. — Fort bien, mon cher confrère. Mais alors, n'a-t-on pas la ressource de recourir aux langues de qui nous viennent ces mots, d'examiner quels furent les motifs, les procédés de la dénomination première : par exemple, le mot latin *virtus* a été formé du mot *vir*, un *homme*, parce que, dans le principe, il signifia toute action mâle et courageuse caractérisant l'homme, surtout dans l'état sauvage.

— Oui, Monsieur; mais vous voyez qu'en d'autres temps, en d'autres états de la société, l'on a donné le nom de *vertu*, même à la bassesse, à la couardise.

— Sans doute : mais alors ne devient-il pas très-utile, très-instructif, d'examiner, dans le dictionnaire de chaque peuple, surtout quand les langues n'ont aucune analogie, comment ces mots abstraits sont définis, et ce qu'ils représentent ? Par exemple, dans l'arabe, ce mot *vertu* se dit *fadilé* qui signifie *utile, utilité*; or, d'après nos meilleures analyses, c'est là réellement l'essence de la vertu. — Nous ne savons quelle origine, quel sens donner aux mots latins *mores, habitudo*, l'habitude, les mœurs; eh bien, en arabe l'habitude se dit *ăádé* qui signifie *répétition d'action*; n'est-ce pas là parfaitement la chose ? Alors, je le répète, ne devient-il pas très-utile, très-nécessaire, de consulter les dictionnaires d'une telle langue et d'autres semblables ?

— Sans doute, Monsieur; mais comment y parvenir, quand toutes ces langues d'Asie sont écrites en lettres de grimoire inintelligibles?

— Précisément, mon cher confrère, voilà le problème dont je vous apporte la solution. Je prétends vous faire lire même de l'hébreu, avec autant de clarté, de facilité, que vous lisez l'espagnol ou l'allemand : je vous présente une grammaire hébraïque, avec la prétention que vous la comprendrez aussi bien que la nôtre. Par ma méthode, on vous dressera tous les dictionnaires possibles, et vous les lirez parfaitement : si j'échoue en mon projet, c'est sur ma prétention que devra tomber le ridicule.

— Mais, Monsieur, on nous dit que les orientalistes, vos confrères, n'approuvent point votre méthode, qu'ils la trouvent impraticable, etc.

— Les orientalistes, mes confrères, sont comme tous les hommes : ayant été élevés dans des habitudes, ils ont d'abord trouvé étrange qu'on vînt les y troubler; si j'eusse été éduqué à leur manière, il est bien probable que je ne me serais pas avisé de l'expédient nouveau que les circonstances m'ont suggéré.

Ma méthode fut d'abord nettement repoussée, il y a vingt-cinq ans; ensuite on l'a regardée comme fondée en principe; on l'a mise en pratique (1). Les *anciens* tiennent bon et n'en veulent point; les jeunes gens l'examinent et la discutent : avec le temps, vous verrez qu'elle fera secte; et, comme elle ne prétend

---

(1) Sur la carte d'Égypte.

ni exclure ni détrôner le vieil usage, on finira par la regarder comme un moyen commode d'entrer, par un escalier dérobé, dans le donjon des langues orientales, où ces messieurs ont trouvé le secret de se soustraire au droit commun.

— Vous me convertissez, Monsieur; et je veux lire votre livre hébreu; mais vous sentez bien que le *corps* de l'Académie ne peut pas en recevoir une dédicace *officielle*. — Aussi je ne le présente pas au *corps*; Dieu me garde des corporations! c'est à chaque individu, à chacun de mes confrères que je l'offre: un à un, les hommes sont indulgens: réunis en masse, c'est un tourbillon d'intérêts, de passions, de vanités sous l'influence des plus entêtés.

L'HÉBREU

SIMPLIFIÉ

PAR LA MÉTHODE ALFABÉTIQUE.

NOTIONS PRÉLIMINAIRES.

§ Ier.

Qu'est-ce que l'Hébreu ou *l'Idiome hébraïque ?*

VOILA sans doute la première question sur laquelle je dois des éclaircissemens au lecteur.

Tant que nous autres Européens n'avons connu, en matière de langues, que nos livres classiques grecs et latins, nous n'avons su que répéter les assertions de nos docteurs, calquées sur les hypothèses, pour ne pas dire les rêveries du *Talmud* et de la *Masore*; aujourd'hui que nous commençons à connaître les langues de tout notre globe (au nombre d'environ six cents), nos nouveaux maîtres, plus modestes et non moins savans, s'accordent à répondre à notre question :

Que « l'hébreu ou idiome hébraïque est l'un des
« *dialectes* d'un vaste *système de langage* qui, de
« temps immémorial, paraît avoir régné dans les trois
« Arabies, dans la Syrie, la Mésopotamie, la Chaldée,
« c'est-à-dire dans tout cet espace de pays que bor-
« nent au nord les montagnes de l'Arménie, à l'est
« celles de la Perse, et du reste, les mers Persique,
« Arabique et Méditerranée : ainsi ce système, désigné
« par les Allemands sous le nom de langage *sémitique*
« ou *araméen*, a occupé une espace égal aux deux
« tiers de l'Europe (environ 170,000 lieues carrées
« de terrain). »

Le témoignage des anciens est formel à cet égard ;
l'érudit et judicieux géographe *Strabon*, né dans l'Asie
Mineure, presque en pays syrien, nourri de la lecture
des nombreux historiens d'Alexandre et des savans
de l'école d'Alexandrie, disait, il y a dix-huit siècles (1) :

« Selon *Possidonius*, qui me paraît le plus versé
« en ces matières, les *Arméniens* (2), les *Syriens*, les
« *Arabes* ont entre eux beaucoup de ressemblance
« pour le langage, la manière de vivre et la forme du
« corps (page 71) ; et les *Assyriens*, les *Ariens* res-
« semblent entièrement aux Arabes et aux Syriens.

---

(1) Page 70, livre Ier, édition de Casaubon.
(2) *Voyez* note, page 334.

« Le nom des Syriens paraît s'étendre depuis la
« Babylonie jusqu'au golfe d'Issus (près Alexandrette),
« et s'être étendu (jadis) jusqu'à la mer Euxine (Mer-
« Noire) : lorsque les historiens racontent que les
« Perses détruisirent l'empire des Mèdes, comme ceux-
« ci avaient détruit l'empire des Syriens, ils n'enten-
« dent pas d'autres Syriens que ceux qui régnèrent
« à Ninive et à Babylone, parmi lesquels on compte
« Ninus, qui fonda Ninive dans l'Atourie, et Sémi-
« ramis, sa femme et son successeur, qui fonda Ba-
« bylone (dans la Chaldée). »

De ce témoignage il résulte que les langues *mortes*
appelées aujourd'hui hébreu, syriaque, chaldaïque,
phénicien (1), sont entièrement identiques à l'arabe
vivant qui frappe nos oreilles; et par conséquent cet
arabe devient pour nous un moyen sûr et authentique
de les apprécier, particulièrement sous le rapport de
la prononciation et de la manière de la représenter,
double point de difficulté pour nous, en ces langues
anciennes qui ne sont plus connues que par des livres:
il est vrai que l'apparente diversité de leurs alfabets
et les fausses valeurs données à leurs lettres par les
érudits modernes de notre Europe, soit juifs, soit
chrétiens, ont d'abord masqué ces identités ou analogies; mais depuis que la communauté de leurs mots
radicaux a commencé d'être démontrée par Albert

---

(1) On pourrait ajouter le *maltais* s'il eût été recueilli avant
de s'imprégner d'arabe.

Schultens (1); depuis que la parité de leur structure respective est devenue évidente par l'analyse de leurs grammaires et de leurs alfabets, l'assertion de Strabon, ou plutôt des nombreux auteurs auxquels il la doit, est devenue une vérité positive, et l'on peut établir comme certains les faits suivans :

1° Que l'hébreu n'est point un idiome original, une *langue mère*, ainsi que l'ont prétendu les docteurs juifs et ceux qui épousent leurs préjugés ;

2° Qu'il est seulement l'un des *dialectes* de l'ancien et vaste système de langage que j'ai indiqué ; et par *dialecte*, il faut entendre ce qu'en style botanique on appelle une *variété*, à raison de quelques formes et nuances d'accident dans une *espèce caractérisée* par une structure commune, constante ;

3° Que si l'on regarde l'arabe, le syriaque et même l'éthiopien comme trois de ces variétés, l'hébreu pourra être considéré comme une quatrième, qui cependant n'aura pas même le mérite de l'originalité, puisque dès long-temps des érudits très-respectés lui ont trouvé tant d'analogie avec l'idiome phénicien ou kananéen, qu'ils n'en ont pas fait de différence. Je reviendrai bientôt sur ce point.

En ce moment, je me borne à faire remarquer la singularité de ce grand fait historique et géographique, qui, dans un espace circonscrit par une ligne continue de mers et de montagnes, nous montre un

---

(1) Voyez ses *Origines Hebrææ* in-4°—1761, *Leyde*.

système de langage identique ou analogue en toutes ses branches, tandis qu'autour de lui, de tous côtés du continent, par les frontièrs de Perse, d'Arménie et d'Asie Mineure, règne un système totalement différent, non-seulement en ses mots et prononciation, mais en sa construction grammaticale et syntaxe, c'est-à-dire dans l'ordre d'exposition des idées et dans la marche des phrases. Ce système connu depuis quarante ans seulement, sous le nom de *Sanskrit* (indiqué par les Hébreux mêmes sous le nom de race de *Japhet*), porte avec lui divers caractères d'une telle antiquité, qu'il pourrait bien arriver que nous nous fussions trop pressés de limiter avant ce jour les temps de l'Histoire.

Revenant à l'hébreu, je dis qu'il a été l'idiome d'un petit peuple qui, semblable aux *Druzes* de nos jours, vécut cantonné dans un pays montueux, isolé de ses voisins par son culte et ses préjugés, occupant environ 1,180 lieues carrées de terrain, dont plus de 180 incultivables, comme les rochers de la Mer-Morte et les plaines du désert voisin; par conséquent à environ 1,000 lieues carrées de surface, et cela, au temps de sa plus grande puissance, sous une même royauté. Or, comme la science statistique nous a fait connaître qu'une lieue carrée, dans les meilleurs terrains, ne nourrit pas habituellement plus de douze à quatorze cents ames, il s'ensuit que la population totale des Hébreux n'a jamais dû s'élever à plus d'un million d'ames, même au temps de David et de Salomon.

Maintenant si l'on considère que, par la nature des choses humaines, il n'y a identité de langage que là où il y a communauté habituelle d'idées, unité sociale; si l'on considère que, de nos jours, dans les pays d'idiome arabe, dans la Syrie, par exemple, chaque territoire de ville, chaque contrée de montagnes, a des particularités de mots et de prononciation qui les différencient de leurs voisins, l'on a droit de dire que, dans la Syrie ancienne, dans la Phénicie et la Judée, il y eut de semblables particularités, d'abord de royaume à royaume, puis dans un même état de tribu : qu'ainsi il dut exister des nuances non-seulement du phénicien a l'hébreu ; mais dans l'hébreu, des nuances entre les habitans de Jérusalem et de Samarie, entre les enfans de Juda et les enfans d'Israël, surtout ceux vivant au-delà du Jourdain : nous en avons la preuve dans l'anecdote du mot *schiboulet*, dont l'altération en *siboulet* coûta la vie à un nombre de paysans du canton d'Ephraïm, interrogés par ceux de Galaad (1).

Il ne faut donc pas croire que nous possédions la langue du peuple hébreu en général; mais parce que le schisme, arrivé sous le fils de Salomon, isola les dix tribus, qui ensuite furent presque totalement enlevées et déportées par les Assyriens de Ninive ; parce que les seules tribus de Juda et de Benjamin se trouvèrent représenter la nation, nous ne pos-

---

(1) Juges, chap. 12, v. 6.

sédons effectivement que le dialecte de Jérusalem ;
et si l'on remarque que de ce dialecte nous ne possédons que les mots entrés dans la composition des
livres aujourd'hui en nos mains, mots dont le nombre total ne s'élève guère qu'à deux mille de ceux
que l'on appelle *radicaux* (une foule de mots tech-
niques d'arts, de métiers, d'ustensiles, de meubles,
etc., restant inconnus), l'on conviendra que notre
science n'a pas trop de quoi s'enorgueillir.

D'autre part, puisqu'il est certain que, chez aucune
nation à nous connue, jamais aucune langue usuelle,
tant écrite que parlée, ne s'est maintenue dans une
identité parfaite à la distance de plusieurs siècles,
l'on a droit de penser que l'hébreu de nos livres, ré-
digés pour la plupart dans les derniers temps de la
nation, n'est pas exactement le même qui fut parlé
dans les temps de son origine : nous avons la preuve
de ceci dans le mot *nabia* (prophète), que le rédacteur final du livre de Samuël (présumé *Ezdras*) nous
dit n'avoir point été connu au temps de David, où
l'on employait le mot *râ* (voyant) (1).

Quoi qu'il en soit, puisque l'hébreu, tel que nous
l'avons, est un des monumens les plus complets, les
plus curieux de l'antiquité, le développement de sa
structure, rendu plus clair qu'il ne l'a jamais été,
devient un travail intéressant sous plusieurs rapports:

---

(1) L'idiome arabe dit *nabi*. La finale *a* dans *nabia* est tout-
à-fait chaldéo-syrienne.

et parce que les causes et les moyens de sa formation originelle ne laissent pas de jeter quelques lumières sur cette question, je vais d'abord soumettre au lecteur des réflexions qui me semblent appuyées, non-seulement sur des probabilités naturelles, mais sur les témoignages mêmes des livres que nous possédons, et dont on se sert pour établir d'autres hypothèses moins raisonnables.

Note pour la page 328, ligne 22.

Depuis que nous autres modernes, nous connaissons, par grammaires et dictionnaires, une langue *arménienne* totalement différente du système arabe, quelques savans ont durement tancé Strabon de les avoir confondues; néanmoins, vis-à-vis d'un homme de ce caractère, il est bon d'y regarder à deux fois. Le naïf Hérodote, si long-temps inculpé, n'est-il pas aujourd'hui triomphant de véracité? Ici, je vois deux circonstances propres à disculper Strabon.

D'abord, il faut prendre garde que la langue appelée par nous *arménienne*, et par ceux qui la parlent langue de *haïk*, n'avait jamais été écrite, n'avait pas même d'alphabet avant la fin du quatorzième siècle de notre ère : l'historien arménien nommé *Moïse* de *Chorène*, qui vécut dans le cinquième, avoue qu'avant cette date sa nation, concentrée dans les stériles et neigeuses montagnes d'*Ararat*, aux sources de l'Euphrate et de l'*Araxes*, était une petite horde grossière, ignorante, sans aucune science ni art. Comment, en un pays si pauvre, si stérile, vivait cette nation, ce peuple de *Haïk ?* Ce qui se passe encore aujourd'hui nous l'explique. Ces hommes vivaient comme vivent chez nous les montagnards d'Auvergne et de Savoie, placés en circonstances à peu près pareilles : chassés par de rudes hivers de six et huit mois, les Arméniens descendaient dans les riches pays de la Mésopotamie et de Chaldée : ils y faisaient ce que font encore de nos jours leurs descendans, que nous voyons répandus dans toute la Turkie, pratiquant les arts mécaniques et les services de la domesticité, le colportage, le trafic de boutique, etc. Pour ce genre de vie, ces individus étaient, comme ils sont encore, obligés d'apprendre la langue des habitans qui n'ont ni le désir ni le besoin d'apprendre l'arménien. Au temps de Strabon, les Arméniens étaient donc obligés de parler syriaque ou chaldéen, comme ils le sont aujourd'hui de parler turk et arabe. Le géographe a donc pu dire d'eux que leur langage était syrien, comme nous dirions que les Bretons (bas) parlent français; il n'a pas tenu compte du jargon barbare inconnu.

Après la conquête du macédonien Alexandre, les rois *haïkiens* ou arméniens, qui jusque-là n'avaient été que les pachas des *grands-rois* ou sultans d'Assyrie ou de Perse, non-seulement devinrent rois indépendans, mais bientôt agrandirent leurs royaumes; et comme leurs plus voisines et plus riches frontières n'étaient peuplées que de races *araméennes* ou syriennes, le langage syrien se trouva langage *national* d'une forte partie des sujets arméniens ; alors il fut d'autant plus facile à Strabon de se méprendre, *qu'au lieu* du mot *syros*, usité par les Grecs, les indigènes employaient le mot *aram*, ou *arman* d'autant plus facile à confondre avec *arménien*, qu'il reste encore douteux de savoir si le peuple *arménien* n'a pas été primitivement le peuple *araméen*, qu'aurait subjugué une colonie scythe ou caucasienne, laquelle, sous le nom de peuple de *Haïk* ou maison de *Togorma*, s'implanta dans les hautes montagnes, d'où par la suite elle s'étendit dans le pays. Alors que ses rois, depuis Alexandre, régnèrent sur des Syriens plus civilisés que le peuple de *Haïk*, n'est-il pas probable que le syriaque devint la langue de la cour? Dans cet état de choses, le géographe Strabon n'a-t-il pas pu dire sans erreur que la langue syrienne, c'est-à-dire araméenne, fut la langue des arméniens ?

§ II.

Origine probable de la Langue hébraïque.

Chez les peuples anciens, surtout ceux d'Asie, ce fut une manie commune de regarder chacun son pays comme le centre du monde, et sa langue comme la primitive et la plus ancienne : encore aujourd'hui, les Arabes, les Indiens, les Chinois appellent leur métropole *L'ombilic* du monde (1). L'homme ignorant qui ne voit que lui se fait toujours le centre de tout, et comme l'ignorance est l'état natif et naturel de l'homme, sa vanité devient son sentiment fondamental : or, une nation n'étant qu'une addition d'hommes, elle n'est aussi qu'une addition de vanités. L'on voit pourquoi les anciens Juifs, ou plutôt leurs prêtres et leurs disciples, ont voulu que la langue hébraïque fût d'origine première et même divine : quand on sait qu'une langue quelconque n'est qu'un moyen factice et *conventionnel* de manifester des idées qui ne naissent que du développement de nos besoins et de l'état social, on ne comprend pas facilement comment un pouvoir quelconque jetterait subitement dans le cerveau d'un homme des idées sans modèle ni cause ; et dans sa bouche des mots sans apprentissage et sans convention ; mais que comprennent à ceci les automates qui ne savent dire que *Je crois* et *Je veux croire ?*

Néanmoins, dans le cas présent, cette aveugle croyance rencontre un obstacle puissant ; car en cherchant l'autorité positive sur laquelle elle se fonde, la Bible n'en fournit aucune. Relisez la Genèse, chap. II, où il est parlé des noms imposés à tous les animaux par un premier homme : ni là, ni dans aucun discours d'Eve, d'Adam, du serpent, etc., il n'est fait

---

(1) Cela est positif au Kaire, à la Mekke, à Banarez, à Nankin, etc.

mention de la langue hébraïque : *Adam nomma* les animaux, mais le texte ne dit point en quelle langue; or, personne n'a le droit de suppléer ce que le texte ne spécifie pas : les interprètes n'ont pas le droit d'invoquer ici les probabilités naturelles, attendu que l'état de choses qui nous est raconté comme régnant à cette époque de création, est tout-à-fait miraculeux et hors de l'état naturel aujourd'hui existant. On ne peut pas à son gré expliquer l'un par l'autre, quand ils sont si différens ; si l'on veut qu'Adam ait parlé hébreu, moi je soutiens, sans blesser le texte, qu'il a pu, qu'il a dû plutôt parler syriaque ; voici mes raisons :

Les Juifs conviennent qu'avant Abraham leur race n'existait pas : d'Abraham seul est sorti ce peuple : quelle langue parla cet individu ? Dans l'ordre naturel, nous parlons la langue de la famille qui nous élève : et cette famille parle la langue du pays où elle vit, de la nation dont elle fait partie. En quel pays, chez quelle nation naquit Abraham ? La Bible nous répond : *Dans le pays de Sennar en Chaldée;* par conséquent chez ces peuples riverains de l'Euphrate et du Tigre, que tous les témoignages de l'histoire nous représentent comme établis de temps immémorial sur ce sol, comme étant ces mêmes Chaldéens, dont les Rois, dix ou douze siècles plus tard, emmenèrent les Juifs captifs à Babylone. La famille d'Abraham a donc nécessairement parlé le dialecte chaldéen.

Cette famille, de profession pastorale, de condition arabe et *bédouine*, c'est-à-dire *nomade*, émigre et vient s'établir au pays de *Harran*, en Mésopotamie (80 ou 100 lieues de distance): elle y trouve le langage syrien ou syriaque, qui ne diffère de celui qu'elle apporte que par des nuances légères. On est d'accord sur ce point. Le chef de cette famille, *Tharé*, père d'Abraham, avait l'intention, nous dit le texte, de quitter encore ce pays de *Harran*, pour venir en Palestine ou pays de *Kanaan*. Ce projet eut des motif d'intérêt domestique que nous ignorons; mais il nous montre qu'Abraham, qui l'effectua ensuite pour son seul compte, n'eut pas des motifs aussi nouveaux qu'il les a supposés ou qu'on lui a supposés.

Il se sépare de sa famille ou tribu, il pousse ses troupeaux par le désert de Syrie vers la Palestine, à 200 lieues de distance. Ayant ainsi rompu avec ses parens, il n'a pu emmener avec lui que peu de monde et qu'une portion des communs troupeaux: son neveu, *Loth*, l'accompagne avec quelque monde aussi. Cette tribu, nouvelle et naissante, n'a pu être que faible; aussi Abraham se présente-t-il aux Kananéens avec les démonstrations de l'humilité. Ces émigrés de Syrie n'ont pu parler que Syrien; il n'est pas fait mention d'interprète entre eux et les Phéniciens, parce que l'analogie des deux dialectes a pu être telle, qu'en peu de temps l'on se soit compris de part et d'autre.

La famine pousse vers l'Égypte ce petit camp volant : n'est-il pas naturel qu'elle ait privé Abraham de plusieurs serviteurs syriens, soit par mort, soit par désertion ? Quelle langue trouva-t-il en Égypte ? On ne fait pas mention d'interprète : néanmoins il a pu en louer. Aurait-il trouvé là ces *rois pasteurs* que l'on croit de race arabe ? alors il eût pu se faire entendre. — Pour sauver sa vie, il délaisse sa femme : par un cas bizarre, cet abandon lui tourne à bonne fortune ; le roi lui donne en indemnités une quantité de gros et menu bétail, des serviteurs et servantes, ou *esclaves* de l'un et de l'autre sexe, même de l'argent qui améliore sa situation au point d'en faire une petite puissance, comme l'observe le texte. — Mais ces nouveaux serviteurs donnés par Pharaon n'ont pas dû parler syrien : Abraham, pour la conduite de ses troupeaux, devenus plus nombreux, et pour sa sûreté personnelle, a dû recruter d'autres serviteurs chez les Kananéens : on lui compte trois cents hommes armés quand il combat pour *Loth* ; il ne les avait sûrement pas quand il vint de Syrie ; il est vrai qu'au nombre de ces trois cents, l'on compte les gens de ses alliés kananéens : supposons-lui deux cents hommes ; ils ont dû en grande majorité être Phéniciens : leur idiome a donc dominé dans cette tribu naissante, surtout quand Abraham ne cesse de vivre et de converser avec les Phéniciens.

Cet état continue sous son fils : on amène à celui-ci une femme syrienne ; mais elle vient seule : elle a dû prendre l'idiome de la tribu, lequel déja n'est plus le syrien; la preuve en est que, sous son fils *Jacob*, lorsque celui-ci dresse un monument de paix avec son oncle le syrien *Laban*, chacun d'eux donne au *monceau* de pierres qui en est le *témoin*, un nom différent, quoique le sens soit le même. L'un le nomme *gil-ăd*, l'autre *ïegar* ou *iadjer šahdouta*; ces deux noms signifient également *monceau-témoin* (1).

Jacob et ses enfans, n'ayant cessé de vivre parmi les Kananéens et jusque dans leurs villes, ont dû de plus en plus parler kananéen : cette peuplade passe en Égypte au nombre de *soixante et dix* personnes, nous dit-on; mais ici l'on ne compte, selon la méthode arabe, que la portion noble de la tribu, que le sang des maîtres, et nullement les serviteurs ou esclaves mâles et femelles nécessaires à la conduite des troupeaux. Pendant trois ou quatre siècles de séjour en Égypte, peut-on supposer qu'il ne se soit pas introduit quelque altération dans ce langage? Au sortir de l'Égypte, les Hébreux s'établissent chez les Phéniciens, dont ils détruisent la majeure partie ; mais le texte remarque que, malgré l'ordre de Moïse de tout tuer, ils en conservèrent les restes comme tributaires, avec qui ils vécurent mêlés jusqu'au temps de David et de son fils. Par cet exposé, l'on voit que les Hé-

---

(1) *Iedjar* ne diffère que peu de *ïetchar*; et si dans le mot latin *acervus*, vous prononcez le *c* en *tch*, vous avez *atchervus*, qui, privé de sa finale *us*, n'est pas loin de *ïetchar*. Le mot *agger* est encore plus analogue.

breux n'ont cessé d'avoir des motifs de parler phénicien, et que, par conséquent, leur langage ne peut en être qu'un dialecte : plusieurs savans respectables l'ont déja soupçonné (1). Si maintenant, dans l'analyse de ce dialecte, nous trouvons une simplicité et presque une grossièreté du genre populaire, nous aurons acquis une nouvelle preuve de cette opinion et de l'irréflexion avec laquelle, sous prétexte de piété, tant de personnages ignorans, quoique respectés, sont parvenus à consacrer des préjugés contraires : nous verrons encore par la suite une nouvelle preuve de ce caractère ou génie phénicien dans l'application faite à cette langue du propre alfabet des peuples essentiellement phéniciens.

§ III.

Structure de l'Hébreu dans sa Prononciation et son Écriture.

Dans l'hébreu, comme dans l'arabe et autres langues de ce système, ce n'est pas la prononciation qui constitue la différence principale avec nos langues d'Europe : actuellement que nous avons acquis une notion suffisante de toutes les langues parlées sur notre petit globe (2), nous savons que partout la pa-

---

(1) *Voyez*, à la fin de ce volume, une note relative à ce sujet ; elle commence par ces mots : « Eusèbe nous cite un an-
« cien poëte, » etc.

(2) L'on peut, à ce sujet, consulter mon discours sur l'étude

role se réduit à trois élémens distincts, savoir : la voyelle, la consonne et l'aspiration, qui elle-même n'est qu'une sorte de consonne.

Sous ce rapport, l'idiome hébraïque et ses analogues ne diffèrent de nos langues que comme l'allemand, l'espagnol, le français diffèrent entre eux, c'est-à-dire qu'en ce que certaines voyelles et consonnes usitées dans une langue ne le sont pas dans une autre. Par exemple, la consonne gutturale peinte en allemand par *ch*, en espagnol par *jo*, *xe*, *gi*, n'existe ni dans le français ni dans l'anglais; de même le sifflement peint en anglais par *th*, par *z* en espagnol, par θ en grec, n'existe point dans le français ni l'allemand, etc., et notre *lle* dans *fille* n'existe point dans l'allemand.

L'arabe, dans ses vingt-huit lettres, compte jusqu'à dix et onze prononciations qui nous manquent, et c'est une des raisons qui nous le rendent si pénible. L'hébreu, qui n'a que vingt-deux lettres, n'offre réellement que quatre prononciations étrangères aux nôtres. En quoi donc gît sa grande difficulté?— En sa manière de peindre la parole, en son système d'écriture et d'alfabet qui diffère totalement du nôtre.

Une première difficulté est la figure de ses lettres, bizarres à nos yeux : déja cet article exige une habi-

---

philosophique des langues, lu à l'Académie française. — Chez Bossange frères, libraires, rue de Seine, n° 12.

tude et un temps inutiles au fond, et onéreux dans la forme.

Une seconde difficulté est l'usage d'écrire à contre-sens de nous, c'est-à-dire en procédant de droite à gauche : celle-ci est moindre ; nos imprimeurs lisent très-bien ainsi.

Mais la grande, la radicale difficulté, c'est de n'écrire qu'une portion des mots, et de laisser *cachés*, *inconnus* une certaine quantité de *sons* qu'il faut pourtant prononcer ; de là résulte que l'écriture ne présente qu'un squelette, un canevas privé de ses accessoires, et que la lecture est une divination perpétuelle, qui laisse l'esprit exposé à une foule d'équivoques et d'erreurs.

En voulez-vous une idée palpable ? Supposez que l'on vous présente un livre français, anglais, espagnol, où tous les mots soient écrits par abréviation, à-peu-près de cette manière : *chrte*, *rgrt*, *lmne*, *vrte* ; assurément cette écriture vous jettera dans l'embarras ; car vous ne saurez s'il faut dire *cherté* ou *charte*, *charité* ou *charretée*, *regret* ou *regrat*, *lumineux* ou *limoneux*, *vérité ou variété* ; on prétend que le sens qui précède vous guidera ; mais combien d'équivoques possibles ! et dans l'hébreu et l'arabe combien plus encore à raison de leur construction de mots par *familles*, ainsi que nous le verrons !

Ainsi le vice du système oriental est palpable ; appliquez notre méthode européenne à cet hébreu, à cet arabe, crus si difficiles, et de ce moment vous

ALFABET HÉBREU.

NOMS HÉBREU.	NOMS EN FRANÇAIS.	FIGURE.	VALEUR.	
אלף	A—lef	א	A a (grand).	
בית	B—ait	ב	B b jamais Vé.	
גימל	G—imel	ג	G g mouillé, guimel ou djimel.	
דלת	D—alet	ד	D d.	
הא	H—a	ה	H h { Que penser de ceux qui disent h sans aspiration? } aspiration douce.	
וו	ω—aω	ו	ω ou français, u italien.	
זין	Z—in	ז	Z z.	
חית	H—ejt	ח	H h rude, ca florentin.	aspiration rude.
טית	T—eit	ט	T th anglais rude, Θ grec.	
יוד	I—ωd	י	î î.	
כף	K—af	כ	K k kiaf mouillé, kialb chien.	
למד	L—amed	ל	L l.	
מם	M—em	מ	M m.	
נון	N—ωn	נ	N n.	
סמך	S—amak	ס	S s.	
עין	ă—ïn	ע	ă ă guttural.	
פא	F—a	פ	F f jamais pé.	
צדי	S̱—odi	צ	S̱ s̱ so dur.	
קוף	Q—ωf	ק	Q q glottal, qalb cœur.	
ריש	R—eiš	ר	R r.	
שין	Š—în	ש	Š š { ch français, th anglais, sch allemand. }	
תו	T—aω	ת	T t.	

les verrez devenir plus simples que ce latin et ce grec, dont vous imposez la tâche à vos enfans.

Maintenant quels sont les élémens prononciables que l'on supprime ainsi dans l'écriture? J'ai démontré sur l'arabe vivant (1) que ce sont uniquement des *voyelles*, et des voyelles de la même nature que celles inscrites dans l'alfabet, avec cette seule différence que celles-ci sont de mesure *longue*, et celles-là de mesure *brève*. Tout ce que j'ai dit de l'arabe sur ce point doit s'appliquer à l'hébreu.

Il a plu aux auteurs de l'alfabet hébreu ou phénicien (car c'est une même chose) de n'établir que vingt-deux lettres ou signes de prononciation, dont quatre voyelles et dix-huit consonnes : eh bien, c'est en cela qu'ils ont péché ; car aujourd'hui nous démontrons par l'analyse qu'au lieu de quatre voyelles seulement, dont ils ont tenu compte, la langue parlée en a employé dix ou onze ; de manière que six ou sept ont été supprimées, et qu'il faut les restituer. Que doit-on faire, qu'à-t-on déja fait à cet égard? c'est ce que nous verrons bientôt. Mais, pour la clarté du sujet, ne cumulons pas les difficultés : bornons-nous à examiner l'alfabet, à établir la valeur de ses lettres relativement à notre système européen.

L'alfabet hébreu se compose de vingt-deux lettres, dont la planche n° 1 offre au lecteur le tableau ci-à côté.

---

(1) *Voyez* l'Alfabet européen, partie 2.

Sur ces lettres, il faut considérer ; 1° l'ordre ; 2° le nom ; 3° la figure ; 4° la valeur.

Relativement à nous Européens, la valeur des lettres hébraïques est assez bien établie par la généalogie des alfabets arabe et syriaque d'une part, et des anciens alfabets grec et latin de l'autre.

L'on est d'accord que l'alfabet arabe actuel n'est autre chose en son origine que l'alfabet *syriaque*, introduit à la Mekke et à Médine vers l'an 530 de notre ère ; l'on convient encore que le *syriaque* d'alors n'était qu'une altération ou une variété du *babylonien* ou *chaldéen*, qui est notre *hébreu présent* ; et que, plus anciennement, les uns et les autres ne furent que l'altération du *phénicien*, représenté par le caractère dit *samaritain* (1), lequel a été l'hébreu primitif dont s'est servi Moïse, et dont l'usage a subsisté *national* jusqu'à la captivité de Babylone.

La langue syriaque d'une part, n'ayant cessé de fleurir et d'être parlée que du treize au quinzième siècle de notre ère, les Arabes musulmans ont eu, pendant six ou sept siècles, toute facilité de sentir l'analogie de leurs prononciations, et d'établir la

---

(1) Par la raison qu'une portion de Juifs, attachés aux anciens usages, n'ayant point voulu admettre la réforme d'Esdras, les novateurs, partisans de celui-ci, les *excommunièrent*, et les placèrent au rang des *Samaritains*, qu'ils avaient sans raison constitués leurs ennemis. Ces excommuniés ont conservé le *pentateuque samaritain*, qui laisse encore à résoudre différens problèmes.

correspondance de leurs lettres avec celles des Syriens.

D'autre part, dès le premier siècle de notre ère, les Syriens, devenus chrétiens, ayant traduit les livres des Juifs, et les individus des deux nations ayant vécu ensemble dans un laps de temps qui remonte au-delà de la captivité, nous avons tout lieu de regarder comme exactes les correspondances dont je viens de parler : j'en présente le tableau à la fin de ce volume dans la planche n° II, afin que le lecteur ait sous les yeux les moyens positifs d'établir son opinion.

A l'égard des anciens alfabets grec et latin, nous sommes assurés par plusieurs inscriptions et monumens de haute date (1), et par le témoignage unanime de nombre d'auteurs, que leurs lettres originales ne sont autres que celles des phéniciens, mal à propos attribuées à un prétendu *Kadmus*, que j'ai démontré n'être que le mythologique *Hermès* ou *Mercure* (2); lesquelles lettres, à raison d'un commerce très-actif, ou peut-être de migrations de peuplades entières des pays phéniciens, furent adoptées quinze ou seize siè-

---

(1) *Voyez* Barthelemy, Réflex. sur l'alfabet de Palmyre, 1 vol. in-4°, 1754. — Le même, dans les Mém. de l'Académ. des inscript., tom. 26, Mém. sur Palmyre.—Ibid., tom. 30, p. 405, et tom. 32.—Fourmont, ibid., tom. 23, p. 394. Mém. sur Apollon Amycléen, et sur un monument de ses prêtresses. — Enfin l'abbé Lanzi, italien, Essai sur la langue étrusque, et sur les tables Eugubines.

(2) *Voyez* la Revue Encyclopédique, année 1819, mois de juin, p. 505.

cles avant notre ère par les habitans de la Grèce et de l'Italie.

L'on est d'accord que le plus ancien ordre *alfabétique* de ces vingt-deux lettres a été le même ; et parce que les anciens auteurs grecs et latins ont cité beaucoup de noms soit géographiques, soit patronymiques phéniciens, syriens et arabes, l'on trouve en ces citations un moyen additionnel d'apprécier la valeur des prononciations.

C'est d'après de nombreux calculs de ces données, que j'ai admis, et que je propose d'admettre, pour les lettres hébraïques, les valeurs portées au tableau coté planche Ire.

§ IV.

Remarques sur la Figure, la Valeur, le Nom et la Série des Lettres hébraïques.

Le lecteur doit observer d'abord que les petits chiffres, arabes, acculés aux lettres européennes dans la colonne de *valeur*, sont des renvois aux deux tableaux de voyelles et consonnes, placés dans *mon Alfabet européen*, savoir le tableau des voyelles, pag. 28, côté n° I ; et celui des consonnes, pag. 92 coté n° II. Là se trouvent des détails de précision trop longs pour être répétés ici.

En second lieu, il remarquera sur la lettre *Bé*, qu'aucune bouche arabe ne prononce ni ne connaît le *Vé* que nos hébraïsans lui comparent ; ici, c'est une valeur que les Juifs ont empruntée des Allemands ou des Grecs du Bas-Empire, chez qui l'ont introduite les *Slaves*.

Sur *h*, qui est notre aspiration *douce*, il me semble d'un ridicule parfait de dire comme nos hébraïsans « *h* « *sans aspiration.* » Qu'est-ce que le signe d'aspiration sans aspiration?

Sur н qui est le signe de l'aspiration *rude*, j'observe que cette lettre capitale est admise par la commission d'Égypte dans la belle carte géographique qui va paraître.

Les deux lettres suivantes т et t, qui désignent le *th* anglais ou θ grec, ont l'inconvénient d'être nouvelles ; mais elles sont plus commodes que les deux *T*, *t*, avec cédille, que j'ai proposé dans l'*Alfabet européen*.

A l'égard du *K*, il paraît qu'au temps d'Origène et de Jérôme, il ressemblait au son du *Xi* grec, qui vaut le *ich* allemand; mais, comme chez les Arabes il est toujours prononcé comme notre *Ke*, je lui en conserve la valeur sans nier sa déviation en Xi *doux* et en *ich*, selon les explications que j'ai données, pag. 75, de l'*Alfabet européen*, et n° 28 du tableau II du même Alfabet.

L'S de *samek* ne doit jamais être prononcée *z*.

L'Ṣ de s*odi* est l's dure particulière à l'Arabe, que j'ai expliquée ailleurs (1), ainsi que le *qáf*, ou *qouf*, et le ằ*in*, tous trois inconnus en Europe.

---

(1) Voyez *Simplification des langues orientales*, pages 210 et 211, et *Alfabet européen*, page 140 et suiv.

F ne doit jamais être prononcé *p*, quoique je ne nie pas que les anciens Grecs et Latins aient pu prononcer *ph* autrement que nous; car je crois, par exemple, que le mot *éphéméride* n'a pas été prononcé *éféméride*; mais à raison du grec qui n'écrit point l'*h* au corps du mot, il a dû être dit *ép'-héméride*.

La lettre š n'est pas positivement une lettre neuve; je l'avais déja projetée et introduite dans l'*Alfabet européen*, ou l'on peut la voir dès la pag. 129, lignes 11, 12 et 13, (š š); mais parce que alors il ne me fut pas accordé de diriger moi-même le graveur, elle se trouva défectueuse (vu sa couronne trop peu sensible), et je fus contraint de la remplacer par *j* renversé ou *ʃ*, qui est peu gracieux et peu commode dans l'écriture. Le š, en s'écrivant comme l'*s* commune, a cela de facile qu'il suffit d'un petit trait de plume sur sa tête pour le caractériser.

La dernière lettre, le T, paraît avoir eu diverses valeurs chez les anciens. Les Syriens en font le *th* anglais; les Chaldéens l'emploient là ou les Phéniciens et les Hébreux emploient le š*in* : par exemple, ce que ceux-là écrivent *terafim*, ceux-ci l'écrivent š*erafim* (cherafim). Il est à croire que cette lettre a eu quelque chose du *tchim* persan, et alors elle aurait eu de l'analogie avec le *tché* arabe écrit *Ké*, puisque les Bedouins disent *tchelb* au lieu de *Kelb* (un chien) (1).

---

(1) Cela expliquerait pourquoi Étienne de Byzance dit que Ninus régna d'abord à *Télâné*, qui est la grande ville chaldéenne *Kélâné*, mentionnée dans la Genèse.

Le mérite de ces remarques est surtout pour les étymologistes ; car, relativement à nous, cela seul suffit de savoir et de convenir que les lettres hébraïques portées au tableau seront constamment représentées par les lettres *capitales* européennes qui leur correspondent ; de manière que le lecteur pourra, sur la vue de celles-ci, rétablir celles-là, avantage que jusqu'ici n'a procuré aucune méthode.

Outre la valeur de son qui appartient aux lettres hébraïques, elles ont eu, dès leur origine, des noms appellatifs transmis d'âge en âge, qui ont été et qui sont encore pour les savans un sujet énigmatique de recherches et de disputes. Ainsi A s'appelle A-LeF; B s'appelle B-aIT; D se nomme D-aLeT, etc.

Nous savons, par autorités raisonnables, que ces noms, introduits dans l'alfabet grec, n'ont point de sens dans cette langue, mais qu'ils en avaient un dans l'idiome des Phéniciens, de qui vint l'alfabet : l'on est d'accord que A-LeF signifie *bœuf* (1).; B-aIT, *maison*; G-IMeL, *chameau*; D-aLeT, *porte*, etc.; mais l'on n'est pas du tout d'accord sur plusieurs autres lettres. Il paraît qu'au troisième et quatrième siècle de notre ère, on expliquait ces mots bien différemment, comme on le voit dans une citation de l'évêque Eusèbe (2).: son explication est si peu rai-

---

(1) C'est le témoignage positif de Plutarque, Sympos., lib. 9, quest. 2 : Alpha dictum quia Phœnices sic bovem appellant.

(2) Prépar. Évang., liv. X, chap. 5. *Voyez* à la fin de ce volume un note relative à ce sujet.

sonnable, que l'on a droit de penser que, vu la haine rendue aux chrétiens par les Juifs, les rabbins se sont moqués de nos docteurs; d'autre part, il est constant que ces rabbins, livrés à leur esprit d'allégorie, ont supposé à ces mots une profondeur de sens mystique qu'ils n'ont pu avoir; il appartenait à notre âge, où se rajeunissent tant de vieilles rêveries, de voir celles-ci reproduites et amplifiées par des hommes, d'ailleurs doués d'*esprit;* mais comme l'esprit n'est que la *faculté d'apercevoir des rapports*, et comme cette faculté peut mener à voir *ce qui n'est pas*, quelques-uns se sont jetés dans l'*imaginaire*. Court de Gebelin en a été un premier exemple; un second se trouve dans l'auteur du livre intitulé, la *Langue hébraïque restituée*, etc., etc., avec une analyse de *Sepher*, etc., etc., un volume in-4°.

Selon cet auteur, « la lettre A est le signe de la
« *puissance* et de la *stabilité :* elle renferme les idées
« de l'*unité* et du principe qui la détermine.

« B est le signe *paternel* et *viril*, l'image de l'*ac-*
« *tion* intérieure et *active*.

« G, image d'un canal, est le signe *organique;*
« celui de l'*enveloppement* matériel et de toutes les
« idées dérivant des organes corporels, ou de leur
« action.

« D, signe de la *nature* divisible et divisée.

« ω offre l'image du mystère *le plus profond, le*
« *plus inconcevable*; l'image du *nœud* qui réunit,

« ou du *point* qui sépare le néant et l'être : c'est le
« signe *convertible* universel, qui fait passer d'*une*
« *nature à l'autre;* communiquant d'un côté avec le
« *signe des ténèbres,* etc. »

J'avoue, pour mon compte, que cette sphère d'idées aériennes est tout-à-fait hors de la portée de mon esprit terrestre : leur motif a pourtant ceci de naturel que, ayant pour base cette supposition rabbinique, que l'*alfabet* et la *langue* hébraïques sont le propre et *immédiat* ouvrage de la puissance divine, qui régit l'univers, et qui, malgré cette grande occupation, a bien voulu descendre à de telles bagatelles, il a bien fallu attribuer à cet ouvrage quelque chose de mystérieux et d'incompréhensible comme elle : mais moi, qui ne sais et ne puis raisonner que par les analogies que l'état présent et connu peut avoir avec l'antécédent inconnu, je vois la chose d'une manière différente, et beaucoup plus simple.

Je suppose que les lois physiques qui régissent notre monde et notre espèce humaine existent depuis son origine; que par suite de ces lois, l'homme est né ignorant, et n'a développé son intelligence que par le moyen de ses sens; je suppose que ses besoins, plus ou moins pressans, ont été le mobile de toutes ses inventions, et que celle de l'alfabet est le produit de l'un de ses besoins : selon moi, ce sont des hommes voyageurs et marchands, qui par le besoin de leur trafic avec diverses nations dont ils n'entendaient pas la langue, ont imaginé l'art de donner aux *sons fugitifs* des *signes fixes*; et parce que, m'étant moi-même trouvé dans un cas presque semblable, j'ai eu l'occasion et le besoin de méditer les moyens que purent employer les premiers auteurs, je me suis trouvé conduit aux résultats suivans.

Je me suis dit: J'entends de la bouche d'un Arménien, d'un Turk, d'un Persan, le son A; supposons que je sois Phénicien; ce son A est le même que j'emploie dans le mot *A-lef*: voilà mon terme de comparaison établi ; comment établirai-je la figure? Mon *A-lef* signifie *bœuf* ou *taureau*; eh bien, je vais esquisser le *croquis* de l'animal, l'*abrégé* de son image, sa tête : ce croquis, en me rappelant le nom, me rappellera le son A par lequel il *commence*.

J'entends le son B; il est le même que dans mon phénicien *Bait*; qui signifie *maison* ou *tente*; je peins le trait principal du circuit de la tente et de la petite cour d'entrée que trace une corde ou barrière.

J'entends le son G, qui est le premier du mot *Guimel*, signifiant *chameau*; j'esquisse la tête et le cou de cet animal. De même pour la lettre M qui commence le mot *Mem*, signifiant *les eaux*; je peins l'ondulation des flots. — Pour la lettre ă commençant le mot ă*in*, et signifiant *œil*, je peins un rond. — Pour la lettre š qui commence š*in*, signifiant une *dent*, je peins une *dent* arrachée avec ses trois racines; ainsi du reste.

Dans mon hypothèse, il faut m'accorder que les lettres primitives de l'alfabet phénicien ont effectivement été chacune le croquis de l'objet dont elles portent le nom : ceci permet des objections raisonnables ; mais l'on doit observer que si ces lettres ont subi les altérations que nous leur voyons dans un laps de temps connu de huit à dix siècles, il n'en a pas fallu davantage antérieurement pour les avoir déja beaucoup défigurées au temps plus reculé où elles nous apparaissent : et si l'on compare le peu d'analogie qui existe entre les petites figures astronomiques des douze signes du Zodiaque, telles que nous les voyons dans nos almanachs, et les portraits bien faits des douze animaux que ces figures retracent, l'on ne sera pas surpris du peu de ressemblance entre les lettres phéniciennes et les objets qui leur ont servi de type.

En les examinant une à une, on pourrait indiquer cette ressemblance en plusieurs d'elles ; mais parce qu'un tel travail n'est point mon objet spécial, et parce que le vrai sens des noms de plusieurs lettres n'est pas aussi bien fixé (1) qu'on l'a prétendu, je me borne à présenter mon idée pour ce qu'elle vaut, laissant au lecteur la liberté d'en juger, et me réservant à moi-même celle d'en adopter une

---

(1) Il paraît même que plusieurs lettres, telles que tau, sodi, lamed, samek, heit, n'ont aucun sens en hébreu ; c'est une preuve additionnelle que l'alfabet vient d'un peuple antérieur à celui-ci.

meilleure qui me serait présentée. Comment peut-on s'entêter d'amour-propre sur de telles matières? Une circonstance favorable à mon opinion est encore cette règle commune aux *noms* de toutes les lettres, savoir que chacun de ces noms commence par la lettre qu'il désigne : ainsi *Alef* commence par A; *Dalet* commence par D; *Lamed* par L; *Mem* par M, etc., sans exception. Ne voit-on pas ici une intention marquée dans le choix de l'exemple, qui autrement eût été équivoque, si la lettre eût été mise au corps du mot?

Une dernière circonstance, favorable à mon hypothèse sur la simplicité des causes et des moyens d'invention, est le désordre où se trouvent ces lettres dans leur série : remarquez qu'elles ne sont point classées selon ces *affinités* d'organes dont la loi est si naturelle, si frappante (comme je l'ai démontré dans l'*Alfabet européen*), que son infraction ou son omission est une preuve certaine d'absence de système et d'ignorance réelle. Dans cet alfabet hébréo-phénicien, voyelles, consonnes, aspirations, tout est pêle-mêle comme jeté aux dés : les labiales M, B, F sont disséminées parmi les dentales D, T; les palatales Gué, Ké, parmi les gutturales A, ăin : n'est-il pas clair que nous avons ici une opération mécanique qui n'a eu pour guide que la convenance accidentelle de ces *marchands* à qui je l'attribue?

Jusqu'à ce moment, je n'ai point essentiellement différé des grammairiens sur les principes de l'alfabet, ni même sur la valeur des lettres. Ici commence mon schisme : ils prétendent que les vingt-deux lettres hébraïques sont toutes *consonnes* ; je soutiens que plusieurs sont *voyelles*, savoir : A*lef*, ɪo*d*, ou*au* et. A*ïn* ; et que ᴨe et ᴨe*it* sont de pures aspirations. Cette question a été un sujet de disputes scientifiques pendant plus d'un siècle : j'en ai donné la solution à l'occasion de l'arabe, dans mon *Alfabet européen*; et parce que cette solution s'applique entièrement à l'hébreu, je n'en ferai point ici la répétition ; elle serait inutile pour le lecteur qui la connaît, et prématurée pour celui qui ne la connaît pas; je vais l'y conduire par une route plus simple en lui développant la nature et l'emploi des voyelles dans la langue hébraïque.

§ V.

Des Voyelles et des Points-Voyelles dans la Langue hébraïque.

La plupart des langues anciennes qui nous sont connues ont ceci de singulier pour nous autres modernes, que leurs voyelles sont *obligatoirement* divisées en deux classes, savoir : les *longues* et les *brèves*. Les unes et les autres sont de même nature ; mais le *temps* ou la *mesure* de leur prononciation diffère. Cette différence de la *brève* à la *longue* consiste en ce que la voyelle *longue* veut un *temps* double de la *brève*, sans compter un peu plus d'emphase dans l'intonation : ainsi A *long* prend la *mesure* de deux A brefs :

Itălĭ-ām fā-tō prŏfŭ-gūs Lā-vīnăquĕ vēnīt

Pareillement pour l'I, pour l'O, pour l'U, etc. Les grammairiens sont d'accord sur ce point.

De ce mécanisme naquit la poésie, qui, bien analysée, n'est autre chose que *l'art d'encadrer en certains temps* et *mesures* de la respiration un nombre plus ou moins grand de syllabes *comptées*, lesquelles, par leurs diverses combinaisons de *brèves* et de *longues*, frappent l'oreille d'une sensation de cadence presque musicale qui la flatte.

Cette cadence et ce *nombre* obligé *(numerus)* de syllabes *comptées*, devinrent, dès l'origine, un moyen naturel et sûr de fixer dans la mémoire de l'homme des récits qui autrement se seraient altérés : aussi chez tous les peuples anciens et modernes, voyons-nous la poésie établie avant la prose, et le chant intimement lié au débit du vers scandé.

Les Grecs et les Latins sont pour nous des exemples frappans de ces vérités; il est hors de mon sujet d'examiner pourquoi nos langues modernes, formées des débris confus des leurs, n'ont point conservé cette manière d'être. Ce qui m'intéresse, c'est de dire que l'arabe moderne, dans tous ses dialectes, est resté fidèle à ce principe constitutif de l'arabe ancien. Quiconque a vécu chez les Arabes assez de temps pour

habituer son oreille à leur langage, n'a pu manquer
de sentir une mesure cadencée frappante, surtout
dans ces déclamations de vers que vont faisant par
les rues ces aveugles lettrés qui nous retracent les
Rapsodes anciens.

La structure du vers arabe est fondée sur la distinction des voyelles longues et des voyelles brèves. Pourquoi n'est-il pas coupé et scandé selon les principes du grec et du latin? Pourquoi observe-t-il des portées de voix bien plus longues, des combinaisons de syllabes moins variées? Cette question appartient à l'observateur physiologiste qui voudra rechercher si l'air brûlant que respire l'homme arabe, comparé à l'air froid qu'a respiré l'homme scythe (auteur du grec), n'a pas établi quelque différence dans le jeu de leur respiration plus ou moins fréquente ou prolongée, et dans la dilatation des poumons plus libres par la vacuité habituelle des intestins. Je me borne à mon sujet, et, me prévalant de l'analogie intime, ou, pour mieux dire, de l'identité des deux idiomes hébreu et arabe, je dis que l'ancien peuple hébreu a eu des voyelles *longues* et des voyelles *brèves*, exactement comme ses parens et frères les modernes Arabes : or, puisqu'il est démontré d'une part que, dans l'alfabet arabe, les voyelles *Alef*, *Iod*, *Ouau*, *O*, *aï* (ou *é*) sont de vraies voyelles *longues*, nous pouvons assurer qu'il en fut ainsi, qu'il en est ainsi dans l'alfabet hébreu; et puisque, d'autre part, il est démontré que, dans l'idiome arabe actuel subsistant depuis nombre de siècles, il existe une classe de voyelles qui ont la double condition d'être prononcées brèves, et de ne pas être écrites dans le corps des mots et des lignes, il s'ensuit clairement que ce même état de choses a dû avoir et a eu lieu chez les Hébreux (1).

Ce fait, hors de doute pour le temps présent, est également bien prouvé pour les temps anciens par les nombreux témoignages d'écrivains authentiques ; car, lorsque les écrivains grecs ou latins, avant ou après

---

(1) Ceci juge radicalement les prétentions de nos savans d'Europe, qui, sans être sortis, pour ainsi dire, de leurs cabinet, et sans avoir de notions pratiques de la prosodie *arabe*, ont fait des traités sur la *poésie hébraïque*, laquelle pourtant n'est accessible que par cette voie : je citerai le célèbre docteur Robert *Louth*, et je demanderai comment il a pu raisonner sur le *vers hébreu*, quand il a cru que α, ï, ω, étaient des consonnes ; quand il a prononcé à *l'anglaise* les consonnes hébraïques, et tout-à-fait méconnu la valeur des petites voyelles : comment a-t-il osé démentir de savans rabbins anciens, qui, avec saint Jérôme, ont déclaré que l'hébreu n'a point de *vers métriques ?* 800 pages sont employées en extases sur des beautés très-souvent contestables ! Quel dommage que ce savant professeur de poésie n'ait pas vécu dix ans chez les sauvages de *North-Amérique !* il eût trouvé dans *leurs harangues*, dans *leurs chants de combat*, dans leurs *chansons de mort*, des richesses poétiques non moins brillantes; et il eût appris, par une analyse comparée, que là où le langage est pauvre d'idées scientifiques et de termes complexes, il y a, non pas *richesse*, mais *nécessité* de style par *figures*, parce que le type primitif de toutes les idées consiste en *objets physiques*, lesquels, dans le langage, restent long-temps bruts et en *nature* avant d'être élaborés, et pour ainsi dire *monnoyés*, pour une plus rapide circulation.

notre ère, nous citent des mots ou des noms hébreux, syriens, phéniciens, arabes, nous y trouvons des voyelles qui aujourd'hui ne sont point tracées dans ces mêmes mots écrits à la manière orientale. Par exemple, l'hébreu actuel nous offre composé de trois consonnes le mot DBR; il est clair que, pour le prononcer, il a fallu des voyelles : eh bien, au quatrième siècle de notre ère, un disciple chrétien de l'école juive (1) a dit : « Si vous prononcez DABAR, le sens « est *parole* et *discours*; si vous prononcez DEBER, « c'est *peste* et *destruction*; si DABER, c'est l'impératif « *parle* ou *parlez*. De même pour le mot ZCR; si vous « dites ZACAR, c'est *mâle*; si ZECER (ZEKER), c'est *souvenir* (2); » (en latin, *ce*, *ci* se disent *ke*, *ki*.)

Or, puisqu'aujourd'hui nous ne voyons point ces voyelles latines *a*, *e*, écrites au corps des mots hébreux, mais seulement tracées dessous, par les signes appelés *points-voyelles*, il est évident que ces points sont les équivalens de ces voyelles, et que c'est à cette fonction qu'ils doivent leur nom de *points-voyelles*.

Ici se démontre palpable l'erreur de cette classe

---

(1) Saint Jerôme, Commentaire sur Habacuc, chap. 3, et sur Isaïe, chap. 26.

(2) Il serait facile de multiplier ces exemples : Origène en fournit un grand nombre à la fin du deuxième siècle, dans ce que nous avons de ses fragmens.

de savans qui, comme Masclef et Houbigant (1); veulent que les *points-voyelles* ne soient pas des voyelles, et qui prétendent que l'on peut s'en passer en attachant aux consonnes, d'une manière invariable, les voyelles qui servent à les appeler dans le canon alfabétique ; mais alors comment un même mot pourra-t-il prendre divers sens, comme nous venons de le voir dans les exemples ci-dessus (DABAR, DEBER, ZAKAR, *etc.*)? Cette opinion est trop déraisonnable pour s'y arrêter.

Quant à ceux qui veulent qu'il n'y ait pas d'autres voyelles que celles marquées par le *points*, et qui soutiennent que Alef, Iod, Ouan, Aïn, sont des consonnes (2), je rendrai bientôt encore leur erreur aussi palpable, en en démontrant l'origine comme je l'ai fait pour l'arabe.

Maintenant si l'on compare le procédé des Grecs et Latins avec celui des Hébreux et Arabes, quant à la peinture ou écriture des voyelles, l'on y trouvera

---

(1) Houbigant, Racines hébraïques, in-8°, 1732, préface, page VII.

(2) Parmi les mémoires de l'Académie des Inscriptions, plusieurs sont faits d'après cette idée : 1° Tome VII, un mémoire de l'abbé *Renaudot,* sur l'origine des lettres grecques ; 2° Tome XIII, un mémoire de *Fourmont,* sur la ponctuation des *Massorètes* ; 3° Tome XXXVI, mémoire de M. *de Guignes,* sur les langues orientales, p. 114; 4° même volume, p. 239, mémoire de M. *Dupuy,* sur les lettres hébraïques. Avec toute l'érudition possible, ces mémoires n'en sont pas moins un tissu de paradoxes et de contradictions.

cette grave différence, que nos Occidentaux ont construit leur alfabet sur le principe que les voyelles *quelconques* doivent avoir leurs lettres *inscrites* comme les consonnes, en laissant au lecteur le soin de distinguer les brèves des longues, tandis que les Orientaux n'ont admis de signes ou lettres *alfabétiques* que pour leurs *quatre* voyelles longues, en laissant au lecteur l'embarras de suppléer les brèves.

Ce fut cet embarras sans doute qui, lorsque les anciens Grecs adoptèrent l'alfabet phénicien-hébreu, les conduisit à y faire l'importante réforme que je viens d'indiquer, réforme qui, à raison de la clarté qu'elle a produite dans la lecture, a eu des effets plus grands peut-être et plus heureux qu'on ne l'imagine. Pourquoi les Orientaux ont-ils persisté dans leur habitude énigmatique? Ma réponse est : *Parce que ce fut une habitude transmise par l'enseignement* dès le bas âge. Mais comment et pourquoi l'invention avait-elle établi l'habitude? Je crois en trouver la cause dans la nature de la chose même.

Le premier observateur qui eut l'idée de peindre la parole, ne put manquer de s'apercevoir qu'elle était composée, 1° de sons simples ou voyelles, tels que *A*, *I*, *Ou*, et de sons composés, tels que Be, Mi, Dé. En décomposant ces derniers, il s'aperçut qu'avant la voyelle, il y avait un être particulier, essentiellement *sourd*, qu'il dut être fort embarrassé de qualifier ; c'est ce que nous nommons *consonne*, ce que j'ai prouvé n'être que le *contact* de deux parties solides de la bouche. Notre observateur dut reconnaître que la voyelle se prononce seule, mais que la consonne ne le peut qu'à l'aide d'une voyelle qui la suit : pour la peindre, il aura dit : puisque la prononciation d'une consonne entraîne nécessairement une voyelle, il est inutile de tracer celle-ci, il me suffit de peindre celle-là, l'autre la suivra de force ; cela est vrai ; et cela a pu être commode dans l'idiome des peuples Phénico-Arabes ; car chez eux un mot écrit des mêmes consonnes variait, comme il varie encore, de canton à canton, seulement en voyelle ; comme si chez nous vous supposiez les mots *charpentier, charrier, charbonnier*, prononcés par le peuple *cherpentier, cherrier, cherbonnier*, et qu'on les écrivît chrpentier, chrrier et chrbonnier. L'on voit que les consonnes en un tel cas sont un simple canevas que chacun remplit selon son dialecte : à nous autres cela semble très-défectueux ; mais le pouvoir de l'habitude est si grand qu'il a suffi d'y être plié dès l'enfance pour ne jamais songer à un changement. Ce furent les étrangers qui en eurent l'idée quand cet alfabet vint en Occident ; les orientaux en y ayant persisté nous fournissent la preuve qu'il est né chez eux ; encore aujourd'hui les Arabes, et leurs dérivés les *Turks* et *Persans*, trouvent tout simple d'écrire sans points-voyelles, et de tâtonner pour établir la lecture.

Ainsi firent les anciens Hébreux, du propre aveu

des docteurs juifs les plus savans. Il est constant que Moïse écrivit la loi non-seulement sans points-voyelles, mais sans points ni virgules, sans distinction de chapitres ni de versets : il l'écrivit en ces lettres *phéniciennes* que l'on nomme aujourd'hui *samaritaines*. Ce fut là le caractère alfabétique national, seul connu, seul usité jusqu'à la captivité de Babylone : l'on est d'accord que jamais il n'a eu de points-voyelles accolés. La déportation presque totale des Juifs au pays de Babylone fut l'époque de deux changemens remarquables.

1° La langue s'altéra par le mélange des étrangers au peuple. 2° Toute la classe lettrée, toute la jeunesse des familles riches et sacerdotales ayant été, par ordre spécial du conquérant, élevée dans les sciences chaldéennes, cette classe, cette génération contractèrent l'habitude de l'alfabet *chaldaïque* qui est notre *hébreu* actuel. Cette habitude fit perdre de vue, en peu de temps, l'alfabet national antérieur, ce *Phénicien* ou *Samaritain* ci-dessus indiqué. Le prêtre Ezdras parut vers l'an 457 ou 458 avant notre ère, sous le règne d'Artaxercès-Longue-main, roi de Perse ; 130 ans s'étaient écoulés depuis la déportation à Babylone ; plus de 80 après l'édit de Kyrus, qui renvoya les Juifs chez eux ; 63 ou 64 depuis celui de Darius, qui leur permit de rebâtir un temple nouveau ; et 2 ou 3 seulement depuis l'apparition et le séjour d'Hérodote en Égypte. Ezdras ayant vu que la portion lettrée de la nation avait délaissé le caractère phénicien, et que les livres de Moïse, et autres, allaient tomber dans l'oubli, ce lévite, *savant dans la loi*, entreprit une double opération à la fois importante, laborieuse et dispendieuse: il résolut d'en faire la collection, la compilation, et de plus la *transcription* en caractères *chaldéens*, ce qui fut une innovation grave; il exécuta ce projet dans un laps de temps qui a exigé plusieurs années; ce n'est pas trop de dire *dix an*s : or, parce que ce prêtre paraît avoir vécu bien au-delà, il a pu avoir connaissance de l'ouvrage d'Hérodote rendu public vers 444 ou 446 aux jeux olympiques.

Il n'est pas de mon sujet d'examiner jusqu'à quel point Ezdras a pu modifier les livres quelconques qu'il a transcrits, ni quels sont ceux dont on doit le regarder comme auteur réel à titre de compilateur ou rédacteur. Ce sont là des questions de fond; je ne m'occupe ici que de la forme. Sous ce point de vue, l'on doit regarder et l'on regarde son manuscrit comme la base et le modèle de tout ce que nous avons en main, sauf le texte dit *Samaritain*; mais que devinrent les manuscrits originaux sur lesquels Ezdras fit son travail? de deux choses l'une; ou il les détruisit, ou bien ils restèrent dans la possession du grand-prêtre et des docteurs, dépositaires naturels des archives où ils ont pu être encore consultés.

L'on est d'accord que ce fut le manuscrit d'Ezdras qui, environ 175 ans plus tard, servit à établir la traduction grecque dont Ptolémée Philadelphe, roi d'Égypte, fit la demande au grand-prêtre d'alors (1); laquelle est connue sous le nom de version des *septante*; d'anciens théologiens, appelés *pères de l'Église*, ont pour la plupart adopté la fable qu'un Juif, déguisé sous le nom d'*Aristéas*, a composée sur cette anecdote : mais plusieurs modernes non moins pieux que savans en ont démontré l'invraisemblance et la fausseté (2). Les probabilités sont que le grand-prêtre transmit la demande au conseil ou *sanhédrin* des *soixante-dix* docteurs de la loi, en pied à cette époque; que ce conseil, dont tous les membres ne purent ni ne durent savoir le grec, fit choix de personnes instruites en cette langue, lesquelles durent se distribuer le travail, qui, ensuite accepté et sanctionné par les *soixante-dix*, fut transmis au roi d'Égypte, revêtu de leur autorisation; et, à ce titre, considéré comme leur ouvrage : naturellement ce manuscrit authentique a dû être la base de tous les manuscrits grecs publiés depuis lors : et cependant il n'est pas probable que les minutes restées à Jérusalem aux mains des auteurs, aient été détruites, puisqu'elles avaient, pour ces auteurs mêmes, une grande valeur pécuniaire et un grand mérite pour tous les Juifs hellénistes qui de jour en jour devinrent

---

(1) Flav. Joseph., Antiquit. Judaïq., lib. 12.

(2) Voyez *Bernard de Montfaucon*, dans son livre sur les *hexaples d'Origènes*, in-fol.

plus nombreux. Ces incidens peuvent servir à expliquer beaucoup de questions survenues tant sur la diversité du style de divers livres, que sur les variantes de divers passages et même sur les erreurs des traducteurs grecs, et relativement à la valeur de plusieurs mots hébreux.

Ce qui nous importe le plus ici est de savoir que le manuscrit d'Ezdras fut écrit sans *points-voyelles*; que les copies qui purent en être faites par les amateurs n'en eurent pas davantage; que dans ces copies, il survint, comme il arrive toujours, quelques fautes, quelques omissions : que les Juifs troublés par les persécutions des rois grecs de Syrie, par les révoltes qui en furent la suite, puis par l'invasion des Romains, et par le régime tyrannique de ces conquérans, qui finalement les détruisirent; que les Juifs, dis-je, dispersés, mêlés aux autres peuples, après avoir perdu d'assez bonne heure la pratique de leur ancienne langue, perdirent aussi la vraie lecture des livres où elle demeura reléguée (1). Il n'y eut plus que des particuliers studieux qui se livrèrent

---

(1) Quand Esdras, 450 ans avant notre ère, fit une lecture solennelle de la loi, il est spécifié que les lévites *expliquaient*, *faisaient comprendre*: le savant rabbin Maimonide atteste que, dès-lors et depuis lors, il y eut toujours un *interprète d'office* (il écrivait vers 1180). Peu avant notre ère, le rabbin Onkelo; et 200 ans plus tard le rabbin Jonathan, ont écrit des *interprétations* (targumin) qui prouvent qu'ils n'entendaient plus la langue.

à ce travail scientifique, difficile pour eux comme l'est pour nous le grec et le latin; or, comme il fallut être riche pour avoir le loisir du temps, et la possession des livres; tous *manuscrits* dispendieux, le nombre des savans diminua de plus en plus : faute de concurrence, il y eut moins d'émulation; faute d'appréciateurs, il y eut moins de vraie science et plus d'admiration. Quelques *rabbins* (1) ou docteurs, disséminés en quelques grandes villes isolées par les guerres habituelles et par les distances, devinrent chefs d'opinions diverses sur certains mots et certains passages susceptibles de divers sens. Possesseurs du très-petit nombre de manuscrits existans, ils se permirent d'y faire des notes marginales qui devinrent des autorités. Leurs écoles situées à *Jérusalem*, à *Alexandrie*, à *Tibériade*, à *Neharda* (en Babylonie) ayant eu des communications tardives, l'on s'aperçut qu'il s'était introduit des dissentimens et du désordre : l'on s'occupa des moyens d'y remédier : une sorte de concile s'établit à Tibériade : il est plus que douteux que ces travaux aient commencé avant les années 400 ou 420 de notre ère; il paraît qu'ils étaient finis avant l'an 510 (2). Vingt ans assidus ont pu y suffire : mais quand on analyse ces travaux,

---

(1) Le mot *rabb* signifie *maître, seigneur*. Au pluriel *rabbim*.

(2) Dans l'*Alfabet européen*, page 117, ligne 19, on lit 520 par erreur typographique; corrigez 510.

on sent qu'ils ont dû se prolonger pendant un laps de temps bien plus considérable.

Pour en apprécier l'étendue, il faut se rappeler que, jusqu'au temps d'Ezdras, tout livre hébreu fut écrit sans *division* de chapitres, ni versets, sans distinction des phrases par points et virgules, enfin sans les voyelles brèves et cachées dont j'ai parlé.

En transcrivant le vieil hébreu phénicien ou samaritain en lettres chaldaïques, Ezdras semble avoir établi la division en chapitres, seulement. L'excédant resta à faire ; les rabbins qui, depuis Alexandre, vécurent avec les Grecs et les Romains, forcés d'apprendre l'une ou l'autre langue, ne purent manquer d'en connaître les principes alfabétiques et grammaticaux. Ces principes, différens des leurs, durent leur donner beaucoup à penser ; ils voyaient les mots écrits avec une plénitude de voyelles qui ne laissait aucun équivoque ; les phrases, coupées par des repos et demi-repos de points et de virgules, leur présentaient la plus grande clarté : ils entreprirent d'appliquer à leur système oriental ces précieux avantages du système occidental : ce fut une idée heureuse et réellement forte, vu la difficulté de son exécution ; introduire au corps des mots hébreux toute voyelle prononcée était une innovation contraire aux antiques usages et même aux idées religieuses, qui ne permettaient pas d'altérer ce qu'on appelait la parole de Dieu ; néanmoins, on convint d'un double expédient conciliateur qui ne dut être adopté qu'après bien des débats : cet expédient fut 1° d'imaginer et de fixer des signes représentatifs des voyelles ; 2° de placer ces signes hors du corps des lignes et des mots, de manière à n'en point troubler l'ordre antique (1); or, comme ces signes sont en général formés de *points* diversement combinés, leur système est ce que l'on a appelé *points-voyelles*.

Pour en faire l'application, il fallut procéder à l'examen, à la discussion de 815,280 lettres (2) dont se composent les livres juifs ; ce n'est pas tout : en fixant la prononciation de chaque lettre, les docteurs voulurent fixer aussi et peindre les accidens les plus minutieux de la lecture : il y eut des signes pour toutes les inflexions de voix, pour l'élévation ou l'abaissement du ton, pour les soupirs et demi-soupirs, pour l'accent musical, etc. Si l'on considère que chacune des 815,280 lettres ci-dessus dut être un objet spécial de délibération pour chacune de ces combinaisons, et que tout cet ensemble de doctrine n'est qu'une partie de ce que l'on appelle la *masore* (prononcez *maçore*), c'est-à-dire la *tradition*, l'on ne sera plus étonné de la célébrité qu'ont acquise dans le

---

(1) Quand les mêmes procédés, les mêmes résultats, se trouvent aux septième et huitième siècle de notre ère chez les Arabes musulmans, cette imitation n'est-elle pas une preuve des mêmes raisonnemens ? Voyez l'*Alfabet européen*, pag. 110, 111 et suiv.

(2) *Prolégomènes* de Walton, pag. 46. — *Voyez* l'extrait à la fin de ce volume.

monde érudit les docteurs *masorètes* ou *traditionnaires*.

De tout ceci résulte-t-il que les Juifs soient parvenus à représenter l'ancienne et vraie prononciation, je ne dis pas du temps de Moïse ou de David, mais seulement du temps d'Ezdras ? non assurément. Il est prouvé au contraire qu'à l'ouverture de notre ère, leur langage était un jargon syriaque mêlé de mots grecs, arabes, et même persans (1) ; que, dès le temps d'Ezdras, le dialecte babylonien plus cultivé, plus élégant, avait remplacé l'hébreu montagnard et grossier, laissé au bas peuple ; que depuis la dispersion des Juifs sous Titus, toute la tradition de la prononciation fut rompue ; que le système arrêté à Tibériade fut, comme il arrive en toute assemblée délibérante, une capitulation d'opinions et d'amours-propres ; que parmi les mots cités par les premiers écrivains ecclésiastiques, il en est plusieurs qu'aujourd'hui les Juifs lisent différemment ; que, même dans la ponctuation des manuscrits, il a existé, il existe encore, de l'aveu de tous les érudits, un nombre considérable de variantes ; qu'au milieu du seizième siècle (1530 à 1550), lorsque ce genre d'étude s'introduisit parmi nous, il fut avéré que les anciens manuscrits portaient des points de diverses nuances

---

(1) *Voyez* la savante dissertation du professeur *Paulus*, dans le compte qu'en a rendu M. S. de Sacy; Magasin encyclopédique, année 1805, tom. I.

d'écriture attestant diverses mains et diverses dates (1); qu'alors, comme aujourd'hui, les synagogues allemandes, portugaises, espagnoles, françaises, asiatiques, etc., n'ont prononcé ni les points ni les lettres de la même manière; que, dans toutes ces synagogues, le *manuscrit canonique* imitant celui d'Ezdras est toujours écrit *sans points-voyelles* d'aucune espèce; enfin qu'à la Chine même, où l'on a trouvé des Juifs, *égarés* de très-ancienne date, ces mêmes faits se sont retrouvés. Mais c'en est trop sur l'histoire des *points-voyelles*; il est temps de nous occuper de leur figure et de leur valeur.

§. VI.

Suite des Points-Voyelles, leur Figure et leur Valeur.

Nos modernes grammaires hébraïques ne comptent plus comme points-voyelles que les quatorze ou seize figures dont je vais bientôt donner le tableau. En cela elles ont raison; mais les précédentes, et celles des Juifs actuels embrassent sous ce nom deux autres classes de signes, qui portent le nom de *points*

---

(1) Il est également avéré que les Buxtorf, sous prétexte de *régulariser*, ont *falsifié* les points de plusieurs manuscrits. *Voyez* Michaëlis, grammaire chaldaïque. Notez bien encore que les deux plus anciens manuscrits connus, celui de *Hillel* et celui de *Ben-ascher*, n'ont pas été écrits plus haut que vers l'an 1000 et 1034 de notre ère.

grammatiques et *points rhétoriques*, destinés les uns et les autres à des fonctions nombreuses et diverses.

Les points *grammatiques* sont divisés en deux sections, et qualifiés les uns de *rois*, les autres de *vizirs*. Les points *rois* sont au nombre de dix-neuf; les points *vizirs* sont au nombre de onze; les points *rhétoriques* sont au nombre de quatre : total, trente-quatre variétés; plus les seize que j'ai d'abord indiqués : total, cinquante signes divers (1).

Parmi les points ou accens grammaticaux, les uns sont équivalens à nos virgules, à nos points et virgules, points doubles, points d'interrogation, d'admiration, etc. Les autres que l'on peut appeler *musicaux*, marquent tous les tons et inflexions que doit prendre la voix dans la lecture. Leur nomenclature seule forme une science barbare en hébreu, et assez ridicule en français. Tous ces signes sont de petites barres, de petits points diversement combinés, qui se placent tantôt droits, tantôt transverses, ou dessus, ou dessous les lettres alfabétiques. Si l'on remarque que chaque mot des livres hébreux est susceptible de recevoir plusieurs de ces signes, on concevra quelles

---

(1) On peut en voir les détails dans le livre intitulé : *Rudimenta linguæ hebraicæ, autore Antonio Rodolpho Cevallerio*, 1567. *Parisiis apud Henricum Stephanum*. Mais parce que les livres de ce genre ne sont pas sous la main de tout lecteur, j'ai placé ce fragment dans mes notes justificatives à la fin du présent volume.

TABLEAU
DES POINTS VOYELLES JUIFS.

SIGNIFICATION DE CES NOMS		ORTHOGRAPHE LITTÉRALE.	ORTHOGRAPHE VULGAIRE.		
EN FRANÇAIS.	EN LATIN.				
rassemblement des lèvres....	oris collectio (ut pugilli)....	qomes (gadwl) grand.	Kamets........ ּב *a*		⎫
bruit d'un gond...........	cardinis stridor...........	sri,..............	tseré.......... ֵב *e*		⎬ longs.
éclat de voix............	frendor magnus..........	ḥîreq (gadwl) grand.	Chirik........ בִי *i*		⎭
perfection (ôméga)...:...	perfectio.............	ḥwlem............	Kholem........ וֹב *ô*		
sifflement...............	sibilum..............	swreq............	Schourek....... בוּ *où*		
ouverture...............	apertura.............	fatah............	phatach........ ַב *à*		⎫
le collier...............	monile (à figurâ)........	segwl............	Segol.......... ֶב *é*		⎬ brefs.
petit éclat..............	frendor parvus.........	ḥîreq............	chirik......... בִ *i*		⎭
		ḥatf qames........	Kamets-Kateph.. ָב *ô*		
rassemblement...........	collectio.............	qobus...........	Kibbuts........ בֻ *u*		
le serviteur ou le niveleur...	1° servus, captivus; 2° æquator.	1° šeba, ou 2° šwa..	Schéva........ ְב *e*ᵐᵘᵉᵗ·		⎫
ouverture rapide..........	rapta apertio..........	ḥatf fatah........	Kateph-phatach.. ֲב *à*		⎬ brévissimes.
le collier rapide..........	raptum monile........	ḥatf segwl........	Kateph-Segol.... ֱב *e*		⎭
l'ouverture rapide.........	rapta collectio.........	ḥatf qomes.......	Kateph-Kamets.. ֳב *ô*		
appesantissement ou plutôt redoublement..........:....	aggravatio (litteræ).....	Dagueš..........	Daghes......... בּ		
....	....	mafiq............	mappik........ הּ		

Nº III.

Pour faire face à la page 375.

innombrables difficultés en résultent pour ce qu'on appelle une exacte lecture.

Dans mon système de lettres européennes, tout cet imbroglio devient inutile : d'abord, au moyen de notre ponctuation usuelle, nous n'avons pas besoin de savoir les noms bizarres que les rabbins donnent au point, à la virgule et à leurs composés : il nous est également inutile de savoir si, sur une telle lettre ou telle syllabe, nous devons pousser un soupir aigu ou profond, du nez ou de la gorge, comme il se pratique dans les synagogues : non que je prétende nier que les Hébreux aient pu lire avec des intonations étranges pour nous, puisqu'aujourd'hui nous en retrouvons de semblables chez les Arabes dans la récitation du Qôran ; je dis seulement que la prosodie actuelle des Juifs est d'invention moderne, imitée de celle-là, et que tout cet appareil ne sert en rien à connaître le vrai sens des mots, seul but de nos recherches. Je me range donc à l'avis de nos grammairiens ; et, comme eux, je laisse à part toute cette fausse science pour concentrer notre examen sur les vrais *points-voyelles*, c'est-à-dire sur ceux qui figurent des voyelles. Je présente ci à côté leur tableau, coté n° III, en priant le lecteur d'y donner une attention particulière.

La colonne n° 1 présente, 1° les figures des divers points appliqués à une même lettre (B) laquelle sert de modèle pour toutes les autres.— 2° La valeur de chaque point en lettres européennes, selon mon tableau de l'*Alfabet européen*, pag. 28.— 3° Les noms juifs de ces points selon l'orthographe vulgaire, qui semble être une orthographe allemande venue des Buxtorf.

La colonne n° 2 présente ces noms avec une orthographe conforme à l'écriture hébraïque, c'est-à-dire que nos vingt-deux lettres capitales peignent les vingt-deux lettres de l'alfabet hébreu; tandis que le texte romain figure les *points-voyelles* selon la valeur que je leur assigne.

La troisième colonne porte la signification de ces noms juifs en latin et en français : elle a le mérite de nous montrer quelles idées les grammairiens juifs se sont faites de ces voyelles de nature brève. Plusieurs de leurs définitions prouvent, par leur bizarrerie, l'embarras des inventeurs; car dire que *e* et *i* sont le *bruit* d'un *gond;* que *a* est un état de la bouche semblable au poing (de la main) qui rassemble les doigts, cela est à la fois vague et inexact : ajoutez l'équivoque de *a* avec *o*, à raison du même signe (kamets-kateph pour les deux)(1), tout indique des hommes qui tâtonnent en une chose neuve. Mais venons au fond.

Nous avons ici seize signes ou figures de points,

---

(1) Cette analogie de *a* avec *o* est remarquable en ce qu'elle existe dans l'anglais, comme je l'ai noté pag. 31 et 32 de l'*Alfabet européen* : elle tend à expliquer pourquoi l'*alef* des Chaldéens est devenu *olaf* chez les Syriens, et par inverse l'*o* de l'ancien russe, souvent un *a* dans le moderne.

dont quatorze seulement sont *voyelles* : deux ne le sont pas, savoir, *daghès* et *mappik*.

Daghès signifie *appuyer* sur une lettre, comme il arrive quand on la redouble. Par exemple, dans nos mots fRaPPé, baTTu : c'est ce que les Arabes nomment TAŠDÎD ou *fortifiement* de la lettre. Par exemple, dans leurs mots *radd* (il a rendu), *madd* (il a étendu). Ce signe convient a l'écriture orientale, qui n'admet pas le redoublement d'une même lettre; il tombe inutile dans la nôtre qui le permet.

Mappik indique qu'il faut faire sentir l'*h* et non le laisser *mort*; comme cela ne fait rien au sens, c'est un signe nul à supprimer (1).

Il ne nous reste donc que quatorze vrais *points*, signes de *voyelles*; mais le plus léger coup-d'œil va faire sentir que ce ne sont point quatorze individus différens, ce sont seulement cinq mêmes voyelles répétées sous trois mesures de temps; l'une *longue*, l'autre *brève*, et la troisième *brévissime* : au total, nous n'avons ici réellement que les cinq voyelles latines et grecques *a*, *e*, *i*, *o*, *u*, et cela dans l'ordre même ou les grammairiens de ces peuples nous les montrent rangées de tout temps. Certainement ceci est une imitation de la part des rabbins; et cette

---

(1) Remarquez que *mappik* est une orthographe barbare, le P n'existant ni en hébreu, ni en arabe. On doit écrire *mafiq*, composé d'*afaq*, *affermir* : *daghès*, ou plutôt *dagas* est un mot syriaque qui signifie *appesantissement*.

imitation n'a pu avoir lieu que depuis leur contact intime avec les Grecs, d'abord dans la ville d'Alexandrie, puis au temps du Bas-Empire dans toute la Syrie : ceci nous ramène toujours à notre hypothèse sur la formation de ce système d'orthographe dans le cinquième siècle de N. E.

Ici se place une observation relative à l'alfabet syrien ; lui aussi a un système de *points-voyelles* fondé sur les mêmes principes : est-il plus ou moins ancien ? cela ne m'est pas clair : dans le syriaque, quelques points-voyelles sont réellement des *points* comme dans l'hébreu ; mais il en est d'autres qui ont la figure de quatre voyelles grecques réduites à l'état de *miniature*, précisément comme les Arabes ont réduit leurs trois voyelles A, I, ω en *fatha*, *kesré*, *domma* (*Voyez* le tableau n° V). Je suis porté à croire que les Syriens ont imité les Juifs pour les points, et qu'ils n'ont inventé leurs signes grecs que plus tard.

Quoi qu'il en soit de ce côté, les Juifs me semblent décidément avoir le mérite de la priorité sur les Arabes, puisque ceux-ci n'ont commencé de s'occuper de ces matières qu'à la fin du septième siècle ; et que leur système plus simple et plus parfait devient une preuve de plus à mon opinion ; revenons à notre sujet.

Les quatorze signes des Juifs, je le répète, ne peignent réellement que les cinq voyelles *a, e, i, o, u* ; j'ajoute qu'ils les peignent dans le double état de *brèves* et de *longues* dont j'ai parlé : j'en vois une preuve dans les procédés des Arabes, qui, à la date du septième et du huitième siècle, n'ont dû être à certains égards que les imitateurs des Juifs. Nous savons que les grammairiens musulmans, ayant reconnu aux trois grandes voyelles une manière d'être prononcées *brèves*, ils imaginèrent de peindre cet état par trois signes qui furent la miniature de ces grandes voyelles. L'un de ces signes fut la petite barre appelée *Fatha* pour Alef; le second dit *Kesré* pour Jod : le troisième dit *Domma* pour *wau*.

Or les analogues de ceci se retrouvent dans les points-voyelles juifs; car *phatach* (9e de la série) valant *a*, n'est réellement que *Fatha* de nom et de chose : il se répète dans *Kateph patach (fatha bref)*: encore dans *Kamets* qui n'est que *a* : les deux *chirik* ou *kirek* sont le *kesré* valant *i* : *schourek* et *kibbus* sont le *domma* valant *ou* bref.

D'autre part, les Arabes s'étant aperçus que dans certains cas Alef se prononçait Ô comme dans *omam*, (les nations), et que cet o long avait sa brève dans *kotob* (les livres), ils établirent aussi des signes pour figurer ces deux états; or, la même chose se présente en *kholem*, en *kamets-katef* et *katef-kamets*.

Enfin, en d'autres cas, ayant remarqué une voyelle singulière qui est *e*, les Juifs, mieux que les Arabes, convinrent de la désigner par *tséré*, *segol* et même *scheva*.

On me dira sans doute : *Que deviennent les trois*

grandes voyelles ; a, i, ω ? Quel rôle jouent-elles ? J'emprunte encore ma réponse des Arabes, que je considère toujours comme imitateurs des Juifs. Alors qu'ils eurent reconnu que chaque consonne avait besoin d'un signe voyelle pour être prononcée correctement, et qu'à ce moyen chaque consonne dut être considérée comme muette quand elle manque de ce signe, ils appliquèrent aux grandes voyelles un raisonnement et une opération semblables ; et parce que les grandes voyelles changeaient quelquefois de valeur, que A devenait O, que I devenait E, ils statuèrent que même ces *lettres-voyelles* n'auraient une valeur positive qu'autant qu'elles seraient marquées de l'un des petits signes appelés *points-voyelles*. De cette manière, ces petits signes eurent seuls la faculté *vocale* ou *voyelle* ; et toutes les lettres, même celles des grandes voyelles, ne devinrent que des signes expectans, des signes *algébriques* qui attendirent leur dénominateur. Alors les grandes voyelles se trouvèrent *assimilées aux consonnes* ; et *voilà l'origine* et le nœud de ce *singulier paradoxe* établi chez les Orientalistes, savoir : que *toutes les lettres de l'Alfabet phénico-arabe sont des consonnes* (1). Dans le fait il n'y a de voyelles longues que a, i, ω et ăin, d'abord en leur état naturel, puis en leur état composé ; c'est-à-dire quand un petit signe, point-voyelle,

---

(1) Voilà pourquoi Alef, dépouillé de sa valeur, est faussement dit n'être qu'une *aspiration*.

TABLEAU GÉNÉRAL
DES VOYELLES.

	VOYELLES HÉBRAÏQUES TANT SIMPLES QUE COMBINÉES AUX POINTS VOYELLES.				VOYELLES ARA... TANT SIMPLES QUE COMBI... AUX MOTIONS OU POINTS V...
grand *a*................	א	seul............... ⎫			ا alef seul.
avec *a* moyen............	אָ	avec k*a*mets...... ⎬ *a*	dans ame..........		ا avec *a* petit dit
avec *a* petit........	אַ	avec f*a*t*a*h sous.... ⎭			
petit, sous consonne........	בַ	f*a*t*a*h sous *b*...... b*a*	bref dans battu......		بَ *a* vaut b*a*.
grand, seul............	י	ı seul............. ⎫			ي grand î seul.
grand, avec *i* petit.........	יִ	hireq grand ou petit. ⎬ î	long (dans île)......		ي i avec petit *i* dit
petit, sous consonne......	בִ	hireq.......... b*i*	bref (ici)..........		بِ *i* petit sous con
grand, seul............	ו	.... ⎫			و grand *ou* seul.
grand, avec *où* bref, petit....	וּ	.... ⎬ w	où français (voûte)...		وُ *où* avec *ŭ* petit
bref, sous consonne.........	בֻ	.... bŭ ò			بُ *où* bref sur con
avec petit *i* ou *e*............	אֵ	.... ɛ ē	(elle)............		إ grand a et petit
avec *o* petit............	אֹ	.... o	(omettre)........		أ grand a et petit
avec *a* moyen ou petit.......	יְ	.... ai	ou é (maître)......		إِ grand i et petit
grand, avec *a* moyen ou petit..	וְ	.... ô	(pôle)............		وْ grand *ou* avec
pur................	ע	.... ă	guttural..........		ع ... ...
avec *a* moyen ou petit.......	עַ	....			عَ avec *à* petit.
et petit *i*............	עִ	.... ĕ ⎫ qâtĕ (*coupant*)......			عِ avec *i* petit.
et *ŭ* bref............	עֻ	.... ŏ ⎭ borqŏ (*voile*)......			عُ avec *ou* petit.

Pour faire face à la page 381.

leur est appliqué pour les changer en o ou en ε : le lecteur va voir dans le tableau n° V cette division établie d'après ces principes.

Il me dira encore : Que faites vous des quatre *brévissimes?* Pour résoudre cette question, il faut remarquer que, dans la prononciation arabe comme dans la nôtre européenne, la consonne prend souvent un état muet qui sert à qualifier un sens : par exemple le mot KTB : si vous le prononcez KATAB, vous me faites entendre *il a écrit :* si au contraire vous le prononcez KATB, alors que vous avez rendu *muet* le T, en le privant de voyelle, vous me faites entendre l'*action d'écrire.*

Or pour peindre cet état muet de la consonne, l'arabe a imaginé un petit signe qu'il appelle DJAZM ou *frein,* lequel *arrête la consonne comme un cheval* dont on empêche le *mouvement (motion)* : eh bien, cet état, qui est inhérent à l'hébreu comme à l'arabe, ne se trouve point marqué dans le système masorétique : jamais, selon les rabbins, la consonne ne serait muette : toujours l'on prononcerait à la manière gasconne, ou à la manière des Chinois qui, selon nos missionnaires, ne peuvent prononcer les mots *spiritus sanctus* et *Christus*, qu'en les lardant de voyelles, et en disant *sopilitou sanacotou, kilisotou*. Cet état bizarre n'existe point dans le système arabico-phénicien : pourquoi les rabbins l'ont-il supposé ? J'en apperçois la raison dans leur esprit *scrupuleux* jusqu'à la *minutie.*

J'ai dit ailleurs qu'il est presque impossible de prononcer une consonne sans faire un peu sentir un son voyelle tout léger qu'il soit : ces docteurs firent la même remarque; et, pour en remplir l'effet, ils imaginèrent les quatre *brévissimes*, que l'on à vues ci-devant notées à part selon l'usage de leurs grammairiens. La preuve en est qu'il écrivent ăbed ce que l'arabe écrit ăbd (un esclave), zeker, ce que l'arabe écrit zekr, etc. Or, parce que l'imperceptible *son* qui s'échappe involontairement après b et k, s'est trouvé prendre quelquefois le caractère des voyelles a, o, attachées à la consonne suivante, ils ont introduit ces a, o, *brévissimes*, qui ne sont effectivement que zéro de *son*. Les détails de la grammaire fourniront de nombreux exemples de cette assertion.

Désormais il est temps de clore ces préliminaires, arides peut-être, vu la nature du sujet; mais indispensables, vu les erreurs et les ténèbres dont il a été jusqu'ici enveloppé. Je pense avoir prouvé clairement et raisonnablement :

1° Que l'hébreu ou idiome hébraïque n'est point une *langue mère*, une langue originale primitive, comme on l'a imaginé en des temps d'ignorance et de passion; mais qu'il est tout simplement un dialecte phénicien, tel que le parlèrent les *Sidoniens*, les *Tyriens* et leurs colons, les Carthaginois, dont les descendans le parlaient encore en Afrique et à Malte au quatrième siècle (1);

---

(1) Tout le monde connaît à ce sujet le témoignage de l'é-

2° Que le langage des divers peuples désignés par les Hébreux sous le nom de *Kananéens*, n'a été qu'une branche du vaste système commun à tous les peuples Arabes, Syriens, Assyriens, Cappadociens et partie des Arméniens ; et cela de temps immémorial, dans une antiquité inconnue à l'histoire ;

3° Que l'hébreu analysé dans toute sa structure n'est réellement qu'un ancien arabe plus simple et moins élaboré que l'arabe moderne ;

4° Que le système d'écriture alfabétique de l'un et de l'autre est établi absolument sur les mêmes principes ;

5° Que ces principes sont entachés d'un vice radical auquel il a fallu remédier par des inventions et des procédés de *seconde main* ;

6° Que ces procédés, avec l'apparence de différer entre les Juifs et les Arabes, sont foncièrement les mêmes, tendent et arrivent au même but, excepté que ceux des Juifs ont plus de complication et moins de justesse, tandis que ceux des Arabes ont plus de simplicité et de perfection.

Ma conclusion est que, pour étudier l'hébreu, il est totalement inutile de connaître et d'employer la méthode *masorétique* ; qu'il suffit de connaître celle des *motions* ou points-voyelles *arabes*, et de l'appli-

---

vêque d'Hippone, saint Augustin : d'ailleurs, consultez le savant ouvrage de Samuel Bochart, ayant pour titre : *Phale et Chanaan*.

quer à l'hébreu pour en obtenir les mêmes résultats de clarté ; que par cette théorie il serait facile de dresser une grammaire et un dictionnaire d'hébreu en caractères arabes, qui le rendraient immédiatement intelligible à toute personne lisant et parlant l'arabe : or, parce que mon système de transcription en caractères européens n'est qu'un *équivalent* de cette opération déja mise en pratique par les Arabes, vis-à-vis diverses langues ; et parce que j'ai démontré la convenance par rapport à nous, la justesse par rapport à eux, de cet *équivalent* européen ; il s'ensuit que mon problème se trouve résolu par un double terme d'équation qui ne laissera rien à désirer au lecteur.

TABLEAU
DES CONSONNES ET VOYELLES ALFABÉTIQUES
DE L'HÉBREU.

NUMÉROS D'ORDRE.	CONSONNES HÉBRAÏQUES.	ÉQUIVALENS EUROPÉENS.	VOYELLES MAJEURES OU RADICALES.
1			א a grand A ouvert.
2	ב	B b.	
3	ג	G g *djé* ou *gué*.	
4	ד	D d.	
5	ה	H h.	
6			ו oû long.
7	ז	Z.	
8	ח	H h { aspiration dure, *ca* florentin.	
9	ט	T { *th* anglais dur, ou θῆτα grec.	
10			î et ï long.
11	כ	K k.	
12	ל	L l.	
13	מ	M m.	
14	נ	N n.	
15	ס	S.	
16			ă Ă aïn, ă guttural.
17	פ	F f.	
18	צ	Ṣ *sâd dur*.	
19	ק	Q q.	
20	ר	R r.	
21	ש	S̱ s̱ { *ché* franç., *sh* angl., *sch* allemand.	
22	ת	T t.	

ÉLÉMENS

DE LA

GRAMMAIRE HÉBRAÏQUE.

CHAPITRE PREMIER.

Des Lettres et de leur Prononciation.

L'ALFABET hébreu se compose de vingt-deux lettres *radicales*, dont la liste est jointe ci-contre (*voyez* tableaux nᵒˢ I et IV).

De ces vingt-deux lettres, quatre sont voyelles, savoir : Alef, Iod, Ou et Aïn : ce sont là celles que les anciens ont appelé *matres lectionis*, c'est-à-dire, moyens ou guides de lecture.

Les dix-huit autres sont toutes consonnes, y compris les deux aspirations, la forte et la faible, lesquelles dans cette langue sont traitées comme consonnes.

La valeur de toutes ces lettres en prononciation européenne, est établie dans la colonne n° 2 du tableau Ier chacune en regard de son type.

Dans le cours du présent opuscule, ces vingt-deux lettres *grammaticales* vont être constamment représentées par nos lettres capitales romaines qui leur sont accolées : de cette manière, le lecteur qui sait déja l'hébreu, pourra sans cesse le *restituer* sous ses yeux par une transcription conforme au tableau.

L'hébreu, comme tous les dialectes arabes, a eu, soit dès le principe, soit avec le temps, d'autres voyelles que les *quatre* grandes radicales ; quand les grammairiens ont voulu les faire paraître dans l'écriture, ils ont usé des procédés dont j'ai rendu compte ci-devant sous le nom de *points-voyelles* ; et ces procédés sous une diversité apparente de formes et figures dans l'arabe, l'hébreu, le syrien, reviennent au même but, ainsi qu'on le voit dans le tableau n° V, où je les présente comparés l'un à l'autre.

Il résulte de cette comparaison que, chez les uns comme chez les autres, les voyelles non représentées dans l'alfabet ont été figurées par diverses combinaisons de points et autres petits traits ; et que, en résultat définitif, la totalité des voyelles nécessaires à la prononciation s'élève au nombre de treize ; ainsi qu'on le voit dans mon tableau : les équivalens que je leur assigne en lettres européennes, rendront également facile leur distinction réciproque, et leur restitution en signes hébraïques. Pour y arriver plus sûrement, le lecteur remarquera que tout ce qui est essentiellement *point-voyelle* sera toujours figuré par des lettres italiques, que la différence de leurs formes rendra faciles à distinguer des capitales auxquelles je les associerai.

Ainsi ramené à nos formes, l'alfabet hébreu se compose réellement de dix-huit consonnes et de treize voyelles, total trente et une lettres. C'est avec cet appareil simple et clair que je prétends écrire l'hébreu avec une correction et une plénitude dont on n'a eu jusqu'à ce jour aucune idée.

CHAPITRE II.

Des Pronoms personnels, ou des Mots exprimant la Personnalité.

S'il s'agissait ici de discuter les principes scientifiques de la *Grammaire* en général, je serais dans l'obligation d'attaquer toute la nomenclature que nous tenons des latins, et de prouver, par exemple, l'impropriété de ces termes, *pronoms personnels, pronoms relatifs*, etc.; mais le but unique étant de faire connaître les formes qu'emploie la langue hébraïque, il suffit que j'en expose le canevas de la manière la plus brève et la plus simple.

Commençons par les pronoms dont le tableau se trouve régulièrement dressé ci-contre.

SYRIAQUE.	ARABE.	HÉBREU.	
ana prononcé ono	1 ana	1 ANI ou ANOKI......je ou moi.	mascul. et fémin.
ꜧonon	2 naꜧn ou naꜧno	2 ANaꜧNϢ ou NaꜧNϢ.....nous.	
ant onte	3 ANTa ou (Enté) *	3 ATaH ou ATa ou AT...toi homme.	
antϢn ontϢn	4 antom (entom) *	4 ATeM...........vous hom.	
	5 anti (enti)	5 ATe.............toi femme.	
antîn ontain	6 antonn (entonn)	6 ATeN.............vous fem.	
hϢ	7 HϢ et hϢa	7 HϢA.............lui hom.	
hi hoï	8 hi et hîa	8 HÎA..............elle.	
henϢn et anϢn	9 hom *	9 HeM ou HeMaH.....eux.	
henîn et anîn	10 honn *	10 HeN ou HeNaH......elles.	

(*) Les grammairiens doublent la consonne, et disent : *atta*, *attem*, *hemm*, *hennah*.

En comparant les trois dialectes, le lecteur commence à voir en quoi ils se ressemblent, en quoi ils diffèrent. Leur écriture est presque la même ; leur prononciation s'écarte davantage : on sent que les variantes de cette prononciation sont des altérations introduites par la classe du *peuple*, dans un langage primitivement homogène et régulier. Nous verrons bientôt des raisons de penser que l'hébreu surtout est dans ce cas, lorsqu'il supprime l'*n* à la 2e personne et dit a*t* pour a*nt* (toi) : a*tem* pour a*ntem* (vous), etc. Dès ce premier tableau l'on conçoit pourquoi, au temps du roi *Ezéchias*, le peuple de Jérusalem ne comprenait pas un discours tenu en langage *syrien* : la différence des voyelles eût suffi lors même que les mots eussent été les mêmes. Il était bien plus aisé de l'entendre par écrit.

Nous venons de voir les pronoms personnels, dans l'*état simple*, quand ils sont *régissans*.... Voyons-les dans l'état composé, quand ils sont *régis* ou *construits*. Je prends pour thème le verbe FAQAD (il a visité), et l'appliquant à chaque personne l'une après l'autre, je dis :

FAQAD
{
NI . . . . il a visité-moi (il m'a visité).
Nω . . . . il a visité-nous.
ak ou faqad-ka il a visité toi homme.
ek ou ki . . . . toi femme.
kem . . . . vous homm.
kenn . . . . femm.
hem . . . . eux homm.
henn . . . . elles.
}

On voit que le mot du verbe ne varie pas, et c'est à sa fin que viennent s'attacher les *mots* de la *personne* régie, quelque forme que le *verbe* prenne.

On voit aussi que les mots NI (moi), Nω (nous) sont des abrégés d'ani et de *nahn* : que *hém* et *henn* (eux, elles) restent saines et entières ; mais il y a changement total lorsque aT et aTeM deviennent aK ou Ka, KeM ou KeNN, à moins que primitivement le T n'ait été prononcé *tché* ce qui l'aurait rendu analogue à *ké* prononcé *tché* par nombre d'Arabes. On aurait dit aTch, aTchem ; faqad-atch pour faqad-ak, faqad-cha pour faqad-kia ; faqad-tchem pour faqad-kem.

Cela prouverait un état antécédent dont l'hébreu ne serait qu'un dérivé *altéré*. Nous en verrons d'autres preuves.

L'hébreu n'a point nos pronoms possessifs *mon*, *mien*, *notre*, *votre*, etc. Il y supplée dans le cas *absolu*, en employant la particule *dative* et en disant au lieu de : *cela est le mien, le tien, le nôtre*, cela est à moi, à toi, à nous.

L'ı, à moi. Le nw, à nous (pour *mon, mien, notre*).

L'ak ou Le ka, à toi homme ; l'ek ou l'eki à toi femme (*ton, tien*).

Le kem, à vous hom. Le kenn, à vous fem. (*votre*).

Le hem, à eux. Le henn, à elles (*le leur.*)

Quand ces possessifs s'appliquent à un nom de chose, voici la forme qu'ils prennent : par ex.

Le mot sr ou sar signifie *ennemi* : l'on dit :

sar-i		mien.	sar-nw	notre.
sar-ak		sien. hom.	kem.	votre, m.
sar-ek	ennemi	tien. fem.	ken. ennemi	. . . . . f.
sar-w		tien. hom.	sar-em.	leur hom.
sar-ah ou eh		sien. fem.	sar-en.	leur fem.

On voit que le mot ne change pas, et que les *possessifs* s'y adaptent par un mécanisme très-simple.

Cette simplicité persiste tant que le mot finit par une consonne ; mais s'il finit par une voyelle ou par *h* doux, le choc des voyelles donne lieu à des variations qui ont pour but ce qu'on appelle *euphonie*, l'*adoucissement* de la *prononciation*.

Ce cas a lieu même avec la finale ım qui, en hébreu, caractérise le pluriel des noms masculins. Par exemple, sar, *ennemi*, au singulier, fait sar-im au pluriel ; il semblerait simple de dire sar-im-i, mes ennemis ; l'usage ne l'a pas voulu. Les *Hébreux* comme les *Latins* paraissent avoir *nasalé* le *m*, et avoir prononcé comme nous, *in* pour *im* : ce qu'il y a de sûr c'est qu'ils élident ici le *m* comme font les Latins dans *monstr(um) informe*, et de plus ils le déclinent : ils disent saʀi-i, mes ennemis, au lieu de saʀîm-i; malakii, mes rois, au lieu de malakim-i.

Ce *redoublement* de i n'aura sans doute été marqué dans la prononciation qu'en rendant l'i plus long, et en appuyant sur lui. Or, comme l'*écriture orientale* n'admet pas volontiers le redoublement d'une même lettre, les rabbins l'ont indiqué en ajoutant le signe de petit *i* (ou *hireq*) au grand *I* (iod) ce qui fait î plus *i*.

Il y a cependant des exceptions puisque noqi (innocence) fait noqi-i, mon innocence; noqiî-ka, ton innocence; noqii-nʊ, nos innocences; noqii-kem, vos innocences, etc.

Si le mot singulier terminé en *h*, il subit des variations diverses selon qu'il est masculin ou féminin : par exemple hekmah, sagesse, mot feminin, se dit hekmat-i, sagesse mienne; hekmat-nʊ, sagesse notre; hekmat-ka, sagesse tienne, etc. Ainsi, à tous les cas le *t* remplace le *h* : même chose a lieu en arabe et en syrien.

Il n'en est pas ainsi quand le mot est masculin : par exemple, pour šaᴅeh (un champ), on dit : šaᴅi, mon champ; šaᴅ-nʊ, notre champ; šaᴅ-ka ou šaᴅ-ak, ton champ; šaᴅ-hʊ, son champ, etc. : šaᴅ-î,

26

mes champs ; šadî-k , tes champs ; šadî-hem, leurs champs, etc.

L'on voit ici que le h radical s'élide par euphonie ou douceur de prononciation. Ces exemples suffisent à *indiquer* ce mécanisme : il appartient au dictionnaire de spécifier ce qui convient à chaque mot. Si l'on en voulait croire les grammairiens, en déclinant chaque mot, il faudrait changer les petites voyelles et dire *dabar, parole ; debar-i,* ma parole : sefer, *livre ;* sifr-i*, mon livre ;* sifré-kem au lieu de sifri-kém, *vos livres.* Ces changemens sont sans utilité ni autorité ; le mot une fois établi, soit au singulier soit au pluriel, on ne doit point le changer.. Malek, roi, reste *malek* à tous ses cas singuliers en prenant ses possessifs *mon, ton,* etc. De même *malek-im* au pluriel. Si la langue était parlée, l'usage nous réglerait ; mais puisqu'elle est morte, tenons-nous-en au plus simple.

CHAPITRE III.

Des Pronoms Démonstratifs, Relatifs et Interrogatifs.

1° Pronoms démonstratifs :

EN ARABE.	EN HÉBREU.
ẓa, haẓa / ᴅa et dé, hada, hadé	*singul.* ᴢᴇʜ, celui-ci, ou celui-là ;
ẓeh ẓi ẓehi / ᴛeh, ᴛi, ᴛehi, ᴛa	ᴢᴀs et ᴢᴏʜ, celle-ci, ou celle-là ;
ẓāk, haẓāk, ẓalek / ᴛāk et ᴛelk	ᴢⱳ et ʜᴀʟʟᴀᴢ et ʜᴀʟʟᴀᴢᴇʜ et ʜᴀʟʟᴀᴢⱳ, celle-là, celui-là ; ces trois derniers sont de commun genre, et tous trois semblent n'être que des composés des mots simples ᴢᴇʜ et ᴢⱳ à qui l'on a joint les articles ʜᴇ et ᴀʟ, que nous allons voir.
aⱳlak, aⱳlaiek et aⱳlâlek	*plur.* { al ou æl et ɐl } ceux-ci, celles-ci, ou ceux-là, celles-là.

2° Les *pronoms relatifs* que, qui, laquelle, les-

26.

quels, etc., à tous les genres, cas, personnes et nombres s'expriment par le mot

ARABE.	HÉBREU.
allazi ou elladi *masc.*	ašer ou ašr (équivalent *that* en anglais), š prononcée ši ou še. Par ex. on dit :
allati, ellati *fém.*	
ellazin *plur. masc.* et ellati commun genre	zeh h''iwm ši (ou ašr) qwin hw ceci le jour que avons attendu lui he gideh l'i še (ou ašr) eh montrez à moi qui aheb-ah nafš-i aime ame mienne (qui j'aime).

Les grammairiens supposent que ce še vient d'ašr dont il fait les fonctions : cette origine sent un peu l'*Alfana* vient d'*equus* ; j'aimerais mieux dire qu'il vient d'une même source ancienne que le *qui* des Latins dont il a le sens ; — car puisque, selon Quintilien, *quos* fut dit *cos*, le *qui* a pu être dit *ki* : or il est démontré que fréquemment *ki* est devenu *tši* (les Arabes disent tšelb pour kelb); alors le *t* seul fait la différence de *qui* et de *ši*; ce dernier a pu, comme d'autres mots connus, être emprunté par le latin à l'idiome des Phéniciens, de qui les Hébreux ont pu l'emprunter aussi (1). Dans le syrien ou sy-

---

(1) Sur ce mot ši l'on a fait remarquer qu'il ne se trouve

riaque, il a pour équivalent le mot ɒi si souvent prononcé zi par *zed* ou par zal : tout cela semble n'avoir été qu'un même mot varié selon les dialectes (comme *siboulet* et *šiboulet*.

L'arabe offre une autre analogie ou origine qui ne détruit pas celle-ci : dans cette langue le même mot, ši, qui se dit šaï et š seul après voyelle, signifie *chose* et *que*, *quoi* : ai-š-teqѡl : qu'est ce *que* tu dis? ma fi-š : il n'y a chose, il n'y a *quoi* : l'ai-š : pour*quoi*? or si ce mot a existé chez les anciens Arabes, les Phéniciens peuvent l'avoir eu dans l'emploi indiqué, et dire zѡ-š-aqol, ce *que* je dis ; zѡ š-akol, ce que je mange.

3° Les pronoms interrogatifs pour les personnes, sans distinction de genre et de nombres s'expriment par le seul mot:

---

pas une seule fois dans le Pentateuque, et qu'il ne commence à se montrer dans les livres que depuis David : mais si l'on y trouve le mot *nabia*, qui ne s'introduisit chez les Hébreux que bien plus tard, si l'on y trouve plus de vingt passages avoués être *posthumes*, l'argument de la remarque est nul. Quelqu'un pourra-t-il calculer ce qu'Ezdras s'est permis dans la refonte incontestable des livres? (sans compter le grand-prêtre *Helqiah*, rédacteur premier.)

ARABE.	HÉBREU.
man hw, *mascul.*	мï, — *qui, lesquels, lequel, lesquelles ?*
men hi, *fém.*	мï aмar, — *qui a dit ou parlé ?*
man hom, men henn.	мï rasw, — *lesquels, lesquelles ont couru ?*
mâ, aï, aišai, aiš, aïa, etc.	Pour les choses c'est le monosyllabe maн ou meн, — *que ? quoi ? quel, quels, quelle, lesquelles ?* ман faăl, — *qu'a-t-il fait ?*

CHAPITRE IV.

Des Particules, Prépositions, Conjonctions, etc.

En toute langue, il y un certain nombre de petits mots qui semblent avoir été inventés comme des chevilles pour indiquer, séparer, joindre les portions d'idée et de phrase : quelques langues sont riches en ce genre ; elles savent peindre toutes les nuances de la pensée : l'hébreu au contraire est pauvre, n'a que les traits nécessaires à dessiner le croquis. Nos érudits, y voyant un seul mot répondre à une quantité des nôtres, appellent cela *du laconisme, de l'énergie*; réellement ce n'est que disette; mais l'engouement veut toujours voir du merveilleux.

L'on est d'accord qu'il faut compter cinq particules principales, qui sont — H, B, K, L, M, — formées chacune d'une seule lettre alfabétique, et qui, pour être prononcées, requièrent indispensablement l'adjonction d'une petite voyelle.

D'abord, l'aspiration pure peinte par la seule lettre H, et que l'on prononce H'ou He, a cinq et même six valeurs différentes.

He ou H' — placé devant un nom, vaut nos article

le, *la*, *les*, à tous genres et nombres du nominatif. On dit HÉ DABER, ou DABR, *la parole*; HE SAFER ou SA FR, *le livre*; HE SOFER, *l'écrivain*.

Si le mot commence par une voyelle, le H marche seul; — H'ARS, *la terre*.

Quelquefois il vaut le démonstratif *ce* : par ex., H'IUM, *ce jour*; H'ANUŠIM, *ces hommes*; H'AREH, *ce voyageur*. On dit même HE-HWA, *celui que voilà*; HE-HIA, *celle-ci même*; HAZEH, *celui-ci*; HEZAT, *celle-ci*; HE HOMMAH, HAHENNEH, *eux-mêmes, elles-mêmes*; H'AL; HALLEH; *eux, elles-mêmes*.

Ces divers emplois indiquent déjà que cette aspiration HE est un signal naturel *du parleur* pour appeler l'attention de *l'écouteur* sur un sujet, ainsi qu'il se pratique presqu'en tout pays, et ainsi que je l'ai trouvé chez les sauvages d'Amérique. Les emplois suivans confirment cette idée : on dit LE NĂR HE IULED, *à l'enfant qui naîtra* (ou *naissant*) : ASAF, HE NOBA-; ASAF, *le prophétisant*; ou *qui prophétisa*; HE HALEKIM, *les allans*; HE NIRAH, *celle qui a été vue*; HE NIMKARIM, *les vendus*.

Il s'emploie en signe d'interrogation.

HE ŠOMER AH-I ANOKI ? — *Eh, gardien de frère mien, moi* (suis-je)? HE N'AŠEH AH DABER-W? *Eh! ferons-nous sa parole* (lui obéirons-nous)? H'ATAH ZEH BEN-I. — *Eh! toi? ce fils mien?* (es-tu mon fils)? Il est le signe propre du vocatif, HEDAWD, *ô David*; (nous disons *hé David*. Tous emplois conformes à l'idée et à l'acte d'exciter, d'appeler l'attention par un bruit qui n'a que cet objet; supposer, comme quelques hébraïsans, qu'il est diminutif de ʜwa, est une chimère).

Placé à la fin des mots ce même eʜ ou ʜe prend deux autres valeurs : en certain cas, il signifie *vers*; par exemple ʜaʙʀwn-eʜ, *vers hébron*.

En d'autres cas, il devient le signe du genre féminin, c'est-à-dire qu'étant ajouté à un mot masculin, il le convertit en féminin; par exemple, de ᴍaʟeᴋ (roi), on fait ᴍaʟeᴋ-eʜ ou *mal'kah*, reine; de ɢaᴅwʟ (grand), on fait ɢaᴅwʟ-aʜ (grande) (1).

Une seconde particule -ʙ- prononcée *be* devant toute consonne, et ʙ' devant les voyelles pour éviter *hiatus*. ʙe dans son sens le plus général, correspond à nos mots, *dans, en, à, aux, pour, par*.

be-rašit, au commencement, ou *dans le principe*.

ʜaʀaʙ ʙe ʜarb ou ʜorb, *il a ravagé dans l'épée*, c'est-à-dire par l'épée.

iaᴅw ʙe ᴋūʟ, *sa main sur tous*, au lieu de *contre tous*.

ʙe ᴋa ou ʙe-ᴋ : *pour toi, en toi.* ʙe ᴋesғ : *en argent, pour de l'argent,* etc.

---

(1) Remarquez ici que de ʙen (*fils*) on eût dû faire ʙeneʜ (*fille*), ou ʙeneᴛ (puisque ʜ devient ᴛ) : pourquoi l'hébreu dit-il ʙeᴛ, quand l'arabe a conservé ʙenᴛ? n'est-ce pas que l'n aurait ici disparu par une altération populaire, comme il a disparu de l'hébreu aᴛ dans le mot anᴛ (toi) conservé par le syrien et l'arabe? tout cela ne tend-il pas à confirmer l'origine *populaire* que j'ai indiquée à ce dialecte?

Une troisième particule est L prononcé LE, devant toute consonne, et L' devant voyelle. Son sens le plus général est de donner *à*, d'attribuer *à*; aussi est-il le signe propre du *datif*, et là il ne varie ni pour les nombres, ni pour les genres des noms; mais, parce que l'hébreu en fait quelquefois des emplois singuliers, notre langue est obligée de le rendre par des locutions diverses.

Nous disons *Béni de Dieu*, l'hébreu dit *Béni à Dieu*, ʙARWK L'AL. *Retirez-vous des entours de la tente.* — L'hébreu dit :

H'ãLW.   ME SAʙÎʙ LE maŠKaN.
Eh! *montez* (retirez-vous) de l'entour   à   la tente (ou habitation).

wa ïehaŠTaHWh l'hw.
Et il se prosterna   à   lui (pour *devant lui*.)

Ainsi ce mot LE fait quelquefois fonction de nos génitifs et même de nos ablatifs. Le sens général détermine sa valeur, comme de bien d'autres prépositions et particules hébraïques.

Néanmoins nous avons des locutions populaires qui lui correspondent : on dit l'armoire *à madame* pour *de madame*. La canne *à monsieur* pour *de monsieur*.

Nous disons *un but devant la flèche* : l'hébreu dit *à la flèche*, MATRAH L'ăS.

Grands chez les Juifs, GADWL l'iWDim-, grand *aux Juifs*.

Près de vous, l'aK ou LE *ka* (*à* vous.)

Vers le soir, l'ăт ăreʙ, *au temps de soir.*

Autour de l'arche, ʟ'ɑʀѡɴ, (à l'arche).

Soyons prudens contre lui : ɴeтeнκɑмɑн ʟ'ѡ : (sapiamus ipsi).

Et il se prosterna devant le roi : ѡɑ ïeš́тɑнѡ l'e мɑʟeκ (au roi).

Jusqu'à leur mort : ʟ'e мѡтeм (*à leur mort*).

Une quatrième particule est la lettre — м — qui se dit мe — devant toute consonne, et м' devant voyelle. Elle est comme l'abrégé de мeɴ et signifie également tout ce qui ôte et retire *de* et *par*. Elle est le signe de l'ablatif en opposition à ʟe, qui est signe de l'attributif.

Prenez garde à vous de parler : нeš́мeʀ ʟ'uк
           eh! cave tibi
мe ᴅɑʙeʀ : — ɑт-i мɑsѡ мe мeʟκ — *Me rejecerunt*
ab verbo.
ab regno.

Notre grammairien français (1) a traduit ici *pour que je ne règne point*, ou *de peur que je règne*. Comme nous n'avons pas l'équivalent de *regno*, l'hébreu et le latin avec leur substantif sont bien plus précis, *ils m'ont rejeté du règne*, ils m'ont rejeté de *régner*. C'est à imiter cette concision que consiste surtout l'art de traduire.

---

(1) L'abbé Ladvocat, auteur de la meilleure grammaire hébraïque en français.

Les autres mots ou particules de ce genre, du moins les plus remarquables, sont :

Les négations. — 1° ᴀʟ (*non* et *ne*), qui s'applique surtout au futur du verbe;

2° ʟᴀ et ʟᴡa, qui s'appliquent aux divers temps, hors l'impératif;

3° a*i*n, qui se joint aux noms, aux participes et adjectifs. — ʙᴀʟ, ʙᴇʟɪ et ʙᴇʟaᴛɪ, *non, sans, excepté.* — ăᴍ, *avec, chez.* — ǫᴏbʟ, *avant.*

ᴀʟ, *à un lieu;* — ăʟ, *dessus :* — ăᴅ, *à, jusqu'à.* ᴀᴛ, *quand :* — ᴛaʜᴛ, *dessous :* aʜʀ, *après.* Ces cinq derniers prennent après eux un -i-. On dit ahrɪᴋ, *après vous;* taht-i, *sous moi;* ăʟɪ ʜᴇᴍ, *sur eux.*

Bᴇɪɴ, *entre,* b'ăbwr, *proche;* ʙ'ăbr, *au-delà;* ʜᴇɴ, ʜᴇɴᴇʜ, *voici, voilà;* ғᴇɴ, *de peur que;* aᴢ, *alors;* ăᴡᴅ, *de plus;* aᴛᴛaʜ, *alors, c'est pourquoi;* ᴛᴇʀᴇᴍ, *nondùm;* ɢaᴍ, *aussi* (*jam* en latin); ᴋɪ, *car, si, parce que, mais;* ɢaᴍ-ᴋɪ, *bien que;* ᴋaɴ, *ainsi, de même;* ʟᴇ ᴋaɴ, *sur quoi;* aᴡ et ᴡ pour notre *ou* français, et *alors;* ʟᴇ-ᴍa, *pourquoi,* qu'il faut distinguer de l'arabe ʟ'aᴍᴍa, *quand;* ᴋa, *comme* ᴋaʀᴇʟ, *comme rosée,* etc.

CHAPITRE V.

Des Noms.

Dans l'hébreu et dans ses analogues, l'arabe, le syrien, etc., le nom est indéclinable comme dans notre français et autres langues modernes de l'Europe.

Ce point établit une différence notable entre le système des langues sémitiques et celui des langues *sanskritiques* (ou *iaphétiques*) dont le grec et le latin font partie. En ces dernières, le nom change de forme à chaque cas : le latin dit, Rex, Regis, Regi, Regem, Rege, pour notre mot *Roi* indéclinable, celui-là même que les Hébreux rendent par *malek*, aussi indéclinable. Ils ne distinguent leurs cas que par des particules semblables aux nôtres le, la, les, de, du, des. En voici l'exemple :.

ARABE.	HÉBREU.		FRANÇAIS.		LATIN.
al ou el	he		le		Reg s
(1) id.	...		du		Reg is
l'al ou l'el	le	malek	au	Roi	Reg i
al	at he		le		Reg em
ïa	he		ô		Reg s
men al	me		du		Reg e

L'on voit par ce tableau que les cas ne sont caractérisés en hébreu et en arabe que par des particules posées avant le mot, tandis que, dans le latin, ils le sont, on peut dire, par des particules aussi placées à la fin du mot. A bien le prendre, le mot latin est lui-même un radical fixe (Reg)(2), qui, dans son nominatif, *Rex*, a le mérite de nous donner la valeur de la lettre *x* décomposée en ses élemens : nous y trouvons la preuve que les Latins l'ont prononcée *ks* ou *gs*.

Dans le grec il y a cette autre particularité que, outre les particules finales ος, ον, ους, il y en a encore avant le nom d'autres, telles que - ὁ, τοῦ, ἡ, etc., répondant aux nôtres *le, la, du*, etc., ὁ λόγ-ος, τοῦ

---

(1) Le syrien n'a de différence remarquable pour ses cas que dans sa particule *di* ou *d'*, qui est le signe du génitif.

(2) Dans le sanskrit et l'indien moderne, *Radjá* et *Raguiá* ont le même sens.

λόγου ; ἡ μοῦσ-α, etc. Tout ceci est un sujet de méditation pour les savans étymologistes (1).

Il est remarquable que, dans l'hébreu et l'arabe, le génitif n'a point de signe propre : on ne le reconnaît que par l'antécédence d'un autre nom qui le régit ; par exemple le mot QEN ou QUN signifie *un nid :* le mot SAFWR, signifie *oiseau :* si l'on dit QUN SAFWR, c'est *nid d'oiseau* ou nid de l'oiseau (2).

Au pluriel les articles restent les mêmes ; seulement le singulier reçoit une finale qui, pour le masculin est *im ;* ainsi on dit malek-im, ou, he malekim, *les rois ;* le malekim, *aux rois,* etc. ; he SAFWR, *l'oiseau,* he Safwrim, *les oiseaux.*

Si l'on voulait croire les grammairiens juifs et leurs disciples, il faudrait varier les petites voyelles des noms selon les cas et les nombres ; ainsi DABAR, parole, ferait en construction DEBAR, au pluriel DABAR-im ; mais quand ce pluriel retranche l'm, comme il arrive souvent, il ferait DIBRI ou DIBRAI (DIBR-ê).

NAHR, rivière, ferait NEHAR im, nahari : il est bien

---

(1) Dans l'arabe ancien ou littéral (nahou), il y a aussi des finales qui caractérisent les cas :

el malek-o, *le Roi ;*
l'el malek-i, *au Roi ;*
accusatif el malek-a, *le Roi.*

(2) En latin, *cuniculus, trou, nid* de lapin, n'est qu'un diminutif de *cunn-us :* les mots *cunæ* et *cunabula ,* berceau d'enfant, sont de cette même famille, et ont pour radical *cun* ou *qun.*

possible que, dans leur langue parlée, les Hébreux de divers cantons aient eu de telles variétés mises en règles ; mais, parce que l'écriture alfabétique n'en a point conservé de traces, et que les rabbins n'en ont pas de certitude, on a le droit de considérer leurs règles à cet égard comme arbitraires et de nul service, puisque le sens des mots n'en est pas affecté. Le judicieux grammairien français *l'abbé Ladvocat* en a lui-même jugé ainsi (1).

En hébreu comme en toute langue, les noms ont deux genres ou sexes, le masculin et le féminin, mais il n'y a pas de neutre ; le féminin quelquefois en tient place.

Les noms de femmes, de villes, de contrées ou pays, de vents, etc. sont presque généralement féminins, quelle que soit leur terminaison.

Il arrive habituellement que des noms masculins, surtout ceux qui viennent des verbes, à titre de participes ou adjectifs, sont rendus féminins par la seule addition de la lettre *h* prononcée *eh* ou *ah*; par exemple : de *malek* on fait *malekeh* ou *malek-ah*, *reine* : si au lieu de *h* on met la finale ᴡᴛ, le singulier devient pluriel ; on dit *malekwt*, *les reines*;

---

(1) A la page 38 de sa grammaire : « Il se fait, dit-il, un « grand nombre de changemens dans la prononciation, c'est-« à-dire dans les points-voyelles, même quelquefois dans les « lettres, lorsqu'un nom passe du masculin au féminin, ou du « singulier au pluriel, ou de l'absolu au construit : nous con-« seillons aux commençans de ne pas s'y arrêter. »

du reste les particules de déclinaison restent les mêmes.

Le substantif masculin ṣedq., signifiant ce qui est *juste*, devient féminin si l'on dit ṣ*edq-ah*; le mot ṬWB., signifiant *bon*, devient ṬWB-*ah*, *bonne*; NABAl, *fou*; NABAl-*ah*, *folle*; GADWl, *grand*; GADWl-*ah*, *grande*, etc.

Si ce féminin est suivi d'un mot qui commence par une voyelle, le *ah* devient *at*.

La même chose arrive quand il est suivi d'un nom qu'il régit, dût ce nom commencer par une consonne: ainsi l'on dit, TWR*at* MOŠ*eh* (prononcez en français *mouchek*), *la loi* de Moyse, et non TWR*ah* MUŠ*eh*.

Si un mot par lui-même finit en *i* et qu'on veuille le rendre féminin, l'on y ajoute le seul *t*: on dit ŠENÎ, *second, deuxième*; ŠENÎT, *seconde*, et non ŠENIAT; mais il y a des exceptions: ŠEBI, au masculin, fait *esclavage*; ŠEBIWT, *captivité*.

L'impératif DĂ, *sachez*, ou le substantif *savoir*, fait DĂT, *science*; ZAMR, *chant*, fait ZAMRAT, *chanson* (de cette famille est MAZMWR, *psaume*); les psaumes n'étaient qu'un chant.

Quand le pluriel masculin entre en construction, il supprime l'*m* de sa finale *im*: par exemple, *les paroles du roi* se disent DEBARI-MALEK et non DEBA-RIM MALEK; ici, c'est devant une consonne; une voyelle n'y change rien: on dit DEBARI IEHWH, *les paroles de iehwh*.

27

Si, au contraire, ce pluriel ne construit rien, il reste entier ; on dit : *hommes sages*, anošim (1) ʜakemim ; *une fille jeune* ou *vierge*, năṛah betwlah et non pas năṛat.

On veut que l'hébreu ait eu un duel comme l'arabe, qui, ayant dit ʀ*adjol* (ou *ragol*) *un homme*, et ʀ*edjál*, *les hommes*, dit *radjolain*, *deux hommes* ; mais en hébreu, cette forme n'a point de signe marqué et n'y a que des besoins rares ; on y écrit *iwm* un jour, *iwmim*, des jours. Sur ce dernier mot il plaît d'ajouter un point-voyelle, et l'on veut prononcer *iwmaim*, deux jours ; où est l'autorité, où est la preuve ? Il y a lieu de penser que cette règle comme beaucoup d'autres est un emprunt que les Massorètes du second âge ont fait aux Arabes musulmans.

---

(1) anoš ou enoš ressemble beaucoup au latin *ens, un être.*

CHAPITRE VI.

Du Verbe en général.

Jusqu'ici cette première partie de la grammaire ne nous a offert que des mots isolés, mis l'un à côté de l'autre pour exprimer des objets peu ou point liés entre eux : on peut dire qu'il n'y a eu dans l'entendement que des images, successives comme dans une lanterne magique; maintenant le *verbe* va tout changer. Comme cet élément du discours exprime l'action compliquée des personnes et des choses avec des circonstances de temps, de lieu, de nombre, de genre, les idées vont devenir des *scènes* dramatiques; la phrase va être un tableau complet dont l'esprit doit saisir toutes les parties à la fois.

Dans la nomenclature première que je viens d'exposer, les auteurs du langage hébreu ou phénicien n'ont pas développé un grand talent d'invention : beaucoup de langues sauvages offrent plus de fécondité en combinaisons grammaticales. Cette simplicité, vantée par quelques écrivains, ressemble beaucoup à la grossièreté du jargon nègre dans nos colonies, du *petit franc*, usité sur la côte de Barbarie, et surtout de l'idiome *Berbère* que parlent de temps immémorial les tribus Libyennes répandues depuis Maroc jusqu'à l'Abissinie (1). Il y a lieu de croire que les inventeurs du langage *phénicien-hébreu* ont eux-mêmes été des sauvages placés dans les marais de la Chaldée, où la fécondité du pays les multiplia, tandis que les difficultés d'un sol aquatique les protégèrent contre l'étranger. Quoi qu'il en soit des hypothèses historiques, voyons comment ils ont organisé le verbe, cet *élément* si difficile et si compliqué de l'art de parler.

On ne saurait douter qu'en des temps postérieurs les peuples civilisés et savans qui nous sont connus sous le nom d'*Égyptiens*, de *Chaldéens*, d'*Assyriens* et *Syriens*, de *Tyriens*, de *Sidoniens*, etc., n'aient cultivé l'art de la grammaire, n'aient eu des livres traitant de cette science. Les auteurs grecs et latins nous en fourniraient au besoin des témoignages positifs : quelque isolés que les Hébreux fussent dans leurs montagnes, leurs prêtres, leurs poètes, sous le nom de *Prophètes*, n'ont pu manquer d'avoir quelque participation à cette branche de connaissances, et de posséder quelque grammaire composée dans les grandes cités des empires voisins, de la même manière que les Druzes de nos jours possèdent des grammaires arabes composées hors de leur pauvre et ignorante société ; mais, lors même que l'on vou-

---

(1) *Voyez* la note à ce sujet parmi les autres.

drait supposer qu'il n'y eût eu dans Jérusalem aucune grammaire avant la captivité de *Babylone*, l'on ne pourrait nier qu'au retour de cet exil, les riches et les prêtres, élevés dans les *sciences chaldéennes*, n'aient connu et apporté les grammaires d'une langue si cultivée par un peuple puissant.

Lorsque ensuite les Grecs et les Romains, maîtres de la Syrie et de l'Égypte, firent dominer leur langage, les docteurs juifs ne purent manquer de connaître les grammaires de ces conquérans ; mais, en examinant la différence notable que nous allons voir entre les uns et les autres dans la manière d'envisager *le verbe*, on finit par être convaincu que les Orientaux ont tiré de leur propre fonds, sur ce sujet subtil, une doctrine qui leur est propre et qui leur est venue de leurs ancêtres.

D'abord, il est remarquable que ce qui porte le nom de *verbe* chez tous les Occidentaux, est nommé *acte* et *action* par les Orientaux, qui, en cela, se montrent meilleurs analystes que nous et nos maîtres, car tout *verbe* quelconque bien analysé est une *action*; ainsi *aimer, penser, parler, voir, frapper, grossir*, etc., présentent toujours l'idée d'un *acte* quelconque : il n'y a pas jusqu'au verbe *être*, quoi qu'on en ait dit, qui ne soit un *acte*, une *action* ; car *être, avoir existence* porte l'idée d'apparaître ou d'avoir apparu hors du *néant*.

Par opposition à ceci, voyez combien est impropre l'expression latine *verbum*, c'est-à-dire *le mot*; est-ce que toutes les parties de la phrase, le nom, la particule, le pronom, l'adjectif, ne méritent pas aussi le nom de *mot* ?

J'avoue, pour mon compte, que, plus je scrute cette grammaire latine dont on a pris soin, dès le berceau, d'emmailloter mon esprit comme de tant d'autres *maillots*, plus je m'étonne de l'ignorance de ses inventeurs. Que sont ces prétendues définitions de *pronom*, ou *mot au lieu de nom ? d'adjectif*, ou *mot ajouté* au nom ? de *préposition*, ou *mot mis devant* un autre ? de *subjonctif*, ou *mot joint dessous*, etc. ? n'a-t-on pas droit de penser que la fortuite coalition des bannis (1) qui fondèrent la langue et la puissance de Rome, n'eut d'abord aucune idée de la science grammaticale ; et que, lorsqu'elle vint à s'en occuper tardivement, ses sauvages guerriers, novices dans l'art, tirèrent de leur fonds unique ces dénominations vagues et presque ridicules ?

Quoi qu'il en soit, il y a entre les deux doctrines cette première différence, que l'une nomme *acte* et *action* ce que l'autre nomme *mot* ou *verbe*.

Ensuite vient une seconde différence, savoir, que l'*Asiatique-hébreu-arabe*, etc., en énonçant l'*acte* ou *verbe*, spécifie le *temps* et la *personne*, tandis que l'Européen latin, grec, etc., laisse tout dans le vague de ce qu'il appelle *infinitif*; car, lorsqu'on dit *aimer, regarder, frapper, visiter*, on ne sait ni qui est l'a-

---

(1) En italien *Banditi*.

gent, ni quand se fait l'action ; au contraire l'hébreu et l'arabe, quand ils énoncent un verbe, disent *le verbe il a aimé, le verbe il a regardé, le verbe il a visité* ; de manière que, chez eux, le type fondamental du verbe est à la *troisième personne masculine* du *prétérit* ou temps passé.

Cette méthode me semble plus dans la nature de l'entendement humain à son premier degré de culture, où tout est *image physique* ; tandis que l'autre est une *abstraction* qui n'a dû être imaginée que postérieurement dans un état social déjà avancé.

Le mot qui exprime cette *troisième* personne est ce qu'en hébreu on nomme *racine ou mot radical*, duquel dérivent tous les mots qui ensuite apparaissent dans la conjugaison.

Rien de plus simple que cette conjugaison, puisque les verbes hébreux n'ont d'autres temps que le *passé* ou *prétérit*, le *futur*, l'*impératif*, avec un *participe* déclinable et un *substantif*, qu'il a plu d'appeler *infinitif*, sans aucun de ces modes *subjonctifs*, *conditionnels*, *imparfaits*, *plus que parfaits* du latin et du grec.

Quand l'hébreu, l'arabe, etc., veulent appeler le verbe en général, ils disent le -făl-, comme si nous disions l'*acte*, ou plus littéralement le *il a fait, il a agi*, car c'est ce que signifie -făl- : cela choque nos habitudes, mais chacun s'entend dans les siennes et prétend y avoir raison.

Or comme ce mot -făl- est devenu le modèle

radical de toutes les conjugaisons, soit *actives* et *passives*, soit *factitives*, c'est-à-dire *transmissives* d'action, ses diverses combinaisons sont devenues chez les grammairiens orientaux le terme *apellatif* de chacune.

De là sont nés ces mots *phaal*, *niphal*; *phiel*, *phual*, *hiphil*, *hophal*, *hithphael*, qui, assaisonnés de *phatach*, *kamets*, *schourec*, *kibbus*, etc., forment un jargon vraiment barbare et rebutant pour tout novice; jargon d'autant plus ridicule, d'autant plus vicieux, que l'instituteur prétend expliquer l'hébreu par de l'hébreu, et qu'il emploie une orthographe qui, masquant les lettres radicales, ôte le moyen de les reconnaître.

Ma méthode a du moins l'avantage de balayer tout cet imbroglio : parlant à des Européens, j'emploie le langage qui leur est connu; j'applique aux grammaires d'Orient les termes de nos habitudes; le disciple n'est pas effarouché par une nomenclature baroque à laquelle il n'entend rien, et de plus il retrouve dans toutes les formes de la conjugaison les lettres radicales soigneusement conservées.

Cette barbare nomenclature n'est pas la seule maladresse qu'aient commise nos hébraïsans d'Europe ; dès le principe, ils en ont commis une autre plus grave en adoptant la vielle méthode des Orientaux qui *déraisonnablement* ont pris le mot FĂL pour type de conjugaison : je dis *déraisonnablement*, je dois expliquer pourquoi.

Dans la structure du verbe hébreu, arabe, etc., il y a ce mécanisme remarquable, que le verbe n'est considéré comme *sain* et *régulier* que quand son mot radical est composé de *trois lettres* alfabétiques : les grammairiens disent *trois lettres*; moi, je dis *trois syllabes*, en priant qu'il me soit accordé d'appeler *syllabe* une *portée de voix*, un *son entier*, soit *voyelle simple*, soit *voyelle vêtue d'une consonne*, puisqu'en l'un et l'autre cas, il n'y a qu'un seul *temps de voix*, une seule prononciation.

Nous disons donc que le *mot radical*, est composé de *trois lettres* ou *syllabes* radicales; maintenant un principe constitutif de la langue veut que ces syllabes soient toujours prononcées en *a* bref.

Par exemple, le *radical* étant DBR (il a parlé), ou FQD (il a visité), ces trois lettres doivent être prononcées en *a*, DABARA, FAQADA : ceci veut une explication.

Les grammairiens hébreux et syriens déclarent que les *deux* premières lettres *seulement* se prononcent en *a*, et que la troisième reste muette (DABAR, FAQAD); je n'ai rien à leur objecter; ils ont pour eux un usage qui paraît immémorial, et qui existe encore dans l'arabe vulgaire; mais, dans l'arabe ancien, appelé *littéral* ou *naḥou*, la chose se trouve comme je viens de l'établir, c'est-à-dire que la troisième lettre radicale prend toujours une voyelle, d'autant plus nécessaire qu'elle a servi à caractériser divers états du mot, non-seulement dans le *verbe*, mais encore dans le *nom;* car, selon que l'on ajoute à un *nom* l'une des trois petites voyelles *a, i, o,* ou *u,* ou l'une des nasales *an, on, in,* on leur imprime ou on leur confirme un état nominatif, ou génitif, datif, accusatif, etc.

Par exemple :

ARABE ANCIEN *ou* NAHOU.

NOM.	al ou el malek *u*	le	
GÉN.	el malek *i*	du	
DAT.	l'el malek *i*	au	Roi.
ACC.	el malek *a*	le	
VOC.	ïa malek *a*	ô	
ABL.	men el malek *i*	du	

On voit ici quelque chose de semblable au latin et encore plus au grec; en ce que, outre les articles *le, du, au,* qui précèdent le nom, (comme font ὁ, τοῦ, τὸν, ce nom reçoit encore les *finales ù, i, a,* qui, comme ος, ου, ω, ον, ε, servent, pour ainsi dire, par surabondance, à spécifier son cas. Dans le vieil arabe, comme dans le grec et le latin, cette addition suit des règles fixes, tant au singulier et pluriel du *nom,* qu'aux cas et nombres de *son* ou de *ses* adjectifs. Laquelle de ces deux races d'hommes, lequel de ces deux systèmes, le *scythique-sanskrit* ou *l'arabique-chaldéen,* doit-on considérer comme inventeur ou comme imitateur d'une telle méthode? C'est une question intéressante et profonde, dont la recherche appartient à d'habiles étymologistes.

Les inventeurs ne se sont pas bornés à qualifier ainsi les noms et les adjectifs : ils ont appliqué aux *verbes* ces mêmes petites voyelles finales : là elles prennent également un emploi caractéristique des personnes, des genres, des temps ; elles y sont affectées l'une au temps passé, l'autre au temps présent, et leur apparition sert à éviter des équivoques qui autrement existeraient ; cette méthode est plus scientifique que celle de l'arabe vulgaire, ainsi que de l'hébreu et du syriaque. Laquelle faut-il croire la plus ancienne, la primitive et originelle ? Si cette méthode du *nahou* est la plus ancienne, l'hébreu est un dialecte populaire dégénéré ; si elle est de seconde main et d'invention scientifique, l'hébreu est donc resté dans son état sauvage originel. Mais revenons à notre sujet, à l'examen du mot *Radical*, composé de trois syllabes dans l'arabe nahou (DABARA, FAQADA), et de deux seulement dans l'hébreu et le syrien, DABAR, FAQAD, encore que les grammairiens y déclarent trois lettres (1). Quand ces trois lettres

---

(1) N'est-il pas singulier que cette seconde syllabe QAD et BAR, au lieu d'être ouverte, de se terminer en voyelle, comme il semblerait naturel, soit au contraire fermée par une consonne qui ne sert qu'à étouffer le son, et cela, non pas dans quelques exemples rares, mais dans la grande majorité des verbes hébreux ? Un tel mécanisme a-t-il pu être le primitif et originel dont se soient avisés les inventeurs ? Cela est d'autant

sont des consonnes ou aspirations, il n'y a pas de difficulté à les construire en *a*, mais, si elles se trouvent être des voyelles alfabétiques telles que A, i, ω, et ăïn, il y survient nécessairement de l'embarras : or, voilà le cas du mot FĂL pris pour modèle des conjugaisons ; je répète qu'en ce choix, il y a eu maladresse, malhabileté des grammairiens.

En effet, lorsqu'à ces trois lettres radicales il faut ajouter les petites voyelles, il en résulte cet hiatus choquant, FAĂAL : les rabbins disent que, pour l'éviter, ils ont une règle qui à l'ăïn incorpore le petit *a* et le fait être FAĂL ; mais d'abord, voilà une règle inutile, puisque, sans cet *a* (*fatha*), ăïn seul serait ă. Ensuite cet expédient ne purge pas un autre embarras, qui renaît quand le mot passe du prétérit au futur, car alors FAQAD, replié sur lui même, devient ïaFQOD (il visitera) ; c'est-à-dire que, plaçant devant lui la lettre ï, l'on attache à cet ï le *a* de la première consonne F, qui devient muette, et le Q prend un *o* à la place de *a* (1) : or comment con-

---

plus difficile à croire, qu'aujourd'hui, par la connaissance acquise d'un très-grand nombre de langues, il paraît que le monosyllabisme a été le plus ancien système ; qu'il doit être considéré comme le plus naturel, et comme celui sur lequel se seraient entés les systèmes polysyllabiques par des opérations graduelles provenues du mélange de divers peuples et de leurs langues. Il résulterait de cette idée que tout le système arabico-phénicien serait de formation secondaire, et supposerait une souche de langue et de nation antérieure.

(1) Le Nahou dit ïaFQODO ou ïaFQŭDŭ.

struire sur ce modèle le mot ĭaFăoL ? Ici les rabbins disent encore qu'ils ont une règle par laquelle ăïn, affecté de *o*, devient une voyelle unique prononcée-- *eù* guttural, que je peins ŏ (ĭaFŏL); mais c'est une nouvelle complication qui ne sert qu'à masquer la règle générale, et qui laisse le grand inconvénient d'attribuer le rôle de consonne à une voyelle ; il est donc constant que ce vieux type du verbe hébreu et arabe est vicieux, et l'on doit savoir gré à ceux de nos modernes qui l'ont écarté et lui ont substitué des types réguliers, tels que FAQaD, dont je vais aussi me servir.

Note pour les Infinitifs latins.

Quelques grammairiens, en décomposant les infinitifs latins, ont prouvé qu'ils n'étaient pas des mots aussi simples qu'on le croit, mais qu'au contraire ils étaient très-généralement un composé de deux expressions réunies, fondues l'une dans l'autre. Prenant pour exemple les infinitifs, *amare, dormire, transire, perire, ridere, agere*, etc., ils ont trouvé que la finale *re*, armée d'une voyelle antérieure qui varie en *a, i, e*, était primitivement le verbe *ire*, exprimant l'action d'*aller* et de *marcher*, de manière que cette syllabe étant liée à un *radical* tel que *am, dorm, trans, per, rid, ag*, il en résultait le sens de *aller* ou *etre aimant, aller* ou *être riant, aller* ou *être passant*, etc.

Dans cet état, il se trouve que le mot de chaque *action* est un monosyllabe, et qu'il ne devient dissyllabe que par son union à l'instrument commun *ire*.

Le monosyllabe *am* offre ici une remarque singulière : comment *am* signifie-t-il *aimer ?* d'où cette action, cette idée abstraite a-t-elle pu tirer son nom, quand il est de fait que toute idée a pour origine un objet physique qui a reçu son nom, la plupart du temps, par *onomatopée ?* Voici ma conjecture.—Dans tous les idiomes arabiques, le mot écrit *am*, quoique prononcé *om*, signifie *une mere*; cette syllabe est généralement celle qu'énonce l'enfant tendant les bras vers sa mère *qu'il désire; cette mère* étant devenue l'objet physique désigné par *am*, ses actions, ses sentimens sont devenus aussi ceux du personnage *am*; or, comme le plus saillant de ces sentimens est *l'affection* et la *tendresse*, il s'ensuit que l'ensemble des actes qui en sont l'effet a dû prendre le nom de *agir en mère, avoir les sentimens d'une mère* : *am-ire* ou *amare*.

Dans le mot *rid-ere*, *rid* est le radical, et à certains égards on peut le considérer comme le bruit imitant l'acte de rire.

Per-ire est une idée plus asbtraite; *aller par*, ou *aller dans*, pris dans le sens de notre mot *périr*, ne laisse pas d'être vague; ici les idiomes arabiques m'offrent un moyen de solution très-spécieux.

Dans ces idiomes, le verbe ABAD signifie spécialement, il a *disparu* comme une *fumée dans l'air*, et il s'est *anéanti dans le vague*; il *est allé* dans le *néant* : n'est-ce pas là précisément le mot latin *ire per vacuum? ire per* (*inane*), en inversion, *per-ire*, il a péri, il a disparu. L'hébreu dit ABADU BAITIM; on l'a mal traduit en disant, *les maisons ont été détruites*. Le terme *destruere*, *déconstruire*, ne signifie que *démolir*; l'autre signifie *rasées sans* traces. Le mot *evanuit*, il s'est *évanoui*, trouve ici sa solution, car il n'est que le composé *in vanum ivit, il est allé dans le vide*, dans le *vague* (les palais ont péri, les grandeurs se sont évanouies) : *van-um*, jadis *uan-um*, est ici un radical qui exprime un souffle de la bouche, un vent sans corps, sans réalité; il trouve un analogue remarquable dans le mot arabe FANI, qui a exactement le même sens. (EL DUNIA FANI), *le monde est une vanité, une chose passagère* comme le souffle, le vent.

(Dans le radical latin -DRM-*ire*-, les trois consonnes se trouvent les mêmes que dans le radical hébreu -רדם, *sommeil, dormition*; cette confusion de *rodm* avec *dorm* a d'autres exemples. *Aller* est l'acte physique et palpable, le plus propre à être pris pour le type de toute *action* en général : c'est le *mouvement* personnifié; et le mouvement est la base, l'essence de toute *action*.)

CHAPITRE VII.

Conjugaisons des Verbes.

Les grammairiens s'accordent à compter au verbe hébreu quatre conjugaisons régulières, au mode actif ; trois desquelles ont un mode passif : au total, sept formes régulières (1).

Pour première conjugaison, l'on a établi celle où le mot radical se compose de la manière la plus simple et la plus régulière ; les anciens prenaient pour type le mot FăL (il a fait); nous prenons FaQaD (il a visité) :

Le tableau ci-joint offre sous un coup-d'œil facile tout le jeu de cette conjugaison, qui est aussi la première en arabe et en syriaque.

---

(1) Le savant Albert Schultens en a voulu trouver presque autant que dans l'arabe (qui en a treize); mais ce sont-là des subtilités.

PREMIÈRE CONJUGAISON ACTIVE.

(Première aussi en arabe.)

TEMPS PRÉTÉRIT.

	Faqad		il a	
	id.	-aḥ.	elle a	
Répétez faqad à chaque ligne.	id.	-tà.	tu as, toi, *masc.*	
	id.	-te.	tu as, toi, *fém.*	
	id.	-ti.	j'ai (de commun genre)	visité.
	id.	-ω.	ils ou elles ont	
	id.	-tem.	vous avez, *masc.*	
	id.	-t'en.	vous avez, *fém.*	
	id.	-nω.	nous avons (de com. genre)	

Temps futur.

ia—fqod		il	visitera.
te— ...		elle	id.
te— ...		toi, *masc.*	visiteras.
te— ...	-i.	toi, *fém.*	id.
a — ...		je (de commun genre)	visiterai.
ie — ...	-ω.	ils	visiteront.
te— ...	-neh.	elles	id.
te— ...	-ω.	vous, *masc.*	visiterez.
te— ...	-neh.	vous, *fém.*	visiterez.
ne— ...		nous (de commun genre)	visiterons.

Impératif.

ꜰiqod	toi, *masc.*	visite.
ꜰiqid-i	toi, *fém.*	id.
ꜰiqid-ω	vous, *masc.*	visitez.
ꜰiqod-ɴeh	vous, *fém.*	id.

Infinitif.

ꜰiqod		visiter.
ou		ou
ꜰoqωd		visitement.

Participe.

ꜰoqid	*masc.*	visitant.
ꜰoqid-ah ou ꜰoq'd-at	*fém.*	visitante.
ꜰoqid-im	*masc.*	visitans.
ꜰoqid-ωt	*fém.*	visitantes.

Le lecteur voit, 1° que l'hébreu commence par la troisième personne singulière masculine du passé et non par la première du présent comme nous faisons ;

2° Que c'est sur cette troisième personne que se construisent les autres ;

3° Que leur radical -ꜰaqaᴅ- reste le même pour tout, mais que chacune ensuite se caractérise par des lettres ou syllabes, j'ose dire *postiches*, ajoutées à la fin de FAQAD. Ce mécanisme est d'une grande simplicité.

Il a plu aux rabbins d'ajouter à la deuxième personne singulière un *a* et un *e* final pour en caractériser le genre ou sexe : FAQADTA (toi homme), FAQEDTE (toi femme) as visité : c'est une de leurs imitations de l'arabe nahou ; mais, comme l'arabe usuel ignore ou néglige cette perfection, nous pouvons compter que l'hébreu n'a pas été plus recherché.

Pour former le futur, le radical se replie sur lui-même d'une manière particulière ; mais, une fois établi, il ne change pas plus qu'au prétérit ; il y a entre eux cette différence, qu'au prétérit les lettres qui caractérisent les personnes sont à la fin du mot, tandis qu'au futur elles sont au commencement.

Nous venons de voir qu'au prétérit le radical se construit ou se prononce généralement en *a*; néanmoins, il y a, comme en toutes choses, des cas d'exception où la seconde voyelle se trouve être un *e*: par exemple, -HAfes, il a voulu, il a désiré ; i*akol*, il a pu ; i*agor*, il a craint : c'est au dictionnaire à faire connaître ces exceptions, qui d'ailleurs jettent un verbe dans la classe des irréguliers.

Les lettres ou syllabes mobiles qui roulent autour du mot, demeuré fixe, sont appelées lettres *serviles* ou plutôt *serviables*, parce qu'elles rendent le service d'exprimer les modifications de l'action, et de désigner le genre, le sexe, le nombre, la qualité de *l'agent*.

Ces lettres serviles sont au nombre de onze, savoir : mš𝐡 ω klb aïtn. Leur réunion en ces quatre mots a le mérite de les rendre plus faciles à retenir, à raison du sens qui en résulte : ce sens est *moušah* (Moyse), *et kaleb* (le) *vaillant*.

Il importe de les noter en sa mémoire, afin que l'on puisse, quand les mots se montrent surchargés de lettres, s'assurer de celles qui ne sont point serviles, et qui dès-lors deviennent un moyen de découvrir les *radicales* : cette opération est une des véritables difficultés de ce langage ; mais l'habitude en donne le tact ; par exemple, dans le mot ωhšтнωh (*et il s'est prosterné*) н seul n'est *pas servile*, et il n'est pas d'abord facile de démêler le radical šнh *šahah, incliner, courber* une chose.

L'hébreu n'a pas d'autres *temps* que ce prétérit et ce futur : ainsi, lorsque, dans les traductions quelconques, l'on nous donne des imparfaits, des conditionnels, des présens, ce sont des déviations, des altérations réelles du texte.

Les interprètes disent que c'est pour mieux nous le faire entendre ; qu'autrement le style roide et rompu de l'original choquerait nos oreilles et nos habitudes : ces excuses ne sont pas recevables ; du moment qu'il a plu d'attacher la plus haute importance possible au sens des *écritures*, l'on n'a pas le droit de modifier le littéral pour nos convenances ; on nous ôte le moyen d'apprécier l'intelligence de ces hommes du temps passé, et d'en mesurer la finesse ou la grossièreté, par l'instrument le plus fidèle qu'ils nous en aient laissé.

Dans le futur, il y a équivoque entre les deux termes, *toi*, homme, *visiteras*, et *elle*, femme, *visitera*, exprimés par le même mot TEFQOD : c'est un défaut de la langue ; — le vieil arabe la corrige par ses finales ; — il dit :

TEFQOD-ŭ   *toi*, homme, *visiteras*.
TEFQOD-i,   *elle*, femme, *visitera*.

Après le prétérit et le futur, vient le mode *impératif* qui, à vrai dire, n'est pas un temps. Le lecteur doit remarquer que ses trois radicales F, Q, D, sont précisément les mêmes que dans l'*infinitif* : leurs petites voyelles, même rabbiniques, ne diffèrent point essentiellement ; d'ailleurs l'authenticité de ces voyelles rabbiniques est plus que douteuse, sur tout pour la première : jamais, dans l'arabe, la consonne première de l'impératif n'en reçoit, elle est muette ; et, pour la prononcer, on place devant elle une voyelle : on dit EFQOD (visite), ou plutôt OFQOD ; car par euphonie, le *o* de QOD convertit en *o* l'E ou A*lef* qui est devant F (1).

---

(1) Dans le syriaque, cette première radicale est muette : on dit FQOD comme d'une syllabe ; mais parce que le système rabbinique n'admet point de consonne muette, il attribue ici à l'F un *e brévissime*, qui n'est que l'équivalent du djazm arabe, ou privation de voyelle, FQOD.

Ne peut-on pas considérer le mot de l'impératif comme un vrai substantif, dont l'énoncé provoque l'acte que l'on demande ou commande ?

Ce qu'il y a de sûr, c'est qu'ici, comme dans l'arabe, l'infinitif (selon notre style) n'est qu'une vraie forme de substantif, qui se caractérise plus spécialement dans le second terme FOQWD ; il ne reste que le participe, qui est toujours déclinable, et qui, pour l'hébreu comme pour le syrien, est le seul moyen d'exprimer nettement le *temps présent*.

Les rabbins écrivent le pluriel de *visitant* FOQIDIIM ; mais en DIIM, le petit *i* est superflu ; il suffit de prolonger le grand i pour caractériser l'état. Voyons le passif de cette première conjugaison.

PASSIF DE LA PREMIÈRE CONJUGAISON ACTIVE.

(Répondant à la septième arabe.)

TEMPS PRÉTÉRIT.

N*i* — FQed..		il a été	visité.
N*i* —	ha	elle a été	visitée.
N*i* —	TA	tu as été, *masc.*	visité.
N*i* —	TE	tu as été, *fém.*	visitée.
N*i* —	TI	j'ai été	visité.
N*i* —	w	ils ou elles ont été	visités ou visitées.
N*i* —	tem	vous avez été, *m.*	visités.
N*i* —	ten	id.	*f.* visitées.
N*i* —	nw	nous avons été	visités ou visitées.

TEMPS FUTUR.

ι — ffaqed		il sera	visité.
ti —		elle sera	visitée.
ti —		tu seras, *masc.*	visité.
ti —	i	tu seras, *fém.*	visitée.
a ou e —		je serai	visité.
i —	ω	ils seront	visités.
ti —	nah	elles seront	visitées.
ti —	ω	vous serez, *m.*	visités.
t —	nah	vous serez, *f.*	visitées.
ni —		nous serons	visités.

IMPÉRATIF.

he — ffaqed		sois, *masc.*	visité.
he —	i	id., *f.*	visitée.
he —	ω	soyez, *m.*	visités.
he —	nah	id., *f.*	visitées.

INFINITIF.

he — ffaqed ⎰ l'être visité
⎱ ou
⎩ visitation reçue.

PARTICIPE.

Ni— f'qad	masc.	visité.
Ni— .... {ah ou at}	fém.	visitée.
Ni— ...... im	m.	visités.
Ni— .... wt	f.	visitées.

(Ou bien),

foqwd	étant	visité.
..... eh	id.	visitée.
...... im	id.	visités.
..... wt	id.	visitées.

La première conjugaison active a un passif qui répond à la septième conjugaison arabe : ce passif se forme très-simplement, en mettant la lettre n ou syllabe ni devant les trois radicales que les rabbins veulent écrire feqad ; mais, parce que le petit *e* se trouve brévissime, l'on doit regarder le f comme muet, et dire nifqad : ainsi établi, ce mot reste le même à toutes les personnes du prétérit, qui ne se caractérise qu'en y ajoutant les lettres finales que l'on voit posées dans la colonne qui le suit : nifqad-*ah*, elle a été visitée.

nifqad-*ta*, masc. tu as été visité ; nifqad-*te*, fém. tu as été visitée, etc., etc.

Je répète ici mon observation que ces deux finales

a, e sont de l'invention des rabbins, imitées de l'arabe ; je n'en ferai plus mention.

Pour le futur, l'on nous donne le mot IFFAQED ou IAFFAQED ; il y a ici une irrégularité digne de remarque : la lettre N étant le signe propre du passif, son prétérit NIFQAD devrait faire TAN-FAQED au futur ; pourquoi l'N est-il supprimé et l'F redoublé ? dira-t-on que c'est par une règle semblable à celle du latin dans le mots *irruere, irrumpere, irradiare, irrigare*, qui sont réellement in-ruere, in-rumpere, in-radiare, in-rigare ? mais si, dans l'hébreu, le redoublement des lettres F, F, n'a d'autre autorité que le bon plaisir des rabbins, et le petit point furtivement et tardivement inséré dans la lettre ; si le doublement de lettres n'a point eu lieu dans l'idiome syriaque plus ancien et plus répandu, si enfin, dans plusieurs cas, l'hébreu ne craint pas d'écrire double une même lettre, comme on le voit dans SABAB, GALAL, etc., l'on a droit de croire que c'est encore ici une règle factice et posthume imitée des Arabes ou autres étrangers.

Quoi qu'il en soit, IAFFAQED nous étant donné pour troisième personne, les autres se caractérisent toutes par les lettres antécédentes que l'on voit dans la colonne première, et quelques-unes par des lettres finales placées dans la troisième.

L'impératif et le participe n'offrent rien de particulier digne de remarque.

DEUXIÈME CONJUGAISON ACTIVE

(Répondant à la deuxième arabe, signifiant *je ferai faire*.)

TEMPS PASSÉ.

Fiqqed	il a	
....ah	elle a	
....ta	tu as, *masc.*	
....te	tu as, *fém.*	
....ti	j'ai	visité fréquemm.
....ω	ils ou elles ont	
....tem	vous avez, *masc.*	
....ten	vous avez, *fém.*	
....nω	nous avons	

FUTUR.

ie — Faqqed	il	visitera fréquemm.
te —	elle	id. id.
te —	tu, *masc.*	visiteras fréq.
te — ..... -i	tu, *fém.*	id. id.
a —	je	visiterai fréq.
ie — ..... -ω	ils	visiteront id.
te — ..... -nah	elles	id. id.
te — ..... ω	vous, *masc.*	visiterez fréq.
te — ..... -nah	vous, *fém.*	id. id.
ne —	nous	visiterons fréq.

IMPÉRATIF.

ғaqqed	masc.	visite fréquemm.	
....-i	fém.	id.	id.
....-ω	masc.	visitez fréq.	
....-nah	fém.	id.	id.

INFINITIF.

ғaqqed | { le visiter fréq.
ou
le visitement.

PARTICIPE.

me—ғaqqed	masc.	le visiteur.
me—.... { ah ou at }	fém.	la visiteuse.
me—.....-im	masc.	les visiteurs.
me—.....-ωt	fém.	les visiteuses.

TEMPS PRÉTÉRIT.

Nos trois radicales prennent ici la forme de ғiq-qeᴅ, en redoublant la lettre du milieu par une règle dont je viens de contester l'authenticité : il appartient aux savans professeurs allemands de prononcer sur cette question, sur laquelle j'appelle leur impartialité ; provisoirement je laisse subsister la forme usitée.

On voit ici le temps prétérit caractérisé dans ses

diverses personnes par les lettres finales qui lui sont ajoutées.

Le futur donne ɪꜰꜰaqqᴇᴅ ou ïaꜰaqqᴇᴅ qui, pour caractériser ses diverses personnes, place pour chacune, une lettre ou syllabe avant le mot, et qui pour quelques unes ajoute encore une syllabe après le mot.

L'impératif, le participe et l'infinitif n'ont rien de particulier : mais il est utile de remarquer qu'à dater de cette seconde conjugaison inclusivement, toutes les autre actives et passives placent une ᴍ devant le participe, ou, si l'on veut, caractérisent le participe par un *m* qui le précède.

PASSIF DE LA DEUXIÈME CONJUGAISON ACTIVE.

(En arabe, elle répond à la forme passive de ꜰaqad, ꜰoqad *il a été visité.*)

TEMPS PASSÉ.

ꜰoqqad-	il a été	revisité.
ꜰoqqed-*ah*	elle a été	revisitée.
......-*ta*	tu as été, *m*.	revisité.
......-*te*	tu as été, *f*.	revisitée.
......-*ti*	j'ai été	revisité ou ée.
ꜰoqqed-ⱳ	ils ou elles ont été	{ revisités. ou revisitées. }
......-*tem*	nous avons été, *m*.	revisités.
......-*ten*	vous avez été, *f*.	revisitées.
ꜰoqqed-nⱳ	nous avons été	revisités ou ées.

FUTUR.

ie — Foqqad	il sera	revisité.
Te —	elle sera	revisitée.
Te —	tu seras, *m.*	revisité.
Te — . . . . . . -i	tu seras, *f.*	revisitée.
A —	je serai	revisité ou ée.
ie —	ils seront	revisités.
Te — . . . . . . -n*ah*	elles seront	revisitées.
Te — . . . . . . -ω	vous serez, *m.*	revisités.
Te . . . . . . -n*ah*	vous serez, *f.*	revisitées.
Ne —	nous serons	revisités ou ées.

IMPÉRATIF.

(N'existe pas.)

INFINITIF.

Foqqod { l'être revisité ou revisitation.

PARTICIPE.

me — Foqqod	*masc.*	le revisité.
me — . . . . . . -ah	*fém.*	la revisitée.
me — . . . . . . -im	*masc.*	les revisités.
me — . . . . . . -ωt	*fém.*	les revisitées.

TEMPS PRÉTÉRIT.

Ici notre radical prend la forme de Foqqad; les

rabbins veulent qu'au féminin de la troisième personne il devienne Foqqed : cela est sans utilité comme sans autorité : le lecteur qui s'habitue à cette marche du verbe, n'a pas besoin de nouvelles explications pour ce tableau; les conjugaisons III et IV qui suivent ne demandent également que d'être étudiées chacune sur son tableau; la quatrième n'a point de passif.

Sur la troisième il est nécessaire de remarquer une irrégularité capable d'embarrasser tout novice : on voit que cette conjugaison se caractérise par le h ou par le hi attaché devant le radical (hi FQID). Le participe devrait être M'hiFQiD, et cela n'est pas. Le h s'est éclipsé sous l'M, pour éviter le hiatus, et l'on dit MEFQID; voilà pour ce qui concerne les verbes réguliers : avec des formes simples dans leurs bases, il y a néanmoins un art d'invention ingénieux dans les combinaisons; maintenant le lecteur dont la mémoire souple a pu retenir les mots radicaux des sept formes de verbes que je viens d'exposer, entendra facilement la méthode usuelle de les désigner, en disant la conjugaison -FAQAD, au lieu de première active et son passif NiFQAD; la conjugaison FiQQED, au lieu de la deuxième active et son passif FOQQAD, etc. Ces mots lui rappelleront comment les trois lettres radicales se combinent avec les petites voyelles et deviennent ainsi les modèles de tout autre verbe qui leur ressemble; alors seulement il comprendra ce qu'a voulu dire la formule ordinaire de FAăL, FIEL, HIFIL, hifael, etc., en même temps qu'il apercevra combien elle est vicieuse, puisqu'elle masque entièrement le rôle que joue ou doit jouer la seconde radicale aïn que l'on n'aperçoit plus nulle part. On dirait que les adeptes de cette science ont pris à tâche de la rendre obscure et d'en faire une branche de la science cabalistique.

TROISIÈME CONJUGAISON ACTIVE.

(En arabe afqad, *il a fait désirer*.)

TEMPS PASSÉ.

hi — FQíD -ah	il a	
hi — id. -ta	elle a	
hi — FQaD-te	tu as, *m.*	
hi — FQaD	tu as, *f.*	
hi — id.	j'ai	} fait visiter.
hi — id. -ω	ils ou elles ont	
hi — FQíD -tem	vous avez, *m.*	
hi — FQaD-ten	vous avez, *f.*	
hi — id. -nω	nous avons	

FUTUR.

ia — FQíD	il	fera
ta —	elle	id.
ta — .... -i	tu, *m.*	feras
ta —	tu, *f.*	feras
a —	je	ferai
ïa — .... -nah	ils	feront
ta — FQeD -ω	elles	id.
ta — ... -nah	vous, *m.*	ferez
ta — FQeD	vous, *f.*	id.
na —	nous	ferons

} visiter.

IMPÉRATIF.

ha — FQeD	*masc.*	fais visiter.
ha — FQíD -i	*fém.*	id.
ha — FQíD -ω	*masc.*	faites visiter.
ha — FQeD -nah	*fém.*	id.
ha — FQíD....................		le faire visiter.

PARTICIPE.

ma — FQíD	*masc.*	faisant visiter
ma — { FíQD / ou / FQeD } { -ah / ou / at }	*fém.*	id.
ma — .... -im	*m.*	les faisant visiter.
ma —	*f.*	id.

PASSIF DE LA TROISIÈME CONJUGAISON ACTIVE.

TEMPS PASSÉ.

ho — FQaD		il a été	
ho — FQeD	-ah	elle a été	
ho —	-ta	tu as été, *m.*	
ho —	-te	tu as été, *f.*	
ho —	-ti	j'ai été	} fait visiter.
ho —	-ω	ils ou elles ont été	
ho —	-tem	vous avez été, *m.*	
ho —	-ten	vous avez été, *f.*	
ho —	-nω	nous avons été	

FUTUR.

io — FQaD		il sera	
to —		elle sera	
to —		tu seras, *m.*	
to — FQeD	-i	tu seras, *f.*	
ao —		je serai	
io —	-ω	ils seront	} fait visiter.
to —	-nah	elles seront	
to — FQeD	-ω	vous serez, *m.*	
to —	-nah	vous serez, *f.*	
no —		nous serons	

IMPÉRATIF.

(N'existe pas.)

INFINITIF.

ho — FQeD . . . . être fait visiter.

PARTICIPE.

mo — FQaD	*masc.*	étant fait visiter.
mo — . . . . -ah	*fém.*	id.
mo — . . . . -im	*masc.*	les étant-fait
		ou
mo — . . . . -wt	*fém.*	les fait-visiter.

QUATRIÈME CONJUGAISON ACTIVE.

(Équivalant au passif *j'ai été visité*, analogue à l'arabe *toraqqad*.)

TEMPS PASSÉ.

hit — FAQQeD	il s'est	
hit — . . . . . . -ah	elle s'est	
hit — . . . . . . -ta	tu t'es, *m.*	
hit — FAQQaD-te	tu t'es, *f.*	
hit — . . . . . . -ti	je me suis	visité (soi-même).
hit — . . . . . . -w	ils ou elles se sont	
hit — . . . . . . tem	vous vous êtes, *m.*	
hit — . . . . . . ten	vous vous êtes, *f.*	
hit — . . . . . . -nw	nous nous somm.	

FUTUR

it —faqqeD	il se	visitera.
Tit—......	elle se	id.
Tit—......	tu te, *m.*	visiteras.
Tit—......-i	tu te, *f.*	id.
at —......	je me	visiterai.
it —......-ω	ils se	visiteront.
Ti —......-nah	elles se	id.
Tit—......-ω	vous vous, *m.*	visiterez.
Tit—......-nah	vous vous, *f.*	id.
Nit—......	nous nous	visiterons.

IMPÉRATIF.

hit — faqqeD	*masc.*	visite-toi.
hit — ..... -i	*fém.*	id.
hit — ..... -ω	*masc.*	visitez-vous.
hit — ..... -neh	*fém.*	id.

INFINITIF.

hit — faqqeD............ { se visiter ou le visitement de soi-même.

Participe adjectivé.

mit ou met—ғaqqeᴅ	masc.	se visitant.
mit ou met—......-ah	fēm.	id.
mit ou met—......-im	masc.	les se visitant.
mit ou met—......-ωt	fēm.	id.

§ VII.

Observations et remarques générales.

Les grammairiens ajoutent à ces conjugaisons plusieurs remarques dont quelques-unes sont nécessaires, d'autres tout-à-fait inutiles.

J'appelle inutiles la plupart de celles qui donnent des règles pour les changemens des petites voyelles ou points-voyelles ; par exemple, ils ordonnent dans le cours d'une phrase de prononcer ᴛiɢɴeʙω (vous déroberez); mais à la fin du verset et devant toute pause, ils veulent que l'on dise ᴛiɢɴoʙω.

Si la langue était parlée, il y aurait à cela utilité et autorité; mais comme elle est morte, qu'ils ne savent rien du fait et que le sens reste le même, cette règle et ses semblables doivent tomber nulles. Ajoutez que, pour la clarté du précepte, ils vous disent de substituer ᴋibuts devant athɴak.

En hébreu, comme en arabe et syriaque, on ajoute quelquefois par emphase une ɴ à la fin du verbe, terminé en ω ; par exemple, au lieu de iedăω (ils ont connu), on dit ïedăwn; au lieu de ᴛᴀᴋrotw (vous couperez), on dit ᴛᴀkrotwn : le sens est le même avec plus d'affirmation.

Il arrive aussi que l'on ajoute un ʜ final, par exemple, au lieu de ʙᴀɢaᴅt, on dit ʙᴀɢadtah, tu as prévariqué; au lieu de ᴀšmer, on dit ᴀšmerah, j'observerai.

L'emploi de ce *h* final ne me semble pas le même dans ce qui suit : par ex., au lieu de ʟ'ᴍošeʜ, valant en français *pour oindre* (en latin *ad unguendum*), on dit ʟ'ᴍošeʜah; mais ici le *h* final n'est-il pas le signe d'un féminin substantif, et ne signifie-t-il pas proprement *pour onction?*

Dans la première conjugaison, lorsque la troisième radicale du verbe est un ᴛ comme ᴋᴀʀᴀᴛ (il a coupé), la première et la deuxième personne exigent l'addition d'un autre ᴛ qui les caractérise : on doit dire ᴋᴀʀᴀᴛᴛɪ, j'ai coupé; ᴋᴀʀatt, tu as coupé; ᴋᴀʀᴀᴛᴛom, vous avez coupé : l'Hébreu n'écrit pas cette lettre double, mais les rabbins l'indiquent en posant dans le ᴛ l'insensible point qui est le signe du redoublement; nous, qui pouvons redoubler les lettres, nous n'en avons pas besoin.

Si le verbe finit par une ɴ, comme ɴatan (il a donné), l'on devrait dire ɴᴀᴛᴀɴᴛ-ᴛom, vous avez donné ; mais l'Hébreu écrit et dit par élision et euphonie ɴᴀᴛᴀᴛᴛɪ, ɴᴀᴛᴀᴛ-ᴛom, ce qui devient d'autant plus obscur, qu'outre l'ɴ supprimée, le redoublement du ᴛ n'est marqué que par un petit point.

Sur la troisième conjugaison OFQAD, si la première radicale est ăïn, cette voyelle ne subit pas de changement au participe, et l'on dit moăMad, établi: voilà encore une exception; dans la conjugaison quatrième (HITFAQQAD), si la première lettre du radical est une des consonnes N, D, T, T, il y a élision d'abord du T dans HIT et même d'un second T qui serait caractéristique; par ex., au lieu de HIT-TNABBETI, j'ai prophetisé, on dit HINNABETI; au lieu de MITDABBER, conservant, on dit middaber.

Si cette première radicale est une des quatre consonnes sifflantes z, s, š, s̱, le T de HIT passe après elle; par ex., SABAL, il a chargé, on devrait dire HITSABBEL, et l'on dit HISTABBEL, il s'est chargé: ŠABAH, il a loué; on devrait dire HIT-ŠABBAH, et l'on dit HIŠTABBAH.

Si la première lettre est un z ou un s̱ad, ces deux lettres, outre qu'elles se déplacent, s'altèrent encore; savoir: z en D, et s̱ad en Têta. Par exemple: s̱ADAQ, il a été juste, au lieu de HITS̱ADDEQ, fait—HIS̱TADDEQ, il s'est justifié; zamer, il a préparé, — au lieu de HITZAMMER, fait HIZDAMMER, il s'est préparé.

Ces règles d'exceptions ne laissent pas que de compliquer le système et rendre la langue plus difficile: seulement elles ont le mérite, dans le cas présent, de nous indiquer la prononciation des diverses lettres que je viens de citer, et cela au moyen de l'analogie que suppose leur permutation réciproque: les grammairiens citent encore nombre d'autres règles relatives aux permutations des petites voyelles ou points-voyel--les; mais les unes n'ont aucune utilité, et les autres appartiennent aux règles des verbes irréguliers dont je vais traiter.

CHAPITRE VIII.

Des Verbes Irréguliers.

Tout verbe qui s'écarte des formes que nous venons de voir, est un verbe *irrégulier*, et l'on peut juger qu'il y en a beaucoup, si l'on considère combien il y a de manières de s'en écarter ; par ex., lorsqu'une seule ou plusieurs des trois radicales sont *voyelles*, au lieu d'être *consonnes*, ce premier cas fournit plusieurs combinaisons ; car ce peut être la première lettre ou la deuxième ou la troisième, ou bien encore les lettres une et deux, les lettres une et trois, les lettres trois et deux : aussi est-ce là que sont les difficultés de la langue.

On peut leur assigner deux causes principales :

1° La disposition obligée des deux petites voyelles du radical qui au prétérit veulent être *a a* (FAQAD); qui au futur se changent en *a o* (IAFQOD) : or, si l'une des radicales est elle-même une voyelle, soit Alef, soit iod, ω, aïn, comment les moulera-t-on sur le modèle obligé ?

Une autre cause d'irrégularité, est l'antipathie de certaines lettres à se trouver ensemble, à se suivre, et la nécessité d'élider les unes, de doubler les autres, ce qui rend les mots méconnaissables en plusieurs cas. Les rabbins nous disent qu'ils ont pourvu à tout par des règles ; mais leurs règles sont apocryphes, posthumes à l'usage et à la connaissance de la langue ; les manuscrits de Moïse et d'Ezdras n'en ont pas fourni la moindre indication ; nous allons voir qu'il y en a beaucoup qui n'ont pas de fondement.

Les verbes irréguliers se divisent en deux classes, savoir : les *Défectifs* et les *Quiescents*.

Ils sont *défectifs*, si, en se conjuguant, une de leurs consonnes radicales disparaît.

Ils sont *quiescents*, s'ils ont pour radicales une des quatre lettres a, h, ï, w, attendu que ces lettres disparaissent aussi dans la conjugaison.

Ce mot *quiescent*, c'est-à-dire *en état de repos*, me paraît impropre ; ne vaudrait-il pas mieux dire que les verbes sont irréguliers, les uns par la disparition ou *éclipse* de quelques voyelles, les autres par la disparition ou *éclipse* de quelques consonnes ? ces lettres qui disparaissent, seraient très-bien nommées *éclipsantes* ou *éclipsées*, car c'est le fait.

L'irrégularité peut avoir lieu tantôt dans la première, tantôt dans la seconde, tantôt dans la troisième radicale : tout lecteur entend ce langage ; on dirait que nos docteurs ont pris à tâche d'être obscurs : ils rendent cette même idée en disant que le verbe est *défectif* ou *quiescent* en f, ou en aïn, ou en lamed :

Quand une lettre s'éclipse, elle est quelquefois compensée par le redoublement de la suivante.

Ce cas arrive toujours si la première radicale est ou n ou i, car l'une et l'autre doivent disparaître selon les temps ou les personnes.

Par exemple, nabal (il est tombé) devrait au futur faire ianbwl, et il fait iabbwl (il tombera); iasab (il a établi) devrait faire au passif nisab (il a été établi), et il fait nassb; prononcé nissab par *i* bref au lieu du grand i radical.

La seconde classe des défectifs est celle dont la deuxième radicale disparaît ; tels sont les verbes qui ont une même lettre pour deuxième et troisième radicales. Par exemple, sabab (il a environné); šanan (il a aiguisé); galal (il a roulé.)

On donne trois règles à cette classe : par la première on retranche la lettre double de milieu, et l'on dit sa-b et ga-l.

Par la deuxième, si le mot est suivi de quelques lettres serviles, on lui rend sa radicale supprimée : par exemple, on dit sabbah (elle a environné), gallah (elle a roulé).

Par la troisième, si, au temps prétérit, le mot est suivi des lettres qui caractérisent les personnes, l'on introduit un w et l'on dit sabbwt (il a environné), sabbwt*i* (j'ai environné), sabbwnw (nous avons environné).

La dernière classe des défectifs par *consonnes*, est celle dont s'éclipse la troisième radicale; par ex., le verbe natan (il a donné) devrait faire natant (tu as donné); NaTaNT*i* (j'ai donné) : au lieu de cela, on supprime l'N et l'on écrit NaTaTT.

Sur ceci je remarque que, dans le principe, on a dû écrire pleinement NaTaNT, et que ce n'est que par le laps de temps et la trituration du langage qu'il fut trouvé plus commode de prononcer NaTaTT et de l'écrire ainsi ; cela prouverait que cette écriture n'est pas de la haute antiquité, mais d'époques postérieures.

Maintenant pour les *quiescents* ou *irréguliers par éclipse* des voyelles a, H, ⲱ, ı, la chose se passe de trois manières :

1° Quand la première radicale est a ou bien i ;
2° Quand la deuxième est soit ⲱ, soit i ;
3° Quand la troisième est a ou H ;

Dans le premier cas, supposons a*m*ar (il a dit) ayant pour type FaQaD, $\left\{ \begin{array}{c} \text{FaQaD} \\ \text{amaʀ} \end{array} \right\}$: le futur devrait faire ıa*m*oʀ (il dira), comme $\left\{ \begin{array}{c} \text{ıaFQoD} \\ \text{ıaamoʀ} \end{array} \right\}$, qui est son type ; les rabbins veulent que l'on dise ıomeʀ : j'accorde *mer* au lieu de *mor* : plusieurs verbes l'appuient ; mais je nie le changement de a en o : il a contre lui son modèle ıaF, qui ordonne de dire ıa ; ensuite les manuscrits de Moïse et d'Ezdras, en écrivant-ıaмʀ-, n'ont indiqué aucun signe de changer l'a : la tradition des prononciations a été trop brisée pendant quatre ou cinq cents ans pour s'y confier, et les rabbins ont certainement imité ici l'idiome syriaque, devenu dominant, et qui prononce o pour a.

Si au lieu de a, la première radicale est i, voici ce qui arrive : par exemple : ıaš*a*ʙ (il s'est assis) devrait faire au futur iišeʙ (il s'assiéra) : l'ont veut qu'il fasse ıešeʙ ; mais alors, comment distinguer ce futur de son passé, *quand il n'a existé que les grandes lettres :* il en résulte que l'on peut à volonté y voir un passé ou un futur, c'est-à-dire un narratif ou un prophétique, ce qui est un peu différent, et cependant les écrivains poétiques, dits *prophètes et psalmistes*, sont pleins de ces cas dont les interprètes ont fait tout ce qu'il leur a plu.

Au passif, ce verbe ıš*a*ʙ devrait faire nıš*a*ʙ (il a été assis *de force*) : on veut qu'il fasse nѡš*a*ʙ ; à la bonne heure : cela est écrit en toutes lettres.

La seconde classe des *quiescents* est celle dont la deuxième radicale est ѡ, ou bien i ; par exemple : les verbes ǫѡm (s'élever), mѡt (mourir), ʙın (comprendre.)

C'est ce verbe que les Arabes appellent verbe creux, parce que la voyelle qui occupe le milieu venant à disparaître, il y a comme un vide entre les deux consonnes ; mais ce vide n'existe point dans ma méthode, puisque toujours une petite voyelle prend la place de la grande.

On devrait dire régulièrement ǫ*aѡ*m (verbe creux) (il s'est levé), et on l'écrit ǫ*a*m ou ǫ*a*m ; ʙın devrait faire BAIAN, et on l'écrit BAN : à la bonne heure, on conçoit ces irrégularités.

La troisième classe des *quiescents* est celle dont la troisième radicale est A ou H; par exemple : MASA (il a trouvé). Dans le fait, cet A n'ayant chez les rabbins d'autre changement qu'un point-voyelle qui ne le dénature pas, l'on peut dire que le précepte est nul.

Si la finale, au lieu d'A, est H, cette lettre se prête à diverses altérations; par exemple : GALAH (révéler) perd son H avant ω et avant I : on dit GALω, au lieu de GALHω, etc.

Il y a encore des irréguliers quiescents à deux voyelles, comme BωA (venir) : au temps passé il se dit BA (il est venu) : rigoureusement parlant, ce dernier mot est le vrai radical, et prouverait qu'il y a eu des verbes de deux lettres seulement ou d'une syllabe. Le mot BωA nous est donné comme un infinitif ou plutôt comme un substantif (l'action de venir.) — Le ω se trouve supprimé dans une partie de la conjugaison qui, du reste, se comporte assez régulièrement pour les lettres serviles.

Si mon travail avait pour but d'enseigner la langue hébraïque dans ses moindres détails, je devrais dresser ici le tableau complet de tous ses verbes irréguliers; mais, outre que la cumulation de ces difficultés dans une grammaire ne fait que charger la mémoire des commençans, et qu'il est bien plus commode de ne les connaître qu'à mesure du besoin, lorsqu'on les rencontre dans le cours des phrases qui les fixent dans l'esprit, je regarde comme plus convenable de les renvoyer à un dictionnaire qui serait composé selon mes principes (1). Il suffira à mes lecteurs d'avoir pris une connaissance sommaire de l'édifice grammatical ; il ne me reste plus qu'à exposer la manière dont les Hébreux lient ensemble dans un ordre successif les mots et les idées que renferme le cadre d'une phrase : c'est là ce que l'on nomme *syntaxe*, et là surtout est la pierre de touche du degré d'intelligence que possède une nation.

---

(1) Notre judicieux et savant grammairien l'abbé Ladvocat en a composé de bons tableaux, que les amateurs trouveront aux pages 130 et suivantes de sa Grammaire.

DE LA SYNTAXE.

En comparant diverses langues, les grammairiens se sont aperçus qu'il existait deux manières de construire la phrase, tout-à-fait différentes l'une de l'autre : ils ont appelé l'une construction *directe* ou *naturelle*, et l'autre construction par *inversion*.

Il n'est pas besoin de dire que par *naturelle* et directe on entend la *nôtre ;* car la manie humaine est que chacun tienne son habitude pour nature : à qui persuaderez-vous que nos antipodes soient aussi droits que nous !

Cette construction directe a lieu dans les langues française, espagnole, italienne, portugaise, un peu même en anglais et dans toute la branche des langues *sémitiques* dont l'hébreu fait partie.

La construction par *inversion* a lieu au contraire dans tout le système *sanskritique* et ses dérivés, moins pourtant dans le grec que dans le latin ; beaucoup dans l'allemand, surtout l'ancien, et dans toute la branche tartare dont le turk est un des principaux représentans.

Entre ces systèmes le contraste est tel que l'on en

peut déduire deux souches primitives de nations et de langues absolument différentes.

Quelques exemples vont rendre ceci clair :

Nous regardons comme très-naturel d'écrire les adresses de nos lettres et paquets comme il suit :

« A monsieur Dupré, cultivateur au village du Buis-
« son, arrondissement de Château-Neuf, département
« de Maine-et-Loire ».

En construction inverse, par ex. en chancellerie turke, on dirait :

« Département de Maine-et-Loire, arrondissement
« de Château-Neuf, village du Buisson, monsieur
« Dupré, cultivateur ».

Quel est ici l'ordre des idées et des mots le plus raisonnable ? Le courrier de la poste aux lettres va nous le dire : je tiens mon paquet. — *Où vais-je*, me dit-il, *en France* ou à *l'étranger ?* — En France. — *Quel département ?* — Maine-et-Loire. — *Quel arrondissement ?* — Château-Neuf. — *Quel lieu ?* — Un village dit *le Buisson*.

Tout procède ici du connu à l'inconnu : cela est si vrai que, dans l'excellente police du bureau général des postes, il est défendu aux répartiteurs des lettres de regarder autre chose que le département qui est au bas de l'adresse et qui devrait être au haut.

Supposons cet autre dialogue : Courrier, voilà une lettre pour M. Dupré. — Quel Dupré ? il y en a beaucoup. — Un cultivateur au village du Buisson. — Il y a beaucoup de tels villages ;... en quel pays ? — Arrondissement de Château-Neuf.—Il y a cinq Château-Neuf en France.—Celui de Maine-et-Loire.—Ah! j'entends; je vais en Maine-et-Loire, à Château-Neuf ; je trouverai le reste.

Un autre exemple :

« J'ai vu ce matin le gouverneur d'Alep, sortant de « la ville avec ses grands lévriers, pour aller chas- « ser les gazelles dans la plaine à l'est de la rivière « Koïak.

Voilà une phrase construite selon nos langues et même selon l'hébreu et l'arabe. La voici en style turk, chaque mot étant placé juste dans l'ordre où les place cette langue (1). Pour être parfaitement exact, je demande la permission d'introduire deux mots de forme latine.

« Aujourd'hui matin-temps-dans, de Koïak rivière « (*Koiak-flumin-is*) orient-son-dans; se trouvant « plaine-dans, gazelles (*gazell-as*) chassant-pour, « étant propres grands lévriers avec, de ville sortie- « sa il faisait-comme, Alep gouverneur-son j'ai vu ».

Au premier aspect nous n'y entendons rien ; mais puisque les habitués y entendent, et puisque le latin est presque ainsi bâti, il faut bien que cela ne soit pas si extravagant. Examinons en détail.

---

(1) On peut compter sur l'exactitude de cette traduction, puisqu'elle m'est fournie par M. *Amédée Jaubert*, ancien conseiller d'état, qui, pour réussir dans ses missions diplomatiques à Constantinople et chez les Kirguiz, a su parler un autre turk que celui de l'école de Paris.

Aujourd'hui temps-matin; voilà le temps désigné. — *Koïak rivière son orient*; *dans la plaine*; voilà le lieu de la scène. — *Les gazelles chassées*; *les lévriers après sortans de la ville d'Alep*, *son gouverneur j'ai vu*.

Quand on se rend compte de l'ordre de ces divers tableaux, l'on voit d'abord le temps désigné; puis la scène où se passe l'action, puis les agens ou instrumens de la scène : on se demande ce qu'elle signifie; le sens est expliqué par *j'ai vu*. Il faut noter que l'obscurité, pour nous, vient beaucoup de ce que les prépositions en turk sont attachées à la fin des mots.

Il y a beaucoup d'intéressantes réflexions à faire sur cette matière; neuve sans doute pour bien des lecteurs.

Rentrant dans mon sujet, je me borne à répéter que le style de l'hébreu n'est pas totalement *inverse*, mais que néanmoins il a beaucoup d'*entrelacemens* qui nuisent à sa clarté : que surtout il est rompu, maigre, et ne peint, pour ainsi dire, que le squelette de la pensée, faute de ces ligamens qui chez nous lui donnent de la grace : on dirait des apprentis dessinateurs qui n'ont su qu'esquisser les gros traits, d'où a résulté la roideur et quelquefois l'équivoque des formes; tandis que chez nous une foule de traits accessoires leur donnent de la précision, de la vie : je ne crois pas que dans tous les livres juifs on puisse citer une phrase à périodes ni un raisonnement composé de trois parties : tout y est purement narratif

30

avec la perpétuelle répétition de la particule *et* (wa), même au commencement des phrases.

En résultat, c'est un vrai style de basse classe et de peuple paysan. Le lecteur en va voir quelques échantillons.

L'hébreu n'a point notre verbe *avoir*, je dirai même qu'il n'a point notre verbe *être*, car le mot HIH (il a été) signifie proprement *il a vécu ; il a eu existence* : aussi n'est-il jamais employé à lier l'adjectif au substantif : on n'y dit point *Abner est fort*, mais *Abner fort*, ni *Judith est belle*, mais *Judith belle*, etc. Il est remplacé par le pronom HW signifiant *lui*, ou HIA signifiant *elle* : il est remarquable que, dans l'idiome syrien plus ancien que l'hébreu, ce pronom HW fait également l'office du verbe être, et il semblerait que l'existence de cette tierce personne *lui* a été le type physique originel de tout être qui n'est pas l'une des personnes appelées vous ou moi.

Nos formes de comparatif et de superlatif n'ont point existé chez les Hébreux. Pour exprimer le comparatif, ils emploient les deux particules ME et MEN qui, au fait, n'en sont qu'une, équivalant à notre mot *hors de* : ils disent TWBAH HEKMAH MEFENIMIM, mot à mot, *bonne* (est) *sagesse hors des perles* : le latin rend mieux en disant *ab* ou *ex margaritis*. TWBIM HE ŠENIM MEN H'AHAD, c'est-à-dire *bons* (sont) *deux plus que un* : — LEBN M'HALAB — *blanc plus que lait* : ici l'M perd son *e* à cause de l'aspiration ; avec des conventions cela s'entend comme autre chose.

Le superlatif a six manières de s'exprimer, disent les grammairiens; l'on va voir qu'à peine une seule est vraie et précise.

1° Par le mot MAD, qui signifie *beaucoup, étendu.* — Exemple : TWB MAD *bon* : avec *quantité étendue.*

2° Par la préposition -BE-, qui signifie *dans, parmi*, par exemple : QOTWN BE-GWIM, *petits parmi les nations* ou *dans les nations* — BWGDIM B'ADAM, *perfides entre les hommes.*

3° En prenant le nom de Dieu pour terme de comparaison. Par exemple : AṢIIEHWH, *les arbres de Dieu*, c'est-à-dire les hauts comme lui. TARDAMAT IEHWH, *sommeil de Dieu*, c'est-à-dire profond. — HITAT ALEHIM (ou ELAHIM), *une terreur des Dieux*, pour dire extrême. Ils disent des *luttes* des *Dieux*, pour dire très-grandes. — ARZI AL, *cèdres* de *Dieu*, pour dire très-élevés.

4° Ils disent : ĂBL ĂBDIM, *esclave des esclaves*, pour dire *le plus bas.* — NEŠIA NEŠIAI HE LWI, *le prince des princes de Lévi*, c'est-à-dire le chef suprême des Lévites. — ELAHI H'ELAHIM, *le Dieu des Dieux.*

Toutes leurs répétitions de substantifs, *vanité des vanités, flamme des flammes, pleurs des pleurs...* signifient excès de la chose. Certains esprits, parmi nous, trouvent cela très-beau; pour moi, je n'y vois que des formes enfantines populaires, plus sensibles dans les exemples suivans :

5° H'ADOM H'ADOM, *roux, roux*, pour dire *très-roux*, — RĂ, RĂ, *mauvais, mauvais*, pour dire très-mauvais. — QODWŠ, QODWŠ QODWŠ, pour dire *très-saint*. N'est-ce pas là un vrai jargon d'enfant?

6° Enfin on prend pour superlatif la forme suivante : ANI ŠALWM, *moi* (je suis la *paix*), pour dire je suis très-pacifique. — KI HAMDWT ATAH, *car les désirs tu* (es), pour dire *très-désirable*.

Quelques-unes de ces formes-ci ne nous sont pas étrangères; mais aucune ne porte le vrai caractère superlatif de notre expression *le plus de tous*. En général, comme plusieurs tournures hébraïques n'existent point dans nos langues d'Europe, et qu'un grand nombre des nôtres n'existe point non plus dans la leur, les interprètes ont mal-à-propos pris pour équivalens et pour phrases analogues, des mots et des phrases qui n'ont point d'exacte ressemblance, et il valait mieux très-souvent s'en tenir au littéral.

Assez régulièrement l'adjectif se met, comme en français, après le substantif; par exemple : BEN HAKAM iaŠṢAH AB : *enfant sage, réjouira père*.

Et cependant il n'est pas rare de voir l'adjectif précéder le substantif; on en a vu plusieurs exemples dans ce qui précède.

On veut regarder comme élégantes certaines locutions; par exemple : lorsque Isaïe dit, *toutes les bêtes dans la forêt*, au lieu de dire, toutes les bêtes sauvages, ou littéralement forestières (sylvestres); il n'y a là qu'une disette de ces formes adjectives qui font la richesse de nos langues.

On regarde encore comme une élégance de mettre le verbe avant le substantif qui le régit : DIXIT DOMINUS domino meo (1); mais sommes-nous bons juges des élégances hébraïques ? d'ailleurs en nombre d'occasions le verbe marche après son substantif: *in principio Deus créavit cœlum.*

Certains noms collectifs, au singulier, tels que *peuple* et *ville*, gouvernent souvent le pluriel; ceci a lieu en anglais, difficilement chez nous. Par inverse, quelques noms de Dieu, construits au pluriel, régissent un verbe au singulier; par exemple : ELaHIM, BaLIM, ADONIM.

L'hébreu n'a point d'adjectif distributif; il dit : *nation nation, tribu tribu*, pour dire chaque nation, chaque tribu.

Une locution qui nous est étrange, mais qui est commune à l'arabe, est celle-ci : *Le chemin que moi allant sur lui*, au lieu de, *le chemin sur lequel je vais.*—*L'homme que j'ai donné à lui*, au lieu de *l'homme à qui j'ai donné.*—*Vous que nous avons vu votre face*, au lieu de, *vous dont nous avons vu la face.*—*Celui que j'ai entendu sa parole*, au lieu de, *celui dont j'ai entendu la parole.*—La rai-

---

(1) Dans ce psaume, la version latine est remplie de fautes, à son ordinaire : j'espère en convaincre le lecteur à la fin de ce chapitre.

son de cette tournure est que l'hébreu, manquant des pronoms relatifs, *qui*, *lequel*, *dont*, a été obligé de prendre ce détour assez simple, mais monotone, qui montre toujours sa pauvreté.

On veut que la particule ω signifiant *et*, placée devant un verbe, convertisse tantôt le futur en prétérit, et tantôt le prétérit en futur, et cela au moyen de tel ou tel point-voyelle dont on l'affecte ; mais, puisque les points-voyelles sont factices, une si étrange règle est sans autorité ; avec cela on fait des prophéties quand on veut.

Il est constant qu'il est des cas où notre bon sens veut entendre au prétérit ce qui est un futur évident. Par exemple : *wa iamer* est bien certainement *et il dira* : cependant il est telle narration où il faut l'entendre *et il a dit :* mais qui sait si cette locution, impropre par elle-même, n'a pourtant pas eu lieu chez les Hébreux avec le sens futur ?

Après avoir dit que dans le style hébraïque le prétérit est souvent mis pour nos imparfaits, plusque-parfaits de l'indicatif ou du subjonctif (au lieu de dire que c'est nous qui mettons tout cela au lieu du prétérit), le raisonnable grammairien Ladvocat ajoute ces mots remarquables, page 190 : « Les Hébreux « changent souvent de temps et de personnes, pas- « sent continuellement du futur au prétérit, du pré- « térit à l'impératif, à l'infinitif, au participe ; du sin- « gulier au pluriel, etc. C'est dans ces changemens « et dans cette variété que consistent en partie *la na-*

« *ture* et *la beauté* de leur poésie ; mais il ne faut pas
« s'imaginer que tout cela se fasse au hasard, sans
« règle ni mesure.... » Et plus haut il a dit : « Ils
« font plusieurs ellipses ou réticences de mots ; mais
« elles ne sont pas si communes que les grammai-
« riens ont coutume de le dire ; en imaginant toutes
« celles qu'ils voudraient introduire, on fait dire au
« texte tout ce que l'on veut. »

Un tel aveu est précieux de la part d'un homme
qui a écrit sous la censure ombrageuse de la Sor-
bonne : la vérité est que, faute de précision, une
foule d'équivoques remplissent surtout les psaumes
et les prophéties, comme l'a avoué franchement le
savant Calmet.

Enfin il y a des locutions dont on ne se rend pas
bien compte dans nos langues. Par exemple, quand
l'hébreu dit (la) *mort vous mourrez* ; (le) *goût j'ai
goûté*, les Latins ont traduit cela tantôt par des
ablatifs, *morte morieris*, tantôt par des participes,
gustans gustavi : ce n'est pas positivement le sens
de l'hébreu, car ces deux mots *mort* (mwt).... et
goût (răm) sont indéfinis, comme je le présente ;
c'est une manière d'affirmer en répétant.

Une autre locution singulière est d'employer un
infinitif ou substantif absolu à la place d'un futur ou
d'un impératif. Par exemple : Moïse, au lieu de dire
aux juges qu'il a établis : *Vous entendrez et décide-
rez entre vos frères*, leur dit : *Entendre* ou *audition
entre vos frères* ; tel est le sens du mot šemā (שמע

ани-кем); ailleurs il dit encore, Exode, au lieu de *observez le jour du sabbat*, *observance* ou *observer le jour du sabbat*. Šемшr ат iшм не-Šaвaт.

Une tournure commune à l'hébreu, à l'arabe, etc., est encore celle-ci : *il ajouta et il prit une femme ; il ajouta et il fit un voyage*, pour dire, il prit ensuite, ou il fit encore; cela s'entend très-bien. Il serait long et hors de mon sujet de faire une revue minutieuse de toutes les formes de ce genre; c'est par l'usage, c'est en traduisant qu'il faut les apprendre. Aujourd'hui, j'ai suffisamment rempli ma tâche, si je suis parvenu à rendre claire à mes lecteurs une matière jusqu'ici très-obscure, et si quelqu'un d'eux trouve dans mon travail un encouragement et un instrument pour le développer et le perfectionner.

FIN DE LA GRAMMAIRE.

TRADUCTION LITTÉRALE
DU PSAUME,

C'EST-A-DIRE

DU CHANT CX, SELON L'HÉBREU,
CIX, SELON LE LATIN.

Remarquez que le mot grec ψαλμός ou ψάλμα formé de ψάλλω, *jouer du luth, chanter avec le luth*, n'est que le sens littéral du mot hébreu. Le Latin aurait dû traduire *cantus*, et le Français *chant*; mais le génie du temps et de la chose ont préféré l'obscur.

TITRE. Héb. Le DaWD MaZMWR.
   Fr.   A   David   chant.

Nos docteurs ont traduit *chant de David*, ce qui est très-différent : il est vrai que la particule -Le- comporte un équivoque; mais si le titre du Psaume 98 est *chant a* ïehwh — mazmwr l'ïehwh ; si celui du Psaume 92 est *chant au jour du sabbat*, — mazmwr l'iwm he šabat, on ne dira pas que le sabbat ou ïehwh les aient composés ; c'est donc le sens du contenu qui doit décider la question : je soutiens que c'est ici un *chant* en l'honneur de David par un prêtre qui le complimente de ses victoires (et David traita les prêtres de manière à mériter leurs remerciemens).

VERSET I. Nâm iehwh l'adon-i.
A dit Dieu à maître mien.

L'hébreu, comme on le voit, n'a point le jeu de mots du latin (*Dominus, Domino meo*), qui a introduit un équivoque d'autant plus vicieux que le mot iehwh signifie l'*existant* même si l'on veut, l'*Éternel*. Pourquoi les anciens Grecs et Latins n'ont-ils jamais écrit ce *mot ?* La raison en est bizarre et vraie ; en ce temps là, il était de dogme que le mot iehwh avait des vertus magiques si terribles qu'il faisait trembler la terre et apparaître les démons ; voilà nos maîtres ! ils convinrent de le remplacer par le mot *seigneur*.

šeb l'iamin-i ăd ašit aïbi — k
Assieds-toi à droite mienne jusqu'à ce que j'ai posé ennemis tiens

hadm l'regli-k.
escabeau à pieds tiens.

Pourquoi le Latin dit-il, *je poserai ?*

VERSET II. ʍETTEʜ ăźz   —   αᴋ ieŝlaʜ
        Le bâton de puissance (ou force) tienne lancera

ieʜwh ᴍe ṣîωn.
  Dieu de Sion.

Cet ordre de mots est vicieux, on nous le dit élégant : comment nos docteurs appellent-ils *baguette (virga)* le mot -ᴍETTEʜ- ou plutôt -ᴍENTEʜ, dérivé de -na-tah- signifiant un *bâton* capable de former un poteau ou les barres d'un lit (de sangles)? La *baguette (virga)* comme celle de Moïse, semblable à un serpent de 28 à 30 pouces (tels qu'on les voit encore dans les mains des jongleurs d'Égypte), se nomme ŝeʙeт. Pourquoi rendre deux mots si différens par un même ? De tous temps, chez les Arabes, l'homme puissant qui est en marche, mène devant lui des sbires armés de gros bâtons dits *nabbout*, avec lesquels ils exercent sur le peuple une dure police. Voilà le bâton instrument et *signe* de *pouvoir* auquel il est fait ici allusion.

ʀᴇᴅeh ʙᴇ ǫᴇʀʙ αïʙi — ᴋ.
domine dans l'assemblée d'ennemis tiens.

VERSET III. aᴍᴍ - αᴋ Nαᴅαʙт.
        Avec   toi je me suis élancé de plein gré
(c.-à-d. je t'ai accompagné)

ʙ iωᴍ ʜîʟ   —   αᴋ ; ʙᴇ ʜαᴅαʀi ǫoᴅŝ
au jour de force (ou puissance) tienne dans les pompes de la sainteté.

Pourquoi le Latin dit-il *tecum principium* (avec

toi le principe au jour de ta force) : cela n'a pas de sens.

    ME RAHM MAŠREQ L'-AK LE-KA TEL iELADT- AK.
    du   sein de l'aurore à toi   rosée j'ai engendré toi.

Cela est inintelligible. Il faut qu'il y ait eu ici erreur de copiste : si l'on pouvait dire que LE et KA sont deux particules équivalentes au latin *in sicut rorem* (comme une rosée), il en résulterait ces mots *du sein de l'aurore comme une rosée* (bienfaisante) *je t'ai engendré :* cette image serait dans le génie du pays. Le Latin a tout brouillé et mutilé : *ex utero ante luciferum genui te.*

    VERSET IV. NOŠBĂ   ïehwh wa La   iENAHM :
              A fait serment Dieu et ne se repentira;
aTah Kahen L' awLaM ăL   DEBRaTI MELKI-
toi prêtre a toujours sur (ou selon) les paroles de Melki-
ṣeDeq.
sedek.

    VERSET V. aDonaï ăL   iaMiN-aK MaHaṢ B'
           Dieu sur (ou par) droite tienne a brisé au
ïwm af - w MaLeKiM.
jour de colère sienne les rois.

Ici adonaï est un des noms propres de Dieu ; aussi les Juifs l'ont-ils orthographié bien différemment d'adon-i (mon maître).

    VERSET VI. iaDiN Be GWÏM : MaLa gwïwT.
            Il jugera dans les nations : Il a rempli les sépulcres.

MAHAS̱ RAŠ ăL ARS̱ RABAH.
Il a brisé tête sur ou contre terre nombreuse ou innombrable.

Ici, le mot gwiwt n'est pas clair, il est susceptible de deux sens : l'un *vallée* et toute *ouverture profonde*; l'autre *cadavre* : l'analogie combinée de ces deux choses m'a conduit à l'idée de *sépulcre* ou *grand trou* dans lequel on jette en masse les corps morts d'un champ de bataille.

VERSET VII. ME NAHL BE DAREK iăštah ; AL KAN
Du torrent en route il boira ; sur quoi

iARÎM RAŠ.
il élèvera la tête.

Le mot NAHL *torrent* se dit spécialement de celui d'Égypte près de Gaza.

Tel est mot-à-mot le sens de ce *chant* qui n'est guère poétique pour nous, mais qui a pu l'être pour les Hébreux ; voici ma traduction au net.

« (Le Dieu) Iehouh a dit à (David) mon maître :
« siège à ma droite, jusqu'à ce que *j'aie* posé tes
« ennemis l'escabeau de tes pieds : iehouh lancera
« de Sion le bâton de ta puissance : domine sur l'as-
« semblée de tes ennemis ; je t'ai accompagné de ma
« bienveillance au jour de ta force (ou victoire) et
« dans les pompes de la sainteté (David aima beau-
« coup les processions). Du sein de l'aurore je t'ai
« engendré comme une rosée.— Iehouh a juré et ne
« se repentira point : tu es grand prêtre pour tou-

« jours selon les paroles de Melkisedek (qui fut fon-
« dateur, roi et prêtre de Jérusalem) : Adonaï, au
« jour de sa colère, a brisé les rois *par ta main*
« *droite*; il jugera les nations : il a rempli les sé-
« pulcres; il a brisé contre terre une multitude de
« têtes : dans la route, il boira du torrent, et pour
« cela il élèvera la tête (1). »

Il y a dans ces pensées des allusions à des faits, à des *dictums* nationaux dont nous ne sentons pas la valeur, mais il est clair que c'est une composition du genre Pindarique, où le poète, comme égaré par l'inspiration, saute d'une idée à l'autre; et de plus, il est clair que c'est un *chant guerrier*, puisque toutes ses images sont de haine, d'inimitié, de combats, de victoires, d'ennemis tués, etc. Comment se fait-il que les premiers Chrétiens et leurs suivans en aient fait un chant mystique, dénaturé au point que l'on voit dans les traductions suivantes ?

---

(1) Par transition brusque, le poète n'applique-t-il pas ce verset à David ? L'histoire remarque que, sortant à pied de Jérusalem, chassé par Absalon, ce roi passa d'abord le torrent de *Cédron*, puis monta sur la cime ou tête du *Mont-Olivet*, où il adora le Dieu auquel se reporte sa victoire. Il y aurait ici une allusion de quelque mérite — AL KAN prend aussi le sens de *sur cela, après cela*.

TRADUCTION	TRADUCTION
DE LE MAISTRE DE SACI (1)	DES RÉFORMÉS (PROTESTANS)
(1701.)	(Basle, 1818. Petit in-4°.)

PSAUME DE DAVID. | PSAUME DE DAVID.

(*Préambule.*) David, comme figure de J.-C., et sous l'idée de l'association de Salomon à son règne, décrit ici sa génération éternelle, son divin sacerdoce, son triomphe et son règne sur toutes les nations. | Psaume prophétique du règne de Jésus-Christ.

1 Le Seigneur a dit à mon Seigneur : asseyez-vous à ma droite, | 1 L'Éternel a dit à mon Seigneur : sieds-toi à ma droite,

2 Jusqu'à ce que je réduise vos ennemis à vous servir de marche-pied. | 2 Jusques à ce que j'aie mis tes ennemis pour le marche-pied de tes pieds.

3 Le Seigneur fera sortir de Sion le sceptre de votre puissance : régnez au milieu de vos ennemis. | 3 L'Éternel fera sortir de Sion le sceptre de ta force, *disant :* Domine au milieu de tes ennemis.

4 Vous posséderez la prin- | 4 Ton peuple *sera un peuple*

---

(1) Avec lequel il ne faut pas confondre M. Sylvestre de Sacy.

TRADUCT. DE LE MAISTRE DE SACI.	TRADUCT. DES RÉFORMÉS.
cipauté et l'empire au jour de votre puissance, et au milieu de l'éclat qui environnera vos saints. Je vous ai engendré de mon sein avant l'étoile du jour.	*plein* de franche volonté (1), au jour *que tu assembleras* ton armée avec une sainte pompe, ta postérité sera comme la rosée qui est produite du sein de l'aurore.
5 Le Seigneur a juré, et son serment demeurera immuable : que vous êtes le prêtre éternel selon l'ordre de Melchisédech.	5 L'Éternel a juré, et il ne s'en repentira point, *que tu es* sacrificateur à toujours, selon l'ordre de Melchisédec.
6 Le Seigneur est à votre droite; il a brisé et mis en poudre les rois au jour de sa colère.	6 Le Seigneur est à ta droite; il transpercera les rois au jour de sa colère.
7 Il exercera son jugement au milieu des nations; il remplira tout de la ruine de ses ennemis; il écrasera sur la terre les têtes d'un grand nombre de personnes.	7 Il exercera ses jugemens sur les nations; il remplira *tout* de corps morts; il écrasera le chef *qui domine* sur un grand pays.

---

(1) Les biblistes anglais et les réformés ont lu ici { àmm ak / peuple tien } ɴadaʙat, }; il est vrai que àmm signifie aussi peuple; mais il gous'est porté } vernerait le singulier ɴadaʙ, ou le pluriel ɴadaʙʊ, et non pas le féminin ɴadaʙat; et puis, quel sens! En général, ils s'éloignent de jour en jour davantage du sens vrai pour un sens illuminé.

TRADUCT. DE LE MAISTRE DE SACI.	TRADUCT. DES RÉFORMÉS.
8 Il boira de l'eau du torrent dans le chemin, et c'est pour cela qu'il élèvera sa tête.	8 Il boira du torrent dans le chemin, c'est pourquoi il lèvera la tête en haut.

Qu'on me permette encore une remarque sur ce dernier verset : les attributs propres des eaux du torrent, surtout dans les montagnes rapides de Syrie et de Judée, sont d'être *imprévues, passagères, dévastatrices*. N'est-ce pas là l'image naturelle et physique des accidens de ce que nous nommons *adversités?* Alors le verset dernier appliqué à David, comme je l'ai dit, devient une métaphore réellement ingénieuse et noble ; il en résulte le sens suivant :

« Dans la route (de sa vie) il boira l'eau du torrent (de l'adversité); puis il relèvera sa tête (triomphant de prospérité).

Je demande à tout lecteur si l'on peut dire que nous possédons les livres juifs dans leur vérité, dans leur sens droit et naturel? et voilà sur quelles bases, avec quels matériaux, avec quels architectes se trouve construit un édifice vraiment *prodigieux* dans son élévation, sa forme et sa durée.

NOTES.

Pour la page 341.

Eusèbe, *Prépar. évang.*, liv. IX, chap. ix.

Eusèbe nous cite un ancien poëte grec nommé Chœrilus, qui, dans une description des divers peuples dont se composa l'armée de Xercès, a dit :

« Vient ensuite une race d'hommes d'un aspect étrange :
« leurs bouches poussent les cris de la langue phénicienne ; ils
« habitent les monts de Solime près d'un immense marais ;
« leurs têtes rasées et sales offrent le hideux spectacle d'un
« casque formé du cuir fumé de la tête d'un cheval. »

Il est bien clair que ce sont-là les Juifs ou Hébreux de Jérusalem, et que le langage phénicien leur est pleinement attribué.

Walton, auteur de la Bible polyglotte anglaise, dans ses Prolégomènes, page 17, § 19, colonne 1re, cite une foule de passages des pères de l'Église, Augustin, Ambroise, Jérôme, etc., ainsi que du savant Samuel Bochart (en son *Phaleg et Chanaan*), lesquels prouvent, sinon l'identité, du moins l'extrême analogie de l'hébreu avec le kananéen, ou phénicien des Carthaginois, dont les paysans, même du temps de saint Augustin, se servaient encore en déclarant qu'ils étaient *Kanani*.

Le même Walton, § 14, même page, cite un grand nombre de noms de villes et de personnes tant hébreux que phéniciens, qui confirment cette identité; mais on ne peut admettre la preuve que lui et d'autres biblistes veulent tirer du verset 18 d'Isaïe, chapitre 19 (En ce temps-là, il y aura en Égypte cinq villes parlant la langue de Kanaan), attendu que tout le chapitre est si obscur, et le temps mentionné si incertain que l'on n'en peut faire aucun usage raisonnable. Au reste, depuis cette page 17 jusqu'à la page 27, l'estimable et savant Walton abonde en preuves intéressantes, au soutien de tout ce que j'ai dit sur les points-voyelles.

Note relative à la page 351.

Eusèbe, *Prépar. évang.*, liv. X, chap. v.

Dans le cours de ce chapitre, Eusèbe établit comme un fait palpable l'identité du nom des lettres de l'alfabet grec, avec celui des lettres hébraïques. Car, dit-il, en quoi *aleph* diffère-t-il d'*alpha?* en quoi *beta* diffère-t-il de *beth*, *gamma* de *gimel*, *delta* de *delth*, ou *e-psilon* de *he*, ou *zaï* de *zeta*, ou *theta* de *theth?* etc. Ces noms, ajoute-t-il, n'ont point de sens en grec, mais ils en ont en hébreu (et de là il déduit pour l'alfabet grec une origine hébraïque ou syrienne); par exemple : *alph* signifie discipline, enseignement; *beth*, une sorte de maison; *gimel*, la plénitude; *delt*, des livres; *he*, elle-même; de manière qu'il en résulte cette phrase : la discipline de la maison ; la plénitude des livres elle-même.

Ouau signifie en elle-même; *zaï*, il vit; *heth*, vivant; d'où résulte cette phrase ; en *elle vit vivant*; *leth*, bon; *ioth*, principe; ce qui fait bon principe; *chaph* signifie cependant; *labd*, apprenez; *mem* signifie d'eux; *nun*, éternel; *samch*, secours; *ain*, œil ou fontaine; *phe*, bouche; *sade*, justice; *kôph*, appellation; *res*, tête; *sen*, dents; *thau*, des signes (*signa*). Voilà, ajoute-t-il, le sens des lettres en hébreu, et nous ajoutons que maintenant cela est bien connu pour faux et ridicule; le plus instructif de ce passage est l'orthographe usitée à cette époque avec des altérations remarquables du texte même : par exemple, l'hébreu porte *lamd* et non pas *labd*; mais, à cette époque, les hommes de la trempe d'Eusèbe, fascinés d'une seule idée, n'y regardaient pas de si près.

D'autre part, nous savons très-bien que dans le vieil alfabet grec, le *ouan* avait laissé sa trace dans Episemon *bau*, le *qof* dans Episemon *qoppa*, le *sade* dans Sampi, qui tous trois ont été conservés pour chiffres. Les Coptes ont gardé cet ordre. (*Voy.* Walton, Prolégomènes, § 8 ; page 8 ; chap. 2). Enfin, ajoutez que, dans tous les mots de deux syllabes, Eusèbe n'offre point le *c* ou *lcheva* que l'on voit aujourd'hui ; ce qui prouve l'addition qu'en ont faite les rabbins depuis l'an 325, où il écrivit ; il dit : *alph* pour *aleph*, *delth* pour *dalet*, *labd* pour *lamed*, *samch* pour *samech*.

Note pour la page 371.

Notes *extraites de Briant Walton en ses Prolégomenes à la Bible polyglotte*, page 53, § 30, col. première.

Les Juifs divisent la loi en deux branches, l'une *loi écrite*, l'autre *loi orale*, c'est-à-dire transmise de bouche en bouche ; dans ce second cas elle est appelée *qabalah*, c'est-à-dire *reçue* (par le disciple) ; au contraire, elle est appelée *massoura* (en latin *tradita*), c'est-à-dire transmise (par le maître, par le docteur.)

La différence principale entre ces deux branches est que *qabalah* se compose surtout de sens mystiques, d'acceptions allégoriques, données aux faits les plus naturels par des esprits rêveurs et visionnaires, et cela à une époque où ceux que l'on appelle païens furent assez généralement infatués de ce travers ; les rabbins de cette secte ont acquis un si grand crédit, que, parmi les Juifs, on regarde comme *niais* celui qui ne sait et ne croit que la *doctrine écrite*. Cette doctrine pour eux est seulement une chandelle allumée à l'effet de trouver *la pierre mystérieuse des sens cachés*.

Les auteurs chrétiens qui ont le mieux traité de la *qabalah* sont Pic de la Mirandole, après lui Pierre Galatin (*de arcanis catholicæ Veritatis*, 1512), Sextus Cinensis, en sa Bibliothèque chrétienne, Bonfrerius et Serrarius.

D'après eux, la *qabalah* se divise en trois branches : une première est celle qui a existé avant notre ère, et encore un peu après elle ; elle se compose de sens allégoriques, absolument dans le sens des disciples de Pythagore et de Platon ; elle ne diffère en rien des interprétations mystiques de ceux des premiers Chrétiens, qui prétendirent que la loi de Moïse n'était qu'une figure de celle qu'ils introduisaient, et qui voulurent absolument trouver des sens cachés sous les sens littéraux les plus simples. Walton, page 53, colonne 1re, cite, à ce sujet, un passage remarquable de Grotius, duquel résulte que l'apôtre saint Paul doit être considéré comme le chef de cette branche judéo-chrétienne.

(Il résulte de ces faits qu'il y avait dans l'Asie occidentale une doctrine intérieure comme on l'a retrouvée de nos jours dans l'Asie orientale, chez les sectateurs de Boudga et de Brama ; il est extrêmement probable que ce sont les allégories mythologiques qui ont donné lieu en première instance à cette manière d'alambiquer et de subtiliser les choses naturelles.)

La seconde branche de la *qabalah* est purement la pratique de la *magie*, au moyen des vertus et forces supposées inhérentes à certaines paroles. Les Juifs expriment par ce moyen tous les miracles des Chrétiens. (Les anciens Chrétiens expliquaient de même tous les miracles et prodiges des païens. L'ancien monde a été généralement infatué de cette croyance à la magie. *Voy.* Apulée, en son Ane d'or.)

La troisième branche, qui est la plus moderne, consiste à tirer des divinations et des horoscopes au moyen de la combinaison fortuite des lettres et des mots de la loi. (C'est une pure folie d'ignorance dont le pendant se trouve encore de nos jours dans toute l'Europe.)

Le même Walton, Prolégomène 8, page 44. La *masorah*, qui est l'autre branche de science, a pour radical le mot *masar*, signifiant transmettre. Par *massore* et *massorète*, il faut entendre une succession d'hommes studieux qui ont fait, sur les livres *écrits*, des remarques très-souvent minutieuses et superstitieuses, mais quelquefois utiles sur les variantes des manuscrits : leurs notes, transmises de main en main, ont fini par former une espèce de code ; sous ce point de vue, on peut dire que la *massoré* a commencé peu après Ezdras, dont l'exemplaire, d'abord unique, puis perdu avec le laps du temps, a fourni des copies dans lesquelles s'introduisirent nécessairement des fautes par l'inadvertance des scribes. Les persécutions d'Antiochus ayant détruit beaucoup de ces manuscrits, il dut en être refait une édition sous les Asmonéens, et c'est à cette époque et aux procédés qui furent employés pour cette opération que l'on doit attribuer plusieurs graves différences de la version grecque et du texte hébreu.

Parmi les notes marginales que les rabbins apposèrent sur leurs manuscrits, l'on en reconnaît deux de très-haute antiquité : l'une dite *keri* ou plutôt *qori*, qui signifie *lu* ou *lisez*; l'autre *ketib*, qui signifie *écrit*, et qui avertit qu'on doit lire de telle ou telle autre manière. Walton n'admet leur existence que peu avant le Talmud, c'est-à-dire vers le début de notre ère.

L'une des grandes opérations des *massorètes* a été de faire le compte des versets, des mots, des lettres de chaque livre et de leur totalité; ils ont compté combien de mots commencent par la lettre *sade* ou finissent par la lettre *t*, etc., etc. Avec un détail aussi vaste qu'inutile, ce chapitre de Walton est curieux. La somme totale des livres est de 815,280 lettres, sauf les contestations de quelques rabbins qui en comptent quelques-unes de plus ou de moins; la lettre ω est la plus répétée : elle se compte 76,922 fois; la lettre θ est la moins nombreuse, 1,152 fois; puis la lettre *sameck*, 13,580; puis Šen, 32,148 fois; puis *sad*, 21,822 fois, etc., etc.

Note pour la page 373, ligne 1.

Sur les livres conservés par les Juifs établis en Chine.

Divers monumens chinois, cités par les missionaires jésuites, déclarent, les uns, que les Juifs parurent en Chine (pour la première fois) vers la fin de la dynastie des *Tcheou*, vers l'an 224 avant notre ère; les autres, que ce fut seulement vers l'an 73 de notre ère, un an après la ruine de Jérusalem par Titus.

La première de ces dates (224) répond au règne d'Antiochus, dit le *Grand*, qui fut le sixième des rois grecs, successeurs d'Alexandre en Syrie et en Judée; il serait naturel et probable que les Juifs, persécutés par ces princes, eussent cherché un asyle d'abord dans la Perse, où ils avaient conservé des relations depuis la captivité de Babylone, et que, de là ensuite, ils se fussent portés jusqu'aux provinces orientales de la Chine où on les signale; mais il ne reste pas de traces directes de cette ancienne colonie : l'on voit seulement à diverses époques subséquentes les Juifs mentionnés de manière à faire penser que depuis lors ils n'ont cessé d'exister en cet empire, et d'y avoir leurs synagogues et leurs livres, sinon tels, du moins semblables à ce que les jésuites y ont trouvé dans le dix-septième siècle.

La *relation* (1) *de deux voyageurs mahométans* en Chine, entre les années 851, et 877, parlant d'un massacre terrible qui fut fait dans la ville de *Caï-fond-fou*, mentionne expressément les *Juifs* comme y ayant été compris avec les Mahométans et les Chrétiens : puisque ces *Juifs furent en nombre*, l'on peut assurer qu'ils eurent une synagogue et tout ce qui en est inséparable, c'est-à-dire la loi de Moïse et les livres qui lui sont habituellement joints. M. de Sacy, dans un mémoire inséré tome 4 des Manuscrits orientaux, page 592, passe en revue diverses dates où ces Juifs sont cités depuis le onzième et le douzième siècle; il cite plusieurs particularités mentionnées par les jésuites au sujet de leurs livres; il en résulte que ces livres ont essuyé de très-fâcheux accidens d'inondations et d'incendies qui en ont détruit une partie et endommagé l'autre : que l'un des manuscrits est venu de la main d'un mahométan qui dut le tenir (s'il ne l'apporta lui-même) des pays d'Occident; que l'écriture de tous ces manuscrits est du genre *chaldaïque* sans aucune idée ni mention du *samaritain* : par conséquent, dussent-ils venir de la colonie de l'an 224, on doit les regarder comme ayant celui d'Ezdras pour type primitif; il est très-fâcheux que des corrections modernes les aient altérés, et que nous n'ayons pas les copies des premières dates.

L'état de ces Juifs peut nous faire juger de ce qu'ils ont été dans les divers pays de notre occident pendant les siècles

---

(1) Traduite de l'arabe par Eusèbe Renaudot, in-8°.

de guerres et de barbarie; leur ignorance est profonde; ils conservent leurs livres, mais ils ne les comprennent point. Leurs riches et leurs docteurs ne portent aucun zèle, ni à les étudier ni à les transcrire; ils ont tellement pris les mœurs et l'accent chinois, qu'ils ne peuvent prononcer plusieurs lettres essentielles à l'hébreu : ils disent *Tavit* pour David; *ïalemeiohang* pour ïeremiah, etc. Walton, citant l'autorité d'un jésuite (1), dit qu'ils ne se donnent point le nom de *Juifs*, mais qu'ils s'appellent seulement *Israël*; cela indiquerait une assez grande antiquité; il ajoute d'abord qu'ils n'avaient point ouï parler de *Jésus* ni de *chrétiens*; cela ne prouverait pas du tout qu'ils fussent partis de l'occident avant notre ère; car, n'ayant d'autre livre que la Bible, ils n'ont eu ni intérêt ni moyen de garder le souvenir de leurs ennemis. M. de Sacy observe qu'ils ont divers mots persans, cela prouve seulement qu'ils ont eu avec la Perse des rapports de commerce qui peuvent être assez récens.

Note pour la page 374.

Extrait du Livre intitulé: Elementa linguæ hebraicæ, auctore Rodolpho Cevallerio, etc.

Les grammairiens divisent les accens ou signes de prononciation en deux grandes sections, les accens grammatiques et les accens historiques.

Les *grammatiques* se subdivisent en *rois* et en *vizirs* (ou ministres.)

(Je prie le lecteur d'observer que le motif de cette division a dû se tirer de l'état stationnaire ou *sédentaire* de certaines lettres, par opposition à la *mobilité* officieuse et *servile* des autres.)

Les *rois* sont supposés au nombre de dix-neuf.

Les *vizirs* ou ministres sont au nombre de onze.

Le premier des accens rois se nomme *silwq* et

---

(1) Prolégomènes.

signifie la fin d'une phrase; c'est une petite barre verticale sous la lettre.

Le 2ᵉ, nommé atnah ou atnatah (respiration), (distingue les périodes ou repos d'haleine).

Le 3ᵉ, zeqf qotwn : le petit éleveur de voix.

Le 4ᵉ, rabîă : le cavalier assis sur la lettre.

Le 5ᵉ, zeqf gadwl : le grand hausseur de voix.

Le 6ᵉ, zarqa : le répandeur (a la forme du *Ouesl* arabe).

Le 7ᵉ, garš : l'expulseur de voix.

Le 8ᵉ, garšin : les expulseurs.

Le 9ᵉ, tališah gadwlah : le grand arracheur (qui se met en tête du mot; il est toujours musical).

Le 10ᵉ, tabîd : fractus (de sa figure).

Le 11ᵉ, tefha : le fatigué.

Le 12ᵉ, ïatid : (de sa figure cornue retournée).

Le 13ᵉ, fašta : l'étendeur de voix.

Le 14ᵉ, lagremîh : la bouche brisée.

Le 15ᵉ, fazar gadwl : grand disperseur.

Le 16ᵉ, šalšalat : la chaîne.

Le 17ᵉ, fasîq : terminant.

Le 18ᵉ, qorni farah : cornes de vaches.

Le 19ᵉ, segwl : collier.

Les ministres ou *serviteurs.*

Le premier, qadema : qui précède le roi garš en sa marche.

Le 2ᵉ, daraga (1).
Le 3ᵉ, mwna'h : posé sous la corne.
Le 4ᵉ, ïeraz bet ïwmeh : une fille de son jour.
Le 5ᵉ, mahfak : corne retournée.
Le 6ᵉ, tarša : bouclier.
Le 7ᵉ, mirka fašwlah : prolongeur simple.
Le 8ᵉ, kafwlah : prolongeur double.
Le 9ᵉ, mekrabel.
Le 10ᵉ, ăïlwi.
Le 11ᵉ, maïla : corne de faon.

Ces accens désignent de presser la syllabe sans pause, la pause n'appartenant qu'au roi assis (le serviteur en Orient toujours debout).

Les accens rhétoriques ont pour but de ralentir un peu la syllabe qui en est marquée, en lui donnant de la grace.

Le premier, matag : le frein, la bride (c'est notre trait-jointure dans *Hôtel-Dieu*, en hebreu *bait*-al).

Le 2ᵉ, *maqef* : le lien. Il y a encore le *râfé*, petite barre verticale sous la lettre, indiquant de *couper* la voix comme fait le *hamza* arabe. Ainsi ïeraw signifie *ils voient;* mais si vous coupez ïe-râw, il signifiera *ils ont peur.* (Ce ïe-râw hébreu peut s'écrire en notre alphabet ïe'râw).

---

(1) Le hamza des Arabes a exactement la forme de ces deux signes dans hébreu.

Note pour la page 459 ligne 24.

Sur la langue des Berbères.

Le nom de Berbères que nous appliquons à une race d'indigènes africains est plus ancien et plus universel qu'on ne l'imagine ; il est le même que le *barbare os* et *us*, des Grecs et des Latins, cités dès le temps d'Homère. Hérodote nous apprend que c'était un mot de la langue des Égyptiens, qui s'en servaient pour désigner tout peuple étranger, parlant ou bredouillant un langage qu'ils n'entendaient pas. Il existe dès longtemps dans la langue arabe, quelle qu'y soit son origine égyptienne ou grecque. Par un cas plus singulier il existe dans le Sanskrit, qui donne le nom de barbara à quelques pays ainsi nommés par les anciens géographes occidentaux ; et de plus il est chez les Brahmes un terme presque injurieux, comme chez les Grecs et chez nous.

Un ancien pays de Barbara est cité près du détroit de *Bab-el-mandem*, ayant à son sud un pays de Zengitan, comme aujourd'hui notre Barbarie sur la Méditerranée tient vers son ouest au pays de Tengitania des Latins que nous appelons Maroc.

L'ancien zingui-tan se retrouve dans le Zingui ou Zingue-Bar, côte Est de l'Afrique ; ce mot *Barr* est arabe et signifie terre et pays.

Le mot *zingui*, prononcé *tsingui* et *tchingui*, se retrouve dans *Zingari* race errante que nous appelons Bohémiens, démontrée depuis quelques années par de savans anglais et allemands n'être qu'une race d'Indous émigrés depuis quelques siècles, laquelle heureusement a conservé assez de son langage originel pour y faire reconnaître celui qui se parle encore aux bords de l'Indus, et qui sûrement s'y parle depuis bien des siècles : je laisse aux savans étymologistes à expliquer comment ce mot *zingui*, indiquant un peuple, s'est trouvé près de Maroc.

Me bornant aux Berbères, je dis que les nombreuses peuplades désignées par ce nom sont encore aujourd'hui répandues depuis Maroc jusqu'à l'Égypte et l'Abyssinie, et de plus vers le sud, jusqu'à la ville et au pays de Tim-boucktou : des voyageurs anglais récens en fournissent la preuve en nous apprenant que, près de cette ville célèbre, sont des tribus de *Shillahs* ou *Shelous*, nom qui est précisément celui que, dans les pays de Maroc et d'Alger, on donne aux Berbères montagnards. Les Berbères des plaines portent celui de Qabaïlis : mais ces peuples eux-mêmes ne se nomment point ainsi en leur langue ; ils se donnent le nom de *Amzir* au singulier en grasseyant fortement l'*r*, et de *Mazir* au pluriel, l'*r* toujours grasseyé. Dans mon alfabet européen, je peins cet *r* par *g* ou *ʒ* ; j'écrirai donc désormais *Amzig* et *Mazig*.

Ces deux mots signifient libre et libres ; ainsi ils s'appellent eux-mêmes hommes libres.

C'est évidemment le mot *Mazig* que nous trouvons dans *Mazikes* que des auteurs grecs nous citent comme le nom de peuplades africaines existantes dès les premiers temps de notre ère : ces peuplades vexèrent beaucoup les anachorètes de la Thébaïde et de la Nubie ; elles étaient alliées des Blemmies, autre race sauvage. Le savant grec Eustathios, commentateur d'Homère, parlant de Iarbas, roi de Gétulie au temps de Didon, dit qu'il était roi des Mazikes ; Virgile nous dit qu'il était roi des Gœtules ; et cela reporte l'existence des Berbères et leur nom de *Mazikes* plus de huit siècles au-delà de notre ère, en même temps que cela les identifie aux Gœtules, qui nous sont désignés comme indigènes ou autochthones.

De nos jours où le langage des peuples est devenu un sujet de recherches si intéressant, celui-ci méritait d'exciter le zèle de quelques voyageurs éclairés : cette honorable tâche fut remplie, en 1787, par feu M. Vanture, l'un de nos plus habiles drogmans en turk et en arabe : tandis qu'il remplissait près du dey d'Alger une mission diplomatique et commerciale dont il était chargé, le hasard lui procura la connaissance d'un chef de Berbères, qui eut besoin de sa protection. Il profita de cette occasion pour l'attirer fréquemment chez lui ; et, dans un espace de quelques mois, au moyen de la langue arabe, qu'ils parlaient tous deux, il dressa une Grammaire et un recueil de mots berbères très-considérable. A son retour à Paris, en 1788, nos études communes nous rapprochèrent : il me montra sa minute, composée de 89 feuillets in-fol., et finit par vouloir me la donner : je le priai de faire mieux, je le déterminai à en dresser une copie au net, qui se trouve formée de 9 cahiers, même in-fol., en tout 178 pages. Alors, j'acceptai la minute, et il garda la copie. Le berbère était exprimé en caractères arabes, je voulais l'établir en caractères français; la politique survint et gâta tout. En 1795, à mon départ pour les États-Unis, je déposai ma minute à la bibliothèque royale, afin qu'elle ne pût se perdre. En 1798, à mon retour, je trouvai la belle copie aux mains de madame Vanture : lorsque ensuite nous apprîmes la mort de son mari, en Syrie, je l'engageai à céder ce manuscrit à la bibliothèque du Roi, qui le paya une modique somme. Le savant conservateur, M. Langlès, qui a connu ces faits, les a indiqués sommairement dans sa traduction du Voyage de Hornman en Afrique, tome II, imprimé en 1803; il y a inséré un extrait de la Grammaire et du Vocabulaire; mais il nous reste toujours à regretter que l'ouvrage entier de Vanture n'ait pas été mis en ordre et imprimé. Ce travail était digne de la libérale et philanthropique société africaine-anglaise. Un tel volume, qui serait léger, procurerait aux voyageurs d'Europe, dans tout le nord de l'Afrique jusqu'au Niger, non seulement un moyen de reconnaître les tribus berbères, mais encore de se faire entendre d'elles, ce qui est inappréciable.

Du reste, d'après les extraits que j'ai conservés, je me crois autorisé à regarder ce langage comme d'origine particulière; il s'est rempli d'arabe, peut-être de phénicien; sa prononciation abonde en grasseyemens comme le provençal, en θ grec, en *th* anglais dur, en notre *ja* pur, usité des Perses et des Turks seulement. Il n'est pas construit précisément comme l'arabico-hébreu; mais il a un fond de simplicité que l'on ne juge bien qu'en le dépouillant de ce que depuis tant de siècles ce peuple errant et inculte a emprunté des étrangers, à commencer par les Carthaginois.

Extrait du Livre intitulé: Arcanum Punctationis revelatum, auctore Th. Erpenio, Leyden, 1624. 312 pages in-4°.

Cet ouvrage, imprimé sous le nom d'Erpenius, a eu pour véritable auteur Louis Cappel, Français protestant de Saumur, qui ne put le publier en France. Si un tel livre paraissait aujourd'hui en notre langue, il serait considéré comme un modèle de saine argumentation et de judicieuse critique. L'histoire des points-voyelles y est traitée avec une clarté qui ne laisse plus de doute sur la question ; je crois faire une chose agréable au lecteur de lui en citer quelques passages.

C'était une opinion dominante, chez les savans juifs et chrétiens, que les points-voyelles sont inhérens aux livres de Moïse et qu'ils ont été établis par lui même ou par Ezdras, lorsque vers l'an 1530 le témoignage du rabbin *Elias-Levita* vint y apporter un trouble inattendu. On produisit un passage de son livre sur la Massore, dans lequel il dit :

« Qu'après la confection du Talmud, les docteurs masso« rètes commencèrent à imaginer et à poser des signes appelés « points-voyelles sur les consonnes ; puis, après un laps de « temps, il en fut arrêté un système complet, par un concile « de rabbins, et dans la ville de Tibériade, environ 436 ans « après la ruine du second temple par Titus, qui eut lieu l'an « 72 de Jésus-Christ. »

D'autre part, le rabbin Abenezra écrivait vers l'an 1150 : « Tel est l'usage des sages de Tibériade, qui sont nos guides « (de lecture) et de qui viennent les *massorètes* ou tradition« naires auxquels nous devons toute la ponctuation. »

Notre auteur, dans les chapitres III et IV, démontre la force de ces assertions ; il cite de plus un autre passage d'Elias-Levita, ainsi conçu :

« Il est très-certain que la loi présentée par Moïse fut « un livre écrit sans aucun point, sans aucune distinction de « versets. »

Au chapitre V, viennent de nombreuses preuves tirées du Talmud et des cabalistes.

Le *Talmud* est une masse de *doctrine* divisée en deux parties : l'une dite mišnah, est l'ouvrage de Rabbi-Juda, environ 180 ou 200 ans après notre ère ; l'autre, *gemara*, est une compilation par divers inconnus, jusqu'à l'an 500 où elle fut close. Dans l'une et dans l'autre, il n'est pas dit un seul mot des *points-voyelles*. Notre auteur cite des passages concluans.

Chapitre VI, page 37, il produit des preuves tirées de l'ancien caractère hébraïque, c'est-à-dire, de notre *samaritain* actuel. « Les Juifs, dit-il, sont d'accord que leurs lettres actuelles ont été introduites par Ezdras, et qu'auparavant régnaient les lettres kananéennes. » Ce sont les propres expressions de Saint-Jérôme *in prologo galeato*, et dans son commentaire sur Ezéchiel, chapitre IX, verset 4, où il dit que la dernière lettre de l'alphabet a la figure d'une croix dans l'ancien caractère hébreu, encore usité de son temps par les Samaritains.

D'autre part, Walton remarque, dans ses prolégomènes, que ces Samaritains furent une branche de Juifs, qui ne voulurent point reconnaître Ezdras; ils n'ont conservé de livre national que le Pentateuque; leur texte diffère en plusieurs endroits de l'hébreu et du grec; il est cité par l'évêque Eusèbe, par saint Jérôme, etc. Ses propres adversaires ne peuvent nier qu'il n'existe *sain* au moins depuis l'an 300 de notre ère; ce texte n'a aucune trace de points-voyelles, etc., etc.

L'auteur de l'*Arcanum Punctationis* continue d'exposer ses preuves dans la fin de ce chapitre, et dans le suivant, chapitre VII, page 40, etc.; il démontre, par nombre de passages concluans, que ni Origène, né l'an 185 de notre ère, ni Jérôme, mort après l'an 400, n'ont donné la moindre indication de l'existence des *points* à cet époque.

Au chapitre IX, page 58, passant en revue le *Targum* de Onkelos, écrit un peu avant notre ère, et celui de Jonathan, vers l'an 200, il montre que s'ils eussent lu un texte ponctué, ils n'auraient pas différé, comme ils le font, sur la lecture et le sens de plusieurs mots maintenant divers chez les Massorètes. Les traductions latines d'Aquila et de Jérôme lui fournissent les mêmes argumens; il continue dans le chapitre X, où il cite beaucoup de mots qui, écrits des mêmes lettres, ont été pris en des sens divers, parce qu'ils n'avaient pas de points-voyelles. Il cite ce passage de Jérôme, qui dit : « Il n'importe qu'on dise *salem* ou *salim*, puisque rarement les Hébreux emploient les *lettres-voyelles* au corps des mots (in medio verborum), et que, selon l'usage (volonté) des lieux et la diversité des pays, l'on prononce les mêmes mots par divers sons et accens. »

L'interprétation de ce passage a égaré plusieurs savans, qui ont voulu donner aux mots *sons* et *accens* des acceptions forcées : la preuve qu'*accent* signifie un *son vocal, une voyelle*, est que le même Jérôme dit ailleurs (Commentaire sur Amos, chapitre VIII) : « *Bersabeœ*, selon les divers *accens* qu'on lui donne, signifie puits du *serment* ou de la *satiété* ou du *sep-* « *tième.* » Il est évident que les *accens* sont ici les petites voyelles, ainsi que je l'ai développé dans les préliminaires. Au chapitre XI, page 73, il discute les variantes diverses qui existent entre les textes et les manuscrits de chaque texte ; il produit des mots en plus, des mots en moins, des lettres omises, des lettres surabondantes, etc. Les notes Qori et Kat eurent pour objet d'indiquer ou de corriger ces fautes ; il est arrivé que les *correcteurs* ont quelquefois laissé en blanc la place d'un mot, en y posant seulement les points-voyelles qui lui conviennent : il se récrie sur le procédé *étrange* des massorètes qui ont appliqué à un mot désigné, la ponctuation d'un autre établi par eux en marge, et cela répété de manière à prouver que ce n'est point par erreur, mais par dessein prémédité. Les talmudistes citent cinq accidens de cette espèce en *toute l'écriture* ; aujourd'hui l'on en compte onze.

Il est encore arrivé que le texte portant des mots trop grossiers, les *annotateurs* se sont permis de les changer ; notre auteur en cite des exemples dans le discours du général assyrien, qui, parlant aux gens du roi Ézéchias, emploie le mot ḣaraïнем, qui signifie *leur merde*, et le mot Šiɴihem, *pissat, urine*. Les docteurs ont substitué des mots signifiant *l'eau des pieds* et les *excrémens*.

Un autre genre d'altération, plus grave peut-être, a échappé aux recherches de notre savant critique : on lit au chap. XV verset 33 du livre 1er du livre de Samuel le mot — ïŠsf — toutes les versions grecque, latine, syriaque, arabe, et le Targum de Jonathan l'ont lu ïaŠser, signifiant que, (Samuel) *hacha lui-même à coups répétés* (le roi Agag). Aujourd'hui le texte hébreu veut lire ïešasser avec le sens de *fit hacher par autrui*. Comment obtient-il cette lecture? par la seule addition du point *de redoublement* (daghès), inséré dans l's de ïŠsf. Et cette forme est bien plus arabe qu'hébraïque ;

mais, lorsque toutes les versions, depuis celle du roi Ptolémée, se sont accordées à lire Iasser, n'est-il pas évident que ce sont les rabbins, qui, par *pudeur* de l'acte atroce, se sont permis d'ajouter ce point si petit et si efficace? Qui pourra nous assurer que les Hébreux aient eu le *factitif* des verbes, quand il est constant que le syrien ne l'a pas?

D'autres fois des mots ont été mal-à-propos divisés ou joints. Par ex.: dans Ezéchiel, chap. 27, vers. 6, on lit: вeтaŠorim traduit par *fille des Assyriens*, tandis qu'il faut lire вe-тaŠorim signifiant: (des bancs de rameurs construits) *en bois de buis* (1).

Enfin il cite les accidens nombreux d'une lettre écrite au lieu d'une autre (voy. pag. 79 et 80): les voyelles a, н, ı, ѡ, sont surtout dans ce cas: le grammairien Elias a compté 488 mots ainsi altérés.

La majeure partie de ces fautes est mentionnée par les *Talmudistes*, et par conséquent est très-ancienne, puique les sages de Tibériade, ayant trouvé les manuscrits en cet état, n'ont osé rien y changer.

Notre auteur, en son chapitre XIII, a payé tribut aux préjugés de son siècle, en ne voulant reconnaître que *cinq* voyelles absolues: comme il n'a eu aucune connaissance pratique de la prononciation arabe, il n'a pas eu d'idée juste sur la valeur ni des grandes, ni des petites voyelles; il termine son livre par une longue discussion des objections opiniâtres qui étaient faites à cette époque, et qui aujourd'hui ne méritent pas même de mention.

Sur la Bible vulgate.—Ses sources et ses antécédens.

On parle souvent de la bible vulgate, en distinguant la vulgate ancienne de la vulgate moderne: bien des personnes ne savent pas clairement ce que c'est; le voici:

Lorsque le christianisme commença d'acquérir des sectateurs lettrés, c'est-à-dire, vers la fin du deuxième siècle,

---

(1) Les Bibles françaises de Paris, de Bâle et de Genève n'ont pas manqué de conserver cette faute.

ce fut, parmi eux, une émulation de traduire l'ancien Testament en latin ; mais comme ils ne savaient pas l'hébreu et que le grec leur était usuel, leurs traductions latines furent toutes faites sur les copies grecques : à cette époque le texte hébreu était pour ainsi dire décrédité. L'une de ces traductions, plus estimée par les anciens docteurs ou pères de l'Église, est devenue ce qu'on appelle *première vulgate* sans nom d'auteur. Ensuite, combinée avec la traduction de saint Jérôme, elle est devenue la vulgate actuelle, consacrée par une assemblée encore assez récente, de théologiens italiens, dont la presque totalité ne savait pas un mot d'hébreu. Il est remarquable que la traduction de saint Jérôme n'eut aucun crédit de son temps; qu'elle fut vivement blâmée par saint Augustin et autres pères éminens de l'Église : si aujourd'hui elle est canonisée par les théologiens dominans, quels sont les vrais infaillibles, ou de ceux-là qui disent *noir*, ou de ceux-ci qui disent *blanc* ?

Un utile ouvrage serait une impartiale histoire des livres juifs considérés en leur origine, en leurs divers textes et versions. Il paraît que, depuis cinquante ans, les universités allemandes ont produit beaucoup de bons materiaux pour cet édifice. En France, notre vieille école est toujours sorbonnique, c'est-à-dire, fixe dans les vieilles idées et à peu près hostile pour les nouvelles. Néanmoins, en recueillant les aperçus les plus raisonnables de quelques esprits indépendans, nous commençons à voir, comme assez clairement prouvés, les faits suivans :

1º Que le Pentateuque actuel n'est point l'ouvrage immédiat de Moïse, comme l'ont tardivement décidé de *prétendus infaillibles*; mais que, contenant réellement des pièces originales venues de ce législateur, leur assemblage et leur union à d'autres pièces posthumes, ont été l'ouvrage du grand-prêtre Helqîah, tuteur du roi Josiah, et régent du royaume de Juda, pendant la minorité de ce prince;

2º Qu'il n'est pas probable que des manuscrits de papyrus, tels qu'ils furent usités au temps de Moïse, aient pu se conserver pendant près de huit cents ans, dans un climat aussi rongeur que celui de Jérusalem, où les vers et les mites devorent tous les matériaux des livres avec une incroyable activité ; qu'il est plus naturel de penser que des copies en avaient été faites au temps des rois David ou Salomon, encore que l'absolu silence de leurs archives soit un grand préjugé contraire ;

3° Qu'il parait démontré que ce fût le grand prêtre Helqîah qui, vers l'an 621 avant notre ère, mit au jour pour la première fois le *Livre de la loi*, nommé aujourd'hui *Pentateuque*, compilé et rédigé par lui, ou sous sa direction, par des prêtres dont Jérémie est indiqué avoir été l'un (1);

4° Que le manuscrit autographe, envoyé par Helqîah au roi Josiah, selon qu'il est écrit au *Livre des rois*; lib. II, chap. 22, fut écrit en lettres phéniciennes, dites aujourd'hui samaritaines (sans idée de points-voyelles);

5° Que ce manuscrit a été le prototype unique de tout ce qui, depuis, a pu être publié de semblable ;

6° Que, confié à la garde des prêtres, il a dû être difficile d'en multiplier les copies, vu leur caractère mystérieux et jaloux ; et que cependant il a dû en être tiré quelques-unes ; puisque ce fut un devoir imposé au roi d'en tirer *copie de sa propre main pour son usage* (ainsi qu'il est dit au *Deutéronome*, chap. 17, verset 18 et 19). D'ailleurs quelques personnages éminens par leurs richesses et leur zèle ont dû avoir le désir de posséder un livre aussi précieux. Ici la richesse a été une condition nécessaire, vu l'extrême cherté des livres anciens (2) ;

7° Qu'il y a eu un grand intérêt et assez de facilité de sauver cet ouvrage, lors de la prise de Jérusalem et de la captivité au pays de Babylone (cinq cent quatre-vingt-sept ans avant notre ère, et trente et un an depuis Helqîah) ;

8° Qu'après le retour de la captivité (vers l'an 450 avant notre ère), le lévite Ezdras a certainement eu à sa dispo-

---

(1) *Voyez* le tome I des *Recherches nouvelles sur l'Histoire ancienne*.

(2) Un beau manuscrit du Pentateuque a dû passer 3000 fr.

sition un exemplaire du *Pentateuque*, et qu'il a pu en avoir plus d'un;

9° Que ce prêtre en ayant opéré la transcription et refonte en caractères chaldéens (notre hébreu actuel), son nouveau manuscrit devint le prototype dominant parmi les Juifs; mais qu'il ne s'ensuit pas de là que les copies de Helquîah aient été immédiatement détruites ou n'aient plus été consultées;

10° Qu'au contraire il est possible qu'elles l'aient été par les traducteurs du texte grec, composé environ 180 ans plus tard (vers l'an 277 avant notre ère), en sorte que l'autorité de ce texte ne saurait être mise légèrement au dessus de l'hébreu lui-même;

11° Que le texte dit *samaritain* a pu émaner directement des copies de Helqîah, par la voie des Saducéens, et cependant avoir reçu quelques corrections posthumes de la part de ses conservateurs, qui l'auraient confronté au grec ou à l'hébreu d'Ezdras;

12° Qu'en considérant la traduction libre et quelquefois inexacte du grec que nous possédons, on est obligé de croire que ses auteurs n'ont pas parfaitement compris la langue hébraïque, ou qu'ils ont été peu scrupuleux envers un livre que le temps et l'engouement n'avaient pas encore consacré;

13° Que, malgré ses défauts, le texte grec, dans les premiers temps du christianisme, fut généralement préféré à l'hébreu;

14° Que les copies de l'un et de l'autre, multipliées successivement, reçurent les altérations inévitables en ce genre de travail, et que, par ses altérations, il est devenu impossible de dire laquelle, ou si aucune, est conforme au manuscrit d'Ezdras;

15° Qu'Ezdras, dans sa transcription, ayant été le maître absolu de faire tels changemens et corrections qu'il lui a plu, même aux copies de Helqîah, nous n'avons aucune certitude de posséder l'ouvrage autographe de celui-ci;

16° Que les énormes différences de la chronologie anté-diluvienne qui se trouvent maintenant entre les trois textes hébreu, grec, et samaritain, ne peuvent être attribuées à des fautes de copiste, mais à une intention préméditée de reculer la fin du monde, qui, selon une croyance populaire en cette partie de l'Asie, devait clore la période de 6000 ans, alors très-avancée; et, parce que le grec et le samaritain ont conservé le nombre des années le plus considérable, il y aurait lieu d'attribuer la suppression des quinze cents ans de l'hébreu au sanhédrin des princes Asmonéens, environ un siècle et demi avant notre ère, et il y aurait une analogie frappante entre cette opération et celle qui fut faite chez les Perses au temps d'Ardschir Ier, vers les années 226 à 230 de notre ère, où les mages, de concert avec ce roi, supprimèrent trois cents ans de la série des rois Parthes;

17° Que les livres juifs, dans leurs moyens de transmission, de transcription et traduction, n'ont différé en rien de tous les autres livres dits *profanes* qui nous sont venus de l'antiquité, en sorte que l'on ne voit ni sur quoi se fonde, ni à quoi sert le moyen d'invention surnaturelle qu'une aveugle passion a imaginé de leur attribuer;

18° Enfin, l'imprimerie employée en Europe depuis trois siècles n'a pas empêché que de nouvelles altérations s'introduisissent dans les livres juifs, puisque leurs traducteurs, surtout français et anglais, se sont permis de changer le sens de plusieurs mots et passages, contre l'autorité de toutes les anciennes versions, et contre le génie de la langue originale elle-même; je n'en citerai qu'un exemple capable de donner une idée des autres.

On lit au *Deutéronome*, chap. 1, vers. 1 et 5, et chap. 4, vers. 46 : Ce sont ici les paroles que Moïse dit à tout Israël *au-delà* du Jourdain : cette expression *au-delà* est répétée trois fois. Les versions grecque, latine, syriaque, arabe, et la paraphrase de Jonathan sont toutes d'accord sur ce mot *au-delà* du Jourdain. Le mot hébreu вe-ǎвeн comporte si positivement ce sens, que c'est par cette raison que les Israélites reçurent ou prirent le nom d'Hébreux ǎberim, c'est-à-dire, d'hommes venus *d'au-delà* de l'Euphrate (d'où vint réellement leur auteur, Abraham). Eh bien! malgré toutes ces autorités, la Bible française de Lemaitre de Sacy, approuvée, en 1701, par les autorités ecclésiastiques, a commencé de traduire *au-deçà*, n'osant dire *en-deçà*, et les Bibles françaises, l'une des *pasteurs de Génève*, imprimée à Paris en 1805, l'autre des protestans, imprimée à Bâle en 1818, ont franchi le pas, et traduit *en-deçà*. Pourquoi ce faux matériel? parce que nos modernes théologiens se sont aperçus que le mot *au-delà* plaçait le narrateur sur la rive *ouest* du Jourdain (à Jérusalem); or, comme Moïse n'est jamais venu de ce côté, et qu'ils veulent absolument le constituer *narrateur* immédiat, ils aiment mieux faire des faux matériels que de renoncer à leurs décrets; maintenant, si des hommes, d'ailleurs éclairés, se permettent de telles violations en face du public, sur des imprimés, qu'on juge de ce qu'a osé l'ignorance fanatique sur des manuscrits qui n'avaient que peu de témoins. Que de livres, que de passages *assassinés* pour *exterminer* les témoins de vérités contrariantes!

L'ardente dévotion des biblistes anglais est allée plus loin : ouvrez la bible de Wil. *Tyndale*, traduite par ordre du roi Henri VIII, imprimée vers 1549, petit in-folio, beaux caractères gothiques, vous lirez, au chap. 1, et au chap. 5, première colonne du verso de la page 93, xciii et xcvi recto : Moïse parla à Israël : *on the other syde Jourdan*, sur l'*autre côté* du Jourdain, ce qui est bien littéralement *au-delà*. Actuellement, comparez la Bible moderne publiée par la société établie à Londres en 1804, *traduite par ordre spécial de Sa Majesté*, et imprimée, petit *in*-4°, stéréotype, à Cambridge, vous lirez aux endroits cités sans nombre de page (ces docteurs n'ayant pas trouvé convenable de les coter, plus que l'année de l'impression), vous trouverez, dis-je : *ce sont ici les paroles que Moïse dit à tout Israel : on this syde Jordan*, de *ce côté* du Jourdain, c'est-à-dire, *en-deçà*. Le contraste est manifeste, le faux matériel est saillant; si un tel délit avait lieu dans un acte du parlement, dans un titre de famille, que prononcerait un jury anglais ?

Chez nous il serait grave; au reste, scrutez cette Bible anglicane si vanté, et vous y trouverez cent altérations aussi graves du texte hébreu; et voilà ce livre dont on répand un demi-million d'exemplaires dans l'Asie et dans l'Amérique, jusqu'aux îles de la mer du Sud ! Mais ce livre est une clef *sourde* qui ouvre les portes des nations; par lui, avec lui on leur glisse pieusement des marchandises, des baïonnettes, et des chaînes. Qu'importe la vérité ? Il est plein de récits qui choquent la pudeur, qui heurtent la justice. Qu'importe la morale? Le fait est que tous ces manufacturiers de bibles, ces colporteurs de religion, ne sont que des aventuriers spéculateurs, qui rêvent au fond du cœur de petites dominations à la jésuite, en des pays neufs et niais. Princes prudents, défiez-vous de ces hommes à *sandales* qui, d'abord prosternés aux vôtres, ont fini par vous faire baiser la leur! Peuples simples, défiez-vous de ces hommes qui, en se présentant avec l'*anneau* et le *filet* du pêcheur, insinuent qu'ils vous regardent comme des poissons. Ces gens-là n'ont à vous donner pour pâture que la *coque de Levant* (1).

---

(1) Drogue enivrante qui trouble *l'instinct* du poisson à *se conserver*, comme la crédulité trouble *l'instinct* de l'homme à *raisonner*. Ce poison est indigène du Levant, d'où il s'est répandu dans le monde par la main des Juifs et adhérens.....

VUES NOUVELLES

SUR L'ENSEIGNEMENT

DES LANGUES ORIENTALES.

L'ENSEIGNEMENT des langues *orientales*, dans les divers états de l'Europe, doit se considérer sous un double point de vue ;

1° Comme un moyen de fournir des *drogmans* (1) ou *interprètes* à la diplomatie du gouvernement, et au commerce de la nation ;

2° Comme un moyen de fournir des traducteurs aux manuscrits asiatiques, acquis à grands frais pour enrichir les bibliothèques publiques.

Sous le premier rapport, la culture des langues orientales ou asiatiques mérite d'autant plus de fixer

---

(1) Mot qui nous vient de l'italien *dragomanno*, lequel n'est lui-même qu'une altération de l'arabe *targoman*, interprète, homme qui *explique*.

l'attention d'un gouvernement, que, par leur nature, elles exigent une éducation particulière, poursuivie de longue main, et que, si l'on ne prend pas la précaution de former une pépinière d'interprètes, on doit renoncer aux relations commerciales et politiques avec les peuples et les états de l'Asie qui ne prennent aucun soin semblable.

Sous le second rapport, il est encore nécessaire d'assurer un état fixe, utile et honorable, aux hommes qui se dévouent à un genre d'étude très-difficile, qui les isole de tout autre.

Le zèle religieux engagea plusieurs souverains d'Europe, dans les deux ou trois derniers siècles, à favoriser de préférence cette seconde branche pour arriver à une plus exacte connaissance des livres juifs, base de notre théologie. Les premiers moyens employés furent efficaces, parce qu'ils furent judicieux : sous l'influence de Rome, on fit venir d'Asie des indigènes arabes et syriens, qui, tels que les *Gabriel Sionita* et *Abraham Echellensis*, furent des traducteurs et des professeurs compétents et habiles; à leur suite, vinrent des *Drogmans*, consommés en pratique, tels que les *Galland*, les *Cardonne*, les *Legrand*, qui firent entendre à leurs auditeurs le langage dans sa pureté.

Les gouvernans, qui, par eux-mêmes, ne voient pas clair en cette matière, ont cru ensuite qu'à leur défaut, ils pouvaient employer leurs disciples : cela s'est trouvé vrai plusieurs fois quant à la science de traduire, mais non quant à la science de parler, parce que ces disciples, nés français, n'ayant point voyagé, n'ont pu avoir d'idée exacte de cette dernière partie ; et, comme néanmoins on leur a confié l'instruction et la formation des interprètes diplomatiques et commerciaux, il en est résulté un désordre de plus en plus grave.

Si l'on nous disait qu'à Pékin, le gouvernement, pour continuer l'école française des Jésuites éteints, a pris quelques jeunes Chinois, leurs élèves, qui ne prononcent ni *d*, ni *r*, ni *v*, afin d'en former des professeurs et une école de la langue française ; que pour directeur il leur a donné un Japonais ayant vécu trois ans, non pas tant à Paris qu'à la Bastille, cela nous paraîtrait d'un ridicule *mantchou* : eh bien ! avec tout notre esprit, c'est notre cas. Nous avons à Paris un établissement appelé les *Jeunes de langues* (ci-devant les *Arméniens*) ; ils sont au nombre de douze : le bureau des affaires étrangères les choisit parmi ses protégés ; le gouvernement fait tous les frais de leur éducation ; ils sont destinés à vivre en Turkie, en Arabie, en Perse. Pour leur enseigner le turk, le persan, l'arabe, on les place dans un collége où tout parle français et latin ; un seul maître leur donne trois ou quatre leçons par semaine des langues qu'ils doivent spécialement apprendre, et ce maître est un *allemand*, qui a vécu trois ans, non pas dans Constantinople, mais dans la prison des Sept-Tours ; il est bien vrai qu'en sa personne, en sa moralité, c'est un homme digne d'estime, mais il n'en est pas moins un national *allemand enseignant le turk à des Français* (1). Aussi qu'est-il arrivé et qu'arrive-t-il encore? que ces jeunes gens, apprenant avec peine des langues difficiles, contractent des habitudes vicieuses de prononciation, lesquelles, à leur arrivée en Turkie, les rendent ridicules et à peu près inintelligibles; d'où résulte de leur part un juste découragement, au moyen duquel, depuis la prétendue restauration de cette école, il y a dix-huit ou dix-neuf ans, il n'en est pas sorti deux sujets dignes de remarque. On se récriera contre ce tableau; qu'on le démente.

A l'égard des chaires de langues arabe, turke, persane, chinoise, tartare, malaise, hébraïque, chaldaïque, syriaque, établies au collège de France au nombre de six, il est de fait que, chaque année, leurs cours respectifs commencent avec dix ou douze élèves au plus, et que trois mois après il n'en reste pas plus de deux ou trois, de manière qu'en résultat, l'on peut dire que le produit scientifique, s'il n'est pas nul, est bien peu de chose comparé à la dépense du trésor public et à la munificence du gouvernement.

Cette munificence et cette dépense reçoivent encore

---

(1) Pour compléter la bizarrerie, le nom allemand de ce professeur, interprète officiel, lu en chancellerie turke, est une injure signifiant *l'infidèle*, *l'apostat*, et voilà notre tact.

un double emploi par l'institution d'assez fraîche date d'une école spéciale près la bibliothèque du roi. Cinq professeurs y sont entretenus pour le persan, le malais, l'arabe, le turk, et l'arménien : l'on ne peut nier que de cette école il ne soit sorti depuis vingt ans plusieurs sujets distingués; mais, parce que cette école dépend du ministère de l'intérieur, et que le placement des sujets se fait par le ministère des affaires étrangères, on a remarqué qu'être élève de la *bibliothèque* est un titre d'exclusion, surtout quand on annonce des dispositions capables d'éclipser les faibles protégés de *langues*. — Je ne dis rien du double emploi des dépenses; ce n'est pas quand il y a cent millions à économiser dans les prodigalités des hautes branches, que je chicanerai sur quelques mille francs de luxe en instruction.

Depuis longues années, ayant acquis des notions théoriques et pratiques sur cette matière, ayant eu la volonté de me rendre utile et le temps d'en méditer les moyens, j'ai conçu des idées et un plan que je soumets à l'attention, à la censure publiques : ses détails sont imparfaits, je le sais; les autorités compétentes en feront peu de cas, j'en conviens ; mais parce que, dans les chances de l'avenir, il peut quelque jour se trouver un administrateur hors de la routine, je me suis fait un devoir de consigner ici mes rêveries.

1° Dans mon plan, il serait formé un *Lycée asiatique*, partagé en deux *sections* ou *colléges*; l'une appelée *collége* des *Drogmans* ou *Interprètes*; l'autre *collége des Traducteurs.*

2º Le collége des Drogmans serait placé dans Marseille, ou le plus près possible de cette ville, parce qu'étant destiné à l'enseignement pratique des langues du Levant, il doit être placé là où se trouvent les plus grands moyens de cette pratique, là où abordent, où vivent nos nationaux qui ont passé des années au Levant, et les indigènes du Levant qui viennent commercer à Marseille.

3º Le collége des Traducteurs resterait placé à Paris, où l'abondance des livres et les secours littéraires de tout genre lui fournissent des moyens et les alimens qu'il ne trouverat pas ailleurs.

4º Le collége des Drogmans aurait des professeurs, d'abord au nombre de quatre, savoir : un pour le turk, un pour le persan, un pour l'arabe barbaresque, et l'autre pour l'arabe d'Égypte, de Syrie, etc. Ces professeurs seraient nés dans les langues qu'ils enseigneraient, sans égard à leurs opinions religieuses, dont ils conserveraient une raisonnable liberté.

5º Tout professeur serait tenu de savoir deux langues asiatiques, l'un le turk et l'arabe, l'autre le persan et l'arabe, parce que cette dernière est devenue partie intégrante des deux autres.

6º Si d'abord ils n'entendaient pas le français, on leur donnerait pour adjoints des Français sachant la langue de chacun d'eux.

7º L'établissement des Jeunes de langues, qui est

à Paris, serait fondu dans celui-là : les dix ou douze places que le gouvernement y solde seraient occupées de préférence par les enfans des drogmans, chanceliers, consuls français, dont les services au Levant auraient le mieux mérité ce genre de récompense.

8° Ces jeunes gens arriveraient à l'âge de dix ans au plus tôt, de douze au plus tard, et déja ils apporteraient un fonds très-précieux de langage, puisque dans nos échelles du Levant, tous les enfans de résidents parlent trois et quatre langues sans confusion d'aucune.

9° A ce premier fond du collége, se joindrait un nombre de pensionnaires que fourniraient, de leur plein gré, les négocians français qui font ou voudraient faire le commerce du Levant.

11° Le nombre total de ces élèves ne devrait pas d'abord s'élever au-delà de quarante ou cinquante, afin qu'ils reçussent des soins suffisans.

10° La méthode serait celle de l'enseignement mutuel.

12° L'on n'enseignerait pas d'abord *officiellement* la méthode de *transcription* en *caractères européens*, dont j'ai tracé le plan, mais on la ferait connaître *librement* aux professeurs et aux élèves, qui en feraient usage à volonté, sauf, lorsqu'elle aurait pris consistance, à la faire entrer dans l'enseignement régulier.

13° Toutes les langues enseignées dans ce collége

seraient apprises, d'abord, par la seule pratique, par l'usage familier de toute la vie domestique. Ce ne serait que plus tard, vers l'âge de quinze ans, lorsque le raisonnement se développe chez les jeunes gens, que les principes grammaticaux et scientifiques leur seraient démontrés méthodiquement. L'expérience a prouvé, et prouve chaque jour, que les pauvres enfans n'entendent rien à leur *rudiment classique*, qu'ils ne sont que de petits perroquets, répétant ce qu'ils ne comprennent point, et perdant, avec labeur et larmes, un temps précieux, qui s'emploierait si bien à leur apprendre des choses agréables et utiles.

14° Les serviteurs de cette maison seraient, autant que possible, des gens nés dans les langues que l'on y apprendrait.

15° L'édifice devrait avoir une enceinte de cours et de jardins suffisante, et occuper un local isolé de tout autre, soumis à un régime particulier, adapté à son but.

16° Tout le système financier et administratif de cette maison serait sous la surveillance d'un comité nommé par le commerce de Marseille. Quand les habitans d'une ville ont eu le bon esprit d'organiser une administration comme celle du Lazareth de santé, l'on peut s'en reposer sur eux pour une institution nouvelle, même très-compliquée.

17° L'enseignement consisterait tout entier en sciences physiques, géographiques, mathématiques, dessin, et pratique du commerce; et ce qu'on appelle littérature serait réservé pour le dernier terme de l'éducation, et laissé au goût de chaque élève.

18° Le culte serait une chose à part, soumise à la volonté des parens ou des individus libres; il n'aurait pas la publicité capable d'éveiller le choc des opinions et des passions.

19° Les travaux consisteraient sur-tout à lire, à traduire, en langues orientales, les meilleurs livres européens dans les sciences exactes, dans les arts utiles, et en tout ce qui peut contribuer à éclairer, à civiliser une nation. Ces traductions seraient imprimées ou lithographiées, pour être répandues dans le Levant, où leur débit deviendrait une branche importante de commerce.

20° La loi prononcerait une immunité de conscription militaire pour cet établissement.

21° Elle autoriserait aussi les dons quelconques, même de biens-fonds, par legs testamentaires ou autrement, que des particuliers généreux offriraient à cet établissement, sauf à les clore à une certaine latitude.

22° Lorsque les élèves auraient acquis l'âge et les connaissances capables de les mettre en service, ils seraient envoyés à leur destination. A cette époque, ils prendraient l'engagement envers le collége, à mesure qu'ils monteraient en grade d'emploi et de fortune, d'envoyer annuellement pour tribut de gratitude, et pour lien de fraternité, une très-petite portion déterminée de leur revenu, laquelle portion serait fixée par un réglement.

23º A l'égard du collége des traducteurs séant à Paris, il serait composé de *douze* membres au plus, et de *huit* au moins; sur ce nombre, deux seulement seraient qualifiés professeurs, savoir: l'un d'*hébreu*, l'autre de *sanskrit*.

24º Le professeur d'hébreu serait tenu, par condition nécessaire, de savoir l'*arabe littéral* et *vulgaire*, et, à une date donnée, d'avoir passé deux ou trois ans en pays arabe; en outre, il aurait une idée suffisante du *syriaque*, du *chaldéen* et de l'*éthiopien*, qui n'en sont que des appendices.

25º Le professeur de *sanskrit* aurait une notion pratique de celui des dialectes actuels de l'Inde qui s'en écarte le moins.

26º Par la suite, on pourrait instituer une chaire nouvelle pour quelque autre langue devenue utile.

27º Quant aux huit ou dix autres membres, ils auraient le titre de *professeurs honoraires*; ils pourraient tenir des cours privés, mais non publics. Leurs travaux consisteraient, 1º à terminer les notices des meilleurs livres orientaux qui nous restent à connaître (1), même à traduire ceux qui pourraient le mériter; 2º à traduire en langue asiatique quel-

---

(1) Par exemple: le manuscrit arabe numéroté 695, intitulé: *Miroir de l'Empire des Mamelouks*, sultans d'Égypte, par *Kalîl*, fils de *Châin et Zâher*, visir de *Malek-el-Acheraf*. Ce manuscrit avait été traduit en entier par feu M. *Venture*; et cette traduction s'est trouvée perdue par la faute d'une servante.

conque de bons livres élémentaires de nos sciences d'Europe, et cela concurremment et d'accord avec le collége de Marseille.

28° Chaque année ce collége rendrait un compte de ses travaux, dans les séances publiques, tantôt de l'Académie Française, tantôt de l'Académie des Inscriptions, auxquelles ses membres pourraient être agrégés.

29° Le traitement de ces membres, professeurs ou traducteurs, serait composé de deux parties, l'une fixe, l'autre casuelle; cette dernière composée de gratifications, qui leur seraient allouées dans la proportion de leurs travaux utiles.

30° Une suffisante quantité des caractères orientaux qui appartiennent au gouvernement serait mise à la disposition tant de ce collége que de celui de Marseille; chacun d'eux aurait son imprimeur particulier, avec la seule obligation d'user paternellement desdits caractères, et de payer un droit modique pour leur entretien (1).

31° A l'époque où serait organisé le collége de

---

(1) L'un des moyens de tuer la littérature orientale a été de la mettre dans la dépendance exclusive de l'Imprimerie Royale. Ce gigantesque établissement, accablé de travaux politiques, est dans l'impossibilité de donner des soins suffisans à d'autres branches : aussi, le moindre ouvrage y reste des années; et, de plus, l'esprit dominateur de quelques individus n'accorde pas même aux auteurs la permission de suivre leur propre orthographe.

Marseille, toutes les chaires et places actuelles des orientalistes à Paris seraient fondues sous la nouvelle forme. Les anciens possesseurs y seraient placés; mais, à chaque vacance qui arriverait, la place serait donnée par concours au sujet le plus capable.

32° A ce concours seraient surtout appelés les drogmans et interprètes ayant servi un certain nombre d'années, soit au Levant, soit au collége de Marseille, et qui, à titre de vétérans, désireraient se livrer à la littérature théorique. Dans cette mutation, ils conserveraient une partie de leur premier traitement.

33° Ces habiles vétérans seraient surtout destinés à remplir un noble service d'hospitalité et d'équité nationale dont on ne s'est point assez occupé. — Lorsqu'il arrive à Paris des Asiatiques de classe marquante, comme il y en a eu depuis vingt ans plusieurs, et spécialement des Persans, qui répugnent moins que les Turks à voyager chez les *infidèles*, leur position domestique et civile est vraiment pénible : ne comprenant point la langue, n'étant point compris, ils sont des *sourds et muets* isolés au milieu d'une active population : ils trouvent à chaque pas, à chaque affaire, mille obstacles et difficultés. S'ils réclament le secours d'interprètes non officiels, cela les expose à plusieurs désagrémens : il faut donc qu'ils se restreignent aux officiels. — Il y a environ quinze ans, lorsqu'un envoyé de Fetah-Ali, roi de Perse, vint à Paris, lui et les siens se plaignirent de ne point comprendre ces interprètes, et de n'en être point compris : ceux-ci disent que c'est un nouveau persan différent de celui des livres ; mais toujours est-ce la langue courante. Il résulte de ceci des inconvéniens dont je puis citer un fâcheux exemple présent.

Il y a déjà plus de huit mois, un marchand persan, de rite musulman, se présenta à la douane de nos frontières du Rhin, muni d'une lettre d'Abbas-Mirza, fils du roi de Perse : il était porteur d'une quantité assez considérable de schals cachemire ; à tort ou à raison, on l'inculpa de contrebande ; on saisit sa marchandise : il est venu à Paris réclamer et solliciter ; il n'est guère plus avancé que le premier jour. De deux choses l'une : ou il est dans le cas d'être saisi, et l'on a eu un tort extrême d'aggraver ses pertes de toutes les dépenses d'un séjour de huit mois ; ou il n'est pas coupable de contrebande, et l'on a commis une criante injustice de le traîner huit mois. Si tel cas nous arrivait à Maroc ou à Alger, quels seraient nos cris sur les mœurs barbares ? Nous, que sommes-nous ?

Dans l'organisation du collége de Paris, telle que je la suppose, des vétérans-pratiques n'éprouveraient pas les embarras de nos théoriciens : conversant aisément avec les Orientaux, ils deviendraient leurs avocats, leurs guides ; et ce noble but serait surtout atteint si l'on rassemblait tout leur corps dans un même logement, qui formerait comme une colonie asiatique : là, les étrangers trouveraient, à chaque instant du jour, distraction, instruction, appui : ces soins ne seraient pas aussi perdus qu'on pourrait le croire pour les intérêts du commerce et de la politique.

34° Un commissaire spécial, conseiller-d'état, serait chargé de toute cette organisation, de concert avec le comité de Marseille. Une fois terminée, il resterait l'agent intermédiaire des ordres et relations du gouvernement vis-à-vis des deux colléges ; il dépendrait d'un seul ministère qui devrait être celui des *Affaires étrangères*. Il n'y aurait plus le morcellement actuel de nos institutions orientales, entre ce département et ceux de la Marine et de l'Intérieur.

35° A dater d'une époque qui serait fixée, ce commissaire serait tenu d'avoir voyagé au moins deux ans, soit en Barbarie, soit en Égypte et Syrie, ou autres parties de l'empire turk.

Il y aurait sans doute beaucoup d'autres dispositions nécessaires à établir, mais c'est assez en ce moment d'avoir tracé ce canevas.

Dans l'état présent des finances publiques, dans la direction que suivent les affaires, l'exécution n'est pas au rang des choses prochaines ou probables : le temps peut l'amener. Qui sait si, dans l'activité que le progrès des lumières donne à l'industrie et à la bienfaisance nationale, il ne se trouvera pas quelque esprit spéculateur, quelque individu riche et philanthrope, qui, sur mon esquisse rapide, combinant un projet vaste et régulier, ne provoquera pas une association d'hommes bienfaisans comme lui, une souscription d'actionnaires intéressés au succès de la chose, et qui réaliseront ce qu'on peut appeler mon rêve? Qui sait jusqu'où s'étendrait l'utilité, même commerciale; jusqu'où se porterait le succès politique d'un établissement d'un genre nouveau, dans lequel les Grecs de Morée et d'Asie, les riches négocians arméniens, syriens, égyptiens, barbaresques, auraient la faculté d'envoyer leurs enfans recevoir une éducation qu'ils ne sauraient trouver dans leur pays, pour les voir revenir riches des sciences européennes? Qui sait les résultats qu'auraient ces premiers germes multipliés d'année en année sur la civilisation de l'Asie? Il y a cent ans l'on riait des rêves de l'abbé de Saint-Pierre, et ils sont dépassés! Où sera et que sera l'Europe dans cent ans d'ici? Un tel établissement serait praticable également à Livourne et à Trieste. Quelque part qu'il se fasse, j'oserais lui prédire des succès qui indemniseront largement le gouvernement qui le tentera.

FIN.

www.ingramcontent.com/pod-product-compliance
Lightning Source LLC
Chambersburg PA
CBHW071414230426
43669CB00010B/1543